幼儿深度学习的理论与实践探索研究

◆ 理论篇 ◆

王小英　主编

清华大学出版社
北京

版权所有，侵权必究。举报：010-62782989，beiqinquan@tup.tsinghua.edu.cn。

图书在版编目（CIP）数据

幼儿深度学习的理论与实践探索研究. 理论篇 / 王小英主编. — 北京：清华大学出版社，2021（2024.7重印）

ISBN 978-7-302-56682-3

Ⅰ. ①幼… Ⅱ. ①王… Ⅲ. ①学前教育—教学研究 Ⅳ. ①G612

中国版本图书馆CIP数据核字（2020）第205857号

责任编辑：李益倩
装帧设计：鞠一村
责任校对：王荣静
责任印制：曹婉颖

出版发行：清华大学出版社
网　　址：https://www.tup.com.cn, https://www.wqxuetang.com
地　　址：北京清华大学学研大厦A座　　邮　编：100084
社 总 机：010-83470000　　邮　购：010-62786544
投稿与读者服务：010-62776969, c-service@tup.tsinghua.edu.cn
质量反馈：010-62772015, zhiliang@tup.tsinghua.edu.cn

印 装 者：小森印刷霸州有限公司
经　　销：全国新华书店
开　　本：185mm×260mm　　印　张：21.5　　字　数：394千字
版　　次：2021年3月第1版　　印　次：2024年7月第8次印刷
定　　价：99.00元

产品编号：087224-02

主编简介

王小英，东北师范大学教育学部学前教育学院教授，博士生导师。教育部幼儿园园长培训中心原副主任。教育部学前教育专家指导委员会委员，教育部基础教育教学指导委员会学前教育保教指导专委会委员，中国学前教育研究会健康教育专业委员会副主任，中国家长与教师合作管理委员会委员，中小学校长和幼儿园园长国家级培训专家库专家。教育部《幼儿园园长专业标准》研制组副组长。《学前教育研究》编委，中国人民大学报刊资料《幼儿教育导读》编委。在高校主要从事学前儿童发展心理学、幼儿学习心理、教育科学研究方法等领域的教学工作，培养硕士与博士研究生。承担校内外多项网络课程制作，主持多项国家级与省级科研课题，主编多种教材、工具书。曾两度留学日本，代表性译著：高杉自子著《幼儿教育的原点》。

编委会

主　编：王小英
副主编：单文顶　黄　鹤
编　委：张紫微　宋　琳　郝明晶　张　雪　刘思源　蔡珂馨
　　　　勇　颜　孙德荣　谭　楣　高琳琳　苏丽兰　史　洪
　　　　张玉芙　孙红艳　张馨予　高　伟　马达英　张乃洁
　　　　高宏伟　孙　磊　金国华　刘金玉　兀　静　兰元青
　　　　张亚兰　陈　英　白　璐　温　颖　栾淑梅

鸣 谢

吉林省省直机关第三幼儿园（课题负责人：苏丽兰）

吉林省直文化系统幼儿园（课题负责人：史洪）

吉林省中共长春市委机关幼儿园（课题负责人：张玉芙）

吉林省长春市人民政府机关第一幼儿园（课题负责人：孙红艳）

吉林省长春市人民政府机关第二幼儿园（课题负责人：张馨予）

吉林省长春市人民政府机关第三幼儿园（课题负责人：高伟）

吉林省东北师范大学附属小学幼儿园（课题负责人：马达英）

吉林省吉林大学附属第三幼儿园（课题负责人：高宏伟）

吉林省长春市朝阳区教师幼儿园（课题负责人：张乃洁）

吉林省金太阳教育集团（课题负责人：孙磊）

吉林省珲春市第二幼儿园（课题负责人：金国华）

北京市第一幼儿园（课题负责人：刘金玉）

陕西省西安交通大学幼儿园（课题负责人：兀静）

云南省人民政府办公厅圆通幼儿园（课题负责人：兰元青）

云南省西双版纳州景洪市幼儿园（课题负责人：张亚兰）

广东省广州市黄埔鱼木实验幼儿园（课题负责人：陈英）

内蒙古乌兰浩特市第一幼儿园（课题负责人：温颖）

内蒙古兴安盟扎赉特旗幼儿园（课题负责人：栾淑梅）

前言

在这个终身学习的时代，学习能力已成为个体最重要的生存能力。如今，评判一个人的学习能力，关键不在于记忆和掌握知识的多少，而在于整合、建构、迁移、创造性地运用知识解决实际问题的能力，即深度学习能力。深度学习受到了国际社会的广泛关注。例如，美国将深度学习视为其21世纪教育的发展方向。2010年，美国威廉和弗洛拉·休利特基金会（William and Flora Hewlett Foundation，简称"WFHF"）启动了"深度学习研究：机会与结果"研究项目，并由美国研究院（American Institutes for Research）负责组织实施。10年前，在美国参与深度学习的实验学校达到500余所，形成了深度学习的共同体网络。目前，国内关于大、中、小学生的深度学习研究取得了较为丰硕的成果，然而，关于幼儿深度学习的研究才刚刚起步。2016年11月20日，北京师范大学的冯晓霞教授在中国学前教育研究会学术年会上作了题为《区域游戏中的深度学习》的报告，深度学习从此开始走进广大幼教工作者的视野。

自2018年7月笔者获批教育部人文社会科学研究规划基金项目"幼儿深度学习的理论与实践探索研究"（批准号：18YJA880086）以来，历时两年，笔者带领研究团队，从理论与实践两个方面开展课题研究，取得了初步成果。《幼儿深度学习的理论与实践探索研究》是研究成果的具体展现。

本套书分为上下两册，上册为"理论篇"，下册为"实践篇"。"理论篇"主要阐释了深度学习的历史演进、理论基础，幼儿深度学习的基本特质、逻辑框架、影响因素、指导策略，以及思维地图在幼儿深度学习中的应用等方面的内容。"实践篇"则包括大量的幼儿深度学习的案例。为了便于广大读者对"实践篇"案例有一个整体认知，对关键内容进行把握，特做如下几点说明：

1. 关于"课题活动"。深度学习是一种基于问题解决的学习，它需要创造性地解决问题或创造出新颖独特的产品。因此，笔者指导幼儿深度学习实验园以"课题活动"的形式来推进幼儿的深度学习。在本研究中，"课题活动"是指教师从幼儿的兴趣和需要出发，以某个创造性产品的制作为目标，通过采取小组合作的方式，引导幼儿有目的、有计划地解决问题以达成目标的活动。依据幼儿心理发展特点及其学习的规律，遵循《3~6岁儿童学习与发展指南》关于幼儿园教育"要珍视游戏与生活的独特价值"的要求,"课题活动"的生成主要有两个方面的来源,即游戏与生活。幼儿在游戏与生活活动中会遇到各种各样的问题,其中有一些是他们非常感兴趣的问题,笔者指导实验园教师基于教育价值的判断,有选择地将一些问题生成为"课题活动"。幼儿深度学习"课题活动"的基本流程主要分为四个部分:经验回顾、制订计划、实施计划、反思与总结。其中,实施计划环节集中反映了一个个问题的解决过程,这也是幼儿深度学习活动的核心环节。因此,在案例中我们突出了"问题一、问题二、问题三……"的分析与讨论、假设与验证、反思与重构等内容。

2. 关于"同伴合作"。幼儿深度学习的过程不仅是一个个体心理过程,同时也是根植于社会文化的建构过程。2012年,美国威廉和弗洛拉·休利特基金会将深度学习释义为六个密切关联的核心竞争力,其中有两个能力即"有效沟通"与"协作能力"关乎社会文化层面。深度学习指向问题解决,而一个好的问题必须是复杂且开放的,它不能只由独立的个体即某一名幼儿来完成,需要以"同伴合作"的形式来开展,并耗费较长的时间方能完成。帕克(Parker)等人认为,儿童同伴间的讨论有助于发展儿童的高阶思维技能(这是深度学习的关键能力)。劳拉(Laura)等人指出,讨论提供了一个使儿童同伴彼此澄清自己想法与观点的平台,这种同伴合作解决问题的方式比儿童个体解决问题更有效。笔者在2008年的一项关于幼儿合作学习的研究中发现:幼儿在4岁左右合作行为发展得最快,因为4岁以后,幼儿的合作意识和合作能力有了很大的提高。笔者组织实施的幼儿深度学习实践研究证明,以同伴合作的形式来推进中、大班幼儿的深度学习是卓有成效的。

3. 关于"动手制作"。幼儿的思维体现出鲜明的"手"的思维的特点。《3~6岁儿童学习与发展指南》强调幼儿学习的主要方式是"直接感知、实际操作、亲身体验"。现代著名的哲学家、教育理论家怀特海认为"感官和思想相互协调,大脑活动和身体的创造性活动之间也有一种相互影响。在这种相互感应的过程中,手的作用尤其重要"。"动手操作"的概念来源于皮亚杰的"动作促进儿童思维发展"、杜威的"做中学"、陶行知的"教学做合一"等理论观点。行为主义心理学与认知心理学都十分重视操作活动在儿童学习过程中的价值,操作活动体现了儿童早期学习的本质特点。笔者指导幼儿深度学习实验园借助幼儿"动手制作"这个抓手,使幼儿的深度学习有了载体。如果说"动手制作"是深度学习的依托,那么"问题解决"则是动手制作的最终目的。需要特别强调的是:最终做出来什么并不重要,重要的是在"制作的过程"中，教师如何激发与提升幼儿分析问题、解决问题的心向与能力。遗憾的是，由于篇幅有限，幼儿分析、讨论、假设、验证等解决一个又一个问题的详细过程被压缩再压缩、精简再精简。

4.关于"思维地图"。20世纪80年代初，美国的大卫·海勒（David Hyerle）发明了一种与语言相关的可视化工具，即思维地图，分别为：圆圈图、气泡图、双气泡图、树状图、流程图、多重流程图、括号图、桥状图。幼儿思维的具体形象性使其对思维地图有一种天然的亲近性。一方面，思维地图作为一种可视化工具，可以把抽象复杂的内容转变成易于理解与认识的视觉信息，符合幼儿形象思维的特点，促进幼儿高阶思维的发展；另一方面，思维地图作为一种脚手架，有利于形成"问题图式"，促进问题的分析与解决。笔者将"思维地图"引入幼儿深度学习的"课题活动"中，幼儿在教师的引导下绘制了大量的思维地图，从而使幼儿的思维过程外显化、可视化，有助于幼儿梳理、反思、批判、总结自己的思维过程，促进幼儿元认知与高阶思维的发展，提升幼儿分析问题和解决问题的能力，有效地助推了幼儿深度学习活动的开展。

本书的成稿凝聚了集体的智慧。笔者对课题研究做了整体框架与研究路径的设计，具体的实施离不开研究团队的共同努力。为了使研究成果具有一定的普适性，笔者适当考虑了园所地域的分布与园所性质的区分。在地域分布方面，园所是以吉林省的幼儿园为主体，同时，笔者分别从北京、广东、陕西、云南、内蒙古等地选择了个别幼儿园作为实验园。在园所性质方面，既有公办园也有民办园，既有集团化大园也有中小型幼儿园，既有省级示范幼儿园也有普通幼儿园。此外，笔者还考虑了少数民族的幼儿园。

在此，笔者对参与实验研究的所有幼儿园的园长和实验班的教师表示崇高的敬意，对实验班的全体幼儿表示深深的谢意！因为你们的参与，幼儿深度学习的研究才有了实践的落脚点。感谢课题指导小组的副组长蔡珂馨、勇颜，以及课题指导小组的成员孙德荣、谭楣、高琳琳，谢谢你们为课题研究贡献了丰富的教研智慧。感谢东北师范大学学前专业的7位研究生：单文顶、黄鹤、张紫微、宋琳、郝明晶、张雪、刘思源，因为你们的加入，课题研究有了更多的理性思考。最后，笔者还要特别感谢清华大学出版社少儿分社社长曹敏、策划编辑范晓婕、李益倩、许治军，是你们的精益求精与不辞辛劳，使得我们的研究成果有了非常理想的呈现！

经过两年的理论与实践探索，我们开辟了一条幼儿深度学习之路，虽然它不是唯一的路径，但却是一条独特之路。庄子曰："始生之物，其形必丑。""其作始也简，其将毕也必巨。"在幼儿深度学习研究的道路上，我们才刚刚起步，路漫漫其修远兮，我们仍需一步一个脚印地走下去……

东北师范大学教育学部　王小英

2021 年 1 月 16 日

目 录

专题一 深度学习的历史演进 / 1
　一、深度学习研究的初始期（1976—1999）/ 3
　二、深度学习研究的发展期（2000—2009）/ 14
　三、深度学习研究的深化期（2010年至今）/ 21
　四、评价与展望 / 28

专题二 深度学习的理论基础 / 31
　一、认知灵活性理论 / 33
　二、情境认知理论 / 38
　三、分布式认知理论 / 43
　四、人本主义理论 / 48
　五、元认知理论 / 52

专题三 幼儿深度学习的基本特质、逻辑架构与实践路径 / 57
　一、幼儿深度学习的基本特质 / 59
　二、幼儿深度学习的逻辑框架 / 67
　三、幼儿深度学习的实践路径 / 73

专题四　幼儿深度学习的影响因素 / 87

一、影响幼儿深度学习的主观因素 / 89

二、影响幼儿深度学习的客观因素 / 122

专题五　以问题解决为导向的幼儿深度学习的支持策略 / 157

一、问题解决与深度学习的关系 / 159

二、以问题解决为导向的幼儿深度学习的过程 / 166

三、以问题解决为导向的幼儿深度学习的支持策略 / 186

专题六　思维地图在幼儿深度学习中的应用 / 227

一、思维地图与深度学习 / 229

二、思维地图在幼儿深度学习中应用的类型及功能 / 238

专题七　幼儿在深度学习活动中的学习体验研究 / 273

一、文献综述 / 275

二、研究方法 / 285

三、深度学习活动中幼儿学习体验的类型与特征 / 290

四、深度学习活动中幼儿学习体验的典型个案 / 312

五、促进幼儿在深度学习中形成积极学习体验的支持策略 / 325

专题一
深度学习的历史演进

专题一 深度学习的历史演进

一、深度学习研究的初始期（1976—1999）
- （一）探析深度学习的概念
- （二）开发深度学习的测量工具
- （三）探查深度学习的效果
- （四）解析深度学习的影响因素

二、深度学习研究的发展期（2000—2009）
- （一）如何促进深度学习成为重要研究主题
- （二）信息技术支持下的深度学习研究兴起

三、深度学习研究的深化期（2010年至今）
- （一）拓展深度学习的内涵
- （二）关注深度学习的评价
- （三）推动深度学习走向实践

四、评价与展望

随着人类跨入学习型社会,学会学习和终身学习等学习能力已成为人类最基本的生存能力之一,而终身学习能力、自主学习能力和知识创新能力都要以深度学习为基础。深度学习研究,特别是如何促进深度学习和培养深度学习能力是当前教育改革发展的重要课题之一[①]。在当前以核心素养和关键能力为导向的课程与教学改革背景下,研究深度学习具有重大的理论意义与实践价值。英国历史学家卡尔曾说过:"我们只有根据现在,才能理解过去;我们也只有借助于过去,才能理解现在。使人能够理解过去的社会,使人能够增加把握当今社会的力量,便是历史的双重功能。"[②]因此,有必要透过历史视角剖析深度学习,理清其发展脉络与演进逻辑,从源头上理解与把握深度学习。基于对现有文献的梳理与分析,我们认为深度学习的历史可分为初始期、发展期以及深化期三个阶段,具体如下。

一、深度学习研究的初始期(1976—1999)

关于深度学习的研究,其实布鲁姆的《教育目标分类学》一书关于"认知领域目标"的分类中就已蕴含了深度学习的思想,即"学习有深浅层次之分"。布鲁姆将认知目标分为了解(knowledge)、理解(comprehension)、应用(application)、分析(analysis)、综合(synthesis)和评价(evaluation)六个由浅到深的层次。学习者的认知水平停留在了解或理解的层次为浅层学习,涉及的是具体知识的辨认或再现、知识的记忆等低层次思维活动;而认知水平较高的应用、分析、综合和评价则涉及的是理性思辨、创造性思维、问题解决、反思批判等相对复

---

① 张浩,吴秀娟,王静.深度学习的目标与评价体系构建[J].中国电化教育,2014(7):51.
② E.H.卡尔.历史是什么?[M].陈恒,译.北京:商务印书馆,2017:146.

杂的高层次思维活动，属于深度学习范畴。①1976年，美国学者马顿（Marton F.）和萨尔约（Säljö R.）在《论学习的本质区别：结果与过程》一文中，明确提出了浅层加工（surface-level processing）和深度加工（deep-level processing）的概念。②这也被认为是教育学领域中首次提出深度学习的概念。③此后，许多研究者纷纷加入深度学习的研究行列中，帕斯克（Pask）、比格斯（Biggs）、斯文森（Svensson）、拉姆斯登（Ramsden）、恩特威斯尔（Entwistle）等研究者在他们的基础上从不同角度发展和深化了深度学习的研究，成果也如雨后春笋般涌现。这一时期的研究主要包括以下四个方面。

（一）探析深度学习的概念

在这一时期，不少研究者解析了深度学习的概念，但研究者普遍把深度学习视为一种学习方式。例如，开创者马顿和萨尔约做了一项实验，让两组瑞典大学生阅读相同的文本内容，以揭示他们处理特定学习任务的差异。结果显示存在浅层加工和深度加工两种完全不同的加工水平。前者的注意力侧重在文本符号本身，倾向于记住离散的事实和观点，并孤立地看待特定的内容，如"我只是集中精力尽可能地记住""我记得，我会记住读过的所有内容"；后者则有着较高的处理水平，试图从整体上把握作者的思想，能解释与结论相关的证据，并与以前的知识和经验联系起来，如"我试着理解主要的想法"。由此可见，在马顿和萨尔约看来，深度学习是一种以理解为目标的学习方式。此后的不少研究者都把理解视为深度学习的重要旨趣。例如，拉姆斯登认为，深度学习的目的是寻求理解，浅层学习仅是完成任务要求。④凯姆博指出，深度学习和浅层学习的区别在于是否寻求理解，深度学习的特点是理解内在意义，浅层学习则是没有理解地记忆。⑤普罗瑟和特里格维尔同样认为使用深度学习的动机是为了理解并寻求意义。采用深度学习这种方式的学生对任务有着内在的兴趣，并期望享受任务，同时他们会采取有

---

① 郭元祥. 深度学习：本质与理念[J]. 新教师，2017（7）：12.
② Marton F, Säljö R. On qualitative differences in learning: I-outcome and process[J]. British Journal of Educational Psychology, 1976 (46): 4-11.
③ Ramsden P. Learning to teach in higher education[M]. London: Routledge, 1992: 40.
④ Ramsden P. Learning to teach in higher education[M]. London: Routledge, 1992: 46.
⑤ Kember D. The intention to both memorise and understand: another approach to learning?[J]. Higher Education, 1996, 31: 341-354.

助于满足好奇心的策略，如使任务与已有经验相关联、寻找模式和基本原则、将任务与现有意识相结合、从整体看待任务的各个部分、进行理论化、形成假设等；而进行浅层学习的学生将任务视为外部施加，他们的动机有工具性或务实性，希望尽最小的努力满足任务要求，且不进行任何反思。他们采取的策略一般包括：关注任务中不相关的部分、相关的部分作单独处理（例如原则和例子）、关注构成要素（如事实数据）、尽可能准确地复制构成要素、为了评估而非理解而死记硬背。[1] 总之，深度学习的目的是获得理解，并进行反思、整合、重构等，浅层学习则相反。

此外，还有研究者比较了深度学习与浅层学习的区别。例如，比格斯从五个维度总结了深度学习和浅层学习的区别（见表1-1），[2] 拉姆斯登则从七个方面对深度学习和浅层学习进行了比较（见表1-2）。[3]

表1-1 深度学习和浅层学习的区别

深度学习	◆ 对学术任务感兴趣，并能从学习中获得乐趣 ◆ 寻求任务的内在意义 ◆ 将任务个性化，使其对自己的经验和现实世界有意义 ◆ 将任务的各个方面或部分整合成一个整体（如将证据与结论联系起来），看到整体和已有知识之间的关系 ◆ 将任务理论化，形成假设
浅层学习	◆ 将任务视为需要满足的要求和外在的强制 ◆ 将任务的各个方面或部分视为彼此离散或无关，或与其他任务无关 ◆ 担心任务耗费的时间 ◆ 避免任务可能具有的个人或其他含义 ◆ 依赖于记忆，试图重现任务的表层方面（如使用的词、图表或助记符号）

---

[1] Prosser M, Trigwell K. Understanding learning and teaching: the experience in higher education[M]. The Society for Research into Higher Education & Open University Press, 1999: 91.
[2] Biggs J. Student approaches to learning and studying[R]. Melbourne: Australian Council for Educational Research, 1987: 15.
[3] Ramsden P. Learning to teach in higher education[M]. London: Routledge, 1992: 46.

表 1-2　不同的学习方式

深度学习	◆ 关注所表达的主旨（如作者的论点、用于解决问题的概念） ◆ 把已有知识与新学知识联系起来 ◆ 把不同课程的知识联系起来 ◆ 将理论思想与日常经验联系起来 ◆ 联系和区分证据以及论点 ◆ 使各部分内容形成一个连贯的整体 ◆ 强调内部：使现实的各个方面变得可见，也更容易理解
浅层学习	◆ 关注表面"符号"（如文本中的字词和句子） ◆ 关注任务中不相关的部分 ◆ 为达到评估要求而记忆 ◆ 无思考地联系事实和概念 ◆ 不能区分原则与例子 ◆ 将任务视为外部强加 ◆ 强调外部：评估的要求，知识与日常现实相隔离

　　尽管研究者把学习方式分为深度学习和浅层学习，并视深度学习为一种较为高级的学习方式，但他们并不认为深度学习是最好的学习方式。正如马顿所言："深度学习是理解学习材料的最佳方式，实际上也是唯一方式，但我们并不是说深度学习总是最好的。"[1] 比蒂等也指出，鉴于所获得知识的性质，采用浅层学习也是必要的，而且深度学习方式的采用既取决于学生的个性和动机，也取决于特定的学习任务、教师的态度和热情，以及评估的形式。因此，假设深度学习是理想的学习方式不切实际。[2] 劳里劳德通过访谈学生证实了这一论断。劳里劳德发现学生采取的学习方式取决于他们对学习的解释以及学习环境的反应，选择何种学习方式本质上是一种理性的、权宜的策略[3]。劳里劳德由此认为，由于学习发生在真实情境而不是实验室，且学习是一个决策过程，不能简单地用二分法（深度学习和浅层学习）来阐释学习过程，因而如果把学习视为独立于外部因素的过程，或者学生拥有固有的、不变的学习方式，是十分危险的。拉姆斯登的研究也发现："每个学生都会使用深度学习或浅层学习应对不同的任务，我们既不能说一个人是深度学习者（deep learner），也不能说一个人是浅层学习者（surface learner），只能说是

---

[1] Ramsden P. Learning to teach in higher education[M]. London: Routledge, 1992: 46.
[2] Beattie IV V, Collins B, McInnes B. Deep and surface learning: a simple or simplistic dichotomy?[J]. Accounting Education, 1997, 6(1): 1-12.
[3] Laurillard D. The processes of student learning[J]. Higher Education, 1979(8): 395-409.

以深度学习的方式还是以浅层学习的方式进行学习。"[①] 一言以蔽之，深度学习和浅层学习是对应的，但绝不是对立的。同时，深度学习并非个人所拥有的特质，它与学习内容、学习环境等密不可分，它是个体与学习内容、教学方式、评估方式等互动的产物。

（二）开发深度学习的测量工具

根据马顿和萨尔约的现象学研究结果，出现了一种新的研究方法，即通过自我报告问卷量化学生的学习方式。基于这种视角，大量学习方式调查问卷被开发出来，以更好地检验学生的学习方式、识别处于学习风险中的学生、评估学生的学习结果以及提高教学的有效性和系统性。

拉姆斯登、恩特威斯尔和比格斯是最早涉足该领域的学者。1978年比格斯开发了《学习过程调查问卷》（Study Process Questionnaire，简称SPQ），该问卷在1987年进行了修订。恩特威斯尔和拉姆斯登也于1983年研发了《学习方式调查问卷》（Approaches to Studying Inventory，简称ASI）。此后，大量学习方式调查工具出现，如《学生学习方式和学习技能调查问卷》（Approaches and Study Skills Inventory for Students）、《教学方式问卷》（Approaches to Teaching Inventory）、《学习策略问卷》（Inventory of Learning Strategies），以及《学习反思量表》（Reflections on Learning Inventory）[②]。这里仅介绍两个最为常用的学习方式调查问卷（SPQ与ASI）。

一是SPQ。在SPQ中，比格斯区分了浅层（surface）、深度（deep）和成就（achieving）三种学习方式。每种学习方式均由动机（motive）和策略（strategy）组成。浅层学习主要是出于对失败的恐惧，于是把目标定在最低限度，并采用最简单的学习策略（如死记硬背）。相比之下，深度学习以内在动机为主，并采取有意义的学习策略，如广泛阅读、把新知识与已有知识联系起来。成就学习的动机则是竞争和获得成功，因而无论目标是否由自己设定，采取的一般都是一种低焦虑、高度组织的学习方式。

[①] Ramsden P. Learning to teach in higher education[M]. London: Routledge, 1992: 49.
[②] Lonka K, Olkinuora E, Mäkinen J. Aspects and prospects of measuring studying and learning in higher education[J]. Educational Psychology Review, 2004, 16(4): 301-323.

二是 ASI。ASI 区分了意义、再现、成就和非学术四种学习取向。意义取向的动机是对学习内容感兴趣进而去理解它。因此，他们批判性地使用证据并理解学习。相反，再现取向的学生表现出外在动机和对失败的恐惧，同时伴随着死记硬背。成就取向的学生主要受成就需求的刺激，这些学生了解学习的要求，并尝试使用有组织的方法完成学习。非学术取向又被称为冷漠的方式，他们的动机水平较低，对学习持负面态度并采用无组织的学习方法。

（三）探查深度学习的效果

深度学习对学习结果有什么影响呢？进行深度学习能获得高质量的学习结果吗？不少研究者对此进行了探索。大量研究证实，深度学习与学习结果的质量有直接关系。例如，比格斯对 60 名本科生的研究发现，可观察的学习（Structure of the Observed Learning Outcome，简称 SOLO）水平和意义条件（meaning condition）有关，使用内化策略会达到更高的 SOLO 水平，而成就策略则和低 SOLO 水平相关，无法带来较高的学习复杂性[1]。沃特金斯对 60 名大学生的访谈也发现，深度学习与学习质量积极相关，采用深度学习方式更有可能达到较高的 SOLO 水平[2]。特里格维尔和普罗瑟的研究也证实学习方式和学习结果质量存在正相关的关系，即学习成果中质量差异与是否采取深度学习密切相关，而与先前学术能力的关系较小[3]。此外，范罗苏姆和申克[4]、马顿和萨尔约[5]、普罗瑟和

---

[1] Biggs J. Individual differences in study processes and the quality of learning outcomes[J]. Higher Education, 1979, 8(4): 381-394.

[2] Watkins D. Depth of processing and the quality of learning outcomes[J]. Instructional Science, 1983, 12(1): 49-58.

[3] Trigwell K, Prosser M. Relating approaches to study and quality of learning outcomes at the course level[J]. British Journal of Educational Psychology, 1991(61): 265-275.

[4] Van Rossum E. J, Schenk S. M. The relationship between learning conception, study strategy and learning outcome[J]. British Journal of Educational Psychology, 1984(54): 73-83.

[5] Marton F, Säljö R. Approaches to learning. In Marton F, Hounsell D, Entwistle N. The experience of learning. Edinburgh: Scottish Academic Press, 1984: 36-55.

米勒[1]、特里格维尔和普罗瑟[2]以及拉姆斯登[3]等的研究同样证实了这一结果。简而言之，深度学习能促进较高质量的学习结果，而浅层学习则与低质量的学习结果有关。

（四）解析深度学习的影响因素

影响深度学习的背景因素在这一时期也受到了研究者的关注。影响因素可以分为外部因素和个人因素。

1. 外部因素

一是教师因素。首先，教师持有的观念对学生是否进行深度学习有影响。范罗苏姆和申克发现，教师的观念对学生的学习方式有重要影响，如果教师要求学生通过深度学习来获得意义和理解，那么学生必定持有定性或经验的学习观。其次，教学方式是影响学生所采用学习方式的重要因素。例如，拉姆斯登对一所大学6个院系的调查发现，学生认为自己在明显不同的环境中学习，教学方式、课程评估、学生对所在院系和教师的看法等会对他们的学习方式产生影响[4]。拉姆斯登后来的研究同样证实了此结论[5][6]。特里格维尔等对3956名理科高校学生和46名科学教师的研究也表明，教师的教学方式影响学生的学习方式[7]。具体而言，在教师将他们的教学方式描述为关注他们的工作和传递知识的课程中，学生报告其

---

[1] Prosser M, Millar R. The 〈how〉 and 〈what〉 of learning physics[J]. European Journal of Psychology of Education, 1989(4): 513-528.

[2] Trigwell K, Prosser M. Improving the quality of student learning: the influence of learning context and student approaches to learning on learning outcomes[J]. Higher Education, 1991(22): 251-266.

[3] Ramsden P. Learning to teach in higher education[M]. London: Routledge, 1992: 53.

[4] Ramsden P. Student learning and perceptions of the academic environment[J]. Higher Education, 1979(8): 411-427.

[5] Ramsden P. Context and strategy: situational influences on learning. In Schmeck, R. R. Learning strategies and learning styles[M]. New York: Springer, 1988: 159-184.

[6] Entwistle N. Approaches to learning in higher education: Effects of motivation and perceptions of the learning environment[C]. Paper presented at the Annual Meeting of the American Educational Research Association, 1986.

[7] Trigwell K, Prosser M, Waterhouse F. Relations between teachers' approaches to teaching and students' approaches to learning[J]. Higher Education, 1999(37): 57-70.

更有可能采用浅层方式来学习该学科。相反，在学生报告其采用深度学习的课程中，教师也报告他们采用了更加面向学生和改变学生观念的教学方式。最后，评估方式对是否进行深度学习有着极为重要的影响。斯库勒[1]让206名学生完成对同一课程两种评估方式的问卷（一种是论文，一种是多项选择题），发现评估方式影响着深度学习方式的采用，即学生在多项选择题考试中主要使用浅层学习方式，并将考试视为评估基于知识的智力处理（较低水平），且使用深度学习方式的学生考得较差。相比之下，学生在准备他们认为评估更高认知水平的论文时主要采用深度学习方式，且论文得分较差与浅层学习方式的使用有关。翰德等人也证实，设计鼓励学生积极参与学习内容的评估模式（包括形式、内容和过程）能促进深度学习的使用，并认为评估是"发送"给学生的最强大的"信号"[2]。拉姆斯登也发现，评估是影响学生学习方式的最重要因素之一，大多数学生都会学习他们认为将被评估的内容，不恰当的评估方式可能会促使学生以令人沮丧的方式进行学习[3]。

二是学校和院系因素。拉姆斯登和恩特威斯尔的研究发现，意义取向上得分较高学生所在的院系被认为具有良好的教学以及较高的学习自由度；而再现取向上得分较高学生所在的院系被认为学习量大、缺乏学习自由。[4]戈武和科恩贝特也发现，在知识传递取向（knowledge transmission orientation）占主导地位的学院，课程设计和教学方法更可能对学生的学习方式产生不良影响，即不太可能采取深度学习，而促进学习取向（learning facilitation orientation）占主导地位的院系则似乎更有可能设计鼓励使用有意义学习方式的课程，而且教学方式、学习任务、评估方式和学习量都会受到教学取向（orientation to teaching）的影响。[5]比格斯[6]、特

---

[1] Scouller K. The Influence of assessment method on students' learning approaches: Multiple choice question examination versus assignment essay[J]. Higher Education, 1998, 35(4): 453-472.
[2] Hand L, Sanderson P, O'Neil M. Fostering deep and active learning through assessment[J]. Accounting Education, 1996, 5(1): 103-119.
[3] Ramsden P. Learning to teach in higher education[M]. London: Routledge, 1992: 67-70.
[4] Ramsden P, Entwistle N J. Effects of academic departments on students' approaches to studying[J]. British Journal of Educational Psychology, 1981(51): 368-383.
[5] Gow L, Kernbet D. Conceptions of teaching and their relationship to student learning[J]. British Journal of Educational Psychology, 1993(63): 20-33.
[6] Biggs J. Student motivation and study strategies in university and college of advanced education populations[J]. Higher Education Research & Development, 1982(1): 33-55.

一、深度学习研究的初始期（1976—1999）

里格维尔等人①也发现了类似的结果。

尽管外部环境对是否使用深度学习方式有重要影响，但研究者发现这些效应的产生是由学生对环境的感知而进行调整。例如，梅尔发现，对学习环境的感知与学习方式在个体层面存在重要关联，学生会根据他们对情境变量的感知调整所使用的学习方式。②③恩特威斯尔等人也对个体对学习环境的感知与学习方式之间的关系进行了探索，发现采用意义或复制取向的学生更喜欢鼓励这些学习方式的教学和评估方法④。特里格维尔和普罗瑟同样发现对学习环境的感知会影响学生的学习方式，学生感知到鼓励深度学习的环境时更有可能进行高质量的学习⑤。拉姆斯登也发现将评估视为鼓励记忆和回忆，以及感到学习量大的学生，更有可能采用浅层学习方式⑥。还有研究者指出，这种影响既存在于个人层面，也存在于班级层面。拉姆斯登和恩特威斯尔研究发现，在个人层面，感知较重的工作量与使用再现取向相关；在班级层面，感知较重的工作量、较低的学习自由度与使用再现取向有关，而感知到好的教学、更多的学习自由则与使用意义取向相关。这与元学习（metalearning）的研究结论相吻合。比格斯提出了元学习，他指出无论何种学习方式，都涉及不同程度的元学习，从而导致不同的学习结果。⑦换言之，个人因素、情境背景、学习方式与学习结果之间的关系由学生的元学习能力调节。此外，学生对学习任务的看法也对是否采用深度学习方式有一定的影响。例如，拉姆斯登发现，学生是以浅层方式学习还是意义取向方式学习在很大程度上取决于他们

---

① Trigwell K, Prosser M, Waterhouse F. Relations between teachers' approaches to teaching and students' approaches to learning[J]. Higher Education, 1999(37): 57-70.
② Meyer J. H. F. Student perceptions of learning context and approaches to studying[J]. South African Journal of Higher Education, 1988(2): 73-82.
③ Meyer J. H. F, Muller M. W. Evaluating the quality of student learning. I-An unfolding analysis of the association between perceptions of learning context and approaches to studying at an individual level[J]. Studies in Higher Education, 1990, 15(2): 131-154.
④ Entwistle N, Tait H. Approaches to learning, evaluations of teaching, and preferences for contrasting academic environments[J]. Higher Education, 1990(19): 169-194.
⑤ Trigwell K, Prosser M. Improving the quality of student learning: the influence of learning context and student approaches to learning on learning outcomes[J]. Higher Education, 1991(22): 251-266.
⑥ Ramsden P. Learning to teach in higher education[M]. London: Routledge, 1992: 67-73.
⑦ Biggs J. The role of metalearning in study processes[J]. British Journal of Educational Psychology, 1985(55): 185-212.

对特定学习任务的看法和感知[1]。劳里劳德对 30 名本科生的研究也证实，学习方式受到三种因素的影响：一是学生自己对任务的定位；二是学生对教学的看法；三是学生对任务本身的看法。[2] 可见，对任务本身的看法也是影响学习方式的一个不可忽视的因素。

2. 个人因素

在个人层面，共分三层。一是学生持有的学习观。萨尔约发现，学生存在 5 种不同的学习观念（learning conception）：增加知识，记忆，实践中可以运用的事实、程序等的获得，意义的抽象，旨在理解现实的解释过程。前三者本质上是再现性学习观（reproductive），旨在记忆知识；后两者则将学习视为一种建设性活动（constructive），目的是获得意义。范罗苏姆和申克基于萨尔约提出的知识观，发现学生的学习观与使用的学习方式紧密相关，持建设性学习观的学生更偏向于使用深度学习方式。[3] 克劳福德等人也发现，学生持有的数学观对其使用的学习方式有重要影响，认为数学是一种复杂的逻辑系统和理解世界的方式的学生往往采用深度学习方式[4]。二是对学习内容是否有兴趣。弗兰松发现，对文本缺乏兴趣导致浅层学习增加，反之，强烈的兴趣促进了深度学习的发生[5]。拉姆斯登也发现，是否采取深度学习与学生对任务的兴趣密切相关[6]。三是过去的经验。马顿等人发现，学生过去成功或失败的经历会影响其对学习方式的选择[7]。

最后，一些研究者在这些研究的基础上提出了学生学习的模型。例如，比格斯提出的"课堂学习 3P 模式"（见图 1-1）、普罗瑟和特里格维尔提出的"学生学习的基本模型"（见图 1-2）。

---

[1] Ramsden P. Student learning and perceptions of the academic environment[J]. Higher Education, 1979(8): 411-427.

[2] Laurillard D. The processes of student learning[J]. Higher Education, 1979(8): 395-409.

[3] Van Rossum E. J, Schenk S. M. The relationship between learning conception, study strategy and learning outcome[J]. British Journal of Educational Psychology, 1984(54): 73-83.

[4] Crawford K, Gordon S, Nicholas J, et al. Qualitatively different experiences of learning mathematics at University[J]. Learning and Instruction, 1998, 8(5): 455-468.

[5] Fransson A. On qualitative differences in learning: iv-effects of intrinsic motivation and extrinsic test anxiety on process and outcome[J]. British Journal of Education Psychology, 1977(47): 244-257.

[6] Ramsden P. Learning to teach in higher education[M]. London: Routledge, 1992: 65.

[7] Marton F, Dall'Alba G, Beaty E. Conceptions of learning[J]. International Journal of Educational Research, 1993, 19(3): 277-300.

预设　　　　　　　　　过程　　　　　　　　结果

图 1-1　课堂学习 3P 模式[①]

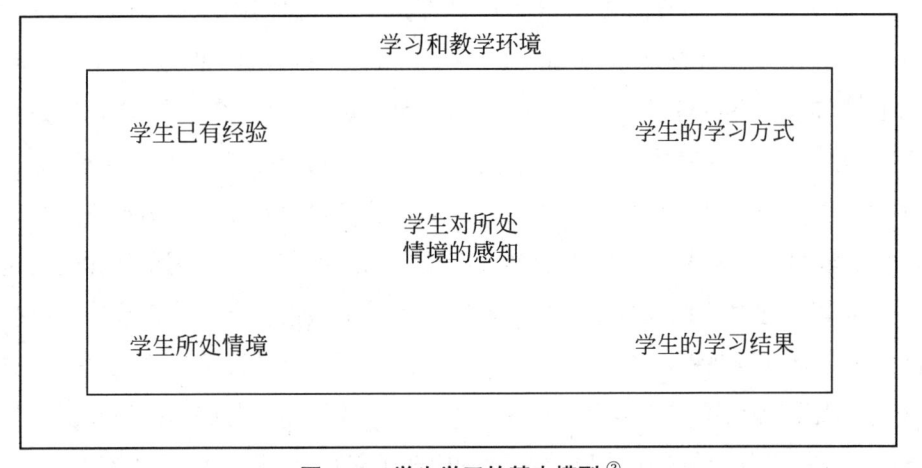

图 1-2　学生学习的基本模型[②]

总而言之，自 1976 年马顿和萨尔约提出深度学习和浅层学习这一相对应的概念后，后续研究者从深度学习的概念、深度学习与学习结果之间的关系、深度学习的影响因素等方面对深度学习做出了许多有价值的探索和突破。

[①] Biggs J. What do inventories of students' learning processes really measure? A theoretical review and clarification[J]. British Journal of Educational Psychology, 1993(63): 3-19.

[②] Prosser M, Trigwell K. Understanding learning and teaching: the experience in higher education[M]. The Society for Research into Higher Education & Open University Press, 1999: 17.

二、深度学习研究的发展期（2000—2009）

进入 21 世纪后，研究者的关注点从深度学习的理论层面过渡到了如何促进深度学习的实践层面。与此同时，信息技术支持下的深度学习开始受到研究者的关注。

（一）如何促进深度学习成为重要研究主题

就"如何促进深度学习"这一主题，研究者从整体、教学、评估、学习环境和课程设计等角度进行了诸多探索。

1. 整体角度

在整体视角上，沃伯顿提出了促进深度学习的原则：一是通过掌握学习（mastery learning）和发现学习（discovery learning）的辅助，促进学生积极参与；二是由于知识和理解对于学习至关重要，课程应以学生个人经验为基础；三是强调原则和概念，而不是基本事实和程序；四是应以清晰的方式制定概念框架；五是提供支架，鼓励学生使用深度学习方法，并提示他们提出问题，做出预测并给出解释；六是教学过程应作为一种建立个人意识的启发性活动，而不是吸收预先打包的信息，可以通过基于问题的学习任务鼓励学生澄清假设、选择分析技巧并审视价值判断；七是进行课程行动研究，即计划、行动、观察和反思的反复循环。[①]史密斯和考尔比则提出了支持学生进行深度学习的具体策略，这些举措被其证明为有效：一是支持教师参与有关浅层学习和深度学习的对话，提高教师的意识，确保其能帮助学生在学习时提出问题并建立深度学习习惯；二是审视教学实践以及随之产生的学习结果，如检视正在使用的教学资源、提出的问题类型、布置的任务和要求、评估学生学习质量的方式等；三是以深度学习的视角重新考量课堂评估，如使用 SOLO 分类理论评估学生的学习。[②]还有研究者提出了支持策略应满足的标准。例如，维特曼·普莱斯和戈德歇尔认为，促进深度学习的策略应满足以下标准：采

[①] Warburton K. Deep learning and education for sustainability[J]. International Journal of Sustainability in Higher Education, 2003, 4(1): 44-56.

[②] Smith T. W, Colby S. Teaching for deep learning[J]. The Clearing House: A Journal of Educational Strategies Issues and Ideas, 2007, 80(5): 205-210.

取积极的教学策略；使用元认知促进概念学习流程；鼓励有效地使用时间；能在教学中轻松地实施；具有成本效益且不需要大量资源[①]。

2. 教学角度

在教学方面，恩特威斯尔认为以学生为取向的教学观念专注于学生的活动，教师认为自己有责任鼓励学生进行深层次的理解，且倾向于使用更多样化的评估，以便促进学生使用深度学习方式；而以内容为取向的教学倾向于认为学习结果是学生的责任，更注重详细的事实性知识的传授。[②] 金和布朗在对深度学习与浅层学习进行区别的基础上，提出了若干鼓励学生在科学课中使用深度学习的策略，如要求学生解释某些现象发生的方式和原因、鼓励学生提出自己的问题并解释、为学生搭建脚手架、给学生信息提示等。[③] 何玲和黎加厚认为，基于问题的学习、问题驱动式学习以及过程性评价三种教学策略可以促进学生的深度学习。[④] 克雷以深度学习理论为基础，探讨了如何通过优化教学、改进评估等促进社会工作专业学生实现批判的反身性。[⑤] 具体而言，一是减少对传统教学模式的依赖，在教学和研讨会中引入小组对话，促使学生现场反思学习内容和过程。在这种对话中，教学关系和学习过程取代了学习内容，真正实现了学生与学习内容之间、学生之间、学生与教师之间的对话。小组讨论以学生为主导，以案例研究为基础。二是改进评估，使评估结构更清晰，以促进批判性反思。例如，要求学生在撰写学习总结时纳入三个层次的内容：课堂、阅读和研讨会中介绍的概念与问题；对社会工作的理解（如目的、职业等）；对自己所学知识、获得见解以及面临挑战的认识。克雷通过分析学生的总结，发现所有学生都表现出超越复制和描述的综合能力，能整合新旧知识，并表现出一定的批判性思维能力和创新能力。教学内容对于深度学习的价值

[①] Wittmann-Price R. A, Godshall M. Strategies to promote deep learning in clinical nursing courses[J]. Nurse Educator, 2009, 34(5): 214-216.

[②] Entwistle N. Promoting deep learning through teaching and assessment: conceptual frameworks and educational context. Leicester: Paper presented to the teaching and learning research programme (TLRP) Conference, 2000.

[③] Chin C, Brown D. E. Learning in science: a comparison of deep and surface approaches[J]. Journal of Research in Science Teaching, 2000, 37(2): 109-138.

[④] 何玲，黎加厚. 促进深度学习[J]. 现代教学，2005(5)：30.

[⑤] Clare B. Promoting deep learning: a teaching, learning and assessment endeavour[J]. Social Work Education, 2007, 26(5): 433-446.

也受到了研究者的关注。巴克兰指出，若要促进深度学习，教材内容应有一致的设计、反映专家对教学内容的理解、对基本概念的深入学习、以学生学习为中心的取向。[①]

3. 评估角度

不少研究者从评估的角度探讨了如何促进深度学习。恩特威斯尔通过分析已有研究成果指出，鼓励学生思考、寻求理解的评估（如论文、应用到新情境）是促使学生转向深度学习的重要途径，相比之下，学生认为只需要准确复制信息的评估会导致浅层学习占主导地位。[②] 拉什顿认为，以反馈为核心组成部分的形成性评估是促进深度学习的关键，毕竟它能提供实际水平和期望水平之间现有差距的信息，但前提是评估能提供建构性的参考。[③] 在实践层面上，埃尔默斯等人展示了伍伦贡大学如何通过完善评估方式促进平面设计专业学生进行深度学习。[④] 该大学将评估重心从设计的产品转移到了设计的过程，并引入了阶段性评估和真实性评估，制定了能促进学生深度学习的评估细则，同时更强调学生的反思，最终结果证实这些改变促进了学生深度学习的实现。坎贝尔诺顿则列举案例探讨了如何通过评估和反馈促进深度学习，他提出，评估和反馈应能促进学生的独立学习；应确保评估任务明确，评估标准透明；评估和反馈应及时；评估和反馈应有建设性和针对性，提供与每个评估标准直接和明确相关的反馈。[⑤] 杜默等人也证实，在本科地理野外工作中，反思性田野日记是进行教学、学习和评估的重要方式，它能促进深度学习，

---

① Buckland W. Promoting deep learning through the use of effective textbooks[J]. Cinema Journal, 2001, 41(1): 121-127.

② Entwistle N. Promoting deep learning through teaching and assessment: conceptual frameworks and educational context. Leicester: Paper presented to the teaching and learning research programme (TLRP) Conference, 2000.

③ Rushton A. Formative assessment: a key to deep learning?[J]. Medical Teacher, 2005, 27(6): 509-513.

④ Ellmers G, Foley M, Bennett S. Graphic design education: a revised assessment approach to encourage deep learning[J]. Journal of University Teaching & Learning Practice, 2008, 5(1): 77-87.

⑤ Campbell A, Norton L. Learning, teaching and assessing in higher education[M]. Exeter: Learning Matters, 2007: 92-98.

增强学生的批判性反思能力和沟通能力。[①]但杜默他们同时指出，明确的评估指南和评估标准必不可少，学生需要通过反思来充分理解学习过程。戈登和德布斯的实验研究证实，调整教学方法、任务要求和评估过程能促使师范生改进学习方式，首先是减少了浅层学习的使用，其次是增加了深度学习的使用。[②]最后，还有研究者探析了同伴反馈能否促进深度学习，他们对在线博客日记的分析发现，同伴反馈并不能促进反思思维的发展和深度学习的实现。[③]他们认为有两点原因：一是日记本就是一个自我反思的过程；二是同伴反馈的质量不高，缺乏有意义的、建设性的反馈。

4. 学习环境和课程设计角度

学习环境和课程设计也受到了研究者的关注。例如，马修等人探究了如何通过改变学习环境支持会计专业学生的深度学习。[④]具体而言：第一，所有小组每周进行解决问题练习。这些练习侧重于识别、解决与该周教学主题相关的特定会计问题，同时鼓励小组成员讨论和辩论这些练习引起的问题。完成练习后，每个小组被要求讨论问题，准备书面答复并与其他小组讨论答案。第二，小组课堂展示。每学期每个小组都需要进行一次课堂展示活动，以展示小组针对课堂上提出的问题提供解决方案。所有小组成员都必须参加展示，展示结束时，小组需要回答教师和其他小组的问题，教师再给予相应的反馈。第三，完成小组作业。每个小组还需在课外时间完成两个小组作业：第一个是案例研究，审查一系列财务报告的问题；第二个是分析一个小财务报表存在的问题。该研究发现，通过改变学习环境，会计专业的学生对深度学习方式的使用在统计学意义上表现出显著增长，浅

---

① Dummer T. J. B, Cook I. G, Parker S. L, Barrett G. A, Hull A. P. Promoting and assessing "deep learning" in geography fieldwork: an evaluation of reflective field diaries[J]. Journal of Geography in Higher Education, 2008, 32(3): 459-479.

② Gordon C, Debus R. Developing deep learning approaches and personal teaching efficacy within a preservice teacher education context[J]. British Journal of Educational Psychology, 2002 (72): 483-511.

③ Xie Y, Ke F, Sharma P. The effect of peer feedback for blogging on college students' reflective learning processes[J]. Internet and Higher Education, 2008, 11(1): 18-25.

④ Matthew H, Ramsay A, Raven J. Changing the learning environment to promote deep learning approaches in first-year accounting students[J]. Accounting Education, 2004, 13(4): 489-505.

层学习则显著减少。福克和沃特金斯也进行了实证研究,[①] 他们证实批判性的建构主义学习环境能促进学生采取意义导向的学习动机和策略,即采用深度学习方式进行学习。该研究同时表明学生对学习环境的感知对其采取的学习方式有重要影响。英格利希、勒基特和拉德诺维奇则从重新设计课程方面进行了研究。[②] 重新设计课程起因于学生的写作技能令人失望。学习中心和教师通过讨论认为,广泛的批判性阅读的欠缺、对主题缺乏重点和全面的处理、缺乏合理的论据是主要原因。于是他们决定通过重新设计课程来解决,以明确任务要求,支持和鼓励学生在写作中展现内容知识和批判性思维的发展。措施具体有:①准备互动阅读指南,以帮助学生理解主题,介绍特定类型的学科写作,同时提供如何阅读的范例;②将注意力转向如何教授材料,鼓励学生提出问题和有不同的反映,以促进对内容和过程的学习;③关注学生的撰写过程,使用头脑风暴法激发学生思考,重点关注是否能表达自己的理解以及论点的质量;④评价强调对特定内容的理解;⑤为教师准备详细的手册,以确保统一的教学方法,避免学生对什么是"合适的"写作有不同的理解。使用比格斯的学习过程问卷证实了重新设计课程的有效性,即促进了深度学习的使用,同时提高了课程成绩。

最后,还有研究者提出了促进深度学习的教学模式。詹森(Eric Jensen)和尼克尔森(LeAnn Nickelsen)勾勒出了深度学习路线(Deeper Learning Cycle,简称DELC)。他们的假设是:深度学习是一种复杂的思维活动,而这种复杂思维不可能仅靠学生个体独自生成,它必须依靠教师的外部引导逐步促使学生达到更高水平的学习层次。DELC是一种包含脑研究、标准和个体学习差异在内的教学模式,目的是帮助教师为深度理解和批判性思维而教。DELC共有七个步骤,分别是:设计标准与课程、预评估、营造积极的学习文化、预备与激活先期知识、获取新知识、深度加工知识,以及评价学生的学习(见图1-3)。

---

① Fok A, Watkins D. Does a critical constructivist learning environment encourage a deeper approach to learning?[J]. The Asia-Pacific Education Researcher, 2008, 16(1): 1-10.
② English L, Luckett P, Mladenovic R. Encouraging a deep approach to learning through curriculum design[J]. Accounting Education, 2004, 13(4): 461-488.

设计标准与课程	→	预评估	→	营造积极的学习文化	→	预备与激活先期知识	→	获取新知识	→	深度加工知识	→	评价学生的学习
*合乎发展 *有意义的课程 *信息组块 *课时量 *要点问题		*了解各个学生 *教学单元预评估 *个体目标预评估		*安全的、令人鼓舞的环境 *学生间的积极关系 *师生间的积极关系 *学生受益的		*预备与预亮相 *提问、发现和讨论 *形成联结		*了解段落和重要构想 *了解精简内容 *教师准备工作 *学生探究与学生分享 *书籍、课本或期刊 *互联网探求 *DVD或录像带、电视 *客座演讲人		*精细和有效加工的领域 1.觉知 2.分析到综合 3.应用 4.同化		*反馈 *注释 *掌握 *学生的想法 *同伴反馈 *自省

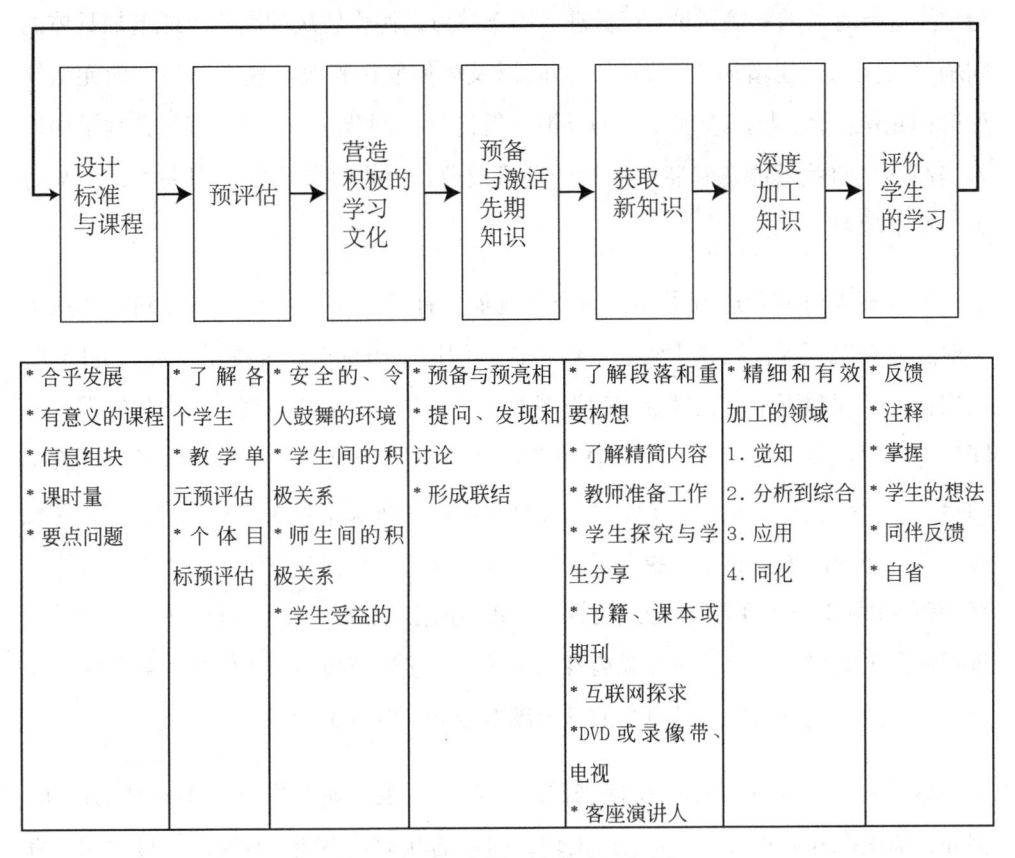

图 1-3 深度学习路线（DELC）

（二）信息技术支持下的深度学习研究兴起

随着信息技术的迅速发展及在教育中的广泛应用，如何利用信息技术支持深度学习在这一时期引起了研究者的广泛关注，同时涌现了大量的研究成果。

在理论层面，韦格尔认为技术应能培养学生研究、解决问题、批判性思维以及知识管理方面的能力，并对远程教育中的深度学习进行了论述。[1] 海科和尼德豪泽提出了促进在线课程深度学习的原则[2]：一是视学习者为意义制造者，他们能积极地选择、组织和整合他们的经验与现有知识，同时要求学生构建他们思考和行动的深层解释和理由，使其成为自己学习的积极参与者；二是选择适当的案例，并

---

[1] Weigel V. B. Deep learning for a digital age: technology's untapped potential to enrich higher education[M]. San Francisco: Jossey-Bass, 2002.

[2] Hacker D. J, Niederhauser D. S. Promoting deep and durable learning in the online classroom[J]. New Directions for Teaching & Learning, 2000 (84): 53-63.

与学生进行有效的案例讨论；三是进行协作学习，协作解决问题不仅能增加具体的问题解决能力，还增加了对如何、何时以及为何使用解决问题策略的一般元认知理解；四是给学生与其表现相称的反馈，促进学生调节学习行为；五是在教学中嵌入提高学生自我效能感和感知挑战的动机成分，以提高学生的学习动力，全身心参与在线学习。

另有不少研究者进行了实证研究。例如，杜等人基于信息、方法和认知三个一般过程提出了远程教育中动态在线讨论的深度学习框架，并提供了灵活的同伴、结构化的主题和协作任务讨论三种类型的在线讨论。[1]他们发现，该框架能促进不同学习者之间的在线互动，实现深度学习。特维基于对案例的研究认为，在教师的指导下，在线社区能促进小学生的深度学习。[2]斯莱克等人的研究也发现，课程参与者之间的同步沟通和在线会议能促进深度学习。[3]柯和谢则考察了在线讨论类型（教师主导对学生主导）、分组设计（全班/小组对综合）以及计算机中介交流（异步对混合）对成年学生在线互动表现的影响。[4]该研究表明，由学生主导并整合全班和小组的在线讨论预测了更高的学习满意度和更深度的学习。

尽管研究发现在线互动能促进深度学习，但也有研究发现了不一样的结果。例如，加里森和克利夫兰·英尼斯发现，简单的互动并不能实现在线深度学习，互动和教学存在的性质对深度学习至关重要。由此他们认为，要实现在线课程的深度学习，在设计和组织上，应明确目标并选择合适的内容，构建适当的活动，并进行与预期目标一致的评估；在促进参与上，应在时长、内容期望和及时性方面提出明确的参与要求，同时提出引人入胜的问题，使学生和教师之间的观点持续性互动，确保学生能够通过持续的思考建构意义[5]。我国研究者也探究了信息技术支

---

[1] Du J, Havard B, Li H. Dynamic online discussion: task-oriented interaction for deep learning[J]. Educational Media International, 2005, 42(3): 207-218.

[2] Turvey K. Towards deeper learning through creativity within online communities in primary education[J]. Computers and Education, 2006, 46(3): 309-321.

[3] Slack F, Beer M, Armitt G. Assessment and learning outcomes: The evaluation of deep learning in an on-line course[J]. Journal of Information Technology Education Research, 2003, 2(2): 569-584.

[4] Ke F, Xie K. Online discussion design on adult students' learning perceptions and patterns of online interactions[A]. Proceedings of the 8th International Conference on Computer Supported Collaborative Learning[C]. Rhodes: DBLP, 2009.

[5] Garrison D. R, Cleveland-Innes M. Facilitating cognitive presence in online learning: interaction is not enough[J]. American Journal of Distance Education, 2005, 19(3): 133-148.

持下的深度学习。例如，王丽和谈云兵以苏州教育博客为例，在分析基于博客的交流学习存在问题的基础上，认为围绕一个主题进行讨论、以解决教育教学中的问题为出发点、构建一个良好的学习环境和注重博文的质量是利用博客促进教师深度学习的有效方法。[①]

三、深度学习研究的深化期（2010 年至今）

从 2010 年开始，深度学习在世界范围内的发展进一步加快。在这一阶段，人们对深度学习的认识发生了转变，同时也越来越重视深度学习的评价。此外，以美国为代表的一些国家率先进行了深度学习的实践。

（一）拓展深度学习的内涵

自 2010 年开始，人们对深度学习的认识发生了重大变化，这主要体现在两个方面：其一，深度学习不仅是一种学习方式，更是学习过程和结果。深度学习的概念既用于描述学生的一系列能力或目标，也用于表征促进这些能力的学习方式（或过程）[②]。例如，威廉和弗洛拉·休利特基金会认为深度学习是"学生必须掌握的一系列能力，以便对学术内容有敏锐的理解，并将他们的知识应用到课堂和工作中"。并将深度学习分为掌握核心学术内容、批判性思维与问题解决、有效沟通、协作能力、学会如何学习，以及学术心智六个维度。美国国家研究委员会（National Research Council, NRC）在对一系列学科理论和研究进行回顾的基础上，把深度学习定义为"个体能够将从一个情境中学到的知识应用到另一种新情境的过程"，即迁移。NRC 为了区别深度学习与"21 世纪能力"，把 21 世纪能力分为三个领域：认知领域、人际领域和个人领域。美国卓越教育联盟（Alliance for Excellent Education）也认为"深度学习是指以创新的方式向学生提供丰富的核心内容，使他们能够学习并应用所学知识。严谨的核心内容是学习过程的核心，真正的深度

[①] 王丽，谈云兵. 基于博客的深度学习研究——以苏州教育博客为例 [J]. 中国远程教育，2009(12)：43.

[②] American Institutes for Research. Evidence of deeper learning outcomes[EB/OL]. (2014-11-18) [2019-07-16]. https://www.air.org/sites/default/files/downloads/report/Report_3_Evidence_of_Deeper_Learning_Outcomes.pdf.

学习是培养能力，使高中毕业生能够为大学和职业生涯做好准备，然后能在生活和工作中最大限度地利用已学知识。"[1] 其二，对深度学习的认识走出了认知领域的窠臼。无论是威廉和弗洛拉·休利特基金会划分的六维度能力，还是 NRC 的三大领域，都不再把深度学习完全视为认知领域的"领地"，而是从一种完整的视角看待它。我国研究者吴永军也认为应超越认知心理学的局限，建构一种全视角深度学习观。具体而言，一是对深度学习的理解必须是整体的、全面的。人的深度学习是一种整体的学习状态，是学习者全身心投入的过程，它既是学习者大脑内部信息加工的过程，也是一个充满情感、意志、精神和兴趣的过程；它不仅是一个个体学习的过程，还是一个社会过程和文化过程。二是深度学习品质是可以学习的，促进深度学习的策略必须是整体的、系统的和全方位的，任何单一的策略（如设计高阶思维问题）都是不可能奏效或取得持续性效果的。三是在深度学习研究上必须摒弃"个人主义"方法论，彻底变革研究思维，这也是全视角深度学习的题中之义。[2]

（二）关注深度学习的评价

随着深度学习的深入发展，促进学生深度学习已成为基本共识，如何评价深度学习亦受到广泛关注。国内外许多研究者对此进行研究，并取得了较为丰硕的成果。

在国外，深度学习的评价研究以实证研究为主。例如，希林·伊克卢奇·柯姆切莱布等人使用《科学学习方式问卷》（*Learning Approaches to Science Scale*）对小学生的深度学习状况进行了评价。[3] 根据该量表，得分越高，学习程度越深，得

---

[1] Alliance for Excellent Education. A Time for Deeper Learning: Preparing Students for a Changing World[EB/OL]. (2011-05-26)[2019-06-21]. https://all4ed.org/wp-content/uploads/2013/06/DeeperLearning.pdf.

[2] 吴永军. 关于深度学习的再认识[J]. 课程·教材·教法，2019（2）：54-56.

[3] Şirin İlkörücü Göçmençelebi, Muhlis Özkan, Nuran Bayram. Evaluating primary school students' deep learning approach to science lessons[J]. International Online Journal of Educational Sciences, 2012, 4(3): 554-562.

三、深度学习研究的深化期（2010年至今）

分越低，学习程度越浅。里森等人[①]、梅休等人[②]都在研究中使用了全美大学生学习投入调查（National Survey of Student Engagement，简称NSSE）团队开发的深度学习方式量表评价了学生的学习状况。坎贝尔和卡布雷拉则对NSSE深度学习方式量表（包括三个子维度：高阶学习、整合学习和反思学习）的有效性进行了分析。[③]除此之外，坎佩洛等人[④]调查了概念图能在多大程度上促进高中学生的有意义的学习，概念图在该研究中也是评价工具。

相比国外，国内关于深度学习的评价研究主要是理论研究。例如，郑东辉[⑤]提出了促进深度学习的课堂评价理念和评价路径：在评价理念上，一是评价合乎伦理，实现手段与目的的融合；二是评价主体多元，实现自我与他者的统一；三是评价融入教与学之中，实现信息转换。在评价路径上，一是将评价活动设计进教案；二是运用多种方法收集深度学习信息；三是合情合理地反馈学习结果；四是引导学生自我评价。也有研究者构建了深度学习的评价模式和评价框架。例如，张浩、吴秀娟和王静以布鲁姆的认知目标分类法、比格斯的SOLO分类法、辛普森的动作技能目标分类法和克拉斯沃尔的情感目标分类法为基础构建了深度学习的多维评价体系，以非结构化的深层知识、高阶认知技能、高阶思维能力和高水平动作技能等的形成为深度学习评价的现实标准构建出了认知、思维结构、动作技能和情感四位一体的深度学习评价体系，以解析不同领域中深度学习者可达成的预期目标。[⑥]陈明选和邓喆运用SOLO分类理论，从设计评价内容、预设学习目标、分析学生先前理解水平、分析学生学后理解水平及理解水平的变化情况等方面构建了理解水平的学习评价框架，目的是评价学生整个学习过程认知结构的变

---

① Reason R. D, Cox B. E, Mcintosh K, Terenzini P. T. Deep learning as an individual, conditional, and contextual influence on first-year student outcomes. Chicago: Paper presented at the Annual Forum of the Association for Institutional Research, 2010.

② Mayhew M. J, Seifert T. A, Pascarella E. T, et al. Going deep into mechanisms for moral reasoning growth: how deep learning approaches affect moral reasoning development for first-year students[J]. Research in Higher Education, 2012, 53(1): 26-46.

③ Campbell C. M, Cabrera A. F. Making the mark: are grades and deep learning related?[J]. Research in Higher Education, 2014(55): 494-507.

④ Campelo L. F, Piconez S. C. B. Concept mapping in high school: an experience on teaching geography to measure deep, surface and non-learning Outcomes. In Cañas, A., Reiska, P. & Novak, J. Innovating with concept mapping. Springer-Communications in Computer and Information Science (CCIS), 2016: 29-39.

⑤ 郑东辉. 促进深度学习的课堂评价：内涵与路径[J]. 课程·教材·教法，2019（2）：59.

⑥ 张浩，吴秀娟，王静. 深度学习的目标与评价体系构建[J]. 中国电化教育，2014（7）：51.

化。① 刘哲雨和郝晓鑫基于迁移理论和 SOLO 水平分类方法，构建了深度学习效果的"3+2"评价模式，即新知理解评价深度学习的基础，内部关联迁移和外部拓展迁移评价深度学习的程度。② 庞敬文等人从识记（包括认识目标、理解目标、制订计划）、领会（包括内容获取、内容理解、观点形成）、运用（包括标准和课程、学习情境创设、教学准备、教学资源利用）、分析（包括预备与激活原知识、教学环节、学习方法）、综合（包括深度加工知识、个性化测试与提升、知识体系梳理、拓展与延伸）、评价（包括评价学生、价值评价、归因分析）六大维度构建了深度学习视角下智慧课堂评价指标体系。③ 还有研究者从深度学习动机、深度学习投入、深度学习策略和深度学习结果四个维度构建了混合学习环境下深度学习评价量表，并进行了信效度检验、应用与有效性分析，证实该量表具有一定的有效性，可以作为评价混合学习环境下深度学习的工具。④ 只有为数不多的研究者进行了实证研究。例如，刘丽丽使用 SOLO 分类理论评价了小学生语文学习结果的质量。⑤

（三）推动深度学习走向实践

2010 年以来，美国、加拿大等国已经开始在真实的课堂中进行深度学习的试验，代表性的项目有以下两个。

1. 美国深度学习项目（SDL）

SDL（The Study of Deeper Learning: Opportunities and Outcomes）是由威廉和弗洛拉·休利特基金会资助，美国研究院组织实施的概念验证研究项目（proof-of-concept study），其目的是确定那些在至少中等程度实施深度学习的学校就读的学生是否比没进入这些学校的学生获得了更深入的学习机会和学习成果。与对某一

---

① 陈明选，邓喆. 围绕理解的学习评价——基于 SOLO 分类理论的视角 [J]. 中国电化教育，2016（1）：74-77.
② 刘哲雨，郝晓鑫. 深度学习的评价模式研究 [J]. 现代教育技术，2017（4）：16-17.
③ 庞敬文，张宇航，唐烨伟，解月光. 深度学习视角下智慧课堂评价指标的设计研究 [J]. 现代教育技术，2017（2）：16-17.
④ 苏丹蕊. 混合学习环境下大学生深度学习评价指标体系研究 [D]. 大连：辽宁师范大学，2018：45.
⑤ 刘丽丽. 基于 SOLO 分类理论的小学生深度学习评价研究 [D]. 上海：华东师范大学，2017：80-81.

特定项目或深度学习方式的评估不同，SDL侧重于提供证据，以表明学校是否能够在各种合理实施的方法和多样化的学生中促进深度学习。SDL项目的基本假设是：其一，教育工作者可以设计或重新设计学校的教学策略、结构和文化，使其定位在深度学习。不同学校的策略、结构和文化可采取不同的方式，但它们与传统的教育方法不同，特别是在高中阶段。其二，在这些学校学习的学生将有更多的机会参与更深入的学习。其三，这些机会将使学生获得在大学、职业和生活中取得成功所需的可转移的能力。为达到目标，参与SDL的实验学校主要从两个方面做了努力：一是课堂教学；二是学校结构和文化。

在课堂教学上，实验学校从教育目标、课程、教学策略、评价四个方面进行了设计。一是制定明确的目标。实验学校均把认知领域、人际领域、个人领域的深层能力作为目标。例如，在认知领域，高阶思维或批判性思维能力是主要目标，具体包括：如何将学习内容与现实世界建立联系、如何查找和使用信息、如何解决问题和批判性思考、如何区分事实与虚构以及如何推理和分析问题。又如在人际领域，沟通技巧和有效的沟通能力是实验学校的目标。二是开发深度学习课程。课程是实现教育目标的基本保证，因此实验学校普遍开发了能促进深度学习的课程。这些课程主要由教师设计，并基于特定的标准，包括共同核心州立标准（CCSS），州标准或深度学习课程框架。除此之外，一些学校还开发了涵盖相关内容标准和学习目标、纳入学生兴趣和当地资源的个性化项目。三是教学策略。例如，为发展深度认知能力，实验学校采取的策略主要有：基于项目的学习、教学与现实世界相联系、在校外提供实习机会和个性化教学等。基于项目的学习是培养深度认知技能的主要策略，它不仅可以让学生把不同学科的知识联系起来，还可以将他们在学校学到的知识与现实生活中可能遇到的情境联系起来。小组开展的项目还可以培养学生的沟通技巧，提高学生的协作能力。此外，在大多数实验学校，教学与现实世界联系被认为是促进学生把在学校学到的知识应用到校外学习和毕业工作的重要途径。例如，一所学校的新生完成了一个为期一学期的关于可持续发展的项目。在这个过程中，学生参观了当地的公司，并选择了影响学校或城市可持续发展的问题作为研究主题，收集数据后向同学、家长和社区成员进行展示和介绍。四是评估。为确保学生的深度学习能力得到发展，实验学校采取了一系列评估策略。例如，在认知领域，主要包括：长期评估（如展览或作品集），以展示学生积累的知识和能力；非正式的形成性评估（如在课堂上提问以获知学生的理解、课程结束时回答问题或提示），以评估学生的学习进展。

在学校结构和文化上，主要策略包括开设咨询课、灵活的课时安排以及支持个性化的学校文化。咨询课是实验学校支持学生深度学习的重要举措。开设咨询课的目的是加强成人与学生之间的联系，同时培养个性化和支持性的学校文化。虽然咨询课程以不同的方式设置，但它们的共同点是顾问（主要由教师担任）与学生或一组学生定期会面，提供学术和社会支持。灵活的课时安排也是许多实验学校采取的有效方法，目的是使教学与深度学习相一致。例如，有的实验学校把课时从 50 分钟延长到 90 分钟，以保证学生有更多的时间钻研主题；也有学校把课时延长到了 2 个小时；还有学校实行混合时间制。最后是支持个性化的学校文化。创建个性化的学校文化和学习环境，能使学生积极地参与教育活动，从而达到深度学习的目标。例如，差不多有一半的实验学校明确地将他们的学校文化描述为具有高度信任、尊重和支持的"家庭"氛围。

美国研究院的研究证实，相比非实验学校，实验学校的学生有更多的机会进行深度学习。这些机会对学生的发展起到了积极的影响，包括提高对复杂问题的解决能力、协作能力、沟通能力、学习能力和创造性思维能力。例如，和非实验学校学生相比，实验学校学生在国际学生评估项目（Programme for International Student Assessment, 简称 PISA）中获得了更高的分数；表现了更高水平的协作技能、学术参与能力、学习动机和自我效能；更有可能按时毕业；更有可能入读高等教育机构[1]。

2. 美国 8 所公立学校深度学习实践

美国 8 所公立学校深度学习实践是马丁内兹和麦格拉斯在 2011 年发起的实验项目，旨在改革学生学习的经验。这 8 所公立学校（其中包括 1 所磁石学校和 3 所特许学校），少数族裔比例占 30% 以上，享受免费午餐或午餐补贴的人数比例从 32% 到 100% 不等，学校规模也比全国平均水平略小（每个学校的学生人数不到 600 人）。他们认为美国大多数公立学校是 20 世纪的学校，却试图应对 21 世纪的学生，这些学校未能提供给学生应有的高质量和个性化的教育。他们认为，解决方案是提供"深度学习"的教学。这一术语也包括了深度学习的五大目标，包括掌握必

---

[1] American Institutes for Research. Does deeper learning improve student outcomes? Results from the study of deeper learning: opportunities and outcomes[EB/OL]. (2014-09-24)[2019-07-30]. https://www.air.org/sites/default/files/downloads/report/AIR%20Deeper%20Learning%20Summary_Final.pdf.

三、深度学习研究的深化期（2010年至今）

要的学术内容、批判性思维和解决复杂问题、协同工作和有效沟通、具有学术思维、通过自主导向学习赋权。为达到目标，他们采取了6个促进深度学习的核心策略。

一是连接，创建一个学习者社区。当学生对教师、其他学生以及他们的使命有着积极的感受时，将会更好地学习，因此强大的学校社区对学生来说非常重要，它能使学生从被动角色转为积极的、自我导向的主动学习者。为创造一个更具凝聚力、真正协作的学校环境，必须将支持和信任与高期望和学习的集体责任结合起来。具体包括：激励学生关心彼此的成功；通过各种全校活动、信息传递和仪式，使学生重新认识学习和自我指导的价值；让高年级学生成为导师和榜样；建立建设性学习反馈和反思的准则；设计能反映促进开放和协作环境的建筑。

二是赋权，激励学生引领自己的学习。积极的、有意义的教育经验对于帮助学生达到更深入的学习目标至关重要。因而，所有学校都强调以探究为基础的学习，并让学生在小组中积极有效地工作、制作产品或共同解决问题，同时允许学生失败。教师则不断转变角色，从设计课程到咨询，再到辅导等。

三是情境化，使学科相互关联并应用到现实中。当材料与个人相关并且主题被整合时，学生对材料将会有更深入的理解。同时，学科不是孤立地被教授，而是与更大的主题、概念和多个学科相关联，并将其应用到现实世界的问题中。

四是延伸，超越学校围墙的网络。通过与校外开展合作为学生提供更广泛的支持和学习网络，这不仅可以为学生提供丰富的资源和经验，还可以帮助他们掌握现实中的技能。

五是激励，用定制化的学习激励每一个学生。为了使定制学习满足每个学生的教育需求和愿望，教师应通过正式程序（如咨询）和非正式程序（包括非正式对话、家长或其他老师的观察）了解每个学生的特点。

六是充分利用技术。技术可以用来加强学生的学习，如使用能够培养学生研究技能和批判性思维技能的应用程序、提供设计项目的数字方法、在学校内外进行协作和交流等。但必须让技术成为"仆人"而不是"主人"。

四、评价与展望

经过四十多年的发展，深度学习已成为国内外教育领域研究的热点与重点，并取得了诸多成果。在这一发展过程中，深度学习的内涵不断扩大。与此同时，深度学习也从理论研究走向实践探索，从宏观走向"宏""微"并重，且越来越注重实证研究和深度学习的评价研究。未来，深度学习研究应从以下几个方面继续深入发展。

首先，深度学习的实证研究。在深度学习的研究上，国外已进行了诸多实证研究，如通过实证研究探析深度学习的影响因素、形成过程、应用价值等，但为给教育和课堂教学改革提供强有力的证据支撑，这方面的研究还有待进一步挖掘和深入。

其次，深度学习的评价研究。深度学习评价是深度学习研究的重要内容，也是判断学习者是否进行深度学习的重要途径和手段。尽管深度学习是一种涉及认知、情感、人际等多个方面的高阶能力，但现有评价研究大多集中在认知层面，对其他方面关注不够，因而如何构建一个全面、科学的深度学习评价体系将是下一步研究的重点，从而为有效评价深度学习提供依据。此外，尽管传统的问卷调查、纸笔测验等实施方便、评价效率高，但由于深度学习的复杂性、多维性与真实性，这类评价往往难以全面反映深度学习的面貌和特征。所以，如何有效地评价学习者在这些方面的高阶能力亟待解决。就此而言，我们认为强调基于表演、操作、行动等真实表现进行评价的表现性评价可能是深度学习评价研究的一大趋势。例如，SDL 项目已采用表现性评价对认知、人际和个人领域的深度学习进行评价。美国斯坦福评价、学习与公平中心（Stanford Center for Assessment, Learning and Equity，简称 SCALE）也于 2014 年开展了指向深度学习的表现性评价项目[①]。

再次，技术支持下的深度学习研究。进入 21 世纪后，尤其是 2010 年以来，国内外研究者都非常重视信息技术支持下的深度学习研究，利用信息技术促进深度学习，如王等人探讨了如何在计算机环境中使用认知地图促进复杂问题的深度

---

① 迟佳蕙，李宝敏. 国内外深度学习研究主题热点及发展趋势——基于共词分析的可视化研究 [J]. 基础教育，2019（1）：106.

学习,[①] 佩格勒姆等人通过实证研究探讨了播客能否促进深度学习。[②] 但是,如何实现信息技术与深度学习的深度融合、如何对技术支持下的深度学习进行测量和评价等问题还有待进一步挖掘和研究。

最后,深度学习的应用与效果研究。自2010年起,以美国、加拿大为代表的国家纷纷把深度学习引入真实的课堂教学场域,验证深度学习的效果,这不但促进了深度学习理论与实践的融合,而且还极大地推动了深度学习的实践研究。但从全球范围来看,这类研究还较为缺乏。未来,应基于相关研究成果构建理论框架和实践模型,进行大规模的深度学习实验项目,在验证和丰富深度学习基本理论的同时,进一步明晰深度学习的实践理路,为课堂教学的深层次变革提供参考和指导。

[①] Wang M, Wu B, Kirschner P. A, et al. Using cognitive mapping to foster deeper learning with complex problems in a computer-based environment[J]. Computers in Human Behavior, 2018(87): 450-458.

[②] Pegrum M, Bartle E, Longnecker N. Can creative podcasting promote deep learning? the use of podcasting for learning content in an undergraduate science unit[J]. British Journal of Educational Technology, 2015, 46(1): 142-152.

专题二

深度学习的理论基础

专题二 深度学习的理论基础

一、认知灵活性理论
- （一）非良构领域知识是深度学习的主要知识类型
- （二）深度学习属于高级学习的范畴
- （三）认知灵活性理论对深度学习的影响

二、情境认知理论
- （一）深度学习是幼儿置身于情境中的实践活动
- （二）深度学习体现了合法的边缘性参与
- （三）情境认知理论对深度学习的影响

三、分布式认知理论
- （一）深度学习是基于群体的意义建构
- （二）深度学习的过程受多维参与要素影响
- （三）分布式认知理论对深度学习环境设计的启示

四、人本主义理论
- （一）深度学习是情智共同投入的有意义学习
- （二）人本主义理论对深度学习的影响

五、元认知理论
- （一）儿童元认知能力的发展
- （二）深度学习中的元认知

关于学习现象的研究经历了从哲学研究、基于实验室科学研究到关注自然情境多学科整合研究的三次转变，逐步形成了系统而科学的学习理论，也逐步转向了关注真实学习情境中复杂学习现象的学习科学研究。[1]作为一种主动的、基于真实情境的、批判性的、有意义的学习方式，深度学习是当前学习研究的重要内容之一，对其认识和理解是建立在多种学习理论的基础之上的。在学习科学领域，诸多学习理论都与深度学习的核心概念、特征及过程有关联，为深度学习发生的环境、学习过程及学习结果等方面提供了理论参考与实践指导。在学习理论中，认知灵活性理论、情境认知理论、分布式认知理论、人本主义理论，以及元认知理论是深度学习的主要理论基础。其中，认知灵活性理论为深度学习知识的建构特性及随机通达教学奠定了基础，情境认知理论为深度学习环境设计提供了科学依据，分布式认知理论为深度学习的深层交互与群体意义建构提供了强有力的解释，人本主义理论赋予了深度学习尊重人的价值及重视个体主观能动性的内涵，元认知理论为深度学习的反思与自我监控提供了理论依据。

一、认知灵活性理论

认知灵活性理论(cognitive flexibility theory)，又被称为"认知弹性理论"，是由美国伊利诺伊大学学者斯皮罗(Spiro)及其团队于20世纪90年代提出的一种学习理论。该理论认为，认知灵活性是个体对其内部知识的自动重构，是以多种方式应对处于变化中情境要求的能力，体现的是在认知中灵活的变通。[2]认知灵活性

---

[1] 杨南昌.学习科学视域中的设计研究[M].北京：教育科学出版社，2010：14-31.
[2] 高文.认知弹性理论、超文本与随机通达教学——一种折中的建构主义学习与教学理论[J].全球教育展望，1998(6)：1-4.

理论的核心问题是多元认知表征，即要求学习者能够从多个视角审视某一实际概念。认知灵活性强的学习者，在认知方面具有较强的弹性，既能够依据不同的环境属性对刺激源进行分类；也能发现整体间的内部关联，从不同的角度解释问题；还能够依据事物的情境脉络对各部分进行重组与排序。在此过程中，学习者增强了对该概念的理解，也能灵活地对知识进行迁移。

深度学习注重发展高阶思维及知识的迁移能力，重视培养多元表征问题的能力和解决问题的能力，注重认知灵活层面的训练与提升。认知灵活性理论是以信息加工理论的视角来解释个体建构性学习的过程，根据知识结构的复杂性，将知识分为良构领域知识、非良构领域知识两种类型。首先，探讨了个体在现实变化的情境中如何灵活运用已有知识的心理机制，提出了促进学习者进行高级学习的条件及策略。其次，在对这种心理机制研究的基础上，发展出教学设计的原则，用以培养学习者灵活的思维能力。因此，认知灵活性理论及其教学设计原则，可为幼儿深度学习提供重要的理论基础及实践引导。

（一）非良构领域知识是深度学习的主要知识类型

在斯皮罗等人看来，知识可以被分为良构领域（well-structured domain）知识与非良构领域 (ill-structured domains) 知识两类。[1] 其中，良构领域知识指的是与某一主题相关的概念、规律及原理，是由一定的层次结构组织起来的。非良构领域知识指的是将良构领域知识应用在具体的问题情境中而产生的知识，即概念应用的知识，[2] 其内涵会因情境的不同表现出一定的差异。因此，非良构领域的知识具有两大特性：一是知识具有复杂性。在将知识运用到每一个实际案例中时，会同时涉及许多其他概念，这些概念都带有复杂性，并且不同概念间相互作用，使得非良构领域的知识变得复杂；二是实例具有不规则性。在非良构领域知识的实际案例中，不同实例所涉及概念的种类及数量不尽相同。[3] 所以，不同概念的含义、发挥的作用及

---

[1] Spiro R. J, Collins B. P, Thota J. J, Feltovich P. J. Cognitive flexibility theory: Hypermedia for complex learning, adaptive knowledge application, and experience acceleration[J]. Educational Technology, 2003, 43(5): 5-10.

[2] 刘儒德. 论认知灵活性理论 [J]. 北京师范大学学报（人文社会科学版），1999(5)：61-66.

[3] Spiro R. J, Feltovich P. J, Jacobson M. J, Coulson R. L. Cognitive flexibility, constructivism, and hypertext: Random access instruction for advanced knowledge acquisition in ill-structured domains[J]. Educational Technology, 1992, 31(1): 85-107.

其相互作用的模式也有所不同，使得非良构领域知识的实例缺乏规则性。

在真实情境中，幼儿所面临的问题往往是多变的、复杂的，是不能简单地运用已有规则解决问题的。因此，非良构领域知识是幼儿深度学习的主要知识类型。要解决深度学习中的非良构领域的问题，幼儿需要以原有的良构领域知识为基础，形成问题解决的新图式，并将每个概念在不同情境中的不同侧面解释重整在一起。幼儿需运用多种方式来构建知识，以便对环境中的变化做出灵活的应对。

（二）深度学习属于高级学习的范畴

人类的学习是一个复杂的过程，斯皮罗等人基于对学习本质的把握，将学习分为初级学习与高级学习两类。在初级学习中，学习内容以良构领域知识为主，其问题的解决过程及其结果是确定的，可以直接套用已有的规则、模式，或利用少数简化的案例来解决简单的问题，属于浅层学习，属于学习中的低级阶段。[1] 高级学习是认知灵活性理论中所倡导的学习方式，这类学习内容会涉及大量的非良构领域知识。高级学习要求学习者把握复杂性的概念，具备在不同情境中构建知识的能力。若忽视内容的复杂性及知识应用中的无序性，将知识或概念过分简单化，则易出现学习失败、不能将知识应用迁移到新的案例等情况。高级学习中的知识获得阶段，是通过大量的反复练习、反馈，最终熟练掌握知识的过程。在此过程中，学习者需掌握领域中涉及内部关系的知识，并能够在不同情境中应用知识，发展出能应对现实应用领域的灵活表征能力。因此，学习者应努力形成对概念的多角度理解，并与具体的情景联系在一起，形成背景性的知识。学习者在问题表征的过程中，应从不同的角度表征问题，理解并适应问题解决的需要，在不同的概念及案例表征中构建出知识整体。

在认知灵活性的观点中，任何学习过程都可能既存在浅层学习，也存在深度学习。其中，浅层学习属于初级学习的范畴，深度学习属于高级学习的范畴。[2] 总的来看，高级学习与初级学习有较大差异（见表2-1）。例如，在学习目标上，初级学习是对概念的记忆，高级学习则是对概念复杂性的掌握；初级学习是对知识的简单提取，高级学习则转变为对已有知识的应用与迁移。幼儿的深度学习属于高

---

[1] 张建伟.建构性学习：学习科学的整合性探索[M].上海：上海教育出版社，2005：59-61.
[2] 张浩，吴秀娟.深度学习的内涵及认知理论基础探析[J].中国电化教育，2012(10):7-11, 21.

级学习，是对幼儿学习内容及学习目标提出了更高层次的要求。而深度学习的关键在于在学习过程中重视发展个体的认知灵活性。

表2-1　初级学习与高级学习的区别

	初级学习	高级学习
学习内容	良构知识	非良构知识
学习目标	记忆重要的事实、概念等，将知识原样直接提取	把握概念的复杂性，在实际情景中灵活使用

（三）认知灵活性理论对深度学习的影响

深度学习对学习过程及教育目标的理解与认知灵活性理论具有一致性，因而认知灵活性理论提出的知识观、学习观及随机通达的教学方法，可为幼儿深度学习提供重要的理论指导。随机通达教学是斯皮罗等人在认知灵活性理论的基础上提出的教学策略。研究者认为，传统教学在提升学习者解决实际问题的能力方面收效不佳，并认为造成这种情况的主要原因在于：盲目地将低级学习阶段的教学策略推及高级学习阶段，使教学过程过于简单，出现教学偏向。斯皮罗将教学偏向主要归为以下几类：第一，附加性偏向，即将知识或概念从其所在的复杂背景中割离，误认为对事物孤立、一维的认知能够推广至更大的背景环境中，忽略了具体情况的限制；第二，离散化偏向，即将原本连续的发展过程处理为一个个独立的阶段，使知识理解断层；第三，部分化偏向，即将各事物的整体拆分为各个部分，忽略了整体与部分、各部分之间的相互联系与作用。为避免出现上述偏向，切实提升学习者对实际问题的解决能力，斯皮罗等人在高级学习的理论基础上，提出了更为适合高级学习阶段的教学方法——随机通达教学(Random access instruction)[1]。该教学方法的基本原理是：对于相同的学习内容，要求学习者在不同的时间里、在不同的情境中、带有不同的目的、从不同的角度进行多次学习，以此来满足高级学习的要求，从而达到获得高级知识的学习目标。尽管不同学习情境会有互相重合的部分，但反复学习并不是为巩固知识技能而进行的简单重复，而是将知识或概念应用于不同的实际案例中，将其与真实情境联系起来，进而达到对知识技能的全面掌握及理解。因而，在对每个高级知识进行教学的过程中，都需要涵盖大

---

[1] 何克抗.建构主义的教学模式、教学方法与教学设计[J].北京师范大学学报(社会科学版)，1997(5):74-81.

量的实际案例,以此来印证同一概念在多种情境中的不同含义。

随机通达教学在具体操作中主要包括以下几个环节:第一,呈现基本情境。教育者向学习者呈现与当下学习主题的基本内容相关的情境;第二,随机进入学习。教育者根据学习者"随机进入"学习时所选取的内容,呈现出与当下学习主题相关的不同侧面特性的情境,在此过程中应注意发展学习者的自主学习能力,使学习者逐步学会自己学习;第三,思维发展训练。教育者应特别注意发展学习者的思维能力,与学习者之间的互动应在元认知级别进行(即教育者提出的问题,应有利于促进学习者认知能力的发展,而非纯知识性提问),要注意建立学习者的思维模型,了解个体思维的特点,注意培养其发散性思维;第四,小组协作学习。基于学习者在同一情境的不同侧面所获得的认知,展开小组讨论。在讨论中,每个学习者的观点会在与他人一起建立的社会协商环境中得到评价,同时每个学习者也对别人的观点、看法进行思考并作出回应;第五,学习效果评价。主要包括自我评价及小组评价,评价内容包括个体自主学习能力、在小组协作学习中的贡献,以及是否完成了对所学知识的意义建构。[1]

深度学习与认知灵活性理论均是针对复杂及非良构领域知识的学习而提出的,均强调学习者对知识概念高层次的发展及灵活性应用。在认知灵活性理论对学习的分类中,深度学习属于高级学习。这类学习超越了初级学习对知识简单提取的学习目标,转换为对知识的迁移与应用,强调学习是多元的、立体的、灵活的,而非单一的、平面的、硬性的。认知灵活性理论强调的学习方式不同于为幼儿的学习硬性预设了一定知识目标的重复机械学习,也不同于让幼儿处于无结构状态中漫无目的地探寻自由放任学习,而是鼓励学习者进行双向的积极建构。减弱教师对幼儿的控制,鼓励、促进幼儿积极参与,主动进行探索与建构。在教学过程中,教师引导幼儿对概念进行多角度理解,并将抽象概念与具体情境联系起来,形成学习者的背景性经验。有利于提高幼儿根据实际问题情境构建出具体的问题解决图式的能力,进而提升幼儿解决实际问题的水平。

---

[1] 高文.认知弹性理论、超文本与随机通达教学——一种折中的建构主义学习与教学理论[J].全球教育展望,1998(6):1-4.

二、情境认知理论

情境认知理论所倡导的学习思想可以追溯到杜威的"做中学"以及维果茨基的社会文化观,这一理论在20世纪80年代末被正式提出,随后逐渐兴起并成为学习理论领域研究的热点。情境认知理论认为,学习者是以积极参与情境中的社会实践的方式来获得知识、构建意义,并最终解决问题的。与之相似,幼儿深度学习也是要求幼儿在具体情境中,在已有经验及知识的基础上建构新的知识,解决复杂的真实问题,最终将新的知识迁移至其他情境中。因此,情境认知理论可为幼儿深度学习提供理论支持与实践指导。

(一)深度学习是幼儿置身于情境中的实践活动

对知识本质的认知是学习理论赖以存在的基础和前提。"情境性"(situated)一词揭示了情境认知理论的核心思想,知识的情境性为思考学习及知识的本质提供了一个新的视角,即认为知识是情境性的,是在活动中逐步发展的。[1] 情境认知理论认为,知识不是个体头脑内静态的智力结构,也不是个体心理的内部表征,而是一个动态的认知过程,其中包括人与工具、共同体的相互作用,以及运用知识的过程,是个体与社会或物理情境间相互联系、互动的产物。换言之,知识具有个体与情境联系的属性。它产生于真实的情境中,如同工具一样,只有在个体应用时才可以被理解与发展。知识不是一个或抽象或具体的对象,而是基于社会情境的一种活动。[2] 同时,知识也并不是一种在任何情境下存在于个体中恒定不变的东西,而是在个体与情境相互联系、相互制约中逐步形成及发展起来的。可以说,知识是在个体与情境相互作用的过程中建构出的一种交互状态,也正因为有了个体与情境、个体与个体的交互,才使得人类的一系列行为得以协调,并在此过程中促使个体形成了认知、体验、适应与创造情境的知识与能力。

学习是一种实践的观点,是情境认知理论学习观的核心观点之一[3]。对这一观

---

[1] 贾义敏,詹春青. 情境学习:一种新的学习范式[J]. 开放教育研究,2011(8):29-39.
[2] Brown J S, Collins A, Duguid P. Situated cognition and the culture of learning[J]. Educational Researcher, 1989, 18(1): 32-42.
[3] Ghefaili A. Cognitive apprenticeship, technology, and the contextualization of learning environments[J]. Journal of Educational Computing, Design & Online Learning, 2003, 4(1): 1-27.

点的理解有一些前提和假设：第一，抽象知识的获得过程是一种远离实践的活动，这使得学习者脱离了时间、地点与正在进行着的活动；第二，学校的学习不具备情境化实践的特性。"教育"是学校学习中最为核心的特征，在学校中，学习发生了，知识也产生了。但是，学习者在学校中所学的知识没有受到真实情境的影响，并不是从实践中获得的，而是孤立的。学校中的学习活动与实践活动是隔离开来的。

情境认知理论认为，学习是一种情境化活动，这种活动是普遍存在的，且是正在进行的。在现实的情境中，没有一种是特殊的"学习"，学习就是根据不同文化背景而不断变化的参与性实践活动。[①] 换言之，日常生活中的参与是在实践中改变理解的过程，即学习。在这里，学习被解释为"对不断变化的实践的理解与参与"。因此，当相同的一项任务发生在不同类型的情境活动与结构框架上时，不同学习者的构建便会有不同的含义。

情境认知理论强调知识情境性、动态建构性等特征，符合幼儿深度学习中知识的性质及特征。情境认知理论认为，知识是分散在不同个体大脑中的，而非集中在某一专家或教师的头脑里，不同个体所掌握的知识类型、性质及数量各不相同，没有任何一个人可以掌握所有的知识。不同学习者可以通过与他人的沟通交流来共享知识，将个人知识由此转换为公共知识。[②] 知识还分布于个体生命的不同阶段内，任何个体在不同的生命阶段都必须掌握相应的知识，都需要不断地学习。该理论揭示了知识及个体学习的本质，认为学习者是在真实情境下通过参与活动来获得知识的，并运用所学的知识来解决遇到的问题，体现了深度学习的过程。根据情境认知理论的观点，教师可在幼儿深度学习过程中，为幼儿创设有意义的、真实的学习情境，以此促进幼儿对知识的深入理解；鼓励幼儿与同伴、教师沟通交流，共享知识，将个人知识转换为公共知识，保障幼儿深度学习的顺利开展。

（二）深度学习体现了合法的边缘性参与

情境认知理论认为，学习具有实践性和参与性的特点，认为学习是根据不同文化背景而不断变化的参与性实践活动，个体的学习意味着在实践共同体中的参与。

当学习被理解为一种实践或情境化活动时，学习便拥有了另一个核心特征，

---

① Wenger E. Communities of practice: Learning as a social system[J]. Systems Thinker, 1998, 9(5): 2-3.
② McLellan H. Situated Learning: Continuing the Conversation[J]. Educational Technology, 1994, 34(8): 7-8.

即参与。参与是指学习的过程,具有多种层次和方式。"合法的边缘性参与"是分析此种学习观重要的概念,这种过程阐释了一名"新手"从加入实践共同体开始,到发展成为完全的参与者的经历,或者从学习者的角度来说,这一过程解释了学习者是以何种方式参与到社会文化的实践活动中来,并如何在这种实践活动中逐步胜任重要责任的。由此可见,参与这一特征是由共同体中的"意义"与学习者的"身份"共同建构的。在"合法的边缘性参与"概念中,边缘性包含了多重的、各式各样的、或多或少的参与,以及由共同体定义的在自己领域内的更广范围或更多层次的参与。[1]因实践共同体中的"边缘性"具有相对含义,合法的边缘性参与不仅是指不断变化的参与方式,还意味着随时间推移,参与到实践共同体的个体身份的不断改变。因此,温格(Winger)认为,通过参与进行学习应考虑三个广义的层面,即针对个体、针对共同体和针对组织。[2]

在幼儿深度学习中,不同幼儿在相同的情境中学习时,因个体的已有经验与能力不同,对于学习任务的理解也有所不同,所以会带来多样的学习结果。一切活动的发生都离不开个体的作用,而处于活动中的每一个幼儿,也正逐步适应着不断变化的方式与方法,进行着各自的行动。深度学习不是一个孤立的过程,学习的成功与否,不仅与个体主观因素相关,也与个体背后深刻的社会文化背景因素密切相关。同时,幼儿深度学习体现了参与的过程,体现了从"学徒"到"专家"的成长过程。幼儿加入不同"实践共同体"中,在共同体中不断学习与成长,不断进行更为深层的参与,完成自身身份及意义的建构。在实践共同体中,所有的参与学习者都是共同体的成员,他们在共同体中可能处于不同的位置,具有"学徒"或"专家"的不同身份。各类共同体中的学习要延续着共同体的实践,并保证不断加入新的成员。[3]共同体层面的学习可保证新手的随时加入,最初的新手将逐步成长为老手或专家,共同体层面的学习使得共同体中意义的建构成为可能。同时,维持实践共同体彼此相互联结或依存的保证,是要在组织的层次上进行学习,通过这样的方式,一个组织能够了解到个体的学习及知识,并在此基础上促使该组织变得更有价值和更为高效。[4]

---

[1] 陈向明.从"合法的边缘性参与"看初学者的学习困境[J].全球教育展望,2013(12):3-10.
[2] Lohr L, Chang S. L. Psychology of learning for instruction[J]. Educational Technology Research and Development, 2005, 53(1):108-110.
[3] Looi C. K, Tan B. T. A Cognitive-Apprenticeship-Based Environment for Learning Word Problem Solving[J]. Journal of Computers in Mathematics and Science Teaching, 1998, 17(4): 339-354.
[4] Järvelä S. The cognitive apprenticeship model in a technologically rich learning environment: Interpreting the learning interaction[J]. Learning and Instruction, 1995, 5(3): 237-259.

（三）情境认知理论对深度学习的影响

情境认知理论将知识视作学习者与情境互动的产物，[①] 学习不仅是为了获取事实性的知识，还要将自己嵌于与其相关联的社会及物质环境中，通过积极的参与和实践来获取知识、解决问题。情境认知理论是促进知识在真实情境中迁移、促进有意义学习的重要理论，所提倡的基于问题的构建性学习、在情境中合作学习等特征与深度学习特质吻合。因此，情境认知理论是幼儿深度学习的重要理论基础。

1. 深度学习是基于问题的构建性学习

基于问题的、构建性的学习是情境认知教学模式中的核心特征及要素，也是当前备受关注的探索性学习活动的典型特征。基于问题的学习是指在学习过程中，设置有意义的、复杂的问题情境，让学习者在情境中学会与他人合作解决问题，主动学习与问题相关的背景知识，训练解决问题的相关技能，逐步形成自主学习的能力。构建性学习指的是学习者通过自己的方式，在自身已有知识经验的基础上，主动构建内部心理表征的过程。在以问题解决为导向的学习中，学习者获得的知识不是孤立的、抽象的，而是通过解决问题来对知识进行深入理解。[②] 问题情境使得学习者能够更为主动地激活自身的已有经验，分析面临的问题情境，通过对问题深度的表征来理解问题情境，并通过分析、推论形成新的假设或理论。

由此可见，基于问题的学习与构建的学习，是相伴共生的，二者在不同情境下不断地深化、融合，构成了情境认知教学模式的突出特性。幼儿的深度学习同样是一种以解决问题为导向、激发幼儿对已有知识经验的迁移与利用、不断在活动过程中构建新的知识体系的学习，符合情境认知教学模式中基于问题的、构建性学习的特性。因此，教育者应在幼儿深度学习的过程中，为幼儿提供有价值的、有意义的问题情境，让幼儿在探究过程中，以自身独特的方式构建个体的知识体系。

[①] 高文. 情境学习与情境认知 [J]. 教育发展研究，2001（8）: 30-35.
[②] Herrington J, Oliver R. Critical characteristics of situated learning: Implications for the instructional design of multimedia[J]. University of Melbourne, 1995: 235-262.

2. 深度学习的实现需要实践共同体的支持

为解决情境中所出现的问题，学习者需要加入相应类别的实践共同体中。在实践共同体中，通过与其他成员的对话、交流、讨论、互动来加深对问题的理解，共同探讨解决问题的方法，通过合作的方式解决情境中的问题，并在此过程中构建自身的知识体系。[①]

幼儿深度学习是要解决发生在真实情境中的复杂问题，这一目标对于个体学习者往往难以达成，需要建构相关的实践共同体来合作完成。同伴在幼儿深度学习中扮演着重要角色，同伴群体构成了幼儿学习中的实践共同体，彼此通过共同协商、共同操作、共同反思，丰富了问题解决的方式，促进了幼儿高阶思维的发展。教师也是幼儿深度学习中不可或缺的重要角色，教师在不同的活动任务、不同的教学环节中扮演的角色有所不同。教师既是幼儿学习的指导者、促进者，也是幼儿学习的同伴。教师应根据不同的教学情境，为幼儿提供不同形式、不同程度的支持。

3. 深度学习需要丰富的、有意义的情境供应

"情境"是情境认知理论的突出特征，也是情境认知教学模式的核心要素。因此，在这一类教学模式中，不仅需要相应的场所和空间，还必须要有"丰富的情境供应"。[②] 对于情境的要求，可以是物理的、真实的，也可以是功能性的、虚拟的。丰富的教学情境不仅应该体现出现实生活情境中的应用方式，保持生活情境中的真实性与复杂性，而且也应为学习者提供不同观点的信息来源，使之能够合成既不疏离也不过于简化的"情境场"，保持该类教学模式突出"情境性"的特色。同时，创设以学习者为中心的学习环境是情境认知教学模式的主要任务。以学习者已有的知识及经验作为有意义学习的基础，引导学习者进行积极的自我建构，并始终保持学习者在学习环境中的中心地位，是情境认知理论教学模式的重要经验。

在情境中学习的方式符合幼儿阶段的思维特征及认知规律，因此情境认知理

[①] Chan P, Miller R, Monroe E. Cognitive apprenticeship as an instructional strategy for solving corporate training challenges[J]. TechTrends, 2009, 53(6): 35.

[②] Herrington. J, Oliver R. An instructional design framework for authentic learning environments[J]. Educational Technology Research and Development, 2000, 48(3): 23-48.

论的教学模式可以为教师指导幼儿深度学习提供重要的实践指导。在幼儿深度学习中，教师应尽可能地为幼儿提供有意义的情境及丰富的信息源，让幼儿能够在真实的情境中理解问题、解决问题。

三、分布式认知理论

分布式认知（Distributed Cognition）是由加利福尼亚大学学者赫钦斯（Edwin Hutchins）在20世纪80年代中后期提出的理论观点。当时传统的认知观点认为，认知是发生在个体级别上的信息加工过程。而赫钦斯对此观点持批判态度，并提出认知的本质是分布式的，认为认知现象不仅包括个体头脑中所发生的认知活动，还涉及人与人、人与技术工具间相互作用的过程。分布式认知理论的观点与传统认知领域的观点存在较大差异，该理论为思考认知活动的全貌提供了新视角，也为心理学与教育学的研究提供了新的理论观点。[1]

分布式认知理论超越了以个体视角研究认知过程的传统理论，强调认知具有分布性，认为认知分布在个体内、个体间、媒介、环境、文化、社会及时间中。[2]分布式认知理论以一个全新的分析单元来系统地认识认知活动，强调在文化、环境及社会等诸多系统的工作情境中分析、解释认知过程。[3]分布式理论强调，认知不仅发生在个体头脑中，还与环境中的各个系统密切相关，工作系统中的各要素均是个体认知活动重要的参与者。[4]各要素间协同合作，共同对个体认知的建构及发展起到促进作用。在这个过程中，各要素在促进个体认知活动发展的同时，自身也在不断变化与发展。知识建构与创造的过程是隐性与显性知识间、未知与已知间不断互动的过程。因此，认知是一个动态的过程，具有分布性和建构性等特点。

---

[1] Hollan J, Hutchins E, Kirsh D. Distributed cognition: toward a new foundation for human-computer interaction research[J]. ACM Transactions on Computer-Human Interaction (TOCHI), 2000, 7(2): 174-196.

[2] Cole M, Engestrom Y. A cultural-historical approach to distributed cognition. In: Salomon G.ed. Distributed cognitions: Psychological and educational considerations[M]. Cambridge University Press, 1997：11-19.

[3] 周国梅，傅小兰.分布式认知——一种新的认知观点[J].心理科学进展，2002（2）：147-153.

[4] Karasavvidis I. Distributed cognition and educational practice[J]. Journal of Interactive Learning Research, 2002, 13(1): 11-29.

（一）深度学习是基于群体的意义建构

传统认知理论将个体认知视为分析的唯一单元，认为知识或是经由简单地传递，个体被动接受，或是个体在学习情境中通过"同化"与"顺应"实现知识建构。学习者通常被视为是尚未掌握系统科学知识的认知主体，是接受教师传授"客观知识"的对象，在班级授课制的体系中，他们没有选择自主学习的权利，是教学过程中被塑造的对象。教师按照既定的教学内容或教学大纲的要求，按部就班地教授学生知识，学习者是被动的接受者。因此，学习者若要成为教师眼中的"好学生"，就必须尽力使自己适应教师精心设计的教学流程。必要时，个体需要借助纸笔等工具"复制"教师所传授的知识，以便能够不断提高对教师所传授知识的理解水平。

分布式认知理论为理解不同个体间、个体与认知对象及认知工具等资源间的相互作用提供了一个新的框架。在这个框架中，知识已不再是稳定不变、非情境地简单传递，而是在活动或经验中逐步构建，是通过与不同个体（其他学习者或教师）、认知对象及认知工具间的意义协商而主动建构的。在传统教学中，学习者获得的知识通常是惰性和低质量的，习得的知识仅停留在"浅建构"程度，学习者通常难以很好地利用已有知识及经验来处理或解决问题。而分布式认知理论基于认知的分布性，提出知识的建构应包括个体知识的建构与协作知识的建构。这一建构过程在不排斥个体知识建构的前提下，也在积极地发挥着协同知识建构中的促进作用。[①] 协同知识建构是将概念知识、认知工具以及丰富的问题情境等要素结合起来，引发学习者的讨论、质疑和重组，并以互动的形式促进知识的建构和应用，综合培养学习者的问题解决能力。需要指出的是，因分布式认知理论的知识强调的是一个双向的建构过程，所以学习者在学习过程中不仅要注意利用已有知识建构新知识，也要注意新知识对自身已有知识的影响。

同时，分布式认知强调，学习者是在与他人的合作中学习。在其所在的学习共同体中，个体的角色不断地发生着转变，既是学习者，也是帮助其他共同体成员的指导者。分布式认知理论的观点认为，认知是分布于个体之间的，每个学习者个体都有属于自己的经验世界。因此，学习不仅要强调学习者心理活动的主动性，更要重视学习者之间的互动、协商和讨论。此外，认知任务的完成不仅需要依靠

---

① 钟志贤，张琦. 论分布式学习 [J]. 外国教育研究，2005（7）：28-33.

学习者自身的认知，还需要依赖个体间的沟通和互动，是所有个体相互合作的结果。[1]由此可见，沟通是实现分布式认知的关键。建立学习型共同体，促进学习者个体间的交流与分享，是实现分布式认知的有效途径。

在幼儿深度学习中，同样倡导在学习的过程中构建学习共同体。通过在学习共同体中的合作学习，促进幼儿的自我驱动，形成互相尊重的学习氛围，使幼儿在学习过程中树立集体荣誉感、归属感，以及更强的团队意识，并通过彼此间的支持与帮助，促进自身在各领域的成长与发展。在活动中，应充分利用教学系统中的各要素，努力创建适宜教学活动开展的分布式认知系统，促进学习者个体意义建构的完成及认知水平的发展。对于许多提倡学习共同体研究与实践的研究者来说，他们实际上更注重"共同体"所带来的精神意义，以及学习者在这种"共同体"中的社会性安排。通过构建学习共同体，使得课堂教学文化从原有的权威性教学文化转化为一种民主、平等的教学文化，也使得更多的学习者积极参与进来。

（二）深度学习的过程受多维参与要素影响

分布式认知观意合于建构主义学习观，从个体和社会两个维度出发，注重知识加工及意义建构。二者都认为学习是一个建构、活动及协作的过程，且必须在一定的情境中进行。分布式认知的学习观认为，学习必须以学习者为中心，注重协同学习，强调利用信息资源作为支持的基础，重点落在对学习环境的设计。此外，分布式认知的学习观强调：学习是完成知识意义建构的过程，必须在建构中重视情境。相比传统学习视角下以个人单独学习为主、教师支配并控制的学习活动，分布式认知理论强调：学习需要个体在学习过程中自我控制、监督及调节学习活动；学习者间需要进行有效的交流及对话，需要清晰的表征信息并收集共享信息；学习任务常常是充满挑战性的问题，具有情境性、真实性及劣构性等特性。

萨洛蒙提出了个体认知与分布式认知的交互模型（the Reciprocal Interaction

---

[1] Susi T, Ziemke T. Social cognition, artefacts, and stigmergy: A comparative analysis of theoretical frameworks for the understanding of artefact-mediated collaborative activity[J]. Cognitive Systems Research, 2001, 2(4): 273-290.

Model）[1]。该模型中的每个参与要素，既要维持自己的独立身份，同时又会相互影响，并以螺旋发展的过程影响彼此间的分布式系统，而后反过来影响自身的认知。哈奇（Hatch）及加德纳（Gardner）从课堂认知活动角度出发，提出了分布式认知的同心圆模型（the Concentric Model）[2]。该模型强调了认知个体的作用。在同心圆模型中，三个圆圈分别代表三种力量：（1）最外层的圆圈是一种文化力量，代表习俗、活动和信仰，它超越了特定的情境，影响着许多个体。当考虑到文化力量时，智慧不再是一个孤立的产物，不再仅以概念化的形态存在于个人的头脑中。（2）中间的圆圈是地域力量，是分布式认知理论中最核心的区域。它强调特定地方情境中的资源，这种资源将直接影响个体的行为。其中，地方情境的典型代表包括家、教室和工作地点等。（3）最内层的圆圈是个人力量，表示由个体带入地方情境中的经验及倾向。这三种力量共存并相互依赖。

在深度学习中，幼儿的兴趣和才能不仅是遗传和个体努力的结果，也是在与同伴、家庭成员和教师的积极互动中形成的。他们不仅受到个人所处时代的价值观及他人期望的影响，也受到家庭和社会环境所提供资源的限制。即使在相同的文化或地域中，这些力量对不同个体的影响程度不同。同时，文化价值和期望会因为时间、个人兴趣、技能以及当地的情境结构而发生变化，最外层的文化价值及期望也会有相应的调整与变化。由此可见，幼儿的认知发展受到多种因素的共同影响，不同的因素也受到其他类别因素的影响，处于动态平衡的过程中。教师及家长可根据幼儿带入学习情境中的兴趣和经验，动态、灵活地为其安排学习情境，提供相应的物质资源以支持幼儿学习。

（三）分布式认知理论对深度学习环境设计的启示

分布式认知理论不是以个体作为分析单元，而是一个基于认知加工所涉及的各要素之间功能关系的认知过程，这一观点具有很大的实践指导价值。在分布式认知中，认知任务分布在内部及外部表征中，认知活动源于二者的交互作用。分布式认知理论从更广阔的视角研究了认知的加工机制，而不仅仅局限在个体。该理论赋予学习环境新的隐喻，为教育者设计深度学习的环境提供了新视角。根据

---

[1] Salomon G. No distribution without individuals' cognition: A dynamic interactional view[J]. Distributed Cognitions: Psychological and Educational Considerations, 1993: 111-138.
[2] 周国梅，傅小兰.分布式认知——一种新的认知点[J].心理科学进展，2002（2）：147-153.

分布式理论，幼儿教师在指导幼儿深度学习时，应注重创造适宜幼儿发展的环境，鼓励幼儿自发组建学习共同体。幼儿在学习共同体中，彼此探讨、交流，促进个体认知、情感，以及社会性的深层发展。为促进学习者构建学习共同体，教育者在学习环境设计中应注意以下几个问题：首先，要全面了解学习者的社会背景、认知偏好、学习能力和学习态度，以便为学习者提供更加适宜的学习资源和活动；其次，要设定一个既符合学习者兴趣又具有实用性的目标，这是保持学习共同体持续发展的基本条件；最后，要制定合理的规范，这既是学习共同体中个人行为的基本准则，也是共同体建设和维持的必要条件。

根据分布式理论的指导，幼儿深度学习应重视不同学习参与者之间的知识交流。为保证学习者之间能够顺利地分享对方的知识，需要在外在的形式上对知识进行外部表征及可视化，以保证知识在内部表征（个体记忆）和外部表征（包括电脑、纸张等）间转换得准确、流畅。[1] 分布式认知理论关注工具在个体认知中发挥的作用，认为在功能系统的各个要素里，工具与学习参与者扮演着同等重要的角色。工具对个体认知的促进作用主要体现在：支持学习者间的沟通、清晰表征任务、转换表征状态等方面，可使任务更加明确，更易解决。在分布式认知理论的观点中，学习工具可以作为知识交流和表达的工具，如微信、QQ、邮件等；也可以作为知识沟通、表征及转换表征状态的工具，如思维地图等。认知记忆发生在学习工具的使用过程中，也就是说，学习工具可以帮助学习者进行认知活动，会在活动中将训练的能力内化，即便以后在学习工具不存在的时候，也可以有效地支持高阶思维活动。

在深度学习环境的设计中，需注意以下两点：第一，应为学习参与者提供知识可视化工具，如思维地图等，使学习者的思维过程可视化；第二，支持学习者通过文本、图像、动画、视频，以及各类超文本、超媒体的方式来表征知识，满足学习者的不同需求，使其更好地对知识进行表征。[2] 在幼儿深度学习的实践中，思维地图等可视化工具扮演着重要角色，可以帮助幼儿清晰地表征问题，推动问题解决。在教学实践中，教育者应借鉴分布式认知理论的经验，善用多种知识表征工具，引导幼儿学习各类可视化工具的原理及应用方法，帮助幼儿在内部表征及外部表征之间顺利转换，促进幼儿高阶思维的发展。

---

[1] Zhang J, Patel V. L. Distributed cognition, representation, and affordance[J]. Pragmatics and Cognition, 2006, 14（2）:333-341.
[2] 钟志贤. 学习环境设计的理论基础：心理学视角 [J]. 中国电化教育，2011（6）：30-38.

四、人本主义理论

人本主义心理学是 20 世纪 50 年代左右在美国兴起的一种重要的心理学思潮，它对世界范围内的教育、管理及社会文化等产生了深刻影响。人本主义理论强调尊重人的价值及重视个体的主观能动性，强调教育环境的创设应符合学习者人性发展的实际需要。[①]

（一）深度学习是情智共同投入的有意义学习

罗杰斯认为，真正的学习应该是有意义的。这其中包括两层含义：对于学习者来说，他们学到的材料应该是可被理解的；学习材料对他们自身来说应该是有价值的、重要的。在自主学习中，有意义的学习应该渗透在学习过程中，并能够引起学习者人格及学习行动的变化。有意义的自主学习体现在以下 4 点。

第一，有意义的自主学习应该是"有意义的"。罗杰斯认为："如果想要学生学习如何成为自由、负责的人，就应当首先愿意让他们直面生活中所遇到的困难。"教育的目的是引导学习者理解个人意义及个体价值的问题，那么真正的教育就应符合教育的目的。换言之，学习者的学习内容应具有现实意义，应促进学习者个体价值的发挥。

第二，有意义的自主学习应该是情智投入的学习。罗杰斯对"左脑教育"持批评的态度，认为它是逻辑性的、线性的，学习内容过分强调分析、步骤。他认为，真正的有意义学习应当是左右脑并用的学习，即共同运用情感性学习与智性学习。[②]

第三，有意义的自主学习应该是自发学习。人类天生具有好奇心与求知欲，如果这种好奇心继续保持，那么人类就可以自发地进行终身学习。这样的学习符合人类本身的"求知需求"。适当刺激学习者自主学习的兴趣，对学习者来说是一种来自于学习本身的奖励方式，其作用的持久性远高于外在的物质奖励。

---

① 刘宣文. 人本主义学习理论述评 [J]. 浙江师范大学学报，2002（1）：90-93.
② 化得福. 论罗杰斯的人本主义教育思想 [J]. 兰州大学学报（社会科学版），2014（4）：152-155.

第四，与自主学习相对应的应该是让学习者对学习效果进行自评，有意义的自主学习是学习者对自身学习的自我评估。以自评方式进行评估的自主学习，强调的是学习者对自身学习情况的了解，以及对学习成果的自我负责。

幼儿深度学习同样是强调激发幼儿情智共同投入的有意义的学习。个人积极情感及兴趣在幼儿深度学习中起到重要的推动作用。幼儿在好奇心及求知欲的促进下，积极参与到深度学习中，体验学习过程，享受学习成果的喜悦。真实的学习情境使幼儿能够更加直接地感受到学习的乐趣，享受学习成果给他们带来的愉悦，有效地将幼儿的智性活动与情感活动结合在一起，最终实现幼儿真实的自我，即达到自我实现。在自主学习的过程中，幼儿不应局限于完成与学习本身有关的任务，还应在自主学习的过程中调动和培养自身的情感，即发自内心地热爱学习。

（二）人本主义理论对深度学习的影响

人本主义理论倡导以人的发展为中心的内在教育与内在学习，重视实现学习者的内在价值。人本主义理论重视自由学习与非指导教学，注重理论与实践的结合，关注学习者个人潜能的发挥。在幼儿深度学习理论中，同样强调自主学习与个性化学习，采用非指导性教学，重视幼儿与他人及周围环境的互动，其本质符合人本教育的理论内涵。

1. 自由学习观对深度学习的启示

1969年，罗杰斯出版了《自由学习》一书。书中提到，教育绝不是为学习者提供一些事实知识，让学习者没有选择学习内容的机会，而是向学习者提倡自由学习观，认为学习者应当是自由的，应有选择自己的未来的权利。让学习者自由的实质是让学习者自主地学习，尊重学习者的主体地位，而非采用以教师为主的权威式教学。[①] 在罗杰斯的观点中，实现自由学习，应包括以下3个方面。

第一，激发学习者自主学习的潜力。学习潜力是每个学习者与生俱来的能力。从幼儿阶段开始，人们就开始对周围世界充满好奇心。好奇心在人的一生中不断

---

① 傅林，高瑜. 静悄悄的革命——卡尔·罗杰斯自由学习观研究 [J]. 湖南师范大学教育科学学报，2014（2）：116-121.

激发着人们自主学习,对人们的终身学习起到了重要的推动作用。当学习者在学习中遇到困难时,好奇心及兴趣促使他们不断地去克服困难,解决问题。

第二,创设自主的教学情境。自主教学情境指的是自由、宽松的教学情境,学习者在这样的环境中心理压力较小,能够更加有效地进行学习。同时,教师也不再是权威知识的拥有者,而是更多地为学习者提供自主学习的机会,发挥各自的优势特长,减少教学中消极、压抑等不和谐因素,促进学习者自主学习。

第三,培养学习者的自评能力。在自由宽松的教学情境中,学习者可以自主选择学习内容,对自己的学习行为负责,并对学习进行评价。对学习者自我评价能力的培养,有利于提高个体独立思考的能力及创造力。在自我评价的过程中,学习者需检验自己当前学习的水平,对自己在学习中的不足与问题进行回顾分析,最终提出改进问题的方案。

因此,在幼儿深度学习中,首先,内容选择得是否恰当,关系到是否能够激发幼儿自主学习的潜力。学习内容应满足幼儿好奇心,激发幼儿自主学习的潜力。其次,在幼儿深度学习的过程中,宽松和谐的教学情境可以让幼儿尽快地投入学习,自由大胆地发表自己的观点,努力尝试多种问题解决的方法,体验学习的乐趣。最后,反思与解释是幼儿学习品质的重要组成部分,也是在幼儿深度学习中需要具备的能力。反思在幼儿深度学习中的多个环节出现,推动了幼儿深度学习的持续开展。

2. 非指导性教学对深度学习的启示

"非指导性"是罗杰斯区别于传统的"指导性"教学思想的一个新概念。"非指导性"不是完全不指导,而是"不明确指导",具有暗示教育、隐性教育的内涵,即要讲究指导的艺术。非指导性教学的主要目的是促进学习者自主学习,帮助学习者将个人潜能最大程度地实现。教师的教学目标是创设一个有利于激发学习者学习兴趣的环境,帮助学习者了解自己的需求和价值观,从而有效地指导学习者进行自我学习和自我决策。

首先,强调师生关系的民主性。教师在非教学过程中不是作为权威而存在,而是作为学习者学习的促进者、引导者。罗杰斯认为,"教师"这个词给人的感觉是把知识分配给学习者,故用了"促进者"来替代"教师"一词。罗杰斯认为,教师在教学过程中，不应扮演知识的选择者、活动的组织者以及结果的评价者，而是应该成为个体学习的帮助者、鼓励者和朋友，是尽职于学习者的"侍者"(servant)。[①] 教师应将学习者视为有感情的思想独立的个体，而不是灌输某种知识的容器。为此，罗杰斯对教师提出了3个要求：首先，做真实的人(congruence)，诚实地向学习者表达你的感受和意见；其次，积极关注学习者(positive regard)，相信他们有能力进行有效的学习；最后，共情(empathic understanding)，即站在学习者的立场上，理解他们的情感和思想。如果教师做到以上3点，将会大大促进师生之间更好的沟通与合作。[②]

其次，强调教学活动的开放性。罗杰斯认为，只有超越传统的仅由教师、学生和教材构成的封闭的教学系统，才能使教学从形式、内容、方法等各方面摆脱单一、孤立的困境，使得课堂从时间和空间上得到扩展和延伸，最终使学习者的心灵得以开放。非指导性教学的开放性主要表现为以下几点：一是开放的教学理念。非指导性教学是一种面向社会、面向生活、面向全体学生的多层次、全方位的教学理念。在幼儿深度学习中，教育者应从培养幼儿的兴趣入手，引导幼儿探索发现，充分发挥个体的自主学习能力，使幼儿深度学习能够满足自主发展的需求。二是开放的教学内容。非指导性教学的内容不应仅仅来自教师的预设，还应充分结合学习者的兴趣及实际生活，从而形成开放性的教学内容。开放的教学内容为非指导性教学提供了广阔的成长空间。三是开放的教学过程。非指导性教学在时间和空间维度上是开放的。以往的封闭式教学是为了解决教学过程中的问题，而非指导性教学既可以在课前进行延伸，如查找信息、收集资料等；也可以在课后进行拓展，如问卷调查、研究总结与反思等。

在深度学习中，教师应借鉴非指导性教学的观点。首先，转变传统权威型的教师角色，与幼儿建立平等民主的师幼关系，做幼儿学习的伙伴、倾听者，注重与幼儿的情感交流。其次，尊重接纳幼儿，允许幼儿自由地表达观点、独立地进行思考，正确看待幼儿间的差异。最后，为幼儿提供充分的开放空间，提供充沛的活动材料，满足幼儿深度学习的需要。

---

① 车文博. 人本主义心理学元理论 [M]. 北京：首都师范大学出版社，2010：163.
② 满晶，马欣川. 罗杰斯"以学生为中心"的教学思想述评 [J]. 外国教育研究，1993（3）：1-5.

五、元认知理论

元认知（metal cognition）这一概念是由美国心理学家弗莱维尔于 20 世纪 70 年代末提出。弗莱维尔认为，元认知是认知主体关于自身心理状态、能力、任务目标、认知策略等方面的知识，也是认知主体对自身认知活动的计划、监控和调节。[1] 换言之，元认知是对认知的认知，是认知主体对自身学习、思维等认知活动的自我觉察、自我监控及自我调节，是自我意识高度发展的结果。

（一）儿童元认知能力的发展

国内外学者对元认知进行了大量研究，其中与儿童有关的研究包括：儿童的元认知、元认知能力、元认知记忆、元认知注意以及元认知模仿等。儿童从 5 岁左右开始表现出元认知能力，并在整个学习过程中不断发展。[2] 在成长的过程中，学习者的执行控制能力与策略运用能力逐步发展。研究发现，儿童元记忆快速增长的时期是 5—7 岁，高年龄组儿童的元记忆总体水平显著高于低年龄组儿童。[3] 以往的研究发现，元认知知识与监控的准确性有关，4—5 岁儿童具有一定的规划能力。[4]

元认知的发生和发展与大脑皮层的成熟有关，若相应的大脑功能结构区域不成熟，个体则无法制订计划，无法监督、调节、检查和评估行为。随着认知神经科学的发展，人们对心理活动的大脑机制的认识逐步清晰。人脑中有许多独立的信息处理机制，即便是简单的感觉过程，也调动了大脑多个区域协调活动的集合场效应。4—6 岁儿童的前额皮质处于不断发育的过程中，儿童计划、调节及控制

---

[1] Flavell J. H. Metacognition and cognitive monitoring: A new area of cognitive-developmental inquiry[J]. American Psychologist, 1979, 34（10）: 906.

[2] Flavell J. H, Green F. L, Flavell E. R, et al. Young children's knowledge about thinking[J]. Monographs of the Society for Research in Child Development, 1995, 60（1）: i-113.

[3] 桑标，缪小春，邓赐平，E.vanLieshout，F.J.Mnks. 超常与普通儿童元记忆知识发展的实验研究[J]. 心理科学，2002（4）: 406-409, 424-509.

[4] Casey M. B, Bronson M. B, Tivnan T, et al. Differentiating preschoolers' sequential planning ability from their general intelligence: A study of organization, systematic responding, and efficiency in young children[J]. Journal of Applied Developmental Psychology, 1991, 12（1）: 19-32.

等心智功能也处于不断成熟的过程中。只有当额叶皮层达到一定程度的成熟时，儿童的计划、调节和控制能力才会有所发展。生理成熟是儿童进行元认知活动的生物学基础。[1]

儿童元认知在发展过程中有两次大的飞跃：第一次飞跃发生在5岁左右，儿童开始有意识地控制自己的思想和策略；第二次发生在12岁左右，儿童开始以更加抽象的、分析的以及系统的方法来控制其思想。[2]各类研究通过对儿童各种注意类型的认识来探讨儿童元认知的发展。儿童随着年龄的增长，注意力的种类越来越多，儿童越来越重视自己努力的重要性。[3]邹哈等分析了元策略知识的概念，并证实了它是元认知中的一部分。[4]学前儿童具有自我调节行为的能力这一结论已被证实，尤其是在儿童较少使用语言操作的活动中，个体自我调节行为体现得更加明显。弗莱维尔等人发现，幼儿的认知系统与年长儿童的认知系统并没有质的区别，其思维方式是相同的，只是在思考的频率、完整性与一致性方面有所不同。幼儿与成人认知系统的区别在于内容与知识，而不是元认知能力。[5]

幼儿期是个体元认知发展的关键期，个体已具备生理成熟的条件，出现了调节自身认知行为的能力。脑科学研究表明，幼儿在学习过程中会对大脑进行重塑，使大脑内的神经结构发生一定程度的改变。同时，大脑组织结构的改变也会带来大脑功能的转变。因此，学习和大脑是相互组织和促进的，学习可以重塑大脑，促进大脑前额皮质的加速成熟；大脑成熟是学习的前提。在深度学习的过程中，元认知也扮演着重要的角色，幼儿通过自我监控、自我调节，不断调整自身行为以便更好地参与到学习活动中。因此，幼儿在深度学习中的探索性学习是训练个体元认知的重要过程。教师应在幼儿深度学习的过程中，关注幼儿的元认知发展，促进幼儿元认知水平的提高。

---

[1] 张亚杰.5~6岁儿童数学活动中的元认知发展和干预研究[D].上海：华东师范大学，2013：11-14.
[2] 达斯,纳格利尔里,柯尔比,等.认知过程的评估：智力的PASS理论[M].杨艳云,谭和平,译.上海：华东师范大学出版社，1999：56.
[3] Parault S. J, Schwanenflugel P. J. The development of conceptual categories of attention during the elementary school years[J]. Journal of Experimental Child Psychology, 2000, 75（4）: 245-262.
[4] Zohar A, David A. B. Paving a clear path in a thick forest: a conceptual analysis of a metacognitive component[J]. Metacognition & Learning, 2009, 4（3）:177-195.
[5] J.H.弗拉维尔,P.H.米勒,S.A.米勒.认知发展（第四版）[M].邓赐平,刘明,译.上海：华东师范大学出版社，2002：98.

（二）深度学习中的元认知

元认知，又称反身认知、反思认知或自我认知，指的是主体对自身认知活动的认知，包括对自我认知能力（静态）的认知、对当前正在发生的认知过程（动态）的认知以及两者之间的互动。元认知最根本的特征是将"认知"本身作为客体，其本质是人对自身认知活动的自我意识及自我控制。元认知包括三个方面：元认知知识、元认知体验和元认知监控[1]。

深度学习和元认知之间存在着相互促进的关系。一方面，元认知可以促进学习者的深度学习。深度学习是一种高阶学习，它要求幼儿运用比记忆更高层次的思维进行学习活动。而元认知是对认知的认知，是一种高阶能力。幼儿通过使用元认知知识、元认知策略监控自己的学习过程和思维活动，及时发现并调整学习中的问题与不足，深化对深层知识及复杂概念的理解，建构知识体系并用于解决实际问题，最终实现深度学习。另一方面，深度学习还可以培养幼儿的元认知能力。幼儿可以利用反思的方式来实现对学习的规划、监控、调整及评价，发现学习过程中存在的问题，进行积极探索并加以解决。在此过程中，幼儿的学习效果、思维品质和学习能力也得到了相应的提高。因此，元认知作为促进深度学习的重要认知策略，对提高幼儿的深度学习水平具有重要意义。

1. 深度学习中的元认知知识

元认知知识是关于认知的知识，即关于个体认知活动及其影响因素的知识。[2] 它主要包括三个方面：个体元认知知识，即作为认知加工者的学习者在认知方面的某些特征的知识；任务元认知知识，即关于认知任务所提供的信息的性质、要求，以及与其目的相关的知识；策略元认知知识，即关于策略（认知策略与元认知策略）的知识及其有效运用。[3] 元认知知识是元认知活动的必要支持系统，为调节活动的进行提供一种经验背景，是元认知活动的基础。[4]

在深度学习的过程中，元认知知识体现在：学习者对自身具备的知识储备、学

---

[1] 董奇. 论元认知 [J]. 北京师范大学学报（社会科学版），1989（1）：68-74.
[2] Flavell J. H. Metacognition and cognitive monitoring[J]. American Psychologist, 1979, 34(10):906-911.
[3] 汪玲，方平，郭德俊. 元认知的性质、结构与评定方法 [J]. 心理科学进展，1999（1）：6-11.
[4] 周丽芳. 元认知及其培养 [J]. 天津市教科院学报，2002（1）：33-35.

习能力、学习特点及学习风格的认知；对学习任务和学习任务完成的限制因素（比如学习目标、学习能力、学科特点及教材顺序等）的认知；对学习策略的类型及每种策略特点的认知。掌握元认知知识是学习成功的前提和基础，学习者必须掌握一定的元认知知识才算学会学习。

2. 深度学习中的元认知体验

元认知体验是个体认知活动中的认知体验及情感体验。既包括在认知活动中对知识获取的知觉，也有在认知过程中对情感的感知及体验。[①] 元认知体验可能发生在认知活动的各个环节。它可以是成功时的喜悦，也可以是失败时的沮丧；可以是对"知"的豁然体验，也可以是对"不知"的困惑体验。认知主体可能是有意识地感受到这些体验，也有可能是无意识的；这些体验有可能持续很长时间，也有可能转瞬即逝。元认知体验在认知活动中具有重要的作用。积极、愉悦的体验会促进认知活动的进一步深化并推动认知任务的完成，而消极、沮丧的体验可能会导致认知活动的终止。只有在元认知体验的作用下，个体才能根据当前认知活动进展的相关信息，结合相关的元认知知识，有效地对认知活动进行调整。因此，元认知体验是元认知调节的关键因素。

在深度学习过程中，元认知体验主要体现在以下几个方面：在学习开始前，学习者可以在学习前预测自己学习的成败；在学习过程中，学习者可以感受到学习内容的难度及自身对学习内容的掌握程度；在学习结束时，学习者可以体会到成功带来的自信、愉悦和自我效能感，以及失败带来的困惑、焦虑和无力感。元认知体验对学习结果有直接的影响，教师应在深度学习的过程中，重视学习者元认知体验的积累。

3. 深度学习中的元认知监控

元认知监控是指学习者在认知活动的过程中，以自己正在进行的认知活动为意识的客体，进行主动、有意识地监控、控制和调整，以便最后达成预定目标的过程。[②] 元认知监控包括以下4个环节：第一，制订计划。预先确定认知活动的具

[①] 韩立敏. 元认知，学习策略，自我调节学习辨析[J]. 上海教育科研，2001（10）：6-8.

[②] Brown A. Metacognition, executive control, self-regulation, and other more mysterious mechanisms[J]. Metacognition Motivation & Understanding, 1987(3): 65-116.

体目标，在活动前规划各类活动，对结果进行提前预测；选择合适的解决策略，设想问题解决的可行性方案，并对各类方法的有效性进行评估。第二，实施监控。在认知活动的过程中，评估和反馈认知活动中的各类情况，以便及时发现活动中的不足，调整认知策略。第三，检查结果。根据有效性评价标准，评估认知行为及策略的效果，并根据评价结果，预测达到既定认知目标的程度、水平及可能性。第四，反馈纠正。反复检查认知活动的效果，出现问题后采取相应的补救方法，找出问题的关键性因素，为下一步的迁移及认知发展的顺利进行做好准备。[①] 元认知监控包括自我监控及自我控制两个方面。自我监控是指在思考问题时，学习者应该监控自己是否在以一种适宜的方式思考。自我控制是在进行自我监控后，如果学习者是以适宜的方式思考，则继续进行；若方法不得当，则需转换另外一种方式进行思考。换言之，元认知监控其实就是一个元认知发挥作用的过程。

幼儿在深度学习过程中，其元认知监控主要体现在以下几个方面：首先，幼儿能够根据自己的能力水平、知识水平和学习需求，自主制订学习计划，选择有效的学习策略，评估每项操作的有效性。其次，幼儿在对结果的反思过程中，可以发现存在的问题并采取有效的补救措施，即积极反馈，调整自己的学习行为及学习态度，及时修正学习策略，灵活选择学习方法，使自己能尽快学会学习。元认知监控是学习成功的关键，教师应有意识地培养和训练幼儿的元认知监控能力。

---

① 董奇.论元认知[J].北京师范大学学报（哲社版）.1989（1）：68-74.

专题三

幼儿深度学习的基本特质、逻辑架构与实践路径

专题三 幼儿深度学习的基本特质、逻辑架构与实践路径

一、幼儿深度学习的基本特质

（一）幼儿深度学习的内涵与特征
（二）幼儿深度学习的特殊性
（三）幼儿深度学习与浅层学习的关系

二、幼儿深度学习的逻辑框架

（一）以问题解决为导向
（二）以积极情绪为动力
（三）以动手制作为依托
（四）以同伴合作为支撑
（五）以评价反思为主轴

三、幼儿深度学习的实践路径

（一）课题活动的生成
（二）课题活动的展开
（三）课题活动的形式
（四）思维地图的应用

时代的快速变革，对人才的要求日益提高，使得学习能力已然成为人类重要的生存能力。评判一个人的学习能力，关键不在于其掌握知识的多少，而在于对知识的整合、建构、迁移，以及创造性地运用知识解决实际问题的能力，即深度学习能力。深度学习受到了国际社会的广泛关注。例如，美国将深度学习视为其21世纪教育的发展方向。2010年，美国威廉和弗洛拉·休利特基金会启动了"深度学习研究：机会与结果"研究项目，并由美国研究院负责组织实施。10年前，在美国参与深度学习的实验学校达到500余所，形成了深度学习的共同体网络。纵观国内外关于深度学习的研究，面向的主要学段是小学、中学和大学，针对幼儿园学段的研究才刚刚起步。因此，对幼儿深度学习进行研究，具有重大的理论价值与实践意义。教师引导幼儿从"浅层学习"走向"深度学习"，从小培养深度学习的能力，无疑将为幼儿后继学习与终身发展奠定良好的基础。

一、幼儿深度学习的基本特质

（一）幼儿深度学习的内涵与特征

"深度学习"概念源于人工智能的研究，在教育领域，最早提出"深度学习"概念的是瑞典歌德堡大学的马顿（Ference Marton）和萨乔（Roger Säljö）。他们对大学生散文阅读的过程与方式开展了实验研究，发现大学生们处理信息存在着浅层与深层两种不同的水平。1976年，两位学者在《论学习的本质区别：结果和过程》一文中，明确提出了表层加工（surface-level processing）和深度加工（deep-level processing）的概念，指出深度学习是一个知识迁移的过程，它有助于学习者提高决策与问题解决的能力。此后，深度学习的研究在国外开始逐渐兴起。国内深度学习的研究起步较晚，最早将"深度学习"概念引入我国教育界的是上海师范大学的何玲与黎加厚。我国学界一般认为："深度学习是一种基于理解的学习，是指学习者以高阶思维的发展和实际问题的解决为目标，以整合的知识为内容，积极主动地、批判性地学习新的知识和思想，并将它们融入原有的认知结构中，且能将已有的知识迁移到新的情景中的一种学习。"[1] 随着深度学习研究的逐渐深入，关于深度学习内涵的界定也在逐渐发生改变。如郭华在《深度学习及其意义》一文中，将深度学习界定为"在教师引领下，学生围绕着具有挑战性的学习主题，全身心积极参与、体验成功、获得发展的有意义的学习过程"。[2] 这是对传统研究将深度学习局限于认知领域的一种突破。近年来，在国际上对深度学习的认识由"单向度"走向"全视角"，吴永军在《关于深度学习的再认识》一文中将深度学习定义为："在特定的社会文化情境中，学习者在与他人互动以及与环境互动中，关注知识之间的有机联系，最终能够迁移并解决实际生活问题的意义生成的过程。"[3]

基于综合学界的一般认识，特别是郭华与吴永军对于深度学习的新认识，笔者将幼儿的深度学习界定为：幼儿深度学习是指幼儿在教师的引导下，在较长的一个时段，围绕着富有挑战性的课题，全身心地积极投入，以及通过与同伴间的合作与探究，运用高阶思维，迁移已有经验，最终解决实际问题的有意义的学习过程。值得注意的是，幼儿的深度学习绝不是指向高深的学习内容，也不是超越幼儿认知能力的小学化的学习。自2018年7月笔者获批教育部人文社会科学研究规划基金项目"幼儿深度学习的理论与实践探索研究"（批准号：18YJA880086）以来，历时两年时间，笔者带领研究团队，在理论与实践两个方面开展课题研究，取得了较为丰硕的成果，也从实践上验证了笔者对幼儿深度学习概念的界定是符合幼儿发展现状的，是具有可操作性的，也是切实可行的。

笔者关于幼儿深度学习的概念界定涵盖了以下几个关键要素，也体现了幼儿深度学习的特征：

第一，认知层面——问题解决能力

深度学习的重要目标是提升学习者的问题解决能力，其中的核心是高阶思维

---

[1] 安富海.促进深度学习的课堂教学策略研究[J].课程·教材·教法，2014（11）：57.
[2] 郭华.深度学习及其意义[J].课程·教材·教法，2016（11）：27.
[3] 吴永军.关于深度学习的再认识[J].课程·教材·教法，2019（2）：56.

能力，主要包括信息整合能力、建构新知能力、批判性思维、创造性思维、评价反思能力等。所以，国内关于深度学习最初的界定是："深度学习是指在理解的基础上，学习者能够批判地学习新思想和事实，并将它们融入原有的认知结构中，能够在众多思想间进行联系，并能够将已有的知识迁移到新的情境中，作出决策和解决问题的学习。"[1] 冯嘉慧指出："深度学习的基本特征是重视高层次的思维和能力。浅层学习就是学习比较低端的知识、记忆性的知识和简单的理解。深度学习则是指培养高端的能力，包括高阶思维能力、创造能力和分析问题解决问题的能力。"[2] 学者们普遍认为问题解决是深度学习的落脚点。一些实证研究揭示了深度学习与问题解决能力的内在关联。如伯顿等人以澳大利亚128名大学一年级学生为被试对象，研究了问题解决与深度学习之间的关系。结果表明，高问题解决能力与深度学习呈正相关；低问题解决能力与浅层学习呈正相关。[3]

幼儿的深度学习是一种基于问题解决的学习，是一种主动的、批判性的学习。从认知层面上看，深度学习具有三个特点。①理解与批判：学习如果仅停留于"知道"的层面，那么还只是浅层学习。深度学习的基础是批判性理解，幼儿只有批判性地接受所学知识，并建立起自己对该知识的理解与看法，才算真正掌握了该知识。②联想与建构：知识是相互联系的而不是彼此绝缘的，深度学习要求幼儿调动已有的知识来参与当下的学习，只有激活背景知识并将新旧知识进行有机整合，才能建立起有结构的知识网络。③迁移与应用：如果幼儿能运用已有知识解决一个现实问题，那他必然是理解了这一知识，并能将其应用到新的情境中来。学习的目的之一是"举一反三"，活学活用所学知识解决现实生活中的真实问题。学以致用，学才有用，学才有意义。

尽管幼儿的问题解决能力尚未达到一定的高度，但是也超乎一般人的估判。笔者指导幼儿深度学习实验园开展的以幼儿为主体的"课题活动"（类似"项目活动"），显示出了幼儿巨大的学习能力与问题解决能力。幼儿以其独特的方式建构着对客观事物的理解，通过经验的迁移、大胆的想象与创造、不断地尝试，解决了一个又一个生活中的真实问题，令我们折服。"儿童是天生的科学家，他们努力

---

[1] 何玲，黎加厚. 促进学生深度学习 [J]. 现代教学，2005（5）：29.
[2] 冯嘉慧. 深度学习的内涵与策略——访俄亥俄州立大学包雷教授 [J]. 全球教育展望，2017（9）：4.
[3] 王靖，崔鑫. 深度学习动机、策略与高阶思维能力关系模型构建研究 [J]. 远程教育杂志，2018（6）：44.

建构着他们周围的世界。"[①] "科学家和儿童在一定程度上有着共同的特点。新的研究表明婴儿和幼儿比我们所认为的要知道和了解得更多。他们会思考、得出结论、作出预言、寻找解释，甚至会做实验。科学家和儿童有相似之处，他们都是宇宙中最好的学习者。"[②] 雅斯贝尔斯强调"教育即生成"，要使儿童"内部灵性与可能性"得到充分的发展。在以幼儿为主体开展的"课题活动"中，我们真切地看到幼儿内在潜能的自我唤醒与挖掘。

第二，动机层面——积极情绪

幼儿的深度学习是一个全人整体性投入的活动，既有包含认知维度在内的诸多智力因素的投入，也有动机、情感、意志等非智力因素的投入。智力因素与非智力因素相互影响、相互制约、交互作用，共同决定着幼儿的学习是深度学习还是浅层学习。学习动机是指发动、维持儿童的学习活动，并使之朝向一定目标的一种内在过程或内部动力。学习动机是影响儿童学习进程和学习效果，实现儿童主动发展的重要因素之一。学习动机根据其来源可以分为内部动机和外部动机。内部动机是指儿童因好奇心、自尊心、责任感、成就感等内部因素所引发出来的动机，其主要特征是对学习活动本身产生兴趣，内部动机的作用具有持久性；外部动机是指儿童由外部诱因激发出来的动机，其主要特征是关注外在的奖励与认同，若外部诱因消失，行为便不能持久。学习动机是激发儿童学习热情的内在动力。

尤古罗格卢（Uguroglu）和华尔伯格（Walberg）考察了大量的关于动机与成就关系的研究报告，分析了其中232项动机测量和学业成就之间的相关系数，发现其中98%为正相关。该调查覆盖面为1—12年级的学生，共计637000人，是有一定代表性的。这一相关表明，高动机水平的学生，其成就也高；反之，高成就水平也能导致高的动机水平。刘加霞对北京市一所普通中学的7、8、10、11四个年级的398名学生进行调查，考察中学生的学习动机、学习策略的关系及两者对学业成绩的影响。结果表明，中学生的学习动机与学业成绩之间呈显著正相关；学习动机除对学业成绩有直接影响外，还通过影响学习策略从而间接影响学业成绩。[③]

[①] 克里斯汀·夏洛等.儿童像科学家一样——儿童科学教育的建构主义方法[M].高潇怡等，译.北京：北京师范大学出版社，2006：19.
[②] 艾利森·戈波尼克等.摇篮里的科学家[M].袁爱玲等，译.上海：华东师范大学出版社，2004：（序言和致谢）7.
[③] 刘明娟，肖海雁.关于学习动机的研究综述[J].山西大同大学学报（社会科学版），2009（2）：88.

大型国际测试项目，如 PISA 和 TIMSS 的研究报告也都支持了类似的结论，大部分国家的数据都表明学习动机与学业表现呈正向联系。[1] 近年来的脑科学研究最有关键性意义的研究发现是：在一个正常的脑中，"理智"的过程不能离开"情绪"而独立发挥作用[2]。幼儿的学习动机在幼儿的深度学习中，无疑起着非常重要的作用，因为幼儿是"情绪的俘虏"。没有强烈的内部动机，缺乏浓厚的兴趣与积极的态度，幼儿的学习就难以展开，更不可能走向深度学习。

第三，社会文化层面——人际互动

幼儿的深度学习过程不仅是一个个体的心理过程，同时也是根植于社会文化的建构过程。2012 年，美国威廉和弗洛拉·休利特基金会将深度学习释义为 6 个密切关联的核心竞争力，即掌握核心学术内容、批判性思维与问题解决、有效沟通、协作能力、学会如何学习、学术心智。在这 6 个深度学习的核心竞争力中，有 2 个能力即"有效沟通"与"协作能力"关乎社会文化层面。德国哲学家哈贝马斯提出了"交往行为"理论，他强调在社会里建立共识需要真诚的沟通行为，这种真诚的沟通行为是由具有平等地位、相互尊重的主体基于相互理解的交往而建立的。[3] 依据哈贝马斯的"交往行为"理论，人们建构了交往学习理论。交往学习主要有三种方式：师生对话式学习、讨论式学习、合作式学习（学生以小组的形式围绕某一问题展开同伴合作探究）。

维果茨基强调智力的社会维度，强调同龄人之间的合作学习。维果茨基认为，共享活动的合作伙伴共享的不仅仅是一项共同的任务，他们还分享了执行这项任务所涉及的心理过程和类别。[4] 合作学习是两个以上的学生或群体为了达到共同的学习目的而在学习行动上相互配合的过程，是一种互助性的学习形式。在合作学习过程中，由于小组成员有着共同的目标，评价和奖励又以小组的成就为依据，因此，组内成员会互相帮助、密切合作、各尽所能，共同完成学习任务。幼儿园情境中的深度学习活动，是一个充满了师幼互动、幼幼互动，以及人际交互影响的社会

---

[1] 郭祈，曹一鸣.学习动机对学习效果影响的深度解析——基于大规模学生调查的实证研究[J].教育科学研究，2019（3）：62.
[2] 吴永军.关于深度学习的再认识[J].课程·教材·教法，2019（2）：56，55.
[3] 哈贝马斯.通向理解之路——哈贝马斯论交往[M].陈学明，译.昆明：云南人民出版社，1998：6-11.
[4] 阿莱克斯·柯祖林.心理工具：教育的社会文化研究[M].黄佳芬，译.上海：华东师范大学出版社，2007：9.

化过程。我国基础教育改革所倡导的"自主、合作、探究"的学习方式，就强调了学习的社会属性，强调了知识的共享与创生。知识在对话中重构，在共享中倍增。一个物品与一个物品交换，得到的仅仅是一个物品；而一种思想与另一种思想交换，得到的却是两种思想，甚至是三种思想（两种思想碰撞后产生新思想）。幼儿的深度学习需要在"群体情景"中展开，需要同伴互动、讨论交流，需要同伴合作，携手解决问题。

（二）幼儿深度学习的特殊性

幼儿深度学习不仅具有深度学习的一般特征，同时还具有其特殊性。与中小学生、大学生的深度学习相比，幼儿深度学习的特殊性主要体现在以丰富的感性经验为基础。

辩证唯物主义认识论认为，人的认识可以分为感性认识与理性认识两个阶段。感性是个体通过对客体的生动直观而获得的，感性认识反映的是事物的具体特性和外部联系，感性认识的具体形式是感觉、知觉和表象。理性认识则是个体通过对感性认识进行抽象加工而获得的，理性认识反映的是事物的本质、内在的联系和规律，理性认识的具体形式是概念、判断和推理。人的认识是一个发展的过程，认识中的感性因素和理性因素以及这两者的结合也是发展变化的。随着认识过程由浅入深的推移，这两种因素在认识构成中所占的分量、所处的地位也在变化，由以感性因素为主过渡到以理性因素为主，从而使认识的发展显示出阶段性来，这就是感性认识阶段和理性认识阶段。[①] 感性认识与理性认识是两种不同阶段也是两种不同水平的认识。幼儿由于其身心发展的未成熟性，特别是思维的直觉行动性与具体形象性，决定了他们的认识主要处于感性认识阶段。在笔者组织实施的幼儿深度学习的实践研究活动中，可以清晰地看到幼儿凭借丰富的感性经验，在感性认识层面表现出惊人的分析问题与解决问题的能力。

案例 3-1

在幼儿深度学习实验园——北京市第一幼儿园的"制作迷你吸尘器"课题活动中，幼儿首先遇到的第一个问题是："做什么样式的扇叶？"幼儿在分析与讨论

---

① 田心铭. 感性认识和理性认识既是两因素又是两阶段 [J]. 北京大学学报（哲学社会科学版），1986（1）：49.

中谈道:"我见过半圆形的,还有长条形的。""扇叶就像西瓜牙一样,有个弧度,扇叶是一个挨着一个的。""爸爸带我去张北草原,草原上的那些风车的扇叶都是又细又长的。""我家风扇的扇叶是水滴形的。"其中,一组幼儿根据自己的想法利用绘画和折纸的形式制作了风车形的扇叶。接下来遇到了第二个问题:"怎样检验扇叶是否能转动起来呢?"幼儿提出了各自的想法:"我们可以用嘴吹的方式让扇叶转动起来。""我们科学区就有电路玩具,里边就有一个让风扇转动的零件,我们可以把做好的扇叶也装在上面,试一试能不能转起来。"于是,第一小组幼儿将扇叶的中心扎了一个洞,套在了电路玩具的零件上。扇叶成功地转动起来,但是幼儿发现扇叶虽然可以转动,产生的风却很小。教师带领幼儿观察班级中电风扇的扇叶。幼儿发现:"扇叶不是平面的,每个扇叶都是有角度的。"有幼儿提议:"我们也要让扇叶有角度,这样才能有风吹来。""我们可以把扇叶做成立体的。""我们可以用一张纸剪成圆形,然后上下左右各剪开一个口,然后把每个扇叶都折一下,扇叶就有角度了。""那我们把每个扇叶再从中间剪开,就可以变出八个扇叶了。"幼儿利用画圆尺画了一个圆形,并用直尺在圆上画了"米"字型直线,用剪刀沿线剪到离中心相等的地方,将扇叶有角度地折一下,扇叶就做好了。幼儿将扇叶放在电路玩具上,扇叶转动了起来,同时产生了风。但是幼儿发现纸质扇叶转动时有些晃动。由此,开启了对第三个问题"什么样的材料可以让风扇更牢固?"的探索之旅……

【北京市第一幼儿园南吉祥分园 大三班 孙振姣 康茜 刘婷 "迷你吸尘器"课题活动】

幼儿虽然年龄小,但是,这并不意味着他"无能"。"新的研究表明婴儿和幼儿比我们所认为的要知道和了解得更多。他们会思考、得出结论、作出预言、寻找解释,甚至会做实验。科学家和儿童是属于同一部分的,因为他们都是宇宙中最好的学习者。"[①] 幼儿有着巨大的发展潜能,他们以自己独特的方式直面问题、分析问题与解决问题。他们有能力进行深度学习,只不过他们的深度学习主要是以感性经验为基础,是从感性认识层面展开的。

---

① 艾利森·戈波尼克,等. 摇篮里的科学家 [M]. 袁爱玲等,译. 上海:华东师范大学出版社,2004:(序言和致谢)7.

（三）幼儿深度学习与浅层学习的关系

探明幼儿深度学习与浅层学习两者的关系，既有利于教育者系统地认识幼儿的学习由低到高、由浅入深的推进状况，同时也有益于教育者思考如何将幼儿的浅层学习引向深度学习，以达到理想的学习状态。

20世纪80年代以来，国外许多研究者对深度学习与浅层学习进行了比较与区分。进入21世纪以后，国内的一些研究者也从不同的维度，如理论基础、学习目标、学习动机、投入程度、记忆方式等方面对深度学习与浅层学习进行了对比分析。[1][2][3] 综合国内外的先行研究，笔者将幼儿深度学习与浅层学习的区别概括为以下4点：①学习的目标。布卢姆将认知领域目标分为"知识、领会、运用、分析、综合、评价"6个层次，其实就已经将学习进行了分层，触及了浅层学习与深度学习的意蕴。幼儿的浅层学习仅留在"知识、领会"的低级认知层次，而深度学习则进入了"运用、分析、综合、评价"的高级认知层次。②学习的动机。幼儿的浅层学习出于外部动机，是一种目标导向的学习，深度学习则是出于内部动机，是一种有积极学习心向的学习；幼儿的浅层学习是低情感投入的被动学习，深度学习是高情感投入的主动学习。③学习的方式。幼儿的浅层学习是孤立地重复所学到的东西，利用死记硬背来学习，深度学习是将新知识与已有知识相关联，将概念与日常经验联系起来；幼儿的浅层学习缺少反思，不使用元认知技能，而深度学习重视反思，使用元认知技能。④学习的结果。幼儿的浅层学习展示低级认知技能水平与低阶思维，而深度学习展示高级认知技能水平与高阶思维；浅层学习指向知识的积累，而深度学习指向知识的重构与运用，产生知识迁移，能够解决生活中的真实问题；幼儿的浅层学习仅局限于认知层面的发展，而深度学习则走向全人的发展。

尽管深度学习与浅层学习有着本质的区别，但二者只是对应而非对立，学习从浅层到深度是一个连续的区域。[4][5] 幼儿的深度学习与浅层学习是不可分割的，

---

[1] 张浩，吴秀娟. 深度学习的内涵及认知理论基础探析[J]. 中国电化教育，2012（10）：8.
[2] 杜鹃，李兆君，郭丽文. 促进深度学习的信息化教学设计的策略研究[J]. 电化教育研究，2013（10）：15.
[3] 段金菊，余胜泉. 学习科学视域下的e-Learning深度学习研究[J]. 远程教育杂志，2013（4）：44.
[4] 张静，陈佑清. 学习科学视域中面向深度学习的信息化教学方式变革[J]. 中国电化教育，2013（4）：21.
[5] 付亦宁. 深度学习的教学范式[J]. 全球教育展望，2017（10）：49.

浅层学习是深度学习的基础，深度学习是对浅层学习的提高。幼儿只有以浅层学习得来的知识作为基础，才能进行深度的更有意义的学习。"在以'传递—接受'型教学模式为主的传统教育中，学生的学习多呈被动性，大多数学习停留于'认知'与'理解'的表面层次，学生对所学内容缺乏深入思考，不能很好地将所学内容迁移运用到实际问题的解决中来。学习的最终目的是在实际应用中运用所学知识解决具体问题，达到'应用''分析''综合''评价'甚至'创新'等高级层次。"[1]但是，在现实生活中的很多情况下，幼儿的学习仅停留在浅层学习，没有向深度学习递进，因此，有必要提倡深度学习。

二、幼儿深度学习的逻辑框架

基于幼儿深度学习的内涵与特征，笔者构建了幼儿深度学习的逻辑架构：以问题解决为导向，以积极情绪为动力，以动手制作为依托，以同伴合作为支撑，以评价反思为主轴。

（一）以问题解决为导向

深度学习是一种基于问题解决的学习，它需要创造性地解决问题或创造出新颖独特的产品。关于深度学习的"深度"，问题解决是一个复杂的思维过程。哈佛大学心理学家帕金斯（David Perkins）认为提高学生高层次认知技能，需要学生有解决问题的任务，需要向学生提供如何解决问题的指导。[2]问题解决，常常是在一个大的问题解决中包含着诸多小的问题解决，这一系列的问题解决需要一个较长的时间，它是一个持续的过程，弥补了日常学习的碎片化缺陷，同时，又有助于整合碎片化的知识经验，并灵活迁移应用已有的知识经验。钟启泉在《问题学习：新世纪的学习方式》一文中指出：近年来，在培育全球化时代所要求的基于核心素养的协同学习方式中，"问题学习"或"项目学习"（Project-Based Learning，简称PBL）迅速发展起来。"问题学习"是一种同伴协同性的课题解决学习，是促进学习者把从课堂教学中获得的知识运用于现实世界的深度学习，这种学习也是孕育

---

[1] 张立国，谢佳睿，王国华. 基于问题解决的深度学习模型[J]. 中国远程教育，2017（8）：27.
[2] 夏惠贤. 多元智力理论与项目学习[J]. 全球教育展望，2002（9）：22.

学习者高阶思维、沟通、协同和创造的重要方法。[①]

在笔者的指导下，幼儿深度学习实验园组织幼儿开展了一系列的课题活动。在这些课题活动中，幼儿所要解决的问题不是抽象的问题，而是来自其日常生活与游戏活动中的现实问题。现实问题常常是没有固定答案的问题，是条件不充分的、有多种解决方案的问题，即非良构性的（ill-structured）问题[②]。正是在这种非良构性的问题中蕴含了丰富的深度学习的要素。如幼儿园自然角里的鲜花打蔫了，幼儿在给花浇水时发现已有的浇花喷壶并不好用，于是，就引发了"自制浇花器"课题活动。从材料的选择到功能的设想，从外形的设计到内部结构，从图纸到施工，一个又一个的问题层出不穷，需要幼儿与同伴一起合作探究、协商讨论，需要激活已有的经验、需要创造想象、需要批判反思、需要假设验证，以及迁移运用所学知识把好的想法不断地"做出来"。与此同时，还需要保持积极心态、高情感投入，需要克服困难、坚持不懈，需要与同伴合作、迎接挑战。在这样一个真实问题解决的过程中，充分体现了幼儿深度学习的内涵与特征。

（二）以积极情绪为动力

深度学习并不是仅仅发生在"颈部以上"的理智活动，它关乎整个人或完整人，是一种高情感投入的、具有心灵温度的主动学习。许多心理学家都承认情绪在幼儿心理活动中的动机作用，认为情绪不只是心理活动的伴随现象或副现象，情绪在幼儿心理活动中的作用是其他心理过程所不能代替的。幼儿的认知与行为充满了情绪的色彩，情绪是幼儿认知与行为的唤起者和组织者。孟昭兰关于"婴幼儿不同情绪状态对其智力操作的影响"的研究揭示：①情绪状态对婴幼儿智力操作有不同影响；②在外界新异刺激作用下，婴幼儿的情绪可以在兴趣和惧怕之间浮动。这种不稳定状态，游离到兴趣一端时，激发探究活动，游离到惧怕一端时，则引起逃避反应；③愉快强度与操作效果之间的相关为倒"U"形关系，即适中的愉快情绪使智力操作达到最优，这时起核心作用的是兴趣；④惧怕和痛苦程度与操作效果之间为直线关系，即惧怕和痛苦越大，操作效果越差；⑤强烈的情绪状态或淡漠无情，都不利于婴幼儿的智力探究活动，兴趣和愉快情绪的交替，是智力活动的

---

① 钟启泉.问题学习：新世纪的学习方式[J].中国教育学刊，2016（9）：32-35.
② 陈爱萍，黄甫全.问题式学习的内涵、特征与策略[J].教育科学研究，2008（1）：40.

最佳情绪背景[①]。

幼儿的深度学习是高级的智力活动，需要最佳的情绪背景。而作为积极的情绪状态，其核心是兴趣。兴趣是驱动幼儿深度学习的内在动力。"某物对我有用"在拉丁文里叫作"兴趣"。[②]兴趣在心理学上一般被定义为：积极探究、理解某种事物或从事某种活动的心理倾向。杜威认为儿童有四类原发兴趣，即交流的兴趣、探究的兴趣、制作的兴趣和艺术表现的兴趣，这些原发兴趣是"自然的资源，是未投入的资本，儿童的积极生长依赖于对它们的运用"。[③]兴趣是最好的老师，正如孔子所云："知之者不如好之者，好之者不如乐之者。"赫尔巴特学派认为兴趣是影响教学过程及其效果不可或缺的本质部分，海华德将兴趣视为"教育中最伟大的词汇"。[④]在深度学习过程中，幼儿全身心地投入，其理智与情感交合，生命活力得以焕发。令笔者感动的是，在大班幼儿"自制晾画架"课题活动中，一名男孩中午起床后说道："老师，午睡的时候我还在想：画架的底座不稳应该怎么办？我想了好几种办法，一会儿就试试看。"幼儿浓厚的学习兴趣、强烈的动机与探究欲望推动着他们走向深度学习。

（三）以动手制作为依托

幼儿的思维体现出鲜明的"手"的思维的特点。《3~6岁儿童学习与发展指南》强调幼儿学习的主要方式是"直接感知、实际操作、亲身体验"。现代著名的哲学家、教育理论家怀特海认为：感官和思想相互协调，大脑活动和身体的创造性活动之间也有一种相互影响。在这种相互感应的过程中，手的作用尤其重要。[⑤]"动手操作"的概念来源于皮亚杰的动作促进儿童思维发展、杜威的"做中学"、陶行知的"教学做合一"等理论观点。[⑥]"我听见，我忘了。我看见，我记住了。我做，我理解了。"行为主义心理学与认知心理学都十分重视操作活动在儿童学习过程中的价

[①] 陈帼眉. 学前心理学[M]. 北京：人民教育出版社，2003：288.
[②] 克劳斯·黑尔德. 世界现象学[M]. 倪梁康，等，译. 北京：生活·读书·新知三联书店，2003：9.
[③] 杜威. 杜威教育文集. 第1卷[M]. 北京：人民教育出版社，2005：48.
[④] 郭戈. 关于兴趣教学原则的若干思考[J]. 教育研究，2012（3）：119-120.
[⑤] 怀特海. 教育的目的[M]. 庄莲平，等，译. 上海：文汇出版社，2012：65.
[⑥] 陈理宣，黄英杰. 论基于动手操作和问题解决的知识教学[J]. 国家教育行政学院学报，2014（12）：21.

值，操作活动体现了儿童早期学习的本质特点。[①] 杜威曾经指出：当儿童从"做中学"过程中"圆满地解决那样一个问题，他就增添了知识和力量"。[②] 在杜威的"做中学"思想中，"手工艺活动"和"科学研究"是一对矛盾，"手工艺活动"代表的是实用性活动，而"科学研究"代表的是求知性活动，杜威试图将二者协调统一，即在具体的操作活动的基础上，把儿童的兴趣转移到对事物的研究上去——研究它们的性质、意义、结构、原因和结果等。[③]

由笔者指导的幼儿深度学习实验园借助幼儿"动手制作"（属于"手工艺活动"）这个抓手，让幼儿的深度学习有了载体。如果说动手制作是深度学习的依托，那么，问题解决则是动手制作的最终目的。美国的大卫·库伯（David Kolb）提出了四阶段体验学习圈理论，认为学习是基于体验的持续过程，包括具体体验、反思观察、抽象概括、行动应用，而学习要形成完整的学习圈，最佳状态是开始于"做"的活动体验。[④] 庞维国指出："做"是儿童的天性，所以其学习应该发生在经验的具体情境中，通过"做"从经验中学习。[⑤] 杜威把儿童的学习分为三个层次，其中，4—8岁儿童的学习处于第一个层次，主要是通过活动进行学习，所学的是怎样做，方法是从做中学。[⑥] 一般说来，儿童的年龄越小，活动在教学中所占的比例就越大；反之，儿童的年龄越大，活动在教学中所占的比例就越小，这符合皮亚杰关于儿童智力发展四阶段的划分。笔者率领团队所做的关于幼儿深度学习的实践探索研究表明，在动手制作（如"浇花器""迷你吸尘器""傣族塔""晾画架""长鼓""竹筏"等）的活动过程中，幼儿的认知水平与问题解决能力得到了极大的提升。

（四）以同伴合作为支撑

深度学习指向问题解决，而一个好的问题必须是复杂且开放的，它不能只由独立的个体即某一名幼儿来完成，必须以"同伴合作"的形式来开展，并需要耗

---

① 邹晓燕. 幼儿的学习方式及理论依据——《3~6岁儿童学习与发展指南》解读 [J]. 辽宁师范大学学报（社会科学版），2013（1）：57.
② 杜威. 学校与社会·明日之学校 [M]. 赵祥麟，等，译. 北京：人民教育出版社，1994：373.
③ 张建伟，孙燕青. 从"做中学"到建构主义——探究学习的理论轨迹 [J]. 教育理论与实践，2006（4）：36.
④ 严奕峰，谢利民. 体验教学如何进行——基于体验学习圈的视角 [J]. 课程·教材·教法，2012（6）：23.
⑤ 庞维国. 论体验式学习 [J]. 全球教育展望，2011（6）：9.
⑥ 杜威. 民主主义与教育 [M]. 王承绪，译. 北京：人民教育出版社，1990：28.

费较长的时间才能完成。通过同伴合作，还可以把解决问题所带来的压力分解到每个小组成员的身上。儿童是社会化的个体，"社会性的互动不仅是生活的组成部分，而且它非常有助于儿童理论的建构"。[1] 重视同伴间的合作学习已成为当今世界教育的发展趋势。我国基础教育课程改革倡导"自主、合作、探究"的学习方式。自主、合作、探究与深度学习有着密切的关系。自主是深度学习得以开展的前提，合作是深度学习的支撑，探究则是深度学习的核心。"探究学习主要强调学生能独立地发现问题并能尝试着解决问题"。[2] 在同伴合作学习的过程中，幼儿会不断地产生认知冲突（即意见不一致），认知冲突就会引发辩论或讨论，而辩论或讨论会使幼儿对事物的认识更全面、更深刻，从而使学习活动走向深入。"组织自己的想法，并设法向别人说明，或是设法说服别人，都是一种重要的思维过程。科学家许多重要的科学思想常常是在交谈和辩论中产生的，激烈的讨论和辩论会激发新的思维，被称为是科学家灵魂的碰撞"。[3]

帕克等人认为儿童同伴间的讨论有助于发展儿童的高阶思维技能，劳拉等人指出讨论提供了一个使儿童同伴间彼此澄清自己想法与观点的平台，这种同伴合作解决问题的方式比儿童个体解决问题更有效。[4] 沙米尔等人考察了 64 名幼儿在不同学习情境（独自学习情境与合作学习情境）中的元认知发展，结果发现幼儿在同伴合作学习情境中取得了更好的学习效果，幼儿的陈述性与程序性元认知在同伴合作学习情境中要显著优于个别学习情境。[5] 可见，同伴合作学习有助于促进幼儿元认知的发展，而元认知是幼儿深度学习中高阶思维的重要元素，它与评价反思有密切的关系。笔者在 2008 年采用实验方法对 408 名 3—6 岁幼儿合作学习的水平与特点进行了研究，发现幼儿时期各年龄阶段都有合作行为存在，但 4 岁左右合作行为发展最快。[6] 国内外学者的相关研究也证实 4 岁左右是幼儿合作行为发展的重要转折点。[7] 笔者在实验园开展的幼儿深度学习实践研究，选择的实验班级均为中、大班（幼儿年龄为 4—6 岁），因为进入中班以后，幼儿的合作行为与合作学习能力有了很大的提高。实践表明，以同伴合作为支撑推进幼儿深度学习是卓有

---

[1] 克里斯汀·夏洛等.儿童像科学家一样——儿童科学教育的建构主义方法[M].高潇怡，等，译.北京：北京师范大学出版社，2006：10.
[2] 屠锦红，李如密."做中学"教学法之百年演进述评[J].课程·教材·教法，2014（4）：98.
[3] 韦钰，P. Rowell.探究式科学教育教学指导[M].北京：教育科学出版社，2006：49.
[4] 姚利民，杨莉.课堂讨论国外研究述评[J].外国中小学教育，2015（7）：61.
[5] 张亚杰.5—6岁儿童小组合作活动中元认知语言的发展特点[J].学前教育研究，2018（5）：38.
[6] 王小英，石丽娜.3—6岁幼儿合作学习的水平与特点[J].学前教育研究，2008（12）：35.
[7] 曹中平.中班幼儿角色游戏中合作能力发展的初步观察研究[J].学前教育研究，1994(2)：43-46.

成效的。

（五）以评价反思为主轴

张立国等人构建了深度学习的一般过程模型，该模型主要由三个部分组成。[①]第一部分包括"注意与接受"和"回忆已学知识"两个过程，属于深度学习的导入阶段。第二部分包括"联系新知识""批判性地建构知识"以及"迁移运用和问题解决"这三大过程，属于深度学习的核心阶段。第三部分是"评价与反思"，属于深度学习的总结阶段。"评价与反思"这两个环节贯穿于整个深度学习的全过程。笔者组织实验园历时一年多开展的研究表明，幼儿的深度学习也基本包含这三大部分。其中，评价反思反复出现在一个又一个小的问题解决之中，换言之，在解决每一个小问题的过程中，都包含着评价与反思。幼儿在以问题解决为导向的深度学习过程中，需要不断地发现问题、思考解决的对策、通过实践验证后评价与反思对策。一个对策失败，就要分析其原因，再思考新的解决对策，再通过实践验证后评价与反思对策。评价与反思如此循环往复，直到问题彻底解决，评价与反思构成了幼儿深度学习的主轴。

在我国传统教育中，对反思是非常看重的。如《学记》就谈到了反思的重要性："学然后知不足，教然后知困。知不足然后能自反也；知困然后能自强也。故曰教学相长也。"在西方的教育理论中，最早提出反思概念的是美国的杜威。杜威把反思称为"反省思维"（reflective thinking），认为"这种思维乃是对某个问题进行反复的、严肃的、持续不断的深思"。杜威指出，反省思维的过程可以分为层层递进的五个环节：情境→问题→假设→推论→验证[②]。陈佑清全面揭示了反思的三种含义：一是指"反复思考"，即深思、沉思、审慎思考；二是指"反身思考"，即主体以自身的经验或行为等为思考的对象，它区别于主体对自身以外的客体的思考；三是指"返回去思考"，即对已经发生或完成的事件或行为的思考。[③]笔者指导实验园开展的幼儿深度学习实践研究，验证了杜威提出的反思五环节，也体现了陈佑清所指出的反思三内涵。

[①] 张立国，谢佳睿，王国华. 基于问题解决的深度学习模型[J]. 中国远程教育，2017（8）：28-29.
[②] 杜威. 民主主义与教育[M]. 王承绪，译. 北京：人民教育出版社，1990：162-174.
[③] 陈佑清. 反思学习：涵义、功能与过程[J]. 教育学术月刊，2010（5）：6.

三、幼儿深度学习的实践路径

深度学习是指向问题解决的学习，笔者指导幼儿深度学习实验园以课题活动的形式来推进幼儿的深度学习。在本研究中，课题活动是指教师从幼儿的兴趣、需要出发，以某个创造性产品的制作为目标，通过采取小组合作的方式，引导幼儿有目的、有计划地解决问题，从而达成目标的活动。

（一）课题活动的生成

《幼儿园教育指导纲要》与《3~6岁儿童学习与发展指南》都强调要珍视游戏与生活对幼儿身心发展的价值。因此，关于课题活动的生成主要有以下两个来源。

1. 来源于生活

生活是一本无字的教材，特别是对儿童来说，生活即教育，生活即学习。杜威指出：对于儿童"生活就是发展，不断发展，不断生长，就是生活"。[1] 幼儿思维的直觉行动性与具体形象性决定了幼儿的学习是以直接经验为基础的，《3~6岁儿童学习与发展指南》强调：要最大限度地支持和满足幼儿通过直接感知、实际操作和亲身体验获取经验的需要。幼儿在生活中获得了大量的直接经验，这些直接经验为幼儿后继学习与发展奠定了良好的感性认识基础。幼儿园的课程内容源自于幼儿的生活世界。著名的学前教育家张雪门指出："生活就是教育。五六岁的孩子在幼稚园生活的实践，就是行为课程……这份课程完全根据于生活：它从生活而来，从生活而展开，也从生活而结束。不像一般的完全限制于教材的活动。"[2]

幼儿在日常生活中会遇到大量的问题。其中，有一些是他们非常感兴趣的，笔者指导教师基于专业的判断，有选择地将一些问题转化为课题活动。例如，幼儿深度学习实验园——云南省西双版纳州景洪市幼儿园课题活动"竹筏"的选题缘由如下：

---

[1] 杜威. 民主主义与教育 [M]. 王承绪, 译. 北京：人民教育出版社, 2001：58.
[2] 戴自俺主编. 张雪门幼儿教育文集 [M]. 北京：北京少年儿童出版社, 1994：1088.

案例 3-2

竹子，在西双版纳是一种常见的植物，在公园里、小院中、山坡上都会看到竹子的身影。在生活中，傣家人常用竹子来造纸、做篮子、做箩筐、做簸箕、做鱼篓、做竹筷等。幼儿在生活中常见到竹制品，对它们已有了初步的认知。一次，在带幼儿到"曼迈桑康"风景区进行亲子活动时，当幼儿看到傣家姑娘们站在水中的竹筏上表演节目时，发出了阵阵惊叹声，都在议论竹子居然还可以用来造"船"。亲子活动回来后，幼儿仍然对神奇的竹筏念念不忘，并由此产生了自己造竹筏的想法。造竹筏对幼儿来说是一个充满挑战的活动，造竹筏活动涉及不同粗细、长短的竹子，以及不同固定材料的使用。在筏面固定及承重测试中，幼儿会接触到平面几何图形、物体体积等数学知识，也会接触到材料力学、结构力学、流体力学等力学知识，还会遇到平衡、沉浮等原理。此外，幼儿在与同伴分工合作中，可以发展合作意识，有助于促进自身的社会性发展。竹筏的选定，既能满足幼儿的兴趣与探究欲望、丰富幼儿的科学知识、发展幼儿的社会性，又有助于提升幼儿的动手、高阶思维、问题解决等多方面的能力，是一个可持续性和探究性较强的课题活动。于是，"竹筏"的课题活动拉开了帷幕。

【云南省西双版纳州景洪市幼儿园 中一班 刘明珠 钱倩雯 丁梓涵 "竹筏"课题活动】

源于生活的选题还有很多，例如，"果子传送带""小小车棚""好用的拖把""迷你吸尘器""桌面收纳盒""新型浇花器""纸浆花盆""移动整理车""垃圾分类车""热水保温""有趣的造纸""给小鸟一个家"等。

2. 来源于游戏

人类活动可以分为游戏、学习、劳动和休闲四种基本形式，它们分别是个体在不同的发展阶段中的主导活动。游戏是学前儿童的主导活动，学习是学习期间的儿童和青少年的主导活动，劳动是成年人的主导活动，休闲则是老年人的主导活动。[①] 如果把生活视为一个活动系统，那么，学前期游戏在活动系统中起着主导作用。游戏之所以是学前儿童的主导活动，是因为它最适合儿童发展水平，最能满足儿童需要，能够推动儿童实现最佳发展。正因如此，《幼儿园工作规程》与《幼儿园教育指导纲要》都明确规定：幼儿园应当以"游戏为基本活动"。一般说来，个体心理机能越不成熟，则行为的游戏性越鲜明，生活中游戏所占的比例就越大。

---

① 郭湛. 主体性哲学——人的存在及其意义 [M]. 昆明：云南人民出版社，2002：26.

游戏构成了幼儿心理发生、发展的最佳状态。幼儿在游戏中编织了假想的世界，却在身心方面实现了真实的成长。

幼儿在游戏活动中也会遇到各种问题，其中，有一些是他们非常感兴趣的。笔者指导教师基于专业的判断，有选择地将一些问题转化为课题活动。例如，幼儿深度学习实验园——北京市第一幼儿园课题活动"小鱼泡泡机"的选题缘由如下：

案例3-3

9月开学季，幼儿园迎来了小班的弟弟妹妹。幼儿园组织了大带小的互动活动，班级幼儿最喜欢的就是在操场上手握各式"泡泡机"，和弟弟妹妹们共同玩泡泡游戏。幼儿追着、跑着，笑声洒满操场。可是，接连出现的状况逐渐削减了幼儿的游戏热情，"和老师，我的手都酸了，老得按。""我的手上都是泡泡液，有股味道。""有没有自己出泡泡的泡泡机啊？"一些幼儿提出问题。悦悦说："有，我在鄂尔多斯的商场里见过，能出好多好多泡泡。"多多说："我参加小姨的婚礼时也看见过！特别好看！"桃桃说："幼儿园要是有一个小鱼泡泡机，像鱼一样吐泡泡，就不用用手老按了，就可以跟着弟弟妹妹一起玩泡泡了！""小鱼泡泡机"引发了许多幼儿的兴趣，大家纷纷建议做一个"小鱼泡泡机"。需要一个自动出泡泡的"小鱼泡泡机"，是幼儿在游戏中的真实想法和需求，同时也是一个很好的教育契机。在制作"小鱼泡泡机"的活动中，幼儿可以深入了解泡泡机的机械构造与运动原理；对比发现不同种类泡泡机的优缺点；还会发现扇叶的制作材质以及安装角度和数量对于出风量的影响，理解风产生的原理、风力与扇叶的数量及旋转速度的关系等。幼儿还将探究泡泡液的配制方法，触及数学的容积、测量、比例等多个关键经验，并在玩泡泡的过程中发现泡泡模具和泡泡形态的关系，泡泡数量及大小间的关联，直观体验到水的表面张力等特点。"小鱼泡泡机"课题活动的开展，不仅可以提高幼儿的探究意识和动手能力，促进幼儿高阶思维的发展，还有助于幼儿在探究过程中形成良好的学习品质。于是，"小鱼泡泡机"课题活动拉开了帷幕。

【北京市第一幼儿园 大二班 和静 荆雨欣 郝文欣 "小鱼泡泡机"课题活动】

源于游戏的选题还有很多，例如，"中九网红大滑梯""大泡泡机""彩绘蛋展示架""晾画架""多彩的服装""小飞机""大花轿""小球发射器""扎赉特的星星塔""傣族塔""移动的城堡"等。

关于课题活动的生成，笔者提出了三个基本要求：挑战性、探究性和持续性。挑战性是指课题活动要有一定的难度，要让幼儿跳一跳摘果子，课题任务处于幼儿的"最近发展区"内，使幼儿的学习由浅层走向深层，在原有水平上不断发展。探究性是指课题活动要蕴含大量的探究点，包含对一系列小问题的探究，使幼儿在一个个小的问题发现、问题分析、问题解决的过程中，迁移已有经验，发展高阶思维，提升问题解决能力。持续性是指课题活动至少要能够持续一个月以上（每周不少于三次）。因为深度学习不是一蹴而就的，需要时间成本，需要在一个较长的时间段内才能够完成。在美国研究院发起的 SDL 项目中，非常注重灵活的、充足的时间安排，时间支持已经成为美国大部分学校深度学习开展过程中的一个必要的支撑条件。以上三个要求，是各实验基地园确定课题活动时的重要依据。

（二）课题活动的展开

如前所述，基于幼儿深度学习的内涵与特征，笔者构建了幼儿深度学习的逻辑架构：以问题解决为导向，以积极情绪为动力，以动手制作为依托，以同伴合作为支撑，以评价反思为主轴。这一逻辑架构在课题活动中的具体落实，表现为如下结构：

课题活动：××××

选题缘由

第一阶段活动

活动 1：

活动 2：

活动 3：

……

阶段小结与反思

1. 幼儿

2. 教师

第二阶段活动

活动 1：

活动 2：

活动 3：

……

阶段小结与反思

1. 幼儿

2. 教师

如果说课题活动是解决一个大的问题的话，那么，在每个阶段活动中又包含着一系列小的问题发现、问题分析与问题解决。每个小的阶段的结构为：

问题一：××××

分析与讨论

猜想与假设

实验与验证

问题二：××××

分析与讨论

猜想与假设

实验与验证

问题三：××××

……

在一个个小的问题解决的过程中，包含着三个重要模块：

【经验迁移：……】

【学习品质：……】

【教师支持：……】

一个复杂问题的解决，往往要触及一些科学原理，需要幼儿激活、运用已有经验来解决新情境下的新问题，需要幼儿有积极的学习热情、体现出良好的学习品质。同时，在问题解决的过程中，离不开教师适宜的支持。

例如，以下为幼儿深度学习实验园——长春市人民政府机关第一幼儿园课题活动"小舞台"第一阶段活动的片段：

案例 3-4

第一阶段活动

活动 1：经验分享——生活中的小舞台

教师带领幼儿开展经验分享活动，让幼儿回忆生活中的小舞台，幼儿纷纷表达了自己的想法。

幼儿热烈地讨论着，找出了舞台共同的特点：灯光、舞台面和楼梯……

活动2：设计舞台

全班幼儿分为6组，经过讨论后，各组设计出了心目中的小舞台。

每组幼儿都想制作自己设计的舞台，都觉得自己的舞台是最好的。于是，教师发起了投票活动，让幼儿投票选出最佳设计图。最终他们决定选用林林的舞台作为此次制作舞台模型的样本。

幼儿在确定了所要制作的舞台模型后，开始对大致流程进行讨论，并绘制出制作流程图（略）。

活动3：材料收集

幼儿在绘制出制作流程图后，开始材料的收集工作。搭建舞台模型需要很多材料，虽然幼儿从自己家中带来许多材料，但是他们发现仍然有很多材料收集不到。于是，教师带领幼儿来到材料库，那里储存了很多生活中的废旧物品。

【教师支持】当幼儿收集材料遇到困难时，教师带领幼儿来到存放多种材料的场所，帮助幼儿解决了寻找材料的难题。】

活动4：搭建舞台面

终于要动手搭建小舞台了，几名幼儿先把收集到的纸箱摆放在地上，按照舞台设计的流程图，开始搭建舞台面。

问题一：纸箱子不结实

幼儿在搭建完舞台面之后，兴奋地在上面蹦蹦跳跳，却发现由于纸箱子是空的，踩上去会塌陷。针对这个问题，幼儿开始了讨论。

分析与讨论

小旭：这可太不结实啦，我这么轻都不行。

朵朵：我们可以找东西填在里面。

紫峰：我家的电视、冰箱都是用箱子装的，可是我爸说不让我到上面踩，估计那样的东西都不结实。

教师：你们认为什么样的东西会更结实？

紫峰：铁的、禁得住踩的，还有软的、不怕踩的。
成成：玩具、罐子、泡沫，我们都试一试呗。
子旭：玩具根本就不行，什么形状都有，箱子装不满。
花花：泡沫也不行吧，是不是容易踩坏了？

猜想与假设

幼儿争论不休，每个人的想法都不一样。于是他们将所有的物品都拿出来，摆放在一起。

成成：奶粉罐可以吗？我觉得它们又硬又结实。
萱萱：对呀，它们大小还一样，应该能放进箱子里。
小西：好像不行，你们看它们，大小虽然一样，但放进箱子里好像太高了。
哲哲：那能不能按它们的大小横竖摆一摆，像摆积木一样呢？
成成：对呀，这样好像可以呀，我们可以先按大小排列一下。

幼儿经过讨论后，绘制了用奶粉罐填充纸箱子的猜想图（略）。

实验与验证

幼儿按照猜想图，将奶粉罐放在箱子里，发现奶粉罐虽然大小一致，却不能合理地摆放在箱子里。在反复尝试多次后，箱子仍然有空隙，导致箱子盖不上，舞台面还是踩不稳。

【**学习品质**：幼儿将奶粉罐竖着、横着以及竖横交错地摆放，经历了七八遍的尝试仍然没有成功，幼儿不仅没有因失败而气馁，反而越挫越勇，不断地探究尝试，坚持不懈地进行各种实验。】

问题二：舞台面不平整

分析与讨论

教师：你发现了什么问题？
哲哲：奶粉罐放在箱子里不是很平，竖着横着放都有缝隙，还比箱子高。
教师：虽然没有将奶粉罐放进去，但是我要为你们坚持不懈的精神鼓掌。除了坚硬的物体，还有其他材质的东西可以放进去吗？
哲哲：应该有，我想找那种放进去大小正好的东西。
萱萱：我们应该试试用别的东西来填充看看，奶粉罐真的太大了。

79

猜想与假设

在讨论之后，幼儿决定更换填充箱子的材料，并绘制出填充材料的猜想图。

哲哲：你们觉得可以折叠的东西怎么样？这样在里面可以随意摆放。

小西：但是一点点折叠会不会太慢了，我们的箱子太多了。

哲哲：不是完全折叠，是不满或者不平的时候用可以折叠的东西来填。

小西：那就是纸，纸和布都可以折叠。

哲哲：对呀，报纸，我们有很多废报纸。

实验与验证

按照设计好的猜想图，幼儿尝试用废报纸来填充纸箱子。

在经过实验后，幼儿发现可以自己调整报纸的薄厚，而且将箱子装满后可以将纸箱子的盖子完全盖好，踩上去也比较结实，幼儿对这个结果很满意。

问题三：舞台面有缝隙

幼儿用报纸填满箱子后，踩上去感到箱子很结实。但是哲哲发现了一个问题，他觉得舞台不太平整，总是会出现缝隙。

分析与讨论

教师：你们发现了箱子会出现缝隙，为什么会这样呢？

萱萱：箱子和箱子连接的时候高低还是不一样，就会有缝隙。

浩浩：其实我觉得大家注意点儿就行，应该没问题。

花花：那可不行，谁跳舞往下看啊，万一摔倒了就太危险了。

教师：有什么好办法可以填平这些缝隙吗？

朵朵：往缝隙里面塞纸呀，然后就填满了。

萱萱：还是用胶把那些缝隙填平吧，就像我爸用水泥抹瓷砖缝一样。

【**经验迁移**：幼儿将在家中观察到的爸爸用水泥来抹瓷砖缝的方法迁移到活动中，想用同样的方式将纸箱间的缝隙抹平。可见，幼儿已经能够将已有经验灵活地运用到新的情境之中，来解决遇到的新问题。】

猜想与假设

朵朵：我们能不能用胶水试试看呀，用胶水把缝隙都粘上。

哲哲：可以呀，我们来试一试。

子怡：那木板呢？我们也试一试用板子把舞台铺平整吧。

于是，幼儿针对猜想绘制出猜想图（略），试图来解决舞台缝隙的问题。

实验与验证

幼儿依次对上面提到的两种猜想进行验证。幼儿发现用胶水来填补箱子缝隙的效果不是很好，缝隙很难被填上，而且胶水被弄得到处都是，于是他们否定了这个方案。幼儿将板子铺在舞台上面后，开始对第二种猜想进行验证。萱萱首先站在舞台上面，她使劲跳起来，舞台仍然很结实。幼儿又提出让老师也踩一踩，结果也是成功的，最后大家一起都站上去来检验舞台的结实程度。

问题四：舞台面不稳固

幼儿在舞台上蹦蹦跳跳后又发现了新的问题，小舞台无法一直保持稳固，人容易摔倒。

分析与讨论

教师：就这样把板子放在舞台上吗？

紫峰：不行，板子这样放着会来回动，不稳固，人站到上面容易摔倒！

萱萱：我刚才站到上面试了，也没摔倒啊！

紫峰：那是因为你没表演，没来回动啊，动起来就容易摔倒了！

教师：你们有什么好办法吗？

哲哲：我们把板子固定到舞台面上呗！

猜想与假设

教师：你们打算怎么固定板子呢？

哲哲：用胶把它粘在舞台上，大家觉得怎么样？

教师：那你们打算用什么胶粘呢？粘得结实吗？

涂涂：用胶枪粘吧，老师平时也是用胶枪粘东西！

紫峰：胶枪粘完有缝隙，应该不结实，还是用透明胶比较好。你记不记得之前我们做快乐减肥船的时候，用透明胶粘的东西不仅结实还能防水。

幼儿在讨论后，将各种猜想汇总，准备在下一环节验证固定的效果。

实验与验证

粘贴工程开始了，问题又出现了。板子在舞台上总是晃动。

哲哲：不行啊，固定板子先要固定箱子。

萱萱：不用，板子粘好了，箱子在下面也就固定好了。

哲哲：那可不对，箱子不结实来回晃，板子怎么能稳呢。

大家都同意哲哲的想法。于是幼儿接下来准备将所有的纸箱子连接起来。三个小朋友一起合作，所有的箱子都被连接起来。

接下来要固定板子，由于舞台是有造型的，板子需要切割才能和舞台一样大。但是幼儿不会使用壁纸刀，他们想让教师帮助用刀割板子。教师这时没有马上动手，而是将用刀的方法教会他们，并在一边指导。

【**教师支持**：幼儿想到用壁纸刀来解决割板子的问题，但是却因为不会使用壁纸刀而向教师求助。教师及时给幼儿讲解了壁纸刀的正确使用方法，在强调使用刀具安全性的同时，让幼儿自主操作来完成任务，培养幼儿的动手操作能力。】

【**学习品质**：在割板子的时候，三名幼儿相互配合、分工明确、不畏困难，勇敢尝试新的方法，最终将板子完美切割好。这体现了幼儿具有自主、合作、探究的优良品质。】

阶段小结与反思（略）

【吉林省长春市人民政府机关第一幼儿园 大一班 刘星 吴丽 "小舞台"课题活动】

解决一个复杂的问题，有时会触及一些科学原理，因此，在课题活动中，我们有时还会增加第四个模块，即科学原理。

例如，幼儿深度学习实验园——北京市第一幼儿园南吉祥分园的课题活动"迷你吸尘器"第一阶段活动中的一个片段如下：

案例 3-5

风扇的作用

在拆卸了吸尘器各部分零件后，幼儿对风扇在吸尘器中起的作用产生了疑问。

珈铭说：风扇是用来吹风的，为什么吸尘器里的风扇不会把脏东西吹跑呢？

白白说：吹风机里就有个电风扇，我在家吹头发的时候用的就是吹风机正面的口，吹风机背面的口是不能吹风的，当我的头发靠近背面的时候，头发还会被吸到吹风机里。

为了让幼儿直观地了解风扇扇叶转动的秘密,教师为幼儿提供了一个电风扇,鼓励幼儿将纸巾分别放在风扇的正面和背面,引导幼儿观察纸巾在风扇前面的变化。

【**科学原理**:真空原理。吸尘器靠电动机高速驱动风机叶轮旋转,使其内部的空气高速排出,而风机前端吸尘部分的空气不断地补充进风机中,吸尘器内部形成瞬时真空,和外界大气压形成负压差,在此负压差的作用下,吸尘器吸入含灰尘的空气,经滤尘器过滤,再排出清净的空气。负压差越大风量越大,则吸尘能力也越大。】

幼儿深度学习的课题活动,其基本流程可以分为四个部分:经验回顾与分享、制订计划、实施计划、阶段总结与反思(如图 3-1 所示)。其中,在实施计划环节,集中体现了问题解决的过程。

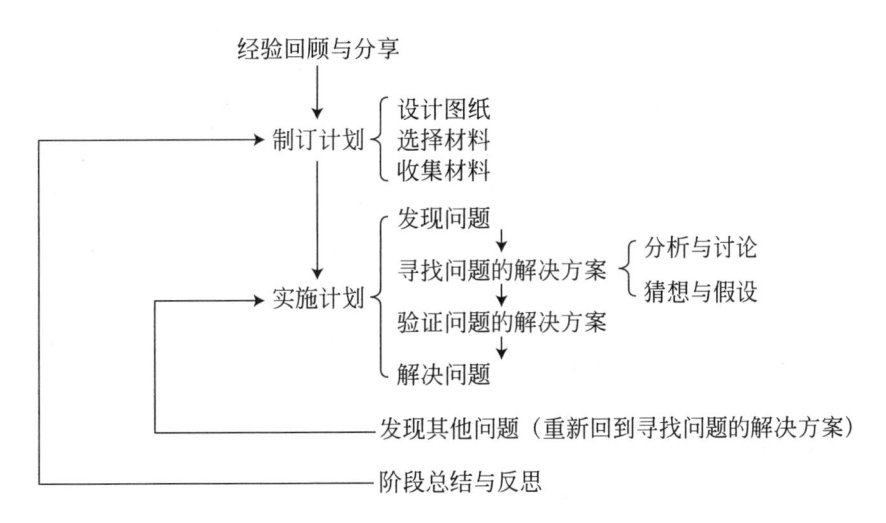

图 3-1 以问题解决为导向的幼儿深度学习的流程图

(三)课题活动的形式

2012 年,美国威廉和弗洛拉·休利特基金会对深度学习的释义中有两个能力即"有效沟通"与"协作能力"关乎同伴合作。幼儿深度学习实验园的课题活动的组织形式主要是同伴合作。幼儿深度学习实验班的教师把一个班的幼儿分成几个小组。研究表明,对于一个合作小组来说,并不是人越多越好,也不是人越少越好,在幼儿合作学习中,以 4—6 人一组效果为佳。因此,实验班级各小组的人数一般都在 6 名幼儿以下。实验班建立合作小组遵从"组内异质、组间同质"的原则，即将幼儿按能力、性别、个性特点等混合编组，在小组成员间形成最大限度的差异，但是各小组间无显著差异。

深度学习指向解决具有挑战性的、较复杂的问题，它不能只由独立的个体来完成，必须以"同伴合作"的形式来开展。帕克等人认为儿童同伴间的讨论有助于发展儿童的高阶思维技能，劳拉等人指出讨论提供了一个使儿童同伴间彼此澄清自己想法与观点的平台，这种同伴合作解决问题的方式比儿童个体解决问题更有效。[1]《幼儿园教育指导纲要（试行）》明确指出："幼儿同伴群体及幼儿园教师集体是宝贵的教育资源，应充分发挥这一资源的作用。"幼儿同伴群体是重要的条件性教学资源。笔者在一项关于幼儿合作学习的研究中发现：幼儿在4岁左右合作行为发展得最快。[2]4岁左右之所以是幼儿合作行为发展的一个重要节点，是因为此时幼儿的心理理论水平有了明显的提升，他们能够站在对方的立场来考虑问题，他们开始推测他人的心理状态，如想法、信念、知识等。基于对幼儿角色游戏的观察研究，曹中平将幼儿合作行为的发展划分为4个阶段：意向性合作（有合作意愿，但是不能付诸行动）、自发性协同（有简单的合作行为，但合作目标不明朗）、适应性协同（有统一的目标，表现出初步的合作技能）、组织化协作（围绕共同目标，分工协作）。曹中平指出："中班幼儿已具备初步的合作能力，合作行为已达到一定水平，在游戏中能够建立相对稳定的合作关系。这表明，中班幼儿的合作能力处于迅速发展状态，正是进行集体主义教育和培养协作精神的重要时期。"[3]笔者在实验园开展的幼儿深度学习实践研究中，选择的实验班级均为中、大班（幼儿年龄为4—6岁），因为4岁以后，幼儿的合作意识、合作能力有了很大的提高。笔者组织实施的幼儿深度学习实践研究证明，以同伴合作的形式推进幼儿进行深度学习是非常有效的。

（四）思维地图的应用

20世纪80年代初，美国的大卫·海勒（David Hyerle）在向学生教授知识可视化工具时，发现学生只能利用其中的某种工具去陈述知识，不懂得如何进一步组织、分析和评价自己的学习成果。于是，他开始思考一种能够提升学生知识组

---

[1] 姚利民，杨莉.课堂讨论国外研究述评[J].外国中小学教育，2015（7）：61.
[2] 王小英，石丽娜.3~6岁幼儿合作学习的水平与特点[J].学前教育研究，2008（12）：35.
[3] 曹中平.中班幼儿角色游戏中合作能力发展的初步观察研究[J].学前教育研究，1994（2）：35.

织能力的教学方法。后来，他致力于思维训练的课程研究，发明了一种与语言相关的 8 个可视化工具，即 8 种"思维地图"。这 8 种思维地图能够激发从学龄前至 12 岁儿童的思维能力，每种思维地图分别对应一种独特的思维过程[①]。

8 种思维地图分别为圆圈图、气泡图、双气泡图、树状图、流程图、多重流程图、括号图、桥型图。①圆圈图。圆圈图的结构为一个大圆圈套一个小圆圈，在小圆圈中填入用文字或图画定义的某一主题，在大圆圈中写下或画下与主题相关的信息。圆圈图是一种说明性组织者，其主要功能是促进儿童发散思维的发展。②气泡图。气泡图的结构为中间一个圆圈，外周分布着与中心圆圈相连接的若干个圆圈，在中心的圆圈内是被描述的主题，在外周的圆圈内是描述性的短语。气泡图具有表征功能，有利于锻炼儿童描述知识概念的能力，促进儿童联想思维的发展。③双气泡图。双气泡图的结构为两个同等大小且并列的气泡图，两个中心圆圈内是被比较的两个事物，连接两个气泡图的中心圆圈内为两个事物的相同点，两个气泡图的外周圆圈内为两个事物的不同点。双气泡图是一种比较性组织者，有利于提升儿童的比较能力。④树状图。树状图的结构类似树枝，在顶端是被分类事物的名称，下面依次为一级分类、二级分类（依次类推）的类别。树状图是一种上位组织者，有利于促进儿童分类、分析能力的发展。⑤流程图。流程图的结构是由带有顺序指向性的若干个方框组成，在每个方框内写下一个过程。流程图主要展示事物发展或变化的顺序、步骤等，有利于促进儿童逻辑思维的发展。⑥多重流程图。多重流程图的结构为中间一个方框，两边是与中间方框相连接的左右对称的若干个方框，在中间的方框内是某一个事件，左边是事件产生的原因，右边是事件导致的结果。多重流程图是流程图的一种变式，它主要用来展现事物发展的前因后果，有利于提升儿童对因果关系的认知能力。⑦括号图。括号图的结构为括号左边是某一主题，括号右边是该主题的主要组成部分。括号图主要用于分析、理解事物整体与部分之间的关系，有利于促进儿童分析与概括能力的发展。⑧桥状图。桥状图的结构由若干个尖山形桥组成，在桥左边横线的上面与下面写下具有相关性的一组事物，在桥右边依次写下具有类似相关性的事物，形成类比或类推。桥状图是一种并列组织者，有利于提升儿童迁移能力与类比能力。

思维地图的实质就是帮助儿童主动建构知识，进行有意义学习的一种可视化思维工具。儿童思维结构的材料"主要是具体的形象或表象，而不是理性的或抽

---

① Hyerle D. Thinking maps:Seeing is understanding[J].Educational Leadership,1995,53(4):85.

象的概念"。[①] 儿童思维的具体形象性使其对思维地图有天然的亲近性。思维地图作为一种可视化工具，一方面可以把抽象复杂的内容转变成易于理解与认识的视觉信息，符合儿童形象思维的特点，促进儿童高阶思维的发展；另一方面作为一种脚手架，有利于形成"问题图式"，促进问题的分析与解决。深度学习的重要目标是提升学习者的问题解决能力，其中的核心是高阶思维能力，主要包括信息整合能力、建构新知能力、批判性思维、创造性思维、评价反思能力等。八种类型的思维地图具有不同的思维功能，能够促进幼儿由浅度学习走向深度学习。将思维地图应用到幼儿深度学习的实验中来，笔者主要基于以下几点思考：第一，幼儿对自己的思考没有清晰的意识，通过绘制思维地图，可以使他们的思维可视化、清晰化、明确化；第二，幼儿的思考稍纵即逝，借助思维地图，可以使他们的思维定格化、稳定化；第三，幼儿对自己思考的过程缺乏再思考，对自己认知的过程缺乏再认知，借助思维地图，可以有效地提升幼儿的反思能力与元认知水平；第四，幼儿在小组合作分析问题与解决问题的过程中，借助思维地图，可以有抓手地展开讨论与交流。此外，思维地图作为一种可视化的工具，能够形象地展示幼儿的整个思考过程，便于教师有针对性的指导。

在幼儿深度学习的课题活动中，幼儿绘制了大量的思维地图，从而使思维过程外化、可视化，有助于幼儿梳理、反思、批判、总结自己的思维过程，促进高阶思维的发展，提升幼儿分析问题、解决问题的能力，有效地助推了幼儿深度学习活动的开展。

---

① 李幼穗. 儿童发展心理学 [M]. 天津：天津科技翻译出版社，1998：209.

专题四
幼儿深度学习的影响因素[①]

---

① 本书中的幼儿深度学习活动案例均来自王小英教授主持的教育部人文社科基金项目"幼儿深度学习的理论与实践探索研究"实验园所。

专题四 幼儿深度学习的影响因素

一、影响幼儿深度学习的主观因素

- （一）学习迁移
- （二）学习品质
- （三）元认知
- （四）学习动机
- （五）年龄与性别

二、影响幼儿深度学习的客观因素

- （一）教师
- （二）同伴
- （三）家长

根据皮亚杰（Piaget）的认知发展阶段理论，3—6岁幼儿的思维发展主要处于前运算阶段，这一阶段幼儿的学习具有积极性、启蒙性、综合性、体验性、内隐性等特点，学习的方式包括动手操作、观察模仿、语言理解、社会交往、游戏活动等，这决定了幼儿的学习必然受到主观因素和环境中客观因素的影响。幼儿的深度学习活动涉及幼儿自身、教师、同伴和家长等多个个体。因此，与这些个体相关的各种因素也影响着幼儿的深度学习。主观因素包括学习迁移、学习品质、元认知、学习动机、年龄和性别等，客观因素包括师幼关系、教师支持、同伴合作、同伴冲突和家园合作等。通过分析幼儿深度学习的影响因素，可以有针对性地提高幼儿深度学习活动的质量，促进幼儿的全面发展。

一、影响幼儿深度学习的主观因素

作为深度学习活动的主体，幼儿自身对深度学习活动有着最直接的影响。具体来说，幼儿在深度学习活动中表现出的学习迁移、学习品质、元认知、学习动机以及幼儿自身的年龄和性别等主观因素深深地影响着幼儿的深度学习。

（一）学习迁移

在幼儿的深度学习活动中，学习迁移是非常重要的过程。学习迁移注重将学习者认知结构中已有的知识外显化和可操作化，将间接经验直接化或将抽象转为具体，是高阶思维能力的重要表现。学习者通过学习迁移，利用认知结构中已有的知识去解决问题，完成学习目标。学习迁移与幼儿的深度学习之间有着密切的关系,深度学习强调对知识本质的理解和对学习内容的批判性运用,它追求有效的学习迁移和真实问题的解决,属于以高阶思维为主要认知活动的高投入性学习。[1] 幼儿在深度学习活动中的学习迁移效果影响着他们对问题的解决,从而对幼儿的深度学习结果产生非常重要的影响。根据深度学习活动中幼儿的表现可以看出,良好的学习迁移有利于解决活动中的问题,不良的学习迁移则不利于甚至阻碍问题的解决。幼儿的深度学习活动是由解决问题的过程组成的,学习迁移是影响幼儿深度学习的重要因素。

1. 学习迁移影响幼儿深度学习的理论分析

学习迁移是指先前学习的知识和技能对新知识和新技能的学习与获得的影响,[2] 或者说从一种学习中习得的经验对其他学习的影响,[3] 这种影响可以起促进作用,也可以起阻碍作用。在深度学习活动中,幼儿的学习迁移是幼儿调动认知结构中已有的与当前问题情境相关的知识经验,并将其根据需要进行重新整合,从而解决当前问题的过程。

深度学习的过程包括学习完整的知识、获取及时性反馈、条件化储存知识、深度加工知识、掌握程序化知识、类比与联想知识,所有这些都与学习迁移的内在逻辑一致。可以说,深度学习是实现知识迁移的必要手段和基本途径,其价值追求是形成可迁移的知识与技能,而学习迁移的数量和质量可以检验深度学习的效果,它的实现需要建立在深度学习之上。[4]

学习迁移按不同的标准有很多分类方法:一是依照迁移的效果划分,可以分为正迁移和负迁移,正迁移是指已经掌握的知识或技能对学习新知识或新技能的积极影响,负迁移是指已经掌握的知识或技能对学习新知识或新技能的消极影响;二是依照学习的情境划分,可以分为近迁移和远迁移,近迁移是指先前学习的情境(如学习的方式或者内容)与后来学习的情境虽有所区别,却非常相似时产生的迁移,远迁移是指先前学习的情境与后来学习的情境虽有联系,却有很大区别时产

---

[1] 康淑敏.基于学科素养培育的深度学习研究[J].教育研究,2016(7):111-118.
[2] 赵星,苏明飞.类比迁移研究及其应用[J].社会心理科学,2005(4):42-45.
[3] 冯忠良.结构化与定向化教学心理学原理[M].北京:北京师范大学出版社,1998:391.
[4] 刘伟,咸万学,宋守君.致力于知识迁移的深度学习探究[J].现代教育技术,2019,29(3):25-31.

生的迁移；三是依据学习者的意识程度，可以分为有意迁移和无意迁移，有意迁移是指学习者在学习过程中有意识地进行抽象概括和反思总结，寻找当前情境与新情境的联系和相似性，从而在新情境下产生的迁移，无意迁移是指学习者在学习过程中并未有意识地进行总结和反思，而只是对学习情境的表面特征产生自动化反应，在新情境下对原有的概念、技能产生自动化的迁移[①]。

在深度学习活动中，各类型的学习迁移随处可见。学习迁移是幼儿解决问题的基础，幼儿通过学习迁移将认知结构中已有的知识运用到当前的问题情境中，经过知识的迁移和加工，解决深度学习中的问题，推动活动的进一步开展。深度学习活动中幼儿的学习迁移多为正迁移、近迁移和有意迁移，通过学习迁移，幼儿将生活或学习中获得的经验应用到深度学习活动的问题解决中，推进活动的开展。

在深度学习的过程中，教师要带领幼儿解决许多不同的问题，深度学习活动是由一个个问题的解决串联起来的。解决问题时要经过分析与讨论、猜想与假设、实验与验证等环节，在这些环节中，幼儿在教师的引导下充分调动已有经验，为解决当前问题而进行学习迁移。在这一过程中，幼儿学习迁移的作用是非常重要的，对解决深度学习活动中的各种问题有着重要的影响。

学习迁移对幼儿深度学习产生影响有两个前提条件：一是幼儿认知结构中存在对解决当前问题有用的已有经验。幼儿用于产生学习迁移的已有经验是认知结构的重要组成部分，认知结构是指存在于学习者头脑中的，相对完整的知识结构框架，是学习者现有观念及认识的全部内容，[②]是人的认识活动赖以形成的心理结构；二是幼儿能够将相关的已有经验进行适当迁移。幼儿通过将当前问题情境与已有经验进行适当联系，将已有经验以准确且合适的方式运用到问题解决的过程中，推动活动的进展。

学习者的学习不是在"白板"上的任意涂鸦，而是要在新知识和旧知识之间找到关联，充分调动已有的"前科学概念"。这些"前科学概念"一部分是学习者在日常生活中积攒下的常识，另一部分是在学习和问题解决过程中使用理智思维获得的科学知识。[③]这个在新旧知识间建立关联，调动"前科学概念"的过程就是调动已有经验进行学习迁移的过程。在这一过程中，学习者的已有经验是有助于

---

① 彭聃龄. 普通心理学[M]. 北京：北京师范大学出版社，2019：516-518.
② 王晰. 中学生数学问题解决能力影响因素研究[D]. 延吉：延边大学，2017：37.
③ 钱旭升. 论深度学习的发生机制[J]. 课程·教材·教法，2018，38（9）：68-74.

问题解决的重要资源，可以使学习者在此基础上顺利地解决问题。因此，能否建立好新旧知识间的关联，产生适当的学习迁移也是影响深度学习的重要因素之一。

2. 学习迁移影响幼儿深度学习的案例分析

在深度学习活动中，学习迁移是影响幼儿解决问题的重要因素。幼儿通过调动认知结构中已有的知识经验，并将其以适当的方式迁移到当前的问题情境中去解决遇到的问题，推动深度学习活动的开展。以下是两个良好的在深度学习活动中进行学习迁移的例子。

案例 4-1

在"好用的拖把"课题活动中，有一组幼儿想制作一把可以洒水、吸水、拖地的多功能拖把，在制作过程中，他们需要把固定在拖把上的矿泉水瓶变成一把洒水壶。幼儿通过迁移生活中已有的经验，最终顺利地解决了这一问题。

（教师：如何把矿泉水瓶变成一把洒水壶？）

乐颐：我们班的洒水壶上有很多小洞洞。

香香：我们在矿泉水瓶上也扎一些小洞洞，把它变成洒水壶吧。

最后，幼儿运用生活中洒水壶的制作原理把矿泉水瓶做成了洒水壶。

【云南省人民政府办公厅圆通幼儿园 中三班 李丽 周丽梅 杨静 "好用的拖把"课题活动】

案例 4-2

在"新型浇花器"课题活动中，有一组幼儿一开始制作了一个通过人工吹气出水的浇花器，即在浇花器上部和下部各插一根吸管，上部的吸管用来吹气，下部的吸管出水，把下部的吸管插进花瓶中进行浇水。后来他们觉得通过人工吹气浇花太累了，想制作一个能自动出水且能控制水流大小的浇花器，幼儿通过学习迁移，提出将打吊瓶用的注射器导流管安装到浇花器上，利用注射器导流管的开关调节水流量的大小，实现了制作自动浇花器的想法。

宁宁：插在上面的吸管用来吹气，下面的吸管用来排出水，把吸管伸进花瓶里就可以用来浇水了！

萱萱：我觉得这样虽然能流出水到花盆里，但一直吹气太累了。我们应该想个办法，不用吹气，就可以让水自动流进花盆里。

禾禾：那我们需要在吸管上加个开关。

宁宁：吸管上怎样加开关呢？

萱萱：我知道有开关的管子是什么样子的，前几天我生病打"吊瓶"的管子就是可以控制水的！

霏霏：管子上的开关可以控制水的多少。加上这样的管子，我们的浇花器就变得很神奇啦！

后来，幼儿通过在浇花器上安装注射器导流管，成功地制作了可以控制水流的自动浇花器。

【吉林省省直机关第三幼儿园 中五班 刘书博 "新型浇花器" 课题活动】

在以上两个案例中，良好的学习迁移是幼儿解决问题的基础，迁移过程满足了前文提到的两个条件，即幼儿认知结构中存在对解决当前问题有用的已有经验，以及幼儿能够将相关的已有经验进行适当的迁移，从而对幼儿的深度学习过程产生影响。

布鲁纳（Bruner）提出，认知结构是人对外界物质世界进行感知和概括的一般方式，是在过去经验的基础上形成的，并在学习过程中不断变动，认知结构是进一步学习和理解新知识的重要内部因素和基础，[1]产生学习迁移的条件是认知结构中有与要解决的问题相关的知识储备。问题解决过程中的各个环节都与认知结构中已有的知识经验有重要的关系，当学习者缺乏一定的基础知识时，就很难从问题中找到线索、分析信息。因此，学习者的认知结构越完整，新知识与原有知识进行相互作用的层次性也越高，问题解决能力就越强。已有的相关知识经验是解决问题的基础，它为问题的解决确定方向、选择途径和方法。

在已有经验的基础上，能否将这些经验进行适当的迁移是影响深度学习活动中问题解决的又一重要条件。学习迁移作为高阶思维能力的重要表现形式，在深度学习中发挥着重要作用，问题解决与迁移本身就有很大联系，从某种意义上来说，问题解决的问题就是迁移的问题，[2]迁移是问题解决的核心。[3]只有将已有经验进行适当合理的迁移，才能为问题解决提供帮助。

比如在"好用的拖把"这一课题活动中，幼儿将生活中见过的洒水壶构造的经验进行了适当的迁移，用来制作可以洒水的拖把；在"新型浇花器"这一课题活

---

[1] 路海东. 教育心理学 [M]. 长春：东北师范大学出版社，2002：60-63.
[2] 姚梅林. 学习规律 [M]. 武汉：湖北教育出版社，2000：214-221.
[3] 施良方. 学习论 [M]. 北京：人民教育出版社，2001：448.

动中，幼儿将生活中见过的可以调节水流大小的注射器导流管的经验进行了适当的迁移，用来制作可以控制水流的浇花器。学习迁移渗透进幼儿的深度学习活动中，推动了活动的进展。

幼儿良好的学习迁移能力有力地促进了深度学习活动中问题的解决，但是在部分活动中，由于幼儿的认知结构中没有合适的知识经验或者幼儿不能将相关的知识经验进行良好的学习迁移，对活动的开展造成了一定的阻碍。

案例 4-3

在"树"课题活动中，幼儿在教师的带领下观察了大树，接下来幼儿要开始设计一棵完整的树。但是由于幼儿平时对树的观察不够仔细，所以在设计制作道具树的时候存在不少问题，和真正的树有很大差别。

（教师：我们了解了大树的结构，也观察了大树，现在你们自己来设计一棵大树吧。）

瑞瑞：我的树有树根，树干比较长，我一开始弄了两层树叶，我觉得不是很好看，所以我又加了一层树叶，这层是树的年轮。

小王：你的树根好奇怪，树根不是这样的。

敬蕾：不对，你的树没有树枝，没有树枝是不能长出树叶的。

（教师：你们观察外面大树的时候，看到年轮了吗？）

小梁：没有，年轮应该在树的里面，不在树的外面。

际涵：刚刚说树是由4个部分组成的，我们都没有画树枝。

小张：那我们就重新画一个有树枝的树呗。

瑞瑞：还有不能画年轮，在外面看不到树的年轮。

由于已有的经验不足，部分幼儿第一次设计失败了。后来在教师的引导和其他幼儿的帮助下，第一次设计失败的幼儿进行了第二次尝试，最终画出了完整的设计图。

【吉林省直文化系统幼儿园 中三班 赵佳奇 白姝 肖丽娜 "树"课题活动】

在这一活动中，幼儿的认知结构中没有充足的解决问题的知识经验，这使得产生良好学习迁移的首要条件不足。前文提到，产生学习迁移的条件是认知结构中有与要解决的问题相关的知识储备。问题解决过程中的各个环节都与认知结构中已有的知识经验有着重要的关系，当学习者缺乏一定的基础知识时，就很难从问题中找到线索来分析信息。在这一案例中，幼儿的认知结构缺乏知识经验，他们对树的构造了解得不完整，这导致他们在设计图纸的时候不能正确地画出大树的结构，比如幼儿瑞瑞一开始错把树叶当做年轮，而且也没有画上树枝。这不利于后续的制作，后来在同伴和教师的帮助下她才画出了合适的大树设计图。

幼儿关于树的已有知识经验不足，导致了他们不能进行良好的学习迁移，最终影响了活动设计图的制作，对深度学习活动造成了一定的干扰。这也说明良好的学习迁移的首要条件是在学习者的认知结构中必须存在与当前情境相关的知识经验，学习迁移对幼儿的深度学习有重要影响。

案例4-4

在"竹筏"课题活动中，幼儿计划自己制作竹筏。在交流与讨论后，幼儿绘制了竹筏设计图和制作竹筏的流程图。然后，幼儿要按照设计好的制作竹筏的步骤图开始操作。教师为了在制作过程中让幼儿有多种选择，于是提供了大量长短不一、粗细不同的竹子给幼儿，以满足他们的探索需求。

一开始，幼儿之间没有任何的交流与协商，一看到竹子都兴奋地冲了上去，你拿一根，我拿一根，很快就取了一堆竹子。部分幼儿取来的竹子有长有短、粗细不一，其他幼儿看到了，对这些幼儿取来的竹子提出质疑。

诺诺：这些竹子有粗有细，人站上去会站得稳吗？

改改：要一样粗、一样长的竹子。粗细不一样的竹子放在一起不平，人肯定就站不稳了。

若若：把小的搬走，换成大的。

宸宸：两边还要对齐，不对齐竹筏会有缝隙，会漏水。

后来幼儿一起把竹子换成了粗细相同、长短一致的，使做出的竹筏更加整齐。

【云南省西双版纳州景洪市幼儿园 中一班 刘明珠 钱倩雯 丁梓涵"竹筏"课题活动】

在已有经验的基础上，能否将这些经验进行适当的迁移是影响深度学习活动中问题解决的又一重要条件。有时，虽然幼儿的认知结构中存在与问题解决相关的知识经验，但是幼儿并未将其进行适当的迁移，不能将其与待解决的问题联系起来，这也会造成学习迁移的失败。在"竹筏"这一课题活动中，幼儿具有与制造竹筏相关的知识经验，他们知道竹筏的构造，拥有关于制作竹筏的各种知识，在教师提问关于制作竹筏的问题时，以及在设计制作竹筏的流程图时，幼儿也明白制作竹筏需要长短、粗细都相同的竹子。但是部分幼儿在取用制作竹筏所需的竹子时，没有把已有的知识经验进行适当的学习迁移，选取了很多不适合制作竹筏的竹子，后来他们在其他幼儿的提醒下才选用了合适的竹子。在这个过程中，幼儿的认知结构中虽然存在与当前问题情境相关的知识经验，但是他们没有把这些知识经验与当前情境建立有效的联系，从而导致他们在解决问题的过程中遇到阻碍。由此可以看出，即使认知结构中存在与问题解决相关的知识经验，但是学习者是否把已有的知识经验与待解决的问题相联系，也会影响到学习活动的进展。因此，学习迁移是影响幼儿深度学习的重要因素。

在深度学习活动中，幼儿经常要通过学习迁移解决活动过程中遇到的问题，学习迁移是他们解决问题的基础，是深度学习过程的重要组成部分。深度学习活动中幼儿的学习迁移多为正迁移、近迁移和有意迁移。在幼儿的活动中，正迁移表现为利用生活中见过或经历过的经验解决活动中的问题；近迁移表现为在生活中见过或经历过类似的问题解决的过程，把相关经验运用到活动中去解决问题；有意迁移表现为幼儿主动把待解决的问题进行概括和反思，将以前的经验迁移到解决问题的过程中。以上的案例清晰地表现出了这些迁移的类型。

总而言之，良好的学习迁移有利于幼儿顺利地解决活动中的各种问题，促进活动的顺利开展，不良的学习迁移则不利于幼儿解决问题。经验能否得到迁移，取决于两点：一是幼儿的认知结构中是否有相关的知识经验；二是幼儿能否把已有的知识经验与待解决问题建立适当的联系。

（二）学习品质

在深度学习活动中，幼儿表现出各种优秀的学习品质。这些学习品质深深地影响幼儿深度学习的过程和质量，也为幼儿的终身学习打下了良好基础。

1. 学习品质影响幼儿深度学习的理论分析

1995 年，卡根正式把"学习品质"这一术语引进学前教育，[1]他认为学习品质与个人的身体、所处社会，以及情绪发展有关，主要表现在主动性与好奇心、坚

---

[1] Kagan S.L, Moore, et al. Reconsidering children's early development and learning: Toward common views and vocabulary[R].Report of the National Education Goals Panel, Goal 1 Technical Planning Group. Washington, DC:U.S. Government Printing Office,1995.

持性与专注程度、目标意识与独立性、想象力和创造能力等方面。[①]2000 年，美国国家教育委员会提出，学习品质是指能反映儿童自己用多种方式进行学习的倾向、态度、习惯与风格等。后来，凡图佐将学习品质定义为可观察到的描述幼儿参与课堂交互和学习活动的行为，关注的是幼儿在面对不同的课程任务时是怎样学的而不是学到了什么。[②]海森也认为学习品质是非常重要的，因为它可以增强或者减弱幼儿的学习能力，可以通过专注、有计划或者坚持帮助幼儿达到活动目标。[③]此后，卡罗·马格诺提出学习品质包括产生新知识、判别知识、批判的思考。[④]

国内学者针对学习品质的内涵也提出了自己的观点：缪建新将儿童在学习过程中表现出的心理和行为特征及其不同的质量与水平称为学习品质；[⑤]鄢超云认为，"学习品质"通常指与学习有关的倾向、态度、习惯、风格与特质等；[⑥]王宝华认为，学习品质指儿童具有的那些用于支持其取得学习成功的因素；[⑦]《3～6 岁儿童学习与发展指南》中指出，学习品质是积极态度和良好行为倾向。[⑧]本研究结合已有定义和幼儿深度学习的特点，认为学习品质是能反映儿童以多种方式进行学习的倾向、态度、习惯、风格等。

关于学习品质的构成，国内外学者也都提出了相关看法。卡根认为学习品质包括主动性、目标意识、坚持性、专注性及好奇心等，[⑨]罗等人的研究认为学习品

---

① Sharon Lynn Kagan.Young Children and Creativity:Lessons from the National Education Goals Panel, 2003.

② Fantuzzo J.W, Bulotsky-Shearer R.J, et al. Investigation of dimensions of social-emotional classroom behavior and school readiness for low-income urban preschool children[J].School Psychology Review, 2007,36(1):44-62.

③ Hyson M. Strengthening young children's positive approaches to learning[J]. Young Children,2005,60(6): 68-70.

④ Magno C. Assessing Students' Critical Thinking and Approaches to Learning[J]. The International Journal of Educational and Psychological Assessment,2013,12(2):19-32.

⑤ 缪建新.学习和学习品质研究 [M]. 南京：河海大学出版社，2002：121-125.

⑥ 鄢超云.学习品质：美国儿童入学准备的一个新领域 [J]. 学前教育研究，2009（4）：9-12.

⑦ 王宝华，冯晓霞，肖树娟，苍翠.家庭社会经济地位与儿童学习品质及入学认知准备之间的关系 [J]. 学前教育研究，2010（4）：3-9.

⑧ 李季湄，冯晓霞.《3～6 岁儿童学习与发展指南》解读 [M]. 北京：人民教育出版社，2013：50-53.

⑨ Sharon Lynn Kagan.Young Children and Creativity: Lessons from the National Education Goals Panel, 2003.

质包括好奇心、坚持性与自我定向、灵活性与创造力、对挑战的表现与主动性。[①]有学者对美国 28 个州关于学习品质中出现的关键词进行分类发现，关于学习品质的关键词有 38 个，并且好奇心、主动性、坚持性、创造力、反思能力，以及问题解决能力是 38 个关键词中出现频次最高的。[②] 鄢超云认为学习品质一般包括好奇与兴趣、主动性、坚持与注意、创造与发明、反思与解释等具体内容。[③]《3～6岁儿童学习与发展指南》中提到要重视幼儿的学习品质，幼儿在活动过程中表现出的积极态度和良好行为倾向是终身学习与发展所必需的宝贵品质。要充分尊重和保护幼儿的好奇心和学习兴趣，帮助幼儿逐步养成积极主动、认真专注、不怕困难、敢于探究和尝试、乐于想象和创造等良好的学习品质。[④] 综合以上研究提出的学习品质的结构和内容，并结合深度学习活动中幼儿表现出的学习品质特点，本研究参考《3～6岁儿童学习与发展指南》中给出的学习品质的结构界定，认为在深度学习活动中幼儿表现出来的良好的学习品质包括积极主动、认真专注、不怕困难、敢于探究和尝试、乐于想象和创造等。

学习品质是激发学习意识和调节学习过程的动力监控系统，它对幼儿深度学习的结果具有重要作用。在学习过程中，感知、记忆、思维、想象等智力因素是学习活动的操作系统，直接指向具体的知识、能力、情绪情感等学习内容和结果，而兴趣、动机、意志等非智力因素指向儿童是如何获得和运用这些知识技能的动力调控系统，在学习活动中起启动、定向、引导、维持和调控功能。学习品质注重儿童是如何学习的，以及在学习中所表现出来的倾向性，如主动还是被动、坚持还是半途而废、灵活还是呆板、专注还是不专注等，以间接的方式影响个体对知识、技能的获得以及使用，并深刻影响学习的过程及结果。[⑤]

学习品质还有助于其他能力的发展，有学者从学习品质对幼儿其他能力的有益性进行了探究。比如，瑞扎强调了学习品质有助于提高幼儿的学习成就和社交

---

① BinLuo, Richard C.Wilson, Edwin R.Hancock.A spectral approach to learning structural variations in graphs[J].Pattern Recognition,2006,39(6):1188-1198.
② 庄甜甜，郭力平.对美国早期儿童学习标准中"学习品质"领域的分析研究[J].早期教育（教师版），2011（3）：20-23.
③ 鄢超云.学习品质：美国儿童入学准备的一个新领域[J].学前教育研究，2009（4）：9-12.
④ 教育部.3～6岁儿童学习与发展指南[Z].2012.
⑤ 索长清.幼儿学习品质之概念辨析[J].学前教育研究，2019（6）：35-44.

能力，学习品质与获取知识的能力和社会交往的能力相关联。[1]麦克德莫特及其团队的研究证明，学习品质对学业成就的预测功能超过了智力条件，而且学习品质的培养在入学前最为有效。[2]冯晓霞通过研究发现，学习品质与儿童认知准备之间存在高度的相关性。[3]

学习品质对幼儿的深度学习有重要影响，李季湄在对《3～6岁儿童学习与发展指南》的解读中提到，要重视幼儿的学习品质，良好的学习品质就像是充盈在生活中的空气，尽管看不见摸不着，却须臾不可缺少。只有呼吸到新鲜的空气，个体的身心才会健康，只有培养幼儿良好的学习品质，才能保证幼儿学习与发展的质量。[4]

2. 学习品质影响幼儿深度学习的案例分析

在强烈的学习动机的推动下，幼儿在活动过程中表现出积极主动和认真专注等各种良好的学习品质，并在教师和同伴的支持下进一步培养了不怕困难、敢于探究和尝试、乐于想象和创造等学习品质。这些优秀的学习品质帮助幼儿顺利地解决了深度学习活动中的问题，是影响幼儿深度学习的重要因素。

案例 4-5

在"移动整理车"课题活动中，幼儿在安装螺丝和垫片时遇到了问题：他们在安装螺丝时把木条弄坏了。在解决这个问题的过程中教师并未参与，幼儿积极主动地讨论了木条损坏的原因，并想办法解决这个问题。他们通过讨论与动手操作，最终成功地用螺丝和垫片把篮子和木条连接了起来，解决了活动中遇到的问题。

小靳在用螺丝和垫片连接篮子和木条时，加一突然发现了新问题。

加一：你们快看，木头裂了。

---

[1] Rachel A. Razza, Anne Martin, Jeanne Brooks-Gunn. Are Approaches to Learning in Kindergarten Associated with Academic and Social Competence Similarly?[J]. Child Youth Care Forum, 2015,44(6):757-776.

[2] Mcdermott P.A.Cpmparative functions of preschool learning style and IQ in predicting future academic performance[J].Contemporary Educational Psychology, 1984,9(1):38-47.

[3] 王宝华，冯晓霞，肖树娟，等.家庭社会经济地位与儿童学习品质及入学认知准备之间的关系[J].学前教育研究，2010（4）：3-9.

[4] 李季湄，冯晓霞.《3～6岁儿童学习与发展指南》解读[M].北京：人民教育出版社，2013：50-51.

肖肖：怎么会这样，我们快把螺丝转出来吧。

幼儿将螺丝转出来，加一立刻发现了问题。

加一：这个螺丝太长了，我们之前用的螺丝只有它的一半长。

肖肖：是不是螺丝太长了所以把木条挤裂了？

小靳：对，肯定是这个原因，我们换一个短一点的螺丝就可以了。

于是幼儿拆下了损坏的木条和螺丝，重新换了短一些的螺丝进行尝试。

经过反复地动手操作与尝试，他们终于成功地安装了螺丝，把篮子和木条连接了起来。

【吉林省直文化系统幼儿园 中二班 李姝瑶 张磊 庞飞 "移动整理车"课题活动】

在这一过程中，幼儿在用螺丝和垫片连接篮子和木条时，木条损坏了，幼儿通过积极观察和讨论找到了原因，发现是由于螺丝太长，导致镶嵌时木条被损坏。最终他们通过更换不同尺寸的螺丝，解决了这一问题。

在这个案例中，积极主动的学习品质使幼儿在活动过程中对出现的各种问题保持着强烈的学习兴趣。幼儿在解决问题时，表现出了积极的行为，主动思考和讨论解决问题的方法，积极动手操作去实践解决方案，最终成功地解决遇到的问题。积极主动的学习品质不仅促进了问题的解决，而且对幼儿的学习能力和最终的学习效果也产生了积极的影响。幼儿在积极主动的学习品质的影响下，对出现的问题进行细致地观察，反复尝试不同的解决方法，最终发现出现问题的原因，并及时进行了调整，这个问题解决的过程有利于提高幼儿的动手操作能力和观察能力等。

案例 4-6

在"中九网红大滑梯"课题活动中，幼儿想在自己制作的"滑梯"上设置一个和真正的滑梯类似的"钻洞"，钻洞大小要保证幼儿可以通过这个洞并且不能影响接下来的滑梯搭建。接着，幼儿对制作多大的钻洞这一问题进行了讨论。

蓉蓉：要制作大一点儿的钻洞，这样我们才容易钻过去。

贝贝：可是钻洞太大的话，最上面的纸箱就没办法搭建了。纸箱不够长，会漏到大洞里。

昊昊：钻洞也不能比滑梯的支柱大，不然我们没有地方放钻洞。

接着幼儿绘制了钻洞的图纸，开始动手尝试制作钻洞。

幼儿将钻洞搭建成和滑梯支柱一样的宽度，然后亲身体验钻洞，感受钻洞的大小是否允许他们通过。如果不能通过，幼儿就继续调整钻洞尺寸。通过反复尝试，幼儿发现钻洞需要做成两个纸箱的高度，因为如果钻洞太矮的话幼儿不容易通过。最后，幼儿成功地制作出了尺寸合适的钻洞。

【吉林省东北师范大学附属小中信幼儿园 中九班 辛雯雯"中九网红大滑梯"课题活动】

在这个案例中，良好的学习品质使幼儿的学习效果得到提升，幼儿不仅成功地解决了活动中遇到的问题，而且学习到了相关的知识，提升了动手操作的能力。在活动过程中，幼儿先测量出尽可能精确的尺寸，经过认真、反复地确认后进行搭建，然后再通过亲身体验去设置合适的钻洞，避免钻洞妨碍后续的搭建，且全程保持着非常认真和专注的态度。在制作钻洞的过程中，认真专注的学习品质使幼儿长时间保持积极认真的学习态度，不断尝试各种尺寸，最终制作出了合适的钻洞。在这一案例中，认真专注的学习品质不仅使幼儿充分发挥了各方面能力去解决问题，而且提高了幼儿的学习能力，使幼儿在解决问题的过程中学习到了测量的相关知识，进一步熟悉了动手切割等操作技能，这是幼儿成功搭建出尺寸合适的钻洞的重要条件。认真专注的学习品质不仅帮助幼儿解决了深度学习活动中的问题，也提高了幼儿的动手能力和认知能力。

案例 4-7

在"多彩的服装"课题活动中，幼儿在安装和制作马甲的纽扣和扣眼时遇到了困难，经过多次调整和尝试，他们最终解决了这一问题。

幼儿一致认为纽扣和扣眼应该安在衣服前面，于是他们自主选择材料后进行了尝试，但是第一次尝试制作出的扣眼不合适。

雯雯：纽扣和扣眼不在一条线上。

翔翔：扣眼太小，纽扣扣不进去。

琳琳：纽扣找不到对应的扣眼。

月月：怎么这么多问题呀，我们总是做不好，我不想做马甲了！

（教师：别放弃，老师相信你们一定可以有办法解决的！）

榕榕：是啊，改改就行了，别放弃！

琳琳：你们可以学学我们组，找一件衣服来看一看。

鲁鲁：我的马甲上就有纽扣，可以给你们看一看。

宁宁：蒙氏工作坊里就有衣饰框，上面有纽扣和扣眼，看看它是怎么安的。

妞妞：两颗纽扣之间有距离，纽扣之间的距离是一样的。

翔翔：纽扣和扣眼是对着的，一颗纽扣对着一个扣眼。

雯雯：我发现纽扣和扣眼在一条线上。

美美：要根据纽扣的大小来做扣眼。

观察讨论后幼儿重新画出了制作流程图，并调整了纽扣和扣眼的位置，最终制作出了合适的马甲。

【云南省人民政府办公厅圆通幼儿园 中七班 张红娟 周奇艺 万秋盈"多彩的服装"课题活动】

在上述案例中，幼儿在制作马甲上的扣眼时遇到了困难，一开始制作的扣眼不合适，幼儿不能成功扣上马甲上的纽扣。但是幼儿并未放弃，而是在同伴和老师的鼓励下积极寻找解决的办法，不怕困难，反复尝试，最终制作出合适的扣眼，安装好了马甲上的纽扣。

在这个案例中，学习品质不仅提高了幼儿的学习质量，而且发展了幼儿良好的学习能力和意志品质。在不怕困难这一学习品质的推动下，幼儿经过反复的尝试与探索，不仅解决了如何安装纽扣这一问题，而且意志力和专注力等良好的品质也得到了发展。由此可见，不怕困难的学习品质是影响幼儿深度学习的重要因素。

案例 4-8

幼儿计划制作一辆垃圾分类车，在选择制作车轮的材料时，幼儿根据所支持的不同制作方案分成了光盘组、乒乓球组、纸皮组和瓶盖组。

光盘组：

宸宸：我觉得拿光盘做轮子会更稳。

柔柔：一边两个，我们要用四个光盘。

瑶瑶：我们还需要双面胶。

幼儿迅速挑选好材料开始制作，但在制作过程中发现了新的问题。

瑶瑶：纸箱太重，双面胶太少了，轮子"站不起来"。

智轩：我们多贴一些双面胶，和光盘轮子贴的高度一样，那一定是最稳的。

最后，他们以最快的速度完成实验，而且轮子站立得很稳。

乒乓球组：

妍妍：乒乓球是圆圆的，把乒乓球放到"车底下"做轮子。

悦悦：乒乓球只能贴两条短短的双面胶，立不稳呀！

涵涵：多放几个球把底部填得更满一些，这样就很稳啦！

经过幼儿的改进，乒乓球组的车子终于站稳了。

纸皮组：

朗朗：这么大的纸皮怎么动手呢？

（教师：你们的首要任务是什么呢？）

朗朗：拿笔先画一个圆。

梓伦：拿刚才他们拿的双面胶圈的外围描画应该会更圆。

熙熙：圆一定要剪得很圆很圆才可以。

幼儿分工合作，很快画好并剪好了圆形纸皮。但是由于幼儿剪的圆形不够圆，导致轮子东倒西歪。

瓶盖组：

嘉辰：盖子是很坚硬的，一定能承受纸箱的重量。

政贤：不够稳，轮子太小了。

柔柔：双面胶贴在哪里会好一点儿呢？瓶盖太小了，好像很难承受箱子的重量。

柔柔：我们再用透明胶贴一圈吧，这样会好点儿。

经过大家一起努力，瓶盖制作的车轮终于可以站起来了。

【广东省广州市黄埔鱼木实验幼儿园 中一班 杨翠莲 杨灶琼 李少霞"制作分类垃圾车"课题活动】

在上述过程中，幼儿在讨论选择制作车轮的材料时产生了不同的想法，教师根据他们的讨论结果提供了丰富的材料，接着幼儿根据自己选择的制作方案进行了分组。在制作车轮时，各组幼儿分别遇到了不同的困难，他们通过同伴合作共同探索解决问题，最终使用所选择的材料制作出了不同种类的车轮。在这一过程中，幼儿表现出了敢于探究和尝试的良好学习品质。首先，这种学习品质使幼儿勇于积极尝试不同的制作材料，丰富了活动结果；其次，它也使幼儿在制作过程中遇到问题时不退缩，而是努力寻找方法。由此可见，敢于探究和尝试的学习品质是影响幼儿深度学习的重要因素。

案例4-9

在"竹筏"课题活动的第二阶段中，幼儿要想办法固定筏面，每个小组都非常积极地去思考解决方法并动手操作尝试。

第一组：幼儿用两根绳子把竹筏两端绑起来，然后在绑了绳子的竹子上钉钉子进行固定。接着又找来两根竹子横放在筏面上,再用绳子将它固定在筏面上。但是抬起来之后,竹筏中间塌下去了,幼儿分析了筏面塌陷的原因并想办法改进。

改改:中间塌下去了,那我们就掉进水里了。

宸宸:中间的竹子都没有拴,肯定会掉下去。

改改:那我们应该把中间的竹子拉上来拴在竹竿上。

最后,幼儿将中间的竹子捆绑在竹筏两端的支架上,解决了这一问题。

第二组:幼儿把竹子摆成一排,用劈开的竹片将竹子夹在中间,再用绳子捆绑固定起来。但是竹子从竹片中滑落了出来,幼儿共同分析竹子滑落的原因并进行改进。

宇宇:竹子和竹子之间的空隙太大了。

媛媛:我们应该重新拴紧一点。

晨晨:这个绳子太粗了,拴起来以后中间有大大的缝。

宇宇:你看,绳子这头散开了,它可以被分成好几根细绳子呢。

媛媛:那我们把绳子拆成细绳子,重新拴一遍吧。

最后,幼儿将麻绳拆开成三根,用其中一根重新拴了一遍竹筏,解决了这个问题。

第三组:幼儿把竹子摆成一排,用铁链缠绕起来。虽然他们把竹筏提起来之后竹子没有散开,但是竹筏向内卷了起来,幼儿分析了这个问题的原因并想办法解决。

佳佳:这个竹筏和做寿司的竹帘一样卷起来了。

莎莎:那我们站上去就掉到水里了。

然然:我们可以找个东西把竹筏压平。

莎莎:那用石头吧。

然然:石头那么重,竹筏会沉下去的,再说放了石头我们还怎么坐竹筏?

佳佳:那只能用小的又可以压着竹筏的东西了。

莎莎:用竹子就行了。

然后幼儿找来竹竿锯开成两截,把竹竿放到竹筏两头并用绳子进行固定,成功解决了这个问题。

第四组:幼儿把竹子摆成一排,用绳子把竹子一根一根地打上绳结,然后连接起来,但是这组同样遇到了把竹筏提起来之后竹筏卷起来的问题。

诺诺:刮大风的话这个竹筏就会被折叠起来。

小岩:还有这个缝会把脚卡住,水还会上来。

星宸:我们再把绳子捆紧一点。

诺诺：然后再用竹竿抵着竹筏就不会折叠了。

幼儿经过讨论之后，重新拉紧绳结，并且在筏面两头横放上竹子，将每一根竹子与支架都缠绕起来，最后打结固定，解决了竹筏卷起来的问题。

【云南省西双版纳州景洪市幼儿园 中一班 刘明珠 钱倩雯 丁梓涵 "竹筏"课题活动】

在该案例中，各组幼儿为了固定筏面进行了讨论和探索，他们充分发挥想象力，主动尝试了各种竹筏的制作方式。幼儿根据自己小组遇到的问题和实际情况去思考解决方法并付诸实践，第一组使用绳子捆绑筏面进行固定，第二组使用竹片夹住筏面进行固定，第三组使用铁链连接筏面进行固定，第四组使用绳结捆绑竹子进行固定，最终各组呈现的竹筏都有不同的创意。由此可见，乐于想象和创造的学习品质不仅使幼儿的学习效果更加丰富，而且拓展了幼儿的思维，发展了幼儿的认知能力和动手操作技能，竹筏的制作过程体现了幼儿乐于想象与创造的学习品质对深度学习的重要影响。

儿童仅仅获得知识和技能，并不一定能够使其获得发展，他们还必须学会如何使用这些已获得的知识和技能。教师所要做的不仅是发展幼儿的某种单项技能，还要让幼儿获取学习各项技能的能力。拥有良好的学习品质，才能学会学习，才能持续不断地进行终身学习。在幼儿的深度学习活动中，良好的学习品质不仅能够帮助他们解决活动中遇到的问题，保证活动的持续进行，而且也能够促进幼儿各方面能力的发展，为幼儿以后的自主学习打下良好的基础。除此之外，根据案例分析可以得知，虽然在某一阶段的活动中幼儿会更明显地表现出某种学习品质，但是积极主动、认真专注、不怕困难、敢于探究和尝试、乐于想象和创造等良好的学习品质往往不是单独出现的，它们共同作用于幼儿的深度学习。

由此可见，学习品质对于提高幼儿的学习成就和学习能力有重要的作用。在深度学习活动中，良好的学习品质可以使幼儿在问题解决过程中有更积极的表现，帮助幼儿解决深度学习活动中的问题。

（三）元认知

在深度学习活动中，幼儿对解决问题过程的反思是非常重要的。幼儿对活动过程的反思是在解决问题的过程中随时进行的，思考可以改进的地方，从而更好地解决遇到的问题;幼儿对活动结果的反思是在一个阶段的活动结束后进行的,总结一个阶段中的表现,或者发现新的问题点,从而引发新一阶段的活动。反思是深度学习活动中非常重要的一个环节,使深度学习活动呈现出螺旋上升的趋势,教师和幼儿通过不断的总结反思,改进问题解决方案,优化深度学习活动的结果。反思的深层机制体现了幼儿的元认知,幼儿元认知从心理学的角度揭示了幼儿反思的内在心理机制。[①]

1. 元认知影响幼儿深度学习的理论分析

元认知概念的正式提出始于美国发展心理学家弗莱维尔。贝克和布朗把元认知看作是"检验、调整和评价个体思维的能力"[②]。斯滕伯格将元认知定义为关于认知的认知,认知包括了认识世界的知识和运用这些知识去解决问题的方法,而元认知包括了对个体的知识和对策略的控制、监控和理解。[③] 后来,萨尔瓦多将元认知定义为关于个体反思以及理解和监控个体学习行为的能力,[④] 董奇认为元认知的实质是个体对自己认知活动的自我意识和自我调节。[⑤] 国内外研究者对元认知概念的阐述尽管各有侧重,但都认同元认知的实质是个体对认知活动的自我认知和自我调节,即元认知是以认知本身为对象的一种认知,也就是被广大学者所接受的"关于认知的认知",是个人拥有的关于认知过程的知识和对认知的控制。

研究者们关于元认知结构的观点也各有不同,弗莱维尔主张元认知包括元认知知识和元认知体验两个部分。[⑥] 其中,元认知知识包括关于个体的元认知知识、关于策略的元认知知识,以及关于任务的元认知知识;元认知体验则是伴随认知活动的有意识的认知经验和情感经验。卡瓦诺和珀尔马特提出,元认知结构包括元

---

① 韩江敏.教师引导幼儿反思性学习的现状研究[D].南京:南京师范大学,2014:14.

② Baker L, Brown A. L. Metacognitive skills and reading in hand book of Reading Research[M].New York: Longman,1984:66.

③ Sternberg R.J. Encyclopedia of human intelligence[M].New York:MacMillan Library Reference,1994:21-22.

④ Sanchez-Alonso S, Vovides Y. Integration of metacognitive skills in the design of learning objects[J]. Computers in Human Behavior, 2007, 23(6):2585-2595.

⑤ 董奇.论元认知[J].北京师范大学学报,1989(1):68-74.

⑥ Flavell J. H.Metacognition and cognitive monitoring: A new area of cognitive-developmental inquiry[J]. American Psychologist,1979, 34(10): 906-911.

认知知识、元认知体验和元认知监控三个部分。[1] 国内学者董奇也认为元认知由元认知知识、元认知体验以及元认知监控三部分组成，这三个部分是一个相互联系、无法拆分的整体。[2] 王海英认为幼儿元认知的组成可以从静态与动态两个维度来理解：静态层面包括元认知知识、元认知体验和元认知调节；动态层面包括自我计划、自我调节、自我检查、自我评价。[3] 尽管研究者对元认知的表述不甚相同，但目前主流观点认为，元认知包含元认知知识、元认知体验和元认知监控三个部分。

元认知在整个智力活动中处于支配地位，对整个活动起控制调节作用。元认知能力发展水平可以直接制约其他方面的发展，同时也集中反映一个人的思维和智力发展水平。研究表明，儿童在3岁左右就具备一定的心理表征能力[4]，3岁的幼儿已经具备初步的元认知知识。[5] 康托斯和尼古拉斯的研究表明，4岁的儿童就能够运用策略来解决问题，[6] 在儿童4—6岁时会出现元认知的意识，[7] 随着年龄的增长，儿童的策略使用以及元认知能力会逐步提高。很多心理学研究的结论表明，元认知能力与问题解决有着非常密切的关系，发展元认知能力能够提升学习者解决问题的质量和效率。[8] 问题的解决贯穿幼儿思维发展的全过程，元认知的发展促进幼儿的思维能力与问题解决能力向更高水平发展。深度学习活动是在解决一个又一个问题的过程中进行的，活动过程中的分析与讨论、猜想与假设、实验与验证环节都受到幼儿元认知能力的影响。幼儿元认知中包含的元认知知识、元认知体验和元认知监控贯穿于深度学习活动全过程，对深度学习活动有着重要的影响。

---

[1] Cavanaugh J.C, Perlmutter M. Metamemory: A Critical Examination[J]. Child Development, 1982, 53(1):11-28.
[2] 董奇. 论元认知 [J]. 北京师范大学学报，1989（1）：68-74.
[3] 王海英. 智慧的跷跷板——幼儿元认知研究 [M]. 南京：南京师范大学出版社，2005：84-88.
[4] Woolley J. D, Bruell M.J. Young children's awareness of their mental representations[J]. Developmental Psychology, 1996,32(2):335-346.
[5] 陈英和，王雨晴. 幼儿元认知知识发展的特点 [J]. 心理与行为研究，2008，6（4）：241-247，254.
[6] Kontos S, Nicholas J. G. Independent problem solving in the development of metacognition[J]. The Journal of Genetic Psychology, 1987,147(4): 481-495.
[7] Blote A. W, Van Otterloo S. G, Stevenson C. E, Veenman M. V. J. Discovery and maintenance of the many-to-one counting strategy in 4-year-olds: A microgenetic study[J]. British Journal of Developmental Psychology, 2004, 22(1): 83-102.
[8] 童世斌，张庆林. 问题解决中的元认知研究 [J]. 心理科学进展，1997（1）：37-40.

2. 元认知影响幼儿深度学习的案例分析

（1）元认知知识

在"好玩的乐器——鼓"这一活动中，幼儿依据各自擅长的领域进行分工，共同合作解决问题。在这个过程中，幼儿清楚地了解彼此之间能力的差异，体现了幼儿所拥有的元认知知识。

案例 4-10

幼儿要在一张纸上画一个最大的圆，他们用两根绳子交叉的方式找到了这张纸的中心点，也就是圆点。他们把绳子的一端用工字钉固定在纸的中心点，绳子的另一端绑在笔上，调整好长度后开始画圆。

涵涵：得把绳子抻直了画。

点点：我力气大，我用力按住工字钉，你画画好，你用力抻直绳子画吧！

大彤：我和辛辛一起按着纸，不让纸动。

最后幼儿共同合作画出了圆形。

接着，在教师的指导下，幼儿决定使用思维地图对这一阶段活动进行总结，大家认为涵涵擅长绘画，推举由涵涵执笔画出总结经验的思维地图，其他幼儿一起回顾操作过程。

（教师：小朋友们真棒，大家一起做出了更大更圆的鼓面，那我们一起来总结一下是怎么完成的好不好？）

辛辛：那我们来画一个思维地图吧。

大彤：好呀，涵涵画画好，让他来画吧，咱们一起说，让他画下来。

点点：好！让涵涵画，他画得好看。

【吉林省吉林大学附属第三幼儿园 中一班 沈琳琳 高鸽 "好玩的乐器——鼓"课题活动】

元认知知识是有关认知的知识，即关于个人的认知活动以及影响这种认知活动的各种因素的知识，具体来说，可分为三个方面：首先是关于个人的知识，即关于自己与他人作为认知思维的主体的一切特征的知识；其次是关于任务的知识，即对学习材料、学习任务和学习目的的认知；再次是关于策略的知识，即个体意识到自己对学习策略的选取、调节和控制。[1]在深度学习活动中，幼儿的元认知知识对

---

[1] 陈琦，刘儒德. 教育心理学 [M]. 北京：高等教育出版社，2005：318-319.

活动过程有着很大的影响,这种影响在幼儿自主分配小组成员的任务时表现得尤为突出。在这个案例中,幼儿在分配画圆的任务时,清楚地了解自己和同伴擅长的领域和待解决问题的特征,并能根据解决问题的需要和同伴的特点进行分工合作,共同解决问题。这表明幼儿已拥有元认知知识,并能利用所拥有的元认知知识去解决问题。在这一过程中,幼儿所拥有的元认知知识帮助他们顺利地解决了活动中的问题,促进了深度学习活动的开展。

(2)元认知体验

在"晾画架"这一活动中,幼儿要在泡沫垫上安装轮子,他们需要用螺丝把轮子固定到泡沫垫上。笔者在这一过程结束后对安装螺丝的两个幼儿进行了访谈,在访谈过程中,幼儿明显表现出所拥有的元认知情感。

案例 4-11
访谈幼儿昂昂:
笔者:你觉得在刚才的活动中你遇到了什么困难吗?
昂昂:我觉得遇到了困难,那个螺丝头不是尖的,总是扎不进泡沫垫里。
笔者:那你是怎么解决这个困难的呢?
昂昂:我先用螺丝刀在泡沫垫上扎了个洞,螺丝就可以扎进去了。
笔者:参加刚才的活动你开心吗?
昂昂:开心呀。我最后成功了,特别开心。
笔者:那你喜欢参加这个活动吗?
昂昂:喜欢呀,这个活动太好玩啦。
访谈幼儿乐乐:
笔者:你觉得在刚才的活动中你遇到了什么困难吗?
乐乐:嗯,有点儿困难。
笔者:什么困难?
乐乐:我力气太小了,拧不动螺丝。
笔者:那你后来怎么做了?
乐乐:我先使劲用力拧,后来又让老师帮我拧。
笔者:参加刚才的活动你开心吗?
乐乐:不太开心。我都没完成拧螺丝的任务。

笔者：那你喜欢参加这个活动吗？

乐乐：喜欢，但是我力气小，他们不让我拧螺丝。

元认知体验是个体在进行认知活动时伴随而生的认知和情感体验，它包括知和情两方面的体验，一方面是在认知活动进行时对知识获取的觉知，另一方面是对认知过程中经历的情绪、情感的觉察。[1]详细来说知的体验主要是指幼儿对自己是否熟悉认知任务、是否理解认知内容、是否遇到困难和障碍的一种体验。情的体验是指幼儿在认知活动中对自己情绪状态的一种觉知，包括幼儿对自己认知活动中积极情绪的体验，如高兴、满意等的觉知；消极情绪的体验，如不高兴、不满意、紧张等的觉知。[2]在这个活动中，幼儿明显地表现出了自身所拥有的元认知体验：一是幼儿能够感受到自己遇到的困难，并能清楚地表述出自己针对所遇到的困难采取的解决方法；二是幼儿能觉知自己在活动过程中的情绪体验，了解自己在活动过程中的感受。幼儿的以上表现说明，元认知体验作为幼儿元认知的一部分，能够使幼儿针对学习体验调节自身行为，对幼儿的深度学习有着重要影响。

（3）元认知监控

在"巧变桌面收纳盒"这一活动中，幼儿需要锯木条制作收纳盒，幼儿通过元认知监控来调节和评价锯好的木条，结果发现木条存在长短不一的问题。然后，幼儿针对这个问题进行了解决。在这个过程中，幼儿明显地表现出所拥有的元认知监控能力。

案例 4-12

浩宇：咱们锯下来的木条怎么不是长了就是短了呢？

雨桐：我们得把木条都变成一样长的呀。

悠悠：用文具盒里的直尺量一下试一试呢？直尺上面有数字，能用来测量木条长短。

玉意：我们也可以把需要的长度画在木板上，然后按照画的标记锯下来。

雨桐：我觉得这是一个好办法。

玉意：我来拿直尺量一量，做下标记，你按照我画的这个标记锯木条。

然后幼儿按照讨论出的解决方法进行操作，成功锯出了长度相同的木条。

---

[1] 陈琦，刘儒德．教育心理学[M]．北京：高等教育出版社，2005：318-319．
[2] 王海英．智慧的跷跷板——幼儿元认知研究[M]．南京：南京师范大学出版社，2005:84-88．

铃铛：太棒了，我用锯子锯下来的木条真的是一样长的！

【吉林省东北师范大学附属小中信幼儿园 大二班 刘岩 费雪姣"巧变桌面收纳盒"课题活动】

元认知监控是指人们在进行认知活动的过程中，对自身认知活动所进行的积极自觉的监视、调节与控制。它包括认知活动前制订计划；认知活动中实施监控、评价和不断反馈；认知活动后对结果的不断检查、调节和修正。[1]学习者拥有的关于认知活动的知识越多，对认知活动控制的主观程度越高，那对问题解决的帮助也越大。[2]在锯出木条后，幼儿不仅通过观察和反思提出了"咱们锯下来的木条怎么不是长了就是短了呢？"这一问题，而且能够通过思考提出解决方法，即用尺子测量木条长度从而锯出长短相同的木条，这说明幼儿通过元认知监控对活动过程进行着自觉的监控与调节，能够针对活动中的行为结果进行不断反思与调整，从而改进活动中做得不好的地方，实现活动目标。这表明元认知监控是影响幼儿深度学习活动中问题解决的重要因素，甚至决定着活动的成功与否。

元认知能力的发展能够提升学习者解决问题的质量和效率，幼儿的深度学习是发生在一个接一个的问题解决过程中的，幼儿的元认知水平影响着他们的深度学习状况。具体而言，幼儿元认知的组成部分，即元认知知识、元认知体验和元认知监控，对幼儿的深度学习活动从始至终起着调节和控制的作用。根据以上的案例分析可以看出，幼儿利用元认知知识、元认知体验和元认知监控对深度学习活动的过程进行控制和调节。良好的元认知对幼儿的深度学习活动起着重要的促进作用，而不良的元认知则会妨碍幼儿解决活动中的问题，导致幼儿难以对活动过程进行把控，而其他方面能力也难以通过深度学习活动得到提高，使得活动效果不尽如人意。因此，元认知是幼儿深度学习的重要影响因素。

（四）学习动机

在深度学习活动中，幼儿的学习动机尤其是内部动机是活动开展的基础，学习动机对幼儿深度学习的影响主要表现在两方面：一是教师基于幼儿的学习动机确定活动主题；二是学习动机是直接推动幼儿参与深度学习活动的动力。在此基础上，学习动机激发幼儿调动非智力因素，发挥激活、定向、维持和调节的功能，使幼儿取得良好的学习结果。

---

[1] 陈琦，刘儒德. 教育心理学 [M]. 北京：高等教育出版社，2005：318-319.
[2] 冷少华. 小学数学问题解决能力培养的研究 [D]. 扬州：扬州大学，2013：36.

1. 学习动机影响幼儿深度学习的理论分析

学习动机概念是基于动机概念的延伸,《心理学大辞典》指出学习动机是学习活动的推动力,又称学习的动力。学习者的学习活动是由各种不同的动力因素所引起的,其心理因素主要包括学习需要和学习目标两个方面。学习需要是指对学习必要性的认识及信念,学习的兴趣、爱好或习惯等,学习目标是学习的诱因,指引着学习的方向。[①] 学习动机强调学习者对学习的期待或根据学习目标而选择的内在付出程度,在深度学习活动中,幼儿的学习动机是指他们为了满足自己的需要或目标而学习的动力。

学习动机的类型根据不同的分类标准可以分为很多种,在教育实践中比较有影响的主要是以下三种分类方式。一是根据动力来源,把学习动机分为内部动机和外部动机。内部动机是个体出自对学习活动本身的喜欢从而激发了学习动机,动机的满足在活动之内,不在活动之外,如学生的兴趣爱好、求知欲和自我提高的愿望等均属于内部学习动机。外部学习动机是指个体对外部诱因,即对学习活动带来的结果充满兴趣,由此激发了学习的动机,动机的满足不在活动之内,而在活动之外,[②] 如来自教师或家长的奖励、惩罚等都属于外部动机因素;二是依据学习活动同远近目标的关系,可分为近景性动机与远景性动机。若近期目标与学生的学习活动相联系则被称为近景性动机,学习兴趣和结果是此类学习动机所关注的方面。若学生开展的学习活动与个人的未来和社会意义相联系,则被称作远景性动机;三是依据奥苏泊尔的成就动机理论,将学习动机分为认知动机、自我提高动机,以及附属动机三大类。认知动机指的是学习任务的本身,学习的目的是在学生对所学内容感兴趣的基础上而主动获取知识,具体而言是为了掌握知识、解决问题而产生的一种内驱力,是在学生具有一定学习经验的基础上产生的,认知动机属于个体的有意义学习过程中最为关键和稳固的内部动机。自我提高动机是一种外部学习动机,指学生在学习过程中获得成功体验,是为了满足自尊心和胜任感。附属动机是一种情感需要,是学生为了获得师长与同学的认可和赞许,并在体验这种乐趣和情感之后更加努力地学习,如学生努力学习知识,是为了提高自己的整体成绩,从而得到教师的表扬、家长的奖励、同伴的钦佩。[③]

---

① 朱智贤.心理学大辞典[M].北京:北京师范大学出版社,1989:258.
② 陈琦,刘儒德.当代教育心理学[M].北京:北京师范大学出版社,2007:215-218.
③ 陈琦,刘儒德.教育心理学[M].北京:北京师范大学出版社,2005:192-196.

幼儿在深度学习活动中的动机大部分为内部动机、近景性动机和认知动机。幼儿出自对学习活动本身的喜欢从而激发了内部学习动机，内部动机引导幼儿积极主动地完成学习任务，实现活动目标；幼儿的近景性动机表现为：他们参与活动的目标大多数为近期目标，即制作出某种物品或解决某个问题，学习兴趣和结果是此类学习动机所关注的方面，幼儿的近景性动机对幼儿的深度学习活动产生直接影响；幼儿的认知动机指向学习任务的本身，使幼儿在对所学内容感兴趣的基础上主动获取知识。此外，学前阶段师幼关系的特点也决定了幼儿在活动过程中经常出现附属动机，比如为了教师的肯定和表扬而调节自己的行为等等。

学习动机是激发并维持学生学习的内部动力，它是动机在学习方面的体现。学生的学习效果受到智力因素和非智力因素两方面的影响，就绝大部分人而言，智力水平相差不大，而非智力因素在某种程度上起着决定性的作用。从某种意义上来讲，动机处于非智力因素结构中的核心地位，它不仅是学习行为的必要前提，还是学习过程中的强大推力，而且在学习过程中，情感、兴趣、意志等其他非智力因素通过学习动机对学生的学习产生影响。因此，学习动机对幼儿的深度学习有着重要的影响。

学习动机具有激活、定向、维持和调节的功能。首先是激活功能，学习动机能够激发有机体产生某种学习活动，如果学生具备了某种学习动机，那么他对一些刺激，尤其是对与该学习动机有关的刺激特别敏感，进而激发学生产生学习行为；其次是定向功能，学习动机使学习行为朝着既定目标前进，保证学习活动高效地进行；最后是维持和调节功能，当学习活动发生后，动机始终维持该活动朝向既定的目标，同时还能调节活动强度以及持续时间，如果实现目标，动机将会促使机体停止学习活动，如果未实现目标，动机则会驱动机体加强该学习活动直到完成。在深度学习活动中，幼儿的学习动机是活动开展的基础，活动主题的选择、活动的走向、活动中问题的呈现和解决，都受到幼儿学习动机的影响。

2. 学习动机影响幼儿深度学习的案例分析

案例 4-13

根据幼儿对关于飞机知识的强烈学习动机，教师选择了"小飞机"作为深度学习活动的主题。这个班的幼儿对各种各样的飞机充满了好奇，经常提出很多关于飞机的问题。在一次户外活动中，幼儿看到有飞机从空中飞过，他们立刻兴奋得手舞足蹈、大叫大跳，热烈地讨论起关于飞机的事情，对飞机表现出浓厚的兴趣。"飞机怎么能飞得那么高呀，太厉害啦！""我特别喜欢坐飞机，飞机飞得可快啦！"回到活动室后，幼儿在建构区中用积木和雪花片搭建各种飞机，很多幼儿在搭飞机的时候提出："我搭建的飞机要是能飞起来就好啦。"幼儿对飞机非常感兴趣，渴望进一步了解关于飞机的各种知识，希望能自己做出可以飞起来的飞机。于是教师从幼儿强烈的学习动机和年龄特点出发，生成了深度学习课题活动——"小飞机"。

【吉林省省直机关第三幼儿园 中四班 刘莹莹 "小飞机"课题活动】

在学习动机的基础上开展活动，才能使幼儿在活动中保持高涨的学习热情。在强烈学习动机的刺激下，幼儿的情感、兴趣和意志等非智力因素得到充分的调动，促使幼儿表现出良好的学习行为。学习动机的激活、定向、维持和调节功能使幼儿积极主动地去解决活动中遇到的问题，发展高阶思维和优秀的学习品质，从而得到良好的学习效果。

"小飞机"这一深度学习活动的主题是基于幼儿强烈的学习动机确定的。首先，在幼儿学习动机的基础上确定的这一活动主题能够有效地调动幼儿的情感、兴趣和意志等非智力因素，这些是幼儿产生学习行为的必要前提，也是幼儿深度学习过程中的强大推力；其次，活动主题的确定过程体现了学习动机的激活功能，在"小飞机"这一活动主题的确定过程中，幼儿对飞机的强烈兴趣是确定活动主题的基础，幼儿具备学习与飞机相关知识的动机，对与飞机相关的刺激特别敏感，因此激发了他们的学习行为。根据幼儿的强烈学习动机，教师选择了"小飞机"作为幼儿深度学习活动的主题，这使幼儿在活动过程中一直保持着非常高的学习热情，在活动过程中迸发出思维的火花；最后，这一活动主题激发了幼儿在活动过程中强烈的求知欲望，使幼儿在求知欲望的推动下积极参与活动，思考活动中问题的解决方法，动手操作实践，在与同伴和教师的互动中发展高阶思维，提高各方面的能力，实现全面健康的发展。

"小飞机"这一活动主题的确定，充分体现了学习动机对调动幼儿的情感、兴趣和意志等非智力因素所起的作用，表现出了学习动机的激活功能，使幼儿在活动过程取得了良好的学习效果。而在以下的"有趣的造纸"这一课题活动片段中，除了体现了学习动机这些功能外，还体现了学习动机的定向、维持和调节功能。

一、影响幼儿深度学习的主观因素

案例 4-14

在"有趣的造纸"课题活动中,幼儿对相关知识有强烈的学习动机。这种强烈的学习动机也使他们在活动过程中积极主动地解决问题,并得到了非常好的效果。在收集了造纸的材料之后,幼儿在教师的引导下讨论如何造纸,强烈的学习动机使他们积极动脑思考并发表自己的看法,为接下来的动手操作打下了良好的基础。

(教师:我们收集了造纸的材料,怎样用这些材料造纸呢?)

刘瑞:我们可以把捡回来的树皮变成泥,在泥里加点儿东西就成了纸。

小宇:对,泥特别软,可以变成各种形状。

蒙蒙:纸是薄薄的,可以用力把泥压成薄片,很简单。

诺诺:可是,怎样才能让树皮变得像泥一样呢?

阿瑜:我觉得把树皮放在水里泡,泡很长时间,就可以像泥一样,然后用胶把它粘起来。

(教师:只用浸泡的方式就可以让树皮变得像泥一样吗?还有没有其他方法可以更快地让树皮变得像泥一样?)

小宇:先取下树皮,然后用水和其他溶液一起泡软树皮,树皮就可以变成泥了。

阿瑜:我觉得可以把树皮切碎,然后泡起来,这样就可以更快地变成泥了。

【陕西省西安交通大学幼儿园 中十班 李剑 杨曦 "有趣的造纸"课题活动】

在"有趣的造纸"这一活动中,幼儿强烈的学习动机充分发挥了激活、定向、维持和调节的功能。具体来说,学习动机的激活功能体现在,幼儿所拥有的关于"造纸"的学习动机使得他们对相关刺激特别敏感,激活了他们对相关知识的积极的学习行为,使他们在"造纸"的过程中保持高度的学习热情。在遇到问题时,他们积极动脑思考和动手操作,提出各种解决方案并主动付诸实施,促进了活动的顺利开展和自身能力的提高。学习动机的定向功能体现在,幼儿持之以恒地朝着"造纸"的既定目标前进,努力解决活动过程中出现的问题,使深度学习活动高效进行。学习动机的维持和调节功能体现在始终维持幼儿的深度学习活动,使幼儿针对"造纸"的目标去调整活动过程,直至制作出合适的纸。

由此可以看出,强烈的学习动机对深度学习的影响主要体现在两方面:一是影响幼儿对活动主题的选择;二是影响幼儿在活动中的表现。但是在部分活动过程中,有的幼儿学习动机下降,不仅对活动进展造成了一定的阻碍,也不利于他们能力的发展,具体可见下面的案例。

案例 4-15

在"大泡泡机"课题活动中,幼儿根据计划,需要搭建一个立起来的架子。他们选用了塑料制品"万能棒"和"万能点"进行搭建,但是在搭建过程中,在搭出泡泡机的一条腿之后,架子总是倒。部分幼儿感到很沮丧,学习动机水平下降,对解决问题造成了阻碍,影响了活动进度。

幼儿选择了"万能棒"和"万能点"进行搭建,但是搭建出的柱体一碰就倒了。站在一旁的七宝仔细观察并提出疑问:"为什么搭的柱子会倒呢?"

幼儿停下来一起讨论,经过努力搭建后架子还总是倒,这使部分幼儿感到非常沮丧:

懂懂:它总是站不稳。

冰冰:太难了,咱们做了这么久它还是倒,我不想做了。

说完,冰冰走到一边,拒绝继续参加活动。

其他幼儿去安慰冰冰,鼓励她继续参加。

七宝:我们不能放弃呀,就快要做好了!

懂懂:对呀,咱们一起努力做好这个架子。

教师此时也参与进来,鼓励冰冰继续参加活动:"冰冰,你看大家都邀请你继续参加,你快来呀。"

冰冰在同伴和教师的鼓励下继续参加活动,但是她的学习动机明显下降,学习热情也不如之前那么高涨,影响了她接下来的活动效果。

【吉林省金太阳教育集团 大一班 刘阳阳 刘杰"大泡泡机"课题活动】

学习效果与学习动机的高低密切相关,高水平的学习动机往往会激发学习者强烈的求知欲望,[1] 同理,低水平的学习动机会降低学习者的求知欲望,不利于学生在活动过程中的表现,使学习效果大打折扣。如在"大泡泡机"课题活动中冰冰学习动机的下降不仅影响了其参与活动的热情和积极性,还对活动的推进造成了阻碍。

通过分析以上案例可知,强烈的学习动机能使幼儿在深度学习活动中表现出良好的学习行为,得到高水平的学习效果。具体来说,高水平的学习动机有利于帮助确定幼儿深度学习活动的主题,使幼儿在遇到困难时不气馁,积极解决所遇到的问题,从而在活动过程中拥有更好的表现,获得各方面能力的发展。而低水

---

[1] 施钰君. 如何培养和激发学生学习数学的动机 [J]. 新课程·中旬, 2015 (2): 7-8.

平的学习动机则不利于发挥其激活、定向、维持和调节的功能，会使幼儿的学习热情和坚持性下降，不利于问题的解决和活动的推进。

（五）年龄与性别

在深度学习活动中，不同年龄和性别的幼儿表现出了不同的学习水平和学习特点，年龄与性别是影响幼儿深度学习的重要因素。

1. 年龄

随着幼儿年龄的增长，幼儿的生理结构也向着更成熟的方向发展，随之得到提高的还有幼儿的各方面能力，幼儿的各方面能力水平影响着他们的深度学习过程。其中，年龄是影响幼儿深度学习的重要因素之一。

（1）年龄影响幼儿深度学习的理论分析

儿童身心发展具有一定的顺序性、阶段性和差异性，不同年龄阶段的儿童在身心发展水平方面有较大的差异。

学前儿童年龄特征是指从出生至 6 岁的儿童在每个年龄阶段表现出的一般的、本质的、典型的生理和心理方面的特征，在一定条件下既是相对稳定的，又是可变的。学前儿童的年龄特征蕴含着其心理发展的规律性，儿童心理的发展既受教育的影响，又对教育起反作用，不同年龄儿童的心理发展对教育提出不同的要求。[①]因此，在幼儿的深度学习活动中，不同年龄阶段儿童的身心发展水平的差异对活动的主题、过程和结果都会有一定的影响。

美国心理学家格塞尔（Gesell）认为，支配儿童心理发展的因素有很多，但主要是"成熟"。由此提出的成熟势力理论认为，儿童的学习取决于生理上的成熟，成熟前的学习和训练很难有显著的效果。格塞尔的双生子爬梯实验证明，儿童自身的成熟对学习活动有非常重要的影响。皮亚杰提出的认知发展阶段论也表明儿童的思维能力的发展是随着年龄的增大而提升的，大班幼儿的抽象思维开始出现萌芽，他们能够通过更高级的思维方式去解决问题，促进高阶思维能力的发展。

随着年龄的增长，儿童的大脑结构和大脑功能发育得越来越成熟，这使幼儿在感知觉、注意力、记忆能力、想象能力、情感和社会性等方面不断进步。幼儿各方面能力的提高使得他们拥有了更佳的表现，幼儿能够运用这些能力在深度学习过程中更好地进行知识迁移、信息整合和反思改进。动作的发展是儿童活动发展的前提，随着年龄的增长，儿童的大肌肉动作和小肌肉精细动作也发展得越来越好，[①] 能够胜任越来越复杂的动手操作任务。有研究表明，在学习品质方面，年长儿童也比年幼儿童发展得更好。比如，幼儿从婴儿期到学前期，其专注力是稳步提高的。在游戏中，年长儿童的持续性注意水平更高，[②] 而专注力与同伴交往能力是深度学习活动过程中的重要能力，因此年龄影响着幼儿的深度学习状况。

总之，不同年龄段的幼儿在各方面的能力和学习品质上的差异显著，年龄是幼儿深度学习的重要影响因素。

（2）年龄影响幼儿深度学习的案例分析

在实际活动过程中，不同年龄段幼儿的表现有明显的差别，大班幼儿在深度学习活动中所表现出来的综合素质明显高于中班幼儿。

案例 4-16

在"大花轿"课题活动中，参与活动的是中班幼儿。相对于大班幼儿来说，他们的年龄较小，各方面能力还有待提高，虽然他们对活动主题很感兴趣，但是自身发展水平的限制使他们在活动过程中面临很多困难：

首先，在分析与讨论阶段，他们的思维有很明显的片面性和以自我为中心倾向，讨论的东西总以自己感兴趣的内容为主，很难顾及整个活动过程，甚至有的幼儿和同伴讨论起了别的事情而脱离了活动的主题。

其次，在猜想与假设阶段，他们常常不能完成一张合适的设计图，有的幼儿仅仅设计了大花轿的一部分，有的幼儿在画的过程中偏离了原来的主题而画了别的东西。自身能力的限制使他们不能很好地理解该如何去设计一个大花轿，需要教师较多的支持。

再次，在实验与验证阶段，由于肌肉动作的发展还不够完善，他们在组装和

[①] 曹中平，邓祎. 学前儿童发展心理学 [M]. 长沙：湖南大学出版社，2015：32-35.

[②] Ruff H.A, Lawson K. R. Development of sustained, focused attention in young children during free play[J]. Developmental Psychology, 1990, 26(1):85.

制作时也常常做得不够好，时常产生零部件粘贴不牢等问题。

最后，中班幼儿在同伴合作方面的表现也弱于大班幼儿，常常出现互相争抢工具的现象，需要教师不断协调，而不是像大班幼儿那样能够自己分配好小组成员的任务，共同为一个目标合作。

【吉林省长春市人民政府机关第一幼儿园 中五班 吴丽 刘星"大花轿"课题活动】

案例 4-17

在"彩绘蛋展示架"这一活动中，参与活动的是大班幼儿，他们的总体能力水平明显高于中班幼儿，在活动中的整体表现也比中班幼儿更好。

首先，在分析与讨论阶段，他们能够围绕活动主题进行讨论，清楚地表达出自己的想法，并能为活动的开展提出一些好的建议。

其次，在猜想与假设阶段，他们能够清晰地理解活动过程中遇到的问题，能够针对问题思考和讨论解决方法，并能运用已有经验进行学习迁移，提出有助于问题解决的各种方案，绘制出合适的思维地图。

再次，在实验与验证阶段，由于大班幼儿的小肌肉动作相对于中班幼儿来说已经发展得较好，所以他们能够比较精确地制作和安装彩绘蛋展示架，且能够随时根据制作情况进行调整和改进，制作出来的支架质量也较高。

最后，他们的同伴合作能力也比中班幼儿有明显的进步，能够针对同伴的特点和解决问题的需要自行分工，使活动过程进展得非常顺利。

【吉林省吉林大学附属第三幼儿园 大三班 陈杨 李敏"彩绘蛋展示架"课题活动】

不同年龄的幼儿在各方面的能力上有很大的差别，随着年龄的增长，儿童的大脑结构和大脑功能发育得越来越成熟，幼儿的大肌肉动作和小肌肉动作也操控得更加熟练。生理上的成熟使幼儿在认知水平、操作技能和情感与社会性等方面不断进步，从而使幼儿在深度学习活动中的分析与讨论、猜想与假设和实验与验证等环节中拥有更好的表现，能够更加顺利地解决活动中的问题，得到更高质量的学习效果。通过案例分析可以看出，在"大花轿"和"彩绘蛋展示架"两个课题活动中，不同年龄段的幼儿在分析与讨论、猜想与假设、实验与验证和同伴合作的过程中有着不同水平的表现，高年龄段幼儿的表现明显优于低年龄段幼儿的表现。因此，年龄对幼儿的深度学习有重要的影响。

总而言之，年龄作为一个影响幼儿身心成熟程度的重要因素，对幼儿深度学习活动中的各个阶段均有重要的影响。不同年龄段的幼儿在深度学习活动中表现出很大的差异，年龄较大的幼儿在各方面的综合表现优于年龄较小的幼儿。

2. 性别

在深度学习活动中，性别对于幼儿的影响主要体现在两个方面：一是不同性别的幼儿在各种学习品质上的表现存在差异，从而影响他们在深度学习活动中的行为特点；二是不同性别的幼儿在选择活动主题时也存在区别。

（1）性别影响幼儿深度学习的理论分析

深度学习的核心特征是高阶思维，创造性是高阶思维的重要组成部分。而学习者通往创造性的第一步就是好奇心和兴趣的培养，幼儿的好奇心发展具有性别差异，所以性别也是影响幼儿深度学习活动的因素之一。

在面对新奇事物时，不同性别的幼儿行为差异极为显著，男孩的好奇水平在敏感、兴趣、探索、提问、幻想等行为特征上明显高于女孩。[1] 大多数情况下，由于男孩大胆，性格外向，而女孩较为腼腆，性格内敛，所以男孩在面对新奇事物时比女孩有更大的好奇心与兴趣。[2] 我国心理学与教育工作者把好奇心视为教学中的主要情绪与动机，[3] 好奇心作为学习者的主要情绪之一，其功能在于激发幼儿的探索行为。在好奇心的驱动下，幼儿会努力同化、顺应信息，从而优化已有的认知结构。

此外，在学习活动中，学前阶段的女孩比男孩更专注、坚持性更高，这也可以在某种程度上解释为什么在学前阶段女孩一般比男孩发展得要好，[4] 但是在学业成绩、主动性、抗挫折能力、想象与创造性、好奇心、独立性、逻辑推理能力等方面，男孩强于女孩。[5] 由于性别造成的这些差异，男孩和女孩在解决深度学习活动中的问题时也表现出不同的特点。大多数男孩更倾向于大胆地提出各种解决问

---

[1] 刘云艳. 幼儿好奇心发展与教育促进研究 [D]. 重庆：西南师范大学，2004：41.
[2] 南姣鹏. 入学准备视角下幼儿学习品质的研究 [D]. 兰州：西北师范大学，2013：15.
[3] 郭德俊，田宝，陈艳玲，等. 情绪调节教学模式的理论建构 [J]. 北京师范大学学报（人文社会科学版），2000：115-122.
[4] Fantuzzo J, McWayne C.M, Perry M.A, ChiIds S . Multiple dimensions of family involvement and their relations to behavioral and learning competencies for urban, low-income children[J]. School Psychology Review, 2004,33(4):467-480.
[5] 孙艳. 5—6岁幼儿学习品质与家庭教养方式的相关研究 [D]. 西安：陕西师范大学，2011：18.

题的假设然后直接付诸行动,在不断改进错误的过程中去解决问题,而大多数女孩更倾向于先设计好一个相对完整的方案,然后在方案的指导下按部就班地完成计划,解决问题。

最后,不同性别的幼儿感兴趣的事物也存在差别,男孩更喜欢玩交通类玩具和积木,喜欢进行动作幅度较大的活动,如扔球、踢球、打闹等;女孩更喜欢布娃娃,装饰打扮或过家家等活动。[①]这种差异影响幼儿的兴趣,从而对深度学习活动主题的选择产生影响。

（2）性别影响幼儿深度学习的案例分析

"晾画架"和"晾衣架"两个活动体现了性别影响幼儿的学习品质,两个同一年龄段的班级在男女比例方面存在显著差异。"晾画架"活动班级的幼儿70%左右是男孩,"晾衣架"活动班级的幼儿70%左右是女孩,这两个班级的幼儿在活动过程中表现出了明显不同的特点。开展"晾画架"活动的班级中大多数是男孩,他们更倾向于在遇到问题时大胆提出各种假设并立刻付诸行动,对活动过程中需要用到的各种材料也表现出极大的好奇心和热情,但是在实际制作过程中专注力不够持久,经常更改原来的计划;开展"晾衣架"活动的班级中大多数是女孩,她们在设计过程中花费了较多时间,呈现出的设计图非常完整,并且按部就班地按照设计图进行制作,专注力水平高,在活动过程中较为谨慎。两个班级最后呈现出来的作品风格也存在明显差异,晾画架的风格偏向粗犷和实用,晾衣架的风格更为细腻和美观。

性别影响活动主题的选择主要体现为:基于幼儿的兴趣,女孩比例较大的班级会更多地选择和服饰、装扮等内容相关的活动主题,比如"晾衣架""多彩的服装"等活动。男孩比例较大的班级会更多地选择和交通工具、工程设计等内容相关的活动主题,比如"赛车总动员""小飞机"等活动。

从案例可以看出,性别是影响幼儿深度学习的重要因素之一,主要体现在幼儿在活动中表现出的学习品质和活动主题的选择两方面。在学习品质方面,男孩在活动中更为积极主动,但是注意力水平不高,女孩在活动中则表现出更高的注意力水平,行动更为谨慎,但主动性水平低于男孩,即男孩更多地表现出积极主动和敢于探究与尝试的学习品质,女孩更多地表现出认真专注的学习品质。在活

---

① 李燕.学前儿童发展心理学[M].上海:华东师范大学出版社,2008:221-225.

动主题的选择上，男孩和女孩喜欢的主题也存在很大的不同，男孩更为偏爱机械工程类的主题，女孩更为偏爱装饰打扮类的主题。

二、影响幼儿深度学习的客观因素

布朗芬布伦纳（Bronfenbrenner）提出的人类发展生态学认为，不断成长的个体与其所处的变化着的环境之间是相互适应的，这个相互适应过程受到各种环境之间的相互关系，以及这些环境赖以存在的更大环境的影响。[1]在深度学习活动过程中，幼儿除了受到自身因素的影响外，还受到教师、同伴、家长等客观因素的影响，这些客观因素对幼儿解决深度学习活动中的问题，发展高阶思维有着不容忽视的作用。

（一）教师

教师作为幼儿学习活动的支持者、合作者和引导者，对幼儿的学习过程有着重要的影响。深度学习活动是充分发挥教师作用的活动，[2]在幼儿的深度学习活动中，师幼关系和教师支持影响着幼儿的深度学习。

1. 师幼关系

在深度学习活动中，师幼互动是非常重要的部分，通过师幼互动，幼儿解决了深度学习活动中的问题，实现了活动的目标。作为影响师幼互动质量的重要因素，师幼关系对幼儿深度学习的效果也有着重要影响。

（1）师幼关系影响幼儿深度学习的理论分析

国外关于师幼关系的研究起步较早，埃里克森提出，师幼关系是指在幼儿园、托儿所等正规学前教育机构中，教师与幼儿之间相互作用、相互影响的行为及过程。[3]还有研究者指出，师幼关系是教师与幼儿在抚慰情绪、照顾生活等相互作用

---

[1] Urie Bronfenbrenner.The Ecology of Human Development[M]. Boston: Cambridge Harvard University Press,1979:21-25.
[2] 刘月霞，郭华.深度学习：走向核心素养[M].北京：教育科学出版社，2018：38-45.
[3] 埃里克森.童年与社会[M].罗一静.等.译.上海：学林出版社，1992：79-83.

的过程中，逐渐形成的稳定的、安全的、类似于亲子关系的情感依恋关系。[①]总体来说，师幼关系是教师和幼儿在相互交往、相互作用和相互影响的过程中，双方所形成的行为表现和情感特征。

已有研究大都认为师幼关系是一种特殊的人际关系，教师与幼儿之间的关系不是单纯的教育者与被教育者之间的关系，而是既带有明显的情感性特征，也存在着不平等性和特殊性。具体来说，可以从以下三方面理解师幼关系所具有的特点：第一是非对称的相倚，在实际的幼儿园教育活动中，教师作为教育活动的计划者和实施者，控制着活动进行的方向，处于主导地位；而作为受教育者的幼儿则是被动接受者，他们需要根据教师的引导，不断地变化与调整自己的行为，以满足教师所预设的目的。所以，师幼双方在互动中的地位是不对称的。第二是主体间的平等性，人是自然人，更是社会人，教师与幼儿也不例外，他们是具有独立个性的人，具有普通公民享有的基本权利，并有一定的物质需求和精神需求，教师与幼儿本就应该是亦师亦友的关系，这样可以拉近彼此间的距离，有利于教师成功地与幼儿进行情感交流、信息传递与平等对话。第三是反向性作用，在师幼间的真实互动情景中，除了教师会对幼儿发挥积极的正向作用外，幼儿做出的一些反馈行为也对教师有一定的影响，而这种反向作用在一定程度上能促进教师的自我反省与专业发展。[②]

国外学者豪斯等人根据教师在师幼关系中的作用，将师幼关系划分为情感安全性、依赖性和社会调解三个维度。他们还从幼儿的角度出发，根据幼儿在互动中的情感表现及行为方式将师幼关系的类型划分为安全型、依赖型、积极调试型以及消极调试型四种类型。[③]国内研究在选取及划分师幼关系类型的标准上有较大的灵活性，刘晶波根据互动行为的两个主体——教师与幼儿在行为中所展示出的角色认知倾向将师幼互动模式分为倾斜模式和平行模式两种。[④]姜勇和庞丽娟在已有师生交往类型的基础上通过大量的观察，从师生交往的目的、内容、情感、宽容性、教师的发现意识和交往方式这6个方面构建了师幼关系的类型指标，主要

[①] 刘晶波. 师幼互动行为研究——我在幼儿园看到了什么[M]. 南京：南京师范大学出版社，2006：29.
[②] 王婉纯. 亲子关系、师幼关系与幼儿攻击行为的相关研究[D]. 黄石：湖北师范大学，2017：11.
[③] Howes C, Hamilton C.E, Matheson C.C. Childrens relationship with peers: Differential associations with aspects of the teacher-child relationship[J]. Child Development,1994,65(1):253-263.
[④] 刘晶波. 师幼互动行为研究[M]. 南京：南京师范大学出版社，2003：227-229.

分为：严厉型、民主型、开放学习型、灌输型4种。[①] 冯婉桢等人依据亲密与冲突两个维度对北京市11所幼儿园125名教师的师幼关系进行评价，提出可以将师幼关系归为亲密型、矛盾型、疏离型与冲突型4种类型。[②]

考虑到幼儿深度学习的特点，并参考已有的分类方法，本研究将深度学习过程中的师幼关系分为积极的师幼关系和消极的师幼关系两种类型。积极的师幼关系是指在活动过程中，教师与幼儿关系亲密，幼儿愿意配合教师，听从教师的引导，并积极提出自己的想法，教师积极支持幼儿的实践；消极的师幼关系是指在深度学习过程中，幼儿不敢和教师互动或者反抗教师，游离于活动之外，教师不关心幼儿的状态或者强迫幼儿做不喜欢的事。在深度学习活动中，师幼关系多为积极型，这种类型的师幼关系利于幼儿保持积极的学习态度，能让幼儿在活动中获得心理上的安全感，在解决问题的过程中大胆地想象和创造。

师幼关系是幼儿教育中最根本、最主要的人际关系，在师幼互动过程中，教师给予幼儿积极的情感关怀具有重要价值，[③] 良好的师幼关系是保证幼儿园活动顺利进行的必要前提，对促进幼儿的各方面发展具有重要作用。师幼关系对幼儿发展的影响主要体现在以下两个方面：

一是师幼关系对幼儿社会性发展的影响。师幼关系作为发生在幼儿园背景下的一种特定的人际关系，不仅对幼儿在幼儿园中的适应行为具有重要影响，而且对其以后的学校适应行为和社会适应行为都有重要影响。[④] 积极的师幼关系会促进幼儿的良好适应行为，处于积极的师幼关系中的幼儿，在学校适应与社交交往等方面都表现出比较高的水平。积极的师幼关系还能缓解和改善幼儿的适应不良行为，有研究发现，通过改善幼儿与教师之间的关系，幼儿的问题行为也会得到减少。[⑤] 师幼关系的良好发展作为幼儿发展的前提条件，能够为幼儿提供良好的心理

[①] 姜勇，庞丽娟.幼儿园师生交往类型的研究[J].心理科学，2004（5）：1120-1123.
[②] 冯婉桢，蒋杭柯，洪潇楠.师幼关系类型及其影响因素分析[J].学前教育研究，2018（9）：50-60.
[③] 姚秀娟.人本主义视角下师幼互动中的情感关怀[J].教育观察，2019，8（9）：31-34.
[④] 张晓，陈会昌.儿童早期师生关系的研究概述[J].心理发展与教育，2006（2）：120-124.
[⑤] Pianta R. C, Steinberg M.Teacher-child relationships and the process of adjusting to school[J].New Directions for Child Development,1992(57):61-80.

环境，[①]有助于促进幼儿自我意识及社会情感的发展，满足幼儿的心理需要以及养成良好的个性品质。而消极的师幼关系则会影响幼儿的情绪发展，冲突性的师幼关系与幼儿的厌学情绪与逃学行为正相关，与幼儿对幼儿园的喜爱负相关。[②]国内外关于师幼关系价值的研究成果表明，良好的师幼关系有利于培养幼儿良好的社会性品质，对幼儿健全人格的发展有着不可估量的影响。

二是师幼关系对幼儿认知能力发展的影响。良好的师幼关系能够对幼儿在学习过程中的学习动机和学习品质等方面产生积极影响，从而提高幼儿的认知能力。有研究发现，与教师有高质量情感互动的幼儿的自我认知水平更高。[③]弗雷尔和斯金纳的研究提出，在良好的师生关系中，学生能在活动中增强他们的学习动机，还可以展现他们对活动的主动性。[④]巴勒莫等人发现良好的师幼关系能够预测良好的学业准备，[⑤]哈姆雷等人对179名儿童从幼儿园追踪至中学八年级发现，师幼关系能够有效地预测其从小学一年级至中学八年级的在校表现、标准考试得分、学习习惯和遵守纪律等情况。[⑥]师幼互动质量还与学习品质显著相关，高质量的师幼互动可以有效促进幼儿养成优秀的学习品质，[⑦]从而促进幼儿认知的发展。

在深度学习活动中，师幼关系是非常重要的影响因素。在积极的师幼关系中，幼儿信任教师且能在心理上产生安全感，敢于在活动中大胆提出自己的想法并付诸实施，为活动的开展提供无限可能，使活动过程处处迸发出思维的火花。

[①] 刘娟娟.建立新型的师幼关系营造良好的心理环境[J].教育导刊·幼儿教育，2006（7）：40-41.

[②] Birch S. H, Ladd G. W.The teacher children relationship and children's early school adjustment[J]. Journal of School Psychology, 1997, 35(1):61-79.

[③] Colwell M, Lindsey E.Teacher-child interactions and preschool children's perceptions of self and peers[J].Earlychild Development and Care, 2003, 173 (2/3):249-258.

[④] Furrer C, Skinner E. Sense of relatedness as a factor in children's academic engagement and performance[J].Journal of Educational Psychology, 2003,95(1):148-162.

[⑤] Palermo F, Hanish L.D, Martin C.L, et al. Preschoolers' academic readiness: what role does the teacher-child relationship play?[J].Early Childhood Research Quarterly,2007,22(4):407-422.

[⑥] Hamre B.K, Planta R.C.Early teacher-child relationships and the trajectory of children's school outcomes through eighth grade[J].Child Development, 2010,72(2):625-638.

[⑦] 张晓梅.师幼互动质量对学前儿童学习品质的影响及其教育促进[D].长春：东北师范大学，2016：64.

（2）师幼关系影响幼儿深度学习的案例分析

案例 4-18

在"神奇的纸浆花盆"课题活动中，不同小组的幼儿利用不同的材质制作纸浆。良好的师幼关系使幼儿在活动过程中拥有自信心和安全感，产生了愉快的学习体验，幼儿在活动过程中也多次表达出对教师和深度学习活动的喜爱，并且愿意积极地和教师以及同伴进行互动。教师鼓励幼儿大胆探索，营造了一个轻松但又不失深度的活动氛围，幼儿在活动中不仅提高了认知水平和动手能力，还获得了良好的情感体验。

为了支持幼儿的计划，帮助幼儿做出更完美的纸浆，教师为他们准备了丰富的工具——电动榨汁机、筛网、蒜锤和铁质小锤子等。

餐巾纸组：

这组幼儿看到教师带来的榨汁机后特别兴奋。

茗沅："老师，这个榨汁机我家也有！你从哪儿拿来的呀？"

（教师："我把自己家里的榨汁机拿出来，'奉献'给你们了。"）

茗沅愣了一下，然后，高兴地搂着教师的脖子亲了一下："老师你可太好了！"

皱纹纸组：

这组幼儿的操作很简单，他们打算把皱纹纸撕碎后进行再加工。

雨霏："咱们再把纸撕得小一点儿吧。"

接着，幼儿开始一起动手撕皱纹纸。

烜桐开心地边"加工"边问教师："真是热火朝天呀，是不是啊，老师？"

（教师竖起了大拇指说："你们能通过自己动手动脑去解决问题，老师真为你们开心！"）

接下来，悦迪负责倒水，幼儿们一起用手把纸揉碎，制作出了纸浆。

彩纸组：

幼儿原来的计划中需要两个榨汁机制作纸浆，所以他们在看到只有一个榨汁机时，有一点儿失望。

怀瑾："老师，我画的是两个榨汁机，为什么你只带了一个呢？"

（教师："你先用这一个榨汁机试试看，要是觉得不行的话，老师再拿一个给你好不好？"）

幼儿决定听从教师的建议，先尝试用教师带来的这个榨汁机进行搅拌。

怀瑾："这也太快了吧，一个榨汁机就可以了。老师你带来的这个榨汁机可真好用，我可太喜欢你啦！"

【吉林省长春市朝阳区教师幼儿园 中三班 秦彤彤 "神奇的纸浆花盆"课题活动】

在深度学习活动中，积极的师幼关系使幼儿乐于接受教师的指导，能够在教师的指导下积极地解决问题，全身心地融入活动过程中。通过案例可以看出，幼儿在活动过程中多次表达出喜欢老师的情感，说明师幼之间存在着积极的关系。积极的师幼关系有利于幼儿保持良好的学习态度，能让幼儿在活动中获得心理上的安全感，大胆地提出自己的想法并付诸实践，有利于解决活动过程中的问题，提高幼儿的社会交往能力。在积极的师幼关系中，幼儿和教师产生了良好的互动，教师通过肯定他们的想法、鼓励他们的行动等做法使幼儿在活动过程中获得了积极的情感体验，师幼关系十分融洽。在这种安全舒适的心理环境中，幼儿与同伴之间的交往水平也得到了提高。同时，积极的师幼关系使幼儿在制作纸浆的过程中处于一个非常兴奋的状态，表现出强烈的学习动机和积极主动、认真专注的学习品质，促进了幼儿认知能力的发展。积极的师幼关系对幼儿深度学习的过程产生了良好的促进作用，有利于深度学习活动的顺利开展；反之，消极的师幼关系则不利于幼儿在活动中产生积极表现，对幼儿的深度学习活动造成不利影响。

2. 教师支持

幼儿虽然是深度学习活动的主体，但是由于自身成熟程度和能力的限制，他们在解决问题时会遇到很多困难，需要教师的引导与支持。教师的支持对于幼儿深度学习具有重要影响。

（1）教师支持影响幼儿深度学习的理论分析

在复杂情境中教师的干预催化了学习，深度学习的实现需要充分发挥教师的引导作用。[1]虽然我们倡导在活动中发挥幼儿的主体性，但是幼儿的身心发展特点和深度学习的特性决定了教师支持必不可少。活动主题的选择、活动计划的制订、活动的具体实施等环节都离不开教师的支持，只有教师提供了合适的支持，幼儿才能顺利地开展深度学习活动并通过活动提高各方面的能力。

---

[1] Meyer K.A, Mcneal L.How online faculty improve student learning productivity [J]. Journal of Asynchronous Learning Networks,2011,15(3):37-53.

教师支持是学习活动中至关重要的因素，亚瑟和卡普兰等人认为教师支持行为有三个维度：教师直接帮助、提供机会及允许、尊重学生的行为与想法。[①]刘云艳、张大均和伏荣超等把教师支持行为划分为情感、材料和策略支持，但是他们在支持行为具体表现的解释上略有不同。刘云艳和张大均从具体的活动出发对其进行解释，其中情感支持指对幼儿的具体行为给予肯定、鼓励与宽容；材料支持指当幼儿遇到困难或停止活动时，教师为引起幼儿的好奇，鼓励幼儿进一步解决问题而投放一些矛盾性材料；策略支持指教师引导幼儿观察、提问、找规律等。[②]伏荣超等对教师支持行为的具体表现进行了概括性的解释，即教师通过为学生设计合理的学习活动，提供恰当的学习策略、利用资源以及矛盾性材料的投放，帮助学生在学习过程中拥有积极的心理氛围。[③]在幼儿的深度学习活动中，教师的支持也存在多种方式。幼儿深度学习活动中的教师支持是指教师为幼儿提供保证活动顺利进行的情感支持、材料支持和策略支持等行为。比较特别的一点是，幼儿深度学习活动中教师的策略支持主要是通过有效提问的方式引导幼儿自己思考解决问题的方法，而非直接告诉他们该怎样做。教师的有效提问是以锻炼学生的思考能力为中心的、能够利用学生的回答进行追问的、有顺序的、能够为学生留出足够的候答时间的提问[④]，这样的支持方式既能尊重幼儿的主体性，又能为其解决问题提供充分的支持。因此，具体来说，幼儿深度学习活动中的教师支持包括情感支持、材料支持和设问支持三种。

教师支持对学生的学习有着重要的影响，主要体现在学习动机、学习品质和学习效果三个方面，具体如下：

一是教师支持对学习动机的影响。研究表明，学生感受到教师对他们的支持越多，则会表现出越强的内部学习动机。具体表现为：他们在完成任务时更有自主性和胜任感，在解决问题时表现出更大的意愿性和自信心，在学习过程中展现出

[①] Avi Assor, Haya Kaplan, Guy Roth. Choice is good, but relevance isexcellent:Autonomy-enhancing and suppressing teacher behaviors predictingstudents' engagement in schoolwork[J]. British Journal of Educational Psychology, 2002,72(Pt 2):261-278.

[②] 刘云艳,张大均.5岁儿童探究行为与教师态度关系的实验研究[J].心理发展与教育,2005(3):94-98.

[③] 伏荣超,郭超强.发挥教师支持作用,提升学生自学素质[J].江苏教育研究,2012（1）：57-61.

[④] 丹东尼奥,等.课堂提问的艺术：发展教师的有效提问技能[M].宋玲,译.北京：中国轻工业出版社,2006：44.

更高的热情。而当教师支持的程度较低，或者倾向于控制时，学生的表现则相反。[①]格罗尔尼克和里安的研究表明，当学生能够感受到教师给予他们的较高程度的支持时，他们会在活动中表现出更强的学习兴趣、学习动机和自我效能感。[②]霍尔盖尔和埃利纳等人的研究也指出，教师支持影响着学生的认知能力和行为动向，还能使其在活动中表现出较高的热情，同时还对其表现力以及竞争力的发展有着积极影响，从而取得良好的教学效果。[③][④]还有研究发现，教师支持、内部动机与学习胜任感三者之间正相关，即如果教师的支持程度较高，则学生的内部动机和学习胜任感也高；反之，其内部动机和学习胜任感则较低。[⑤]在学前领域，良好的教师支持能够激发幼儿强烈的学习动机。[⑥]国内外学者不论是从正向还是反向都证明了教师对学生的支持能够激发学生的内部动机，对学生的学习热情和完成任务的情况有积极影响。在深度学习活动中，良好的教师支持同样也能有效地激发幼儿的学习动机，使幼儿保持学习热情和学习兴趣，从而在活动中有更积极的表现。

二是教师支持对学习品质的影响。有研究发现，如果教师能在课堂上对学生做到民主平等，经常采用一些高效的教学模式，则有利于学生在学习上形成主动参与、积极思考等良好的学习习惯。[⑦]教师支持对幼儿的学习品质有着不可忽视的影响，良好的教师支持有利于培养幼儿优秀的学习品质，促进活动的顺利进行和幼儿发展。[⑧]幼儿在深度学习活动中表现出的良好学习品质和教师支持是紧密相关

---

① Deci E.L, Schwartz A.J, Sheinman L, et al.An instrument to assess adults orientations toward control versus autonomy with children:reflections on intrinsic motivation and perceived competence[J].Journal of Educational Psychology,1981,73(5):642-650.
② Grolnick W. S, Ryan R. M.Parent styles associated with children's self-regulation and competence in school.[J]Journal of Educational Psychology,1989,81(2):143-154.
③ Hallgeir Halvari. Autonomy Support and its Links to Physical Activity and Competitive Performance: Mediations Through Motivation, Competence, Action Orientation and Harmonious Passion, and the Moderator Role of Autonomy Support by Perceived Competence[J].Scandinavian Journal of Educational Research,2009,53(6):533-555.
④ Eline Sierens, Maarten Vansteenkiste, Luc Goossens, Bart Soenens, Filip Dochy. The synergistic relationship of perceived autonomy support and structure in the prediction of self-regulated learning[J]. British Journal of Educational Psychology,2009(79):57-68.
⑤ 刘惠军，李洋，朱丽雯，李俊茹.教师的自主支持与学生内部动机和胜任感的关系 [J]. 河北大学学报（哲学社会科学版），2006（2）：26-30.
⑥ 裴瑶瑶.幼儿学习动机的影响因素与激发策略 [J]. 内蒙古教育，2018（2）：32-33.
⑦ 刘坤望.高中生积极学习心理品质的形成 [J]. 教育，2015（4）：6-9.
⑧ 程清清.教师支持行为对幼儿学习品质影响的实验研究 [D]. 沈阳：沈阳师范大学，2017：26.

的。良好的教师支持能够促使幼儿表现出积极主动、认真专注、不怕困难、敢于探究和尝试，以及乐于想象和创造的优秀学习品质，促进深度学习活动中问题的解决及幼儿自身的发展。

三是教师支持对学习效果的影响。凡斯提米科斯特等人通过实验得出，教师支持能增加学生主动学习的倾向，并能使学生取得更好的成绩，且排除内在或外在的目标对学习成绩的影响之后，教师支持仍具有作用。[1]发挥教师的支持作用，可以提高学生的学习素质，影响学习活动的开展与学生学习的效率。[2]在学前领域，教师支持对幼儿的探索性行为有着直接的影响。[3]有研究发现，在美术区域活动中，教师对幼儿的支持不足会对幼儿的美术能力产生一定的负面影响，[4]教师在歌唱活动中的支持行为对于激发幼儿歌唱的本能、提高幼儿学习歌唱的动机和促进幼儿歌唱能力的发展有着至关重要的作用。[5]在幼儿深度学习活动中，教师支持对幼儿的学习效果也有重要影响，高质量的教师支持能有效提高幼儿解决问题的速度和水平，从而使幼儿获得更好的学习效果，提高其认知水平、操作技能和社会性水平。

通过对已有研究的分析可知，教师支持是学习活动中极其重要的因素。在深度学习活动中，教师支持渗透在整个活动过程中，不断帮助幼儿解决问题，保障活动的顺利进行。在具体的案例中，教师支持也随处可见，教师通过情感支持、材料支持、提问支持这三类支持影响幼儿的学习动机、学习品质和学习效果，从而对幼儿的深度学习产生重要影响。

（2）教师支持影响幼儿深度学习的案例分析

一是情感支持。在深度学习活动过程中，教师为幼儿提供了一个允许他们充分思考和探索的环境，教师不断鼓励幼儿大胆思考并把想法付诸实践，当幼儿之

---

[1] Vansteenkiste M, Simons J, Lens W, et al. Motivating learning, performance, and persistence: The synergistic effects of intrinsic goal contents and autonomy-supportive contexts[J].Journal of Personality and Social Psychology, 2004, 87(2):240-260.
[2] 伏荣超，郭超强.发挥教师支持作用，提升学生自学素质[J].江苏教育研究，2012（1）：57-61.
[3] 刘云艳，张大均.5岁儿童探究行为与教师态度关系的实验研究[J].心理发展与教育，2005（3）：94-98.
[4] 胡玥.幼儿园美术区域活动中教师支持的研究[D].南京：南京师范大学，2013：91.
[5] 宁爱华.幼儿歌唱教学活动中教师自主支持行为的研究[D].长沙：湖南师范大学，2014：26-59.

二、影响幼儿深度学习的客观因素

间出现冲突，且仅靠幼儿自己无法解决冲突时，教师通过及时干预，为幼儿提供情感支持，使每个幼儿都能够积极地参与深度学习活动。

案例 4-19

在"晾画架"课题活动中，为了使活动顺利进行，需要在小组内选出一个组长来协调分配每个组员的任务，带领小组成员制作架子的底座。但是在选谁当组长这个问题上，幼儿产生了较大的争议。幼儿昂昂在这个过程中甚至提出了要退出活动，教师通过提供宽容、接纳和鼓励等情感支持，使昂昂愿意继续参加活动，也帮助幼儿顺利选出了组长，保证了活动的开展。幼儿在这个过程中得到了情感与社会性方面的发展。

出现了选组长的争议之后，乐乐根据之前选组长的经历，主动提出通过投票的方式选组长。

（教师：谁来当组长呢？你们自己来决定吧，老师相信你们的选择。）

乐乐：上次大家不是选我当组长了吗？这次也都同意吧。

昂昂：总是你当组长，我们一次都没当过。

（教师：那咱们需要重新投票吗？）

孩子们都同意重新投票选组长。

乐乐：谁选我就站在我这边，选昂昂的就站在他那边。

结果只有一个幼儿站在了昂昂那边。

（教师：投票结果很明显，那就是乐乐来当组长。）

昂昂：我不同意，我还没当过组长呢。

乐乐：可是投票选出来的是我，就应该我来当组长。

昂昂：我不当组长的话那我就不参加了。

可心：那他不参加，咱们做吧。

（教师：可是昂昂不参加行吗？）

好多幼儿都说不行，这时昂昂已经躲在盥洗室里，强忍着不让眼泪掉下来，并且倔强地不肯出来。乐乐为了大家能一起参加活动，主动做出妥协，去跟昂昂说一人当一天组长，今天自己先当组长，明天昂昂当组长，结果昂昂还是说不参加活动。

乐乐再次让步，乐乐：昂昂，那就让你先当。

昂昂：我不当组长！我不想和你们玩了！

（教师：昂昂你为什么不同意这个方案呢？大家都很需要你，希望你能一起参加,而且乐乐已经让你先做组长了。)

昂昂从盥洗室走出来,坐在角落里,眼睛红红的,语气坚定地说:我不当!我也不参加!

这时午饭时间到了,活动暂时中断,幼儿们开始吃饭了。

洗手间传来"哇"地大哭声,原来浩浩因为昂昂的退出而难过,昂昂终于控制不住自己的眼泪,哭了起来。

(教师安抚浩浩和昂昂的情绪。)

乐乐:昂昂,今天你先当组长吧。

昂昂没有说话,也没有回应。

乐乐:那你以后天天都当吧。

昂昂仍然没有说话,也没有回应。

(在这期间,老师利用各种机会安抚昂昂,告诉昂昂小朋友们对他的需要,和老师对他的认可。)

昂昂在教师的安抚下情绪逐渐稳定,最后同意轮流当组长,活动继续进行。
【吉林省中共长春市委机关幼儿园 大三班 连卉婷 柴文明"晾画架"课题活动】

在这个案例中,教师为幼儿提供了良好的情感支持。教师不仅为幼儿创造了一个愉快的探索氛围,使幼儿能够在活动中自由地表达自己的想法,解决活动中的问题,而且在幼儿发生同伴冲突时安抚幼儿情绪,帮助幼儿解决了同伴冲突,使活动能够继续进行。

在这次由于选组长引起的同伴冲突中,虽然一开始幼儿昂昂非常不配合大家,拒绝解决同伴冲突,并提出要退出活动。但是教师并没有扔下昂昂不管,而是不断安抚昂昂的情绪,最终使倔强的昂昂继续愉快地参与活动,帮助幼儿顺利解决了选组长的问题,使活动得以继续开展。教师通过提供情感支持,宽容和鼓励幼儿,不仅解决了幼儿之间的矛盾,而且提高了幼儿的社会交往能力,比如幼儿乐乐学会了在必要时做出让步,其他幼儿也学会了如何接纳同伴。可见,教师提供的情感支持影响着幼儿的深度学习。

二是材料支持。在"风筝"这一活动中,经过两次风筝试飞的失败后,幼儿都非常沮丧,教师则根据需要,提供了改进风筝的关键材料——三角稳定器。在这一材料的支持下,幼儿经过讨论与动手操作,最终成功制作出了能够顺利飞起来的风筝。

案例 4-20

在"风筝"课题活动中，幼儿在第一次制作完成后进行了试飞，但是试飞效果不理想，风筝很难飞起来。经过观察与讨论后，幼儿对风筝骨架和筝面的制作材料进行了改良，然后再次拿着自己做的风筝去试飞。但是，经过改良的风筝还是很快栽到了地上，这让满怀期待的幼儿有些泄气。在这种情况下，教师为幼儿提供了及时的鼓励和必要的材料支持，带领幼儿再次对风筝进行改进，最终取得了成功。

第二次试飞失败之后幼儿有些泄气，教师和幼儿一起讨论。

佳玉：我们又失败了。

（教师：是啊，做风筝没有那么简单，你们还想继续做吗？）

禹婷：不能放弃，换别的方法肯定能成功。

宏宇：失败是成功之母。科学家不是失败好多次才能成功吗？

（教师：太好了，孩子们，老师支持你们像科学家一样继续做下去。）

为了帮助幼儿制作出满意的风筝，教师邀请风筝爱好者孙爷爷来幼儿园，为幼儿答疑解惑。孙爷爷给幼儿讲解了制作风筝的要领，建议幼儿把风筝面剪得大一些。孙爷爷还提示幼儿仔细观察风筝的三角形稳定器，这里面藏着风筝起飞的秘密。

听了孙爷爷的建议，教师采购了风筝的三角形稳定器，方便幼儿参照着改进自己做的三角形稳定器，为幼儿进一步改进风筝提供了有力的材料支持。教师把买的三角形稳定器带到班级后，幼儿迫不及待地研究起来，把他们制作的三角形稳定器和买来的三角形稳定器进行了对比，讨论需要改进的地方。

俊麟：这两个三角形，一个高一个矮。

（教师：怎么看出高和矮呢？）

佳玉：买来的三角形是扁的，比较矮，做的三角形是尖的，更高一些。

禹婷：这个扁的三角形的角更大。

（教师：除了这些地方还有其他区别吗？）

弈然：咱们做的三角形的三条边一样长。

美琪：但是买来的三角形稳定器有的边长一些，有的边短一些。

教师：哪个边长，哪个边短呢？

美琪：上面的边短，下面的边长。

经过小组谈论和教师指导之后，幼儿开始第三次改进风筝。幼儿将问题聚焦在稳定器角度和边长的改进上，对三角形稳定器进行了调整。风筝制作完成后，幼儿对风筝进行了装饰，然后拿到小广场进行第三次试飞。幼儿亲手制作的风筝终于成功地飞上了蓝天，他们兴奋地跳起来欢呼，抱住老师大喊"我们的努力总算没有白费"，每一个幼儿的脸上洋溢着成功的喜悦。

【吉林省长春市人民政府机关第一幼儿园 大一班 刘琦 樊俊杰 "风筝"课题活动】

根据已有研究结论，良好的教师支持能够激发幼儿的学习动机，提高幼儿的动机水平。从上文的这个活动过程可以看出，在幼儿面临了两次风筝试飞的失败之后，教师提供的三角形稳定器这一材料支持再次激发了幼儿的学习热情，提高了幼儿的学习动机水平。幼儿积极地观察、对比教师购买的三角形稳定器和他们制作的三角形稳定器之间的区别，根据讨论的结果改进他们制作的风筝，表现出了积极主动、不怕困难与敢于探究和尝试等良好的学习品质。在这个过程中，幼儿的认知能力和动手操作技能得到了提高，获得了良好的学习效果。最终，幼儿成功地解决了活动中遇到的问题，制作出了能够飞起来的风筝。由此可见，教师的材料支持对幼儿的深度学习过程产生了重要的影响。

三是提问支持。在"大泡泡机"这一活动中，泡泡机的架子搭建好后，幼儿在架子中间悬挂了呼啦圈。在呼啦圈蘸取泡泡水之后，需要水平拉起呼啦圈才能吹出大泡泡。但是在拉动呼啦圈这一环节，幼儿遇到了困难。教师通过提问支持引导幼儿解决了这一问题。

案例4-21

（教师：你发现了什么问题？）

七宝：呼啦圈不是平着的。

（教师：你们系了几根绳子？）

阳阳：两根。

（教师：系在了哪里？）

苹果：系在两边，但是后来绳子动了，不在两边了。

（教师：绳子为什么会动呢？）

冰冰：没系住。

可心：绳子太少了。

阳阳：绳子太粗了，我系不上。

（教师：有道理，因为绳子太粗了、太少了，绳子没系住。那我们要怎么解决这些问题？）

七宝：换成细绳子。

可心：多系几根绳子。

荣成：把绳子固定住。

冰冰：把绳子粘上。

（教师：你们的主意不错，我们一起试一试吧！）

然后幼儿进行了系呼啦圈的第二次尝试，这次幼儿换了细一些的麻绳，在呼啦圈上系了4根绳子，系好后又贴了胶带。幼儿再次将呼啦圈从顶部放进去，但是绳子还是一下子就乱了。

森森：绳子都乱了，怎么把呼啦圈拉上去？

（教师见幼儿没了思路，启发道：你们周一时见过升国旗吗？）

幼儿：见过。

（教师：旗子是怎么升上去的？）

苹果：拉绳子就升上去了！

荣成：对，我升过旗，是一直拉一根绳子。

（教师：如果呼啦圈就是旗，我们怎么把它升上来？）

七宝恍然大悟：拉绳子。

七宝在原地拉了起来，发现拉动外面的绳子可以让呼啦圈移动。

（教师：我们有几根绳子，需要几名小朋友？）

乔乔：有4根绳子，需要4个小朋友。

（教师：那每个人分别拉哪一根绳子呢？）

苹果：拉自己的那根绳子！

（教师：你怎么知道哪根是自己的？）

苹果：冲着我的那根！

乔乔一边指着冲着自己的绳子一边说：对，这就是我的绳子。

（教师辅助幼儿整理了绳子，一起尝试拉动呼啦圈吹泡泡。）

经历了几次失败后，在幼儿相互配合下，终于找到了拉动呼啦圈的正确方法。

乔乔：我们要同时跑，才能平平地把呼啦圈拉起来。

七宝：我来喊1、2、3，我们一起向后跑。

小苹果：跑得越快，泡泡越高！

最后幼儿成功地用他们制作的泡泡机吹出了泡泡。

【吉林省金太阳教育集团 大一班 刘阳阳 刘杰 "大泡泡机"课题活动】

通过案例可以看出，当幼儿遇到无法解决的问题时，教师并未直接告诉幼儿如何固定和拉动呼啦圈，而是通过多次提问引导幼儿找出问题，并思考问题背后的原因，使活动更深入地开展下去。在教师的提问支持下，幼儿始终保持着高涨的学习热情，积极参与到问题解决中。在这个过程中，幼儿不仅被激发了强烈的学习动机，成功地解决了如何固定和拉动呼啦圈的问题，制作出了泡泡机，还发展了不怕困难与敢于探究和尝试的优秀学习品质。教师的提问支持也体现了在深度学习活动中对幼儿主体地位的尊重，以及教师发挥主导作用，提供正确支持的重要性。由此可见，教师支持对幼儿的深度学习产生了重要影响。

综上，良好的教师支持对幼儿深度学习有着重要的作用。深度学习活动中的三种教师支持，即情感支持、材料支持和提问支持对幼儿活动中的学习动机、学习品质和学习效果均有重要影响。

（二）同伴

幼儿深度学习活动以小组形式开展，因此同伴互动是深度学习活动中非常重要的内容。同伴互动是指同伴之间运用语言符号和非语言符号交换意见、传达思想、表达情感和需要的交流过程。[1] 已有研究证明，同伴互动对儿童发展有非常大的影响，同伴互动对幼儿的影响分为积极影响和消极影响两个方面。积极影响在于同伴互动可以促进幼儿认知、情感和社会性的发展，但是不良的同伴关系和质量低下的同伴互动过程则会对幼儿情感和社会性等方面的发展产生不利的影响。[2] 可见，同伴互动的类型与质量对幼儿的发展具有重要的影响。在幼儿的深度学习活动中，同伴对幼儿的学习动机和学习效果等也有着极其重要的影响，活动中的同伴合作水平和同伴冲突情况影响活动的走向和进程。

1. 同伴合作

幼儿园和学校是儿童接受正规教育的场所，儿童在这样的教育环境中受到师

---

[1] 朱智贤. 心理学大辞典 [M]. 北京：北京师范大学出版社，1989：316.
[2] 张文新. 儿童社会性发展 [M]. 北京：北京师范大学出版社，1999：46-53.

生关系、同伴关系、教育质量等方面的影响。[①] 有研究提出。同伴学习[②]、同伴评价和同伴反馈能促进幼儿的深度学习,提高学习结果的质量。[③]

在深度学习活动中,良好的同伴合作是必不可少的,小组合作是幼儿深度学习活动中的一个重要特征,幼儿通过与同伴的合作学习,共同制订解决问题的计划,然后动手操作去实施计划,在同伴合作中解决深度学习活动中的问题,实现个体认知水平、操作技能和情感与社会性的发展。

(1) 同伴合作影响幼儿深度学习的理论分析

《心理学大辞典》中指出,"合作"是为了共同的目标而由两个以上的个体共同完成某一行为,是个体间协调作用的最高水平的行为。[④] 虽然已有的许多研究对合作的定义不尽相同,但可以确定的是合作的3个方面要求分别为:合作的主体必须是两方或两方以上,合作必须有共同的目标或愿景以及合作的主体之间是有分工协作的。

很多研究者提出了关于幼儿同伴合作的定义,曹中平把幼儿同伴合作行为界定为两个或两个以上幼儿采取共同行动以期达到统一目标的协作过程。[⑤] 冯晓霞和毛允燕认为合作行为主要表现在幼儿如何解决问题的行为倾向上,如协商与分工、讨论与合作、互助与共享等。[⑥] 吕荣丽提出幼儿合作是把幼儿分成几个小组,组内同伴共同学习,共同游戏,完成共同目标的行为模式。[⑦] 总而言之,幼儿深度学习活动中的同伴合作是指两个及两个以上幼儿为了解决活动中遇到的问题,完成活动目标,而进行分工协作、共同努力的过程。

[①] 蔡欣欣.大班幼儿学习品质评估工具的编制与初步试用[D].西安:陕西师范大学,2015:7.
[②] Kuo Y.C, Walker A.E, Schroder K.E.E, Belland B.R. Interaction ,internet self-efficacy, and self-regulated learning as predictors of student satisfaction in online education courses[J]. The Internet and Higher Education, 2014(20):35-50.
[③] Gijbels D, Codtjens L, Vanthournout G, Struyf E, Van Petegem P. Changing students' approaches to learning: a two-year study within a university teacher training course[J]. Educational Studies,2009,35(5): 503-513.
[④] 朱智贤.心理学大辞典[M].北京:北京师范大学出版社,1989:265.
[⑤] 曹中平.中班幼儿角色游戏中合作能力发展的初步观察研究[J].学前教育研究,1994(2):43-46.
[⑥] 冯晓霞,毛允燕.合作研究——幼儿学习的重要途径(上)[J].学前教育,2000(6):4-6.
[⑦] 吕荣丽.培养幼儿合作技能的体会[J].贵州教育,2002(12):22.

不同研究者按照不同的依据对同伴合作的类型进行了划分，曹中平按照幼儿的合作水平由低到高将他们的合作划分成4类，其中，意向性合作、自发性协同这两类的同伴合作水平较低，适应性协同和组织化协作这两类的同伴合作水平较高。[1] 王晓娟的研究中出现了4种划分方法：第一种是按合作的主题划分的，分别为由人导向的合作和由物导向的合作；第二种是以合作策略为依据划分的，分别为"单向—控制型"合作和"双向—分享型"合作，命令指挥、威胁、主动搭讪、请求、利诱属于"单向—控制型"合作策略，解释说明、协商、分工协作属于"双向—分享型"合作策略；第三种是以合作目标是否明确和组织是否合理为依据划分的，分别为水平层次较低的意向型合作，水平层次中等的目标型合作和水平层次较高的组织化合作；第四种是以合作目标的完成程度为依据划分的，合作目标完成的是结果型合作，未达成合作目标的称为过程型合作。[2] 喻小琴将同伴合作按照合作发起的方式划分为两类，一类是由教师组织的合作，另一类是由幼儿发起或自发参与的合作。[3] 刘金梁将儿童的合作行为分为三个类型，即主动型、中间型和被动型，其中，儿童的主动型合作行为最多，中间型次之，被动型最少。[4]

同伴合作可以帮助幼儿在深度学习中建立良好的同伴关系，得到更好的能力提升，取得更佳的学习结果。罗戈夫（Rogoff）等人在研究中注意到，结对合作完成任务的儿童比独立操作的儿童学习效果更优良，[5] 马尼恩（Manion）和亚历山大（Alexander）利用一项合作回忆任务，考察了同伴合作在认知策略的有效运用及策略运用的元认知等方面所带来的益处。[6] 同伴合作学习的价值还体现在能够满足幼儿主体性发展的需要，帮助幼儿建立良好的同伴关系等方面。[7] 因此，同伴合作对幼儿的深度学习活动有着非常重要的作用。

---

[1] 曹中平. 中班幼儿角色游戏中合作能力发展的初步观察研究 [J]. 学前教育研究，1994（2）：43-46.

[2] 王晓娟. 幼儿同伴合作行为的类型研究 [D]. 长春：东北师范大学，2006：12-33.

[3] 喻小琴. 幼儿同伴合作行为研究 [D]. 西安：陕西师范大学，2007：28-34.

[4] 刘金梁. 3~6岁儿童气质对合作行为的影响 [D]. 呼和浩特：内蒙古师范大学，2008：29.

[5] Rogoff B. Apprenticeship in thinking: Cognitive development in social context[M]. Oxford: Oxford University Press, 1990:145-176.

[6] Victoria Manion, Joyce M. Alexander. The Benefits of Peer Collaboration on Strategy Use, Metacognitive Causal Attribution, and Recall[J]. Journal of Experimental Child Psychology, 1997, 67(2):268-289.

[7] 张明红. 幼儿园课程中的小组学习活动与同伴合作 [J]. 幼儿教育·教育科学，2006（4）：31-35.

在深度学习活动中，幼儿的同伴合作主要是指小组合作，幼儿通过自由选择或者教师协助分为不同的小组，以小组合作的形式解决问题，开展深度学习活动。在小组合作过程中，幼儿齐心协力为一个目标努力，经过分析与讨论、猜想与假设、实验与验证等环节进行问题解决，同伴之间通过模仿、激励、互助等行为开展合作，实现深度学习。具体而言，幼儿在深度学习活动中的同伴合作除了互相帮忙拿取制作材料等简单行为之外，还表现为同伴在活动中互相提供策略支持和情感支持。策略支持主要来自两个方面：一是幼儿通过模仿同伴去解决问题；二是幼儿直接给出行之有效的解决方案去协助同伴解决问题。除了策略支持以外，幼儿还为同伴提供了情感上的鼓励与支持。在活动过程中，幼儿通过言语或肢体上的鼓励和肯定等方式使同伴获得心理上的满足感，从而更加投入地参与活动，努力解决活动中的问题，最终取得了良好的学习效果。

由此可见，幼儿同伴合作是促进幼儿深度学习的重要因素，同伴合作的效果直接影响着深度学习活动的结果。

（2）同伴合作影响幼儿深度学习的案例分析

在幼儿的深度学习活动中，同伴合作是非常典型的特点。同伴合作可以帮助幼儿在深度学习活动中建立良好的同伴关系，能力得到更好的提升，取得更佳的学习结果。同伴之间通过提供策略支持和情感支持进行合作，同伴合作是影响幼儿深度学习的一个重要因素。

①策略支持

在下文呈现的"热水保温"这一课题活动的片段中，幼儿通过小组内的同伴合作，共同制作热水保温瓶，同伴之间通过互相提供策略支持，共同思考解决问题的方法，为制作保温瓶提出不同的方案，最后总结出了一个最佳方案并付诸实施。由于幼儿个体水平的限制，在制作过程中需要同伴的帮助，比如让同伴帮忙扶住瓶子，自己将棉花和锡纸缠绕到瓶子上；模仿同伴制作保温瓶的方法；为同伴提供解决问题的策略等。在这一过程中，同伴合作是解决问题必不可少的环节。

案例 4-22
幼儿在制作保温瓶的过程中遇到了问题：
问题一：大瓶子不够大，套不住包了棉花的小瓶子。

海同：怎么会套不进去呢？

子雯：我们包的棉花太多了。

羿辰：是因为套的瓶子不够大吧？

羿辰试着把棉花拿掉，直接把大瓶子套在包了锡纸的小瓶子外面。

（教师：这样的话，棉花就用不上了，该怎么办呢？）

羿辰：可以把棉花包在大瓶子外面。

（教师：棉花露在外面的话，遇到水会不会变湿？）

羿辰：好像会。

（教师：那应该怎么办？）

羿辰：可以再拿一个瓶子套在棉花的外面。

海同找来一个更大的瓶子。

于是，第二层的大瓶子只套在了包裹着锡纸的小瓶子外面，3名幼儿继续用第3个更大的瓶子再次尝试制作。

问题二：第3个更大的瓶子还是套不住裹着棉花的第2个瓶子。

海同：加油，加油，你得把它按住点儿啊！

羿辰：把棉花弄紧一点，就可以套进去了，但是我们弄得太松了。

（教师：棉花是软软的，放在瓶子上就滑下来了，该怎么办？）

羿辰：在里头这个地方，用胶带把棉花粘一圈，就不像之前软软滑滑的，没准儿棉花就不会聚在一起了。

于是，羿辰用胶带的一面粘上棉花，再把另一面贴着瓶子包起来。3名幼儿也模仿他用这样的方法尝试制作，使棉花固定在第二个瓶子的外面，最后终于用第三个瓶子套住了第二个瓶子外层的棉花。

问题三：第三个瓶子的瓶口处缺少一点儿棉花，里面的瓶子露出了一个小边。

子雯：我觉得瓶口这里有一点儿空。

（教师：这样会不会影响保温效果？）

子雯：会有一点点。

（教师：那有什么好办法吗？）

子雯：可以再粘一层胶。

海同：我觉得好像不行吧，要不然剪一点儿锡纸塞进去。

羿辰：锡纸会有用一点儿吧，我们可以用锡纸塞住瓶口。

子雯：好吧，那用锡纸吧。

其他幼儿帮忙撕胶带和扶住保温瓶，羿辰动手塞上了锡纸并用胶带固定好瓶口。最后经过幼儿的共同努力，保温瓶终于制作完成了。

【吉林省省直机关第三幼儿园 大三班 何莹"热水保温"课题活动】

在这一活动过程中，同伴为幼儿提供了策略支持和情感支持。根据前文的理论分析并结合案例中幼儿的表现可以看出，同伴的策略支持主要表现在两个方面：一是在观察了幼儿羿辰用棉花包裹瓶子的方法后，其他3名幼儿也模仿他的方法进行制作，最后成功地用第3个瓶子套住了包裹着棉花的第2个瓶子，在这一过程中，幼儿通过模仿同伴的操作方法，从同伴那里得到了策略支持；二是在想办法塞住第2个瓶子的瓶口和第3个瓶子的瓶口之间的空隙时，羿辰直接给出了行之有效的解决方案，并动手协助其他幼儿解决了问题，在这一过程中，同伴直接提供了解决问题的策略，有利于深度学习活动的进行。

根据案例分析可以看出，通过同伴合作，幼儿能够更好地解决深度学习活动中的问题，提高动手操作技能，发展社会交往能力，推进活动的顺利开展；若同伴合作不顺利，幼儿在解决问题的过程中可能会面临更多的困难，需要多人合作完成的方案也难以实施，会影响深度学习活动的效果。因此，同伴合作是影响幼儿深度学习的重要因素。

②情感支持

除了策略支持外，在深度学习活动中，同伴还通过言语或肢体上的鼓励和肯定等方式使幼儿获得心理上的安全感和满足感，为幼儿提供情感支持。在同伴的情感支持下，幼儿能够更加投入地参与活动，取得良好的活动效果。在"好用的拖把"这一课题活动中，幼儿要解决如何把拖把杆固定到矿泉水瓶上的问题，在制作过程中，同伴之间互相鼓励，为彼此提供了情感支持和解决问题的动力。

案例 4-23

问题：怎样把拖把杆固定在矿泉水瓶上？

第一次尝试：在矿泉水瓶两侧打洞，用透明胶固定杆子。

婷婷：拖把杆总是乱动，太难了。

超超：别怕，我们一起想想办法。拖把杆插进瓶子后会来回移动，我们可以想办法把它固定起来。

曦曦：可是杆子是在矿泉水瓶里面呀，怎么固定？

香香：我们可以在瓶身的另一面打一个洞，让杆子伸出去。

乐颐：然后用透明胶固定住。

曦曦：对，你们太聪明啦！

幼儿在矿泉水瓶两侧打洞，将杆子穿过矿泉水瓶，然后用透明胶固定，但是拖把杆并没有牢固地与矿泉水瓶固定在一起。

（教师：拖把杆固定在矿泉水瓶上了吗？）

曦曦：拖把杆太重了，透明胶固定不住。

超超：拖把杆太粗了，瓶子上的洞卡不住它。

婷婷：拖把杆总是乱动，好难啊，我们放弃吧。

香香：我们再努力试试吧，一起想想办法，加油！

婷婷：如果用一个东西卡住杆子，它就不会缩回来了。

香香：我们去材料区找找，看什么东西能卡住杆子。

第二次尝试：寻找材料，卡住杆子。

超超：我找到了螺丝钉，我觉得它能卡住杆子。

曦曦：可是螺丝钉要穿进孔里呀，杆子太硬了，我们打不了孔。

婷婷：我们可以请木工王师傅帮忙。

幼儿请王师傅在杆子上打孔后，把螺丝钉穿过杆子上的孔，卡住杆子，成功地把杆子固定到了瓶子上。

曦曦：成功啦，我们太棒啦！

【云南省人民政府办公厅圆通幼儿园 中三班 李丽 周丽梅 杨静 "好用的拖把"课题活动】

在这一活动过程中，在同伴遇到困难想放弃时，幼儿超超和香香为同伴加油鼓劲，在同伴想出解决问题的办法和成功解决问题后，幼儿曦曦肯定和赞美了同伴，这些都是同伴之间有力的情感支持，是深度学习活动中同伴合作的重要组成部分。同伴之间的这种情感支持使幼儿在活动中获得安全感和满足感，帮助幼儿提升不怕困难等优秀的学习品质，激发和维持幼儿的学习动机，为幼儿解决问题提供动力。

已有研究提出，同伴合作不仅可以帮助学习者在学习中建立良好的同伴关系，取得更佳的学习结果，而且能使个体的各方面能力得到更好的提升。在这一案例中，同伴合作不仅帮助幼儿解决了把拖把杆固定到矿泉水瓶上这一问题，而且使幼儿的同伴关系更加融洽，还可以帮助幼儿形成良好的学习品质，提高思维能力和动手操作能力，使幼儿取得更佳的深度学习效果。

根据以上案例分析可以看出，小组合作的学习方式决定了同伴合作是影响幼儿深度学习的重要因素。同伴在幼儿深度学习活动中提供的策略支持和情感支持以及其他各种帮助，有利于幼儿成功解决活动中的问题、实现活动目标。但策略支持和情感支持通常不是单独出现，而是相伴而生。同伴在为幼儿提供情感支持的同时通常伴随着策略支持，这为幼儿的深度学习提供了全方位的帮助，促进了幼儿在情感、社会性、认知能力和动手操作技能等方面的全面发展，体现了幼儿深度学习的内在要求。因此，同伴合作是影响幼儿深度学习的重要因素。

2. 同伴冲突

幼儿的年龄特点和发展水平决定了他们会比成年人更频繁地发生同伴冲突，在幼儿的深度学习活动中，同伴冲突有时会阻碍活动的进展，但在更多情况下，同伴之间的冲突能够使幼儿碰撞出思维的火花，通过比较同伴和自己观点的冲突发展幼儿的批判性思维，选择出最佳的问题解决方案。深度学习活动中的同伴冲突若能得到合理解决，不仅可以推动活动的进展，还可以发展幼儿的认知能力和社会交往能力，但如果活动中的同伴冲突得不到合理解决，则会对幼儿的深度学习产生不利影响。

（1）同伴冲突影响幼儿深度学习的理论分析

冲突是指两个或两个以上的需要同时存在而又处于矛盾中的一种心理状态，可分为内部需要与外部限制的冲突、外部需要之间的冲突和内部需要之间的冲突三种类型。[①] 皮亚杰认为，儿童之间的冲突可能不具备成人冲突的所有要素，但是也具备冲突的基本特征，同时在性质、特点等方面具有自身的独特性。

对于同伴冲突的概念，国内外研究者站在不同视角下提出了以下观点：有学者提出，幼儿同伴冲突是一种对称性的社会互动，即在互动过程中，互动双方都有

---

① 朱智贤. 心理学大辞典 [M]. 北京：北京师范大学出版社，1989：77-80.

类似的行动,双方彼此的行为相互依赖、相互制约,构成一个动态的行为流程。[1] 刘晓静指出幼儿同伴冲突是幼儿与他人之间的一种互动层面上的、社会性质的,且相对对立的交换形式,而这种对立又被描述为直接的、公开的、面对面的。[2] 胥兴春认为幼儿同伴冲突是指幼儿在与同伴玩耍或相处过程中发生的相互抵制或对抗,表现为交往双方在行为、言语或情绪等方面的对立。[3] 蒋秋芳认为幼儿同伴冲突是一种直接的对立关系。冲突的双方有直接的、公开的、面对面的对立。但这种对立的表现形式和程度有很大差别,可分为内隐的心理对立和外显的行为对立。[4] 在深度学习活动中,幼儿同伴冲突表现为幼儿在互动过程中因情绪(态度)、看法(观点)、言语、行为表现等方面的不同而产生相互争执、对立的状态。

关于幼儿同伴冲突的类型,不同研究者根据不同标准进行了划分。蒋秋芳根据幼儿同伴冲突的情境或发生原因,把幼儿同伴冲突事件分为资源占有引发的冲突、意见分歧或规则维护引发的冲突、身体动作引发的冲突和语言引发的冲突4种类型。[5] 还有许多研究者进行了更详细的划分,鞠路宁将冲突的起因划分为争抢游戏资源、违反游戏规则、游戏意见分歧、攻击行为、干预控制他人和偶然行为6类。[6] 除了冲突起因,还有很多研究者根据其他标准将幼儿同伴冲突进行了类型划分,刘晓静认为幼儿同伴冲突的类型大体上可以根据冲突的起因、策略和结果三方面进行划分。以冲突的起因为依据,将冲突划分为由物导向的冲突、由人导向的冲突和由游戏争议导向的冲突;以冲突的解决策略为依据,将冲突划分为冲动 – 动作型、单向 – 控制型、双向 – 互惠型;以冲突结果为依据,将冲突划分为积极结果的冲突、中性结果的冲突和消极结果的冲突。[7] 邢少颖对比观察小、中、大班幼儿的冲突情况,将幼儿同伴冲突的类型概括为:挑逗型、说服型、强欺弱型、恐吓型、报复型。[8]

本研究根据深度学习活动中幼儿同伴冲突的表现特点,将同伴冲突按照解决

---

[1] Tiina Ojanen, Heather L, Smith Schrandt, Ellis Gesten. Associations among children's social goals, responses to peer conflict, and teacher-reported behavioral and academic adjustment at school[J]. The Journal of Experimental Education, 2013, 81(1):68-83
[2] 刘晓静. 幼儿同伴冲突行为研究[D]. 南京:南京师范大学,2002:11.
[3] 胥兴春. 幼儿人际冲突及其应对策略[J]. 幼儿教育·教育教学,2006(3):6-7.
[4] 蒋秋芳. 中班幼儿同伴冲突及应对策略研究[D]. 南京:南京师范大学,2007:10-12.
[5] 蒋秋芳. 中班幼儿同伴冲突及应对策略研究[D]. 南京:南京师范大学,2007:12-23.
[6] 鞠路宁. 幼儿游戏中同伴冲突解决策略的研究[D]. 济南:山东师范大学,2014:23-30.
[7] 刘晓静. 幼儿同伴冲突行为研究[D]. 南京:南京师范大学,2002:20-21.
[8] 邢少颖. 幼儿纠纷现象的调查与分析[J]. 学前教育研究,1997(2):31-33.

策略划分为协商策略和坚持-回避策略，在案例分析中也对这两种同伴冲突的解决策略进行了详细分析。

一般认为，同伴冲突的解决策略是指人在对同伴冲突情境有一定的认知后所采用的反应方式。而幼儿同伴冲突的解决策略是指幼儿在与同伴发生冲突时，为了实现自己的目标或战胜同伴而采取的各种手段或方式，策略的使用目的在于控制冲突局势，[①]使幼儿个体内部或冲突双方获得平衡。

国外在关于幼儿同伴冲突的解决策略的类型划分上，一般以二分法、三分法和五分法为主。二分法的维度太过单一，对于细化复杂的冲突解决方法难以进行归纳和概括，所以这种分法后来被淘汰。三分法是研究者通过观察具体策略的使用后归纳得到的，所以这种分法在冲突解决策略的研究中得到广泛的应用。国外的三分法相关研究包括，阿米尔汗（Amirkhan）通过因素分析法总结出冲突的解决策略，分别是求助策略、回避策略和问题解决策略，[②]奥斯特曼（Osterman）等人从行为发展的角度得出三种冲突解决的模式，分别是退缩模式、第三者干预模式和建设性冲突解决模式。[③]目前最有影响力的是五分法。五分法提出，同伴冲突的解决策略包括妥协、求助、回避、僵持和服从这5种类型。后来的实证研究表明以上5种解决策略可以划分为三类，分别为协商（求助和妥协）、分离（回避和僵持）和强制（服从）。[④]除了以上经常采用的划分方式以外，还有其他划分方式，比如罗伯特（Robert）将假设情境中的冲突解决策略分为侵犯性申述、简单申述、复杂申述、互惠、顺从、回避和寻求教师帮助7种方式。[⑤]国内也有不少研究者对幼儿同伴冲突的解决策略进行了研究，鞠亮、邹泓等人认为同伴冲突的解决方式对冲突结果有至关重要的影响，分为强制策略、协商策略和回避策略三类。[⑥]胥兴春把幼儿冲突的解决策略归纳为同伴协商策略、撤离情境策略和强力维护规则策

[①] 宣红萍. 初中生的同伴冲突处理策略及其相关因子研究 [D]. 上海：上海师范大学，2005：3.

[②] James Amirkhan.A factor analytically derived measure of coping:The coping strategies indicator[J]. Journal of Personality and Social Psychology , 1990,59(5):1066-1074.

[③] Osterman K, Bjorkqvist K. Cultural variation in conflict resolution: Alternatives to violence [M]. New Jersey: Lawrence Erlbaum,1997:185-197.

[④] Jensen CampbeII L.A, Graziano W.G, Hair E.G. Personality and relationships as moderators of interpersonal conflict inadolescence[J].Merrill-Palmer Quarter,1992,42(1):148-164.

[⑤] Robert Thornberg.The situated nature of preschool children's conflict strategies[J].Educational Psychology,2006, 26(1):109-126.

[⑥] 鞠亮，邹泓，李一茗. 同伴冲突解决策略及其影响因素的研究进展 [J]. 心理发展与教育，2004（2）：84-88.

略。[1] 蒋秋芳将幼儿解决同伴冲突的策略分为请求说理、道歉安慰、物质贿赂等15种,然后根据性质将其归纳为亲社会策略、中性策略和负向策略。[2] 向海英和孙文杰根据其实际观察案例,将幼儿冲突解决策略划分为合作式、攻击式、退缩式和求助式4种。[3]

有关幼儿同伴冲突的解决策略的分类方法并没有一个固定的标准。本研究认为,在深度学习活动中,幼儿同伴冲突的解决策略主要有两种:一是协商策略;二是坚持–回避策略。协商策略是指在发生同伴冲突时,幼儿通过协商的方式解决冲突,冲突各方通过协商分别做出妥协和让步,最后得出各方都满意的结果;坚持–回避策略是指在冲突中,部分人始终坚持自己的观点,另一部分人完全放弃自己的观点以回避冲突,最终冲突也会得到解决。

尽管同伴冲突会产生一些消极影响,但越来越多的研究者认为同伴冲突在一定程度上对幼儿是有利的,如能帮助幼儿去自我中心[4]、促进幼儿心理发展[5]、帮助幼儿建立良好的自我概念等[6]。通过解决同伴冲突,幼儿不仅学会了解决问题的技能[7],还能促进其语言表达能力[8][9]、观点采择能力[10]和社会交往能力[11]等能力的提高。因此,虽然幼儿的同伴冲突有时会产生消极影响,但是运用合适的策略进行解决后,同伴冲突对于促进幼儿社会性各方面的协同发展有积极的作用,无论是在社会认知(观点采择能力、去自我中心),社会情感(情绪理解能力、调节能力)还是社会行为(交际)方面都有其潜在价值。在深度学习活动中,同伴冲突是不可避免的,运用合适的解决策略可以充分发挥同伴冲突对深度学习活动的积极影响。

---

[1] 胥兴春. 幼儿人际冲突及其应对策略 [J]. 幼儿教育·教育教学, 2006(3): 6-7.
[2] 蒋秋芳. 中班幼儿同伴冲突及应对策略研究 [D]. 南京: 南京师范大学, 2007: 31-32.
[3] 向海英, 孙文杰. 中班幼儿同伴冲突应对策略及教师干预态度 [J]. 学前教育研究, 2014(10): 52-57.
[4] 皮亚杰. 教育科学与儿童心理学 [M]. 傅统先, 译. 北京: 文化教育出版社, 1982: 8.
[5] 孙晓玲, 吴明证, 李晓文. 儿童人际冲突解决研究刍议 [J]. 宁波大学学报(教育科学版), 2003(1): 21-24.
[6] 范玲. 幼儿同伴冲突及对家长教育行为的启示 [J]. 教育导刊·幼儿教育, 2007(3): 52-54.
[7] Kevin M.David, Bridget C.Murphy, Janett M. Naylor, Kim M. Stonecipher, The effects of conflict role and intensity on preschoolers' expectations about peer conflict [J]. International Journal of Behavioral Development, 2004, 28(6): 508–517.
[8] 胥兴春. 幼儿人际冲突及其应对策略 [J]. 幼儿教育·教育教学, 2006(3): 6-7.
[9] 黄伟达, 王霞玉. 幼儿冲突与幼儿社会化 [J]. 学前教育研究, 2007(Z1): 56-58.
[10] 徐雪, 胥兴春. 同伴冲突对幼儿社会观点采择的影响——基于幼儿区域活动的分析 [J]. 教育与教学研究, 2014, 28(10): 121-124.
[11] 李飞. 同伴冲突: 培养幼儿情绪理解能力的契机 [J]. 现代中小学教育, 2016, 32(7): 80-83.

在幼儿深度学习活动中，同伴冲突影响问题的解决。同伴冲突的出现有时会干扰活动的进行，但有时却会使活动更深入地开展下去，这取决于同伴冲突的解决方式。同伴冲突作为幼儿同伴交往中经常出现的一种现象，影响着幼儿的深度学习。

（2）同伴冲突影响幼儿深度学习的案例分析

协商策略和坚持-回避策略是幼儿深度学习活动中解决同伴冲突的两种主要策略，通过分析这两种同伴冲突的解决策略，可以清楚地了解幼儿的同伴冲突对深度学习活动的重要影响。

①协商策略

案例 4-24

在"给小鸟一个家"课题活动中，幼儿在制作鸟巢的过程中产生了冲突，幼儿通过协商的方式解决了同伴冲突，使活动继续顺利进行。

第一组制作的主材是干草，几个幼儿把收集的干草用胶水粘到一起，他们没经过商量就七手八脚地添加干草和胶水，结果做出来的鸟巢乱乱的，胶水也放多了，根本不成型，幼儿之间互相埋怨，产生了同伴冲突。

睦希：雯雯，都怪你胶水放多了，都粘不上了。

雯雯：怪你！不怪我！

（教师：你们觉得互相埋怨能制作出坚固的小鸟的家吗？）

几个幼儿都摇摇头。

（教师：那你们如果还用刚才的方法制作，能成功吗？）

几个幼儿又摇摇头。

（教师：我觉得你们应该商量一下，接下来该怎么办。）

麒麒：那我们每个人干不同的活，这样就不乱了。

六一：行，我要挤胶水。

雯雯：我也要挤胶水，咱俩一起挤。

睦希：不行，一个人挤胶水就行，雯雯你就整理干草吧，草太乱了。

雯雯不高兴了，拒绝睦希的安排。

麒麒：雯雯你先跟我一起整理干草吧，你和睦希轮流挤胶水可以吗？

睦希：那咱俩轮流挤胶水吧。

雯雯：好吧。

几个幼儿经过商量，分工合作，很快一个圆圆的鸟巢成型了。

【吉林省东北师范大学附属小益田幼儿园 中三班 曲波 冯冬梅 王莹莹 田露曦"给小鸟一个家"课题活动】

在活动过程中，幼儿雯雯和睦希在谁来挤胶水的问题上产生了冲突，一开始他们互相埋怨，后来在教师和其他幼儿的帮助与协调下，他们进行了协商，最终决定各自妥协，采用轮流挤胶水的方式解决了这一同伴冲突，这也体现了典型的解决幼儿同伴冲突的协商策略。由此可见，同伴冲突并不一定会阻碍深度学习活动的进行，若能得到合理解决，还能大大推动活动的进展。此外，通过协商的方式解决冲突，还能提高幼儿的认知水平和社会交往能力。

幼儿的同伴冲突是不可避免的，但是运用合适的解决策略可以充分发挥同伴冲突对深度学习活动的积极影响。在深度学习活动的同伴冲突中，这种类型的解决策略随处可见，幼儿经常通过自己和同伴的内部协商，或者在其他幼儿和教师干预下去解决同伴冲突，达成解决方案，从而使活动继续顺利开展。这个过程不仅解决了幼儿同伴之间的冲突，而且对于促进幼儿社会性各方面的协同发展有积极的作用，对发展幼儿的社会交往能力有很大的价值，是影响幼儿深度学习活动走向的一个重要因素。

②坚持－回避策略

案例4-25

在"热水保温"课题活动中，其中一个小组就是典型的"单人控制型"，在制作保温瓶时，晟桓全程把保温瓶握在手里并往保温瓶上粘贴材料，妞妞在晟桓的要求下帮忙扶着保温瓶，而桐桐全程无法参与，虽然他一直请求甚至后来开始抗议晟桓的做法，但还是几乎没有机会接触保温瓶，直到最后教师过来协调，晟桓才同意让桐桐帮忙撕胶带。

晟桓：我要把这个锡纸包上去，妞妞你先帮我扶一下。

妞妞：好的，我来帮你。

妞妞帮忙扶好保温瓶，晟桓开始在塑料瓶外侧覆盖锡纸，桐桐被排斥在这个过程之外。

桐桐：我也想包，让我包一下。

桐桐动手去争抢保温瓶，但是被晟桓和妞妞推开。

晟桓：你不会包，你会把锡纸扯破的。

妞妞：对呀，你不会，你别动。

桐桐：我不会扯破的，不能光你一个人包，我也想包。

晟桓不搭理桐桐，桐桐小声重复请求。

桐桐：我也要包，这样太不公平了。

晟桓和妞妞没有理会桐桐，桐桐过了一会儿就放弃了，在旁边观看晟桓和妞妞制作保温瓶。

到这里，这个同伴冲突算是在晟桓和妞妞的坚持下以及桐桐的回避下解决了，虽然解决方式并不理想，但是在某种程度上也是同伴冲突的一种解决方式，体现了深度学习活动中坚持-回避这一同伴冲突的解决策略。

活动后续是教师发现了这个小组的情况，并进行了调解：

（教师：你们让桐桐也包一下，不能光你俩包呀。）

晟桓：可是他会弄坏的。

（教师：这样吧，桐桐先帮忙扯胶带，一会儿包棉花的时候让桐桐包一下，大家都要参与，不能只有一个人做呀。）

晟桓：那桐桐你先帮忙扯胶带吧。

【吉林省省直机关第三幼儿园 大三班 何莹 "热水保温"课题活动】

在这个过程中，幼儿的同伴冲突虽然在一方的坚持和一方的回避下解决了，但是这个解决过程实际上对于回避一方是不利的，对其产生了消极影响，阻碍了幼儿桐桐参与活动的机会。这时，教师的及时觉察和干预是非常重要的。坚持-回避这种类型的同伴冲突对深度学习活动并非完全是积极的影响，虽然它在某种程度上也代表着同伴冲突的解决，使活动能够继续开展，但是会导致部分幼儿的想法被搁置，没有机会参与活动，这表现出同伴冲突对深度学习活动的某些消极影响。"坚持-回避"这一同伴冲突的解决策略对于幼儿的深度学习来说是一把双刃剑，虽然它对深度学习活动的开展存在积极影响，有利于活动进程的推进，但对于幼儿的发展却可能会产生消极的作用，不利于幼儿社会交往水平的提高，对幼儿其他能力的发展也会造成间接的阻碍，妨碍幼儿深度学习的效果，这也体现了同伴冲突对于幼儿深度学习的重要影响。

根据结合理论的案例分析可以看出，在深度学习活动中，同伴冲突影响问题的解决和活动的效果。深度学习活动中的同伴冲突有时可能会干扰活动的进行，不利于问题的解决，但有时却会使幼儿的组织与协调能力得到发展，使活动更深入地开展下去，这在很大程度上取决于同伴冲突的解决方式。通过以上两个案例的分析可以看出，通过协商策略解决的同伴冲突对深度学习活动有着积极的影响，而通过坚持-回避策略解决的同伴冲突对深度学习活动既有积极影响也有消极影响。幼儿同伴冲突的积极影响表现为可以促进活动的顺利开展，有利于幼儿的认知水平、情感和社会性水平等方面的提高，消极影响表现为妨碍幼儿对活动的参与，不利于幼儿自身的发展。因此，同伴冲突对幼儿的深度学习发挥着重要的影响作用。

（三）家长

幼儿深度学习活动的有效开展，离不开家长的理解、支持和参与。在幼儿的深度学习活动中，家长也扮演着重要角色，家长通过提供知识支持和材料支持的方式参与活动，进行家园合作，对幼儿的深度学习会产生重要影响。

1. 家园合作影响幼儿深度学习的理论分析

英语表达中关于"家园合作"的词有："Parent-teacher collaboration（家长教师合作）""Home-school cooperation/Home-school partnership（家校合作）""Home-school collaboration（家庭学校配合）"等等，这些词语有不同的含义，也有各自的表意倾向，但是其中的共性是都提及了加强家园之间，家校之间的交流与合作。[1]《幼儿园教育指导纲要（试行）》中提到了"家园合作"的概念，强调要加强家园合作共育。家园合作是指幼儿园和家庭（含社区）都把自己当作促进儿童发展的主体，双方积极主动地相互了解、相互配合、相互支持，通过幼儿园与家庭的双向互动共同促进儿童的身心发展。[2]总而言之，家园合作是家庭和幼儿园双方，为了幼儿的健康成长而积极主动地支持、配合的教育过程。在深度学习活动中，家园合作为幼

---

[1] 肖鲜. 家园合作研究综述[J]. 教育科学论坛，2017（8）：18-21.
[2] 教育部基础教育司组织编写. 幼儿园教育指导纲要（试行）解读[M]. 南京：江苏教育出版社，2017：23-27.

儿开展活动提供了知识支持和材料支持。

以前的研究者在研究学生成功或者失败的因素时，要么把重点放在学校中，要么放在家庭中。但是现在人们逐渐认识到，家庭和学校在学生的教育上应该共同承担责任，或者说他们是交替影响的共同体。[1]幼儿园和家庭的不同性质决定了他们在幼儿教育中需要合作互补，在幼儿的教育过程中，家园合作可以发挥幼儿园和家庭各自的优势，促进儿童的身心发展。家长参与幼儿园教育活动具有非常重要的意义，既可以促进幼儿主体性的发展，又能提高成人的教育能力，所以家园合作是一项不容忽视的工作。[2]家园合作不仅增强了家长的育儿能力，也让幼儿教师有机会全面了解幼儿的具体情况。同时，幼儿园可以利用家长的家庭资源和社会资源，为幼儿园和幼儿教育的发展提供更广阔和更有效的资源条件。

具体来说，家园合作对于幼儿、家长和教师都有非常重要的意义：首先，家园合作能够促进幼儿的全面健康发展。幼儿园和家庭是幼儿成长的两大重要环境，幼儿园作为正规教育机构，应该发挥主导作用，充分重视和做好家长工作，这有利于幼儿园与家长在教育思想、原则、方法等方面取得统一认识，使双方配合一致，形成教育合力。许多学者认为家园合作对幼儿有着多层面的影响，如父母参与到早期教育机构与保育机构的服务中，可以改变幼儿的不良行为习惯[3]，提升幼儿的各种成就和适应能力[4]。幼儿的发展水平和家长参与幼儿园教育的程度（如家长学校讲座、家长会、开放日等活动），家长援助幼儿园教育的程度（如给幼儿园免费提供材料、去幼儿园给教师做帮手、参加义务劳动等），以及家长配合幼儿园教育的程度都正相关。[5]有研究发现，家长的参与有利于幼儿创造性的发展，[6]通过家园合作，还可以促进幼儿早期阅读能力的发展。[7]

---

[1] Bowen, Natasha K.A.Role for school social workers in promoting student success through school-family partnerships[J].Social Work in Education,1999,21(1):34-47.

[2] 冯晓霞，王冬梅.让家长成为教师的合作伙伴[J].学前教育，2000：4-5.

[3] 刘艳.家园合作纠正幼儿不良行为习惯的途径[J].学前教育研究，2010（6）：55-57.

[4] Douglas R.Powell, Seung HeeSon,NancyFile, Robert R.San Juan.Parent-school relationships and godchildren academic and social in public kindergarten[J]. Journal of School Psychology, 2010,48(4):269-292.

[5] 李生兰.幼儿园与家庭、社区的合作共育研究[M].上海：华东师范大学出版社，2003：63.

[6] 李生兰.幼儿园与家庭、社区合作共育的研究[M].上海：华东师范大学出版社，2003：90-107.

[7] 俞燕婷.家园合作提高亲子阅读的质量[J].幼儿教育·教育教学，2010（6）：40-41.

其次，家园合作还可以使来自家庭和幼儿园的学习经验更具一致性、连续性和互补性，可以使幼儿获得安全感，发展其参与社会生活的积极态度。[1]

再次，家园合作对于提高家长的教育能力也具有非常重要的意义，家园合作可以为教师和家长、家长和家长之间提供一个交流和共享经验的机会。这样的机会对于教师与家长，特别是非教育专业的家长来说，是一个良好的了解先进教育理念、学习科学教育方法的途径。很多家长会把合作中学到的知识运用到家庭教育中，通过家庭环境来帮助孩子，与此同时，家长的教育效能感也可以在家园合作中得到提升。有学者提出家园合作可以更新家长的教育理念与方法，延续和发展幼儿在园经验，树立家长的教育信心，促进家长教育能力的提升。[2]如果家长和幼儿园教师能够定期交换信息，并在促进儿童学习和发展时采取协调一致的方法，那儿童在不同环境中经验的连续性会大大提高，[3]有利于提高和巩固幼儿的知识水平和能力水平。

最后，家园合作可以提高教师专业能力，促进教师专业发展。家长和教师交换幼儿的信息，可以使教师能够全面了解幼儿，提高教师的教育能力和教育质量，促进教师的专业发展。如家长开放日的活动既能够为家长发表意见和建议提供平台，还可以锻炼教师的工作能力。[4]

总而言之，在家园合作的过程中，教师、家长和幼儿都获益颇多。在深度学习的活动中，家园合作能够为活动过程提供知识支持和材料支持，有利于推进活动的顺利开展，促进幼儿的全面发展。

2. 家园合作影响幼儿深度学习的案例分析

在深度学习活动中，家园合作也是一个非常重要的环节，家长主要为幼儿参与深度学习活动提供了两个方面的支持：知识支持和材料支持。

---

[1] 李玲. 浅析幼儿园家园合作的重要性 [J]. 课程教育研究，2012（18）：4.
[2] 陈希. 家园合作中教师沟通胜任力研究 [D]. 重庆：西南大学，2015：26-32.
[3] Boyce L. K, Innocenti M. S, Roggman L. A, Norman V. J, Ortiz E. Telling stories and making books: Evidence for an intervention to help parents in migrant Head Start families support their children's language and literacy[J]. Early Education and Development, 2010, 21(3): 343-371.
[4] 倪牟双. 家长开放日的活动设计与组织 [M]. 北京：中国轻工业出版社，2012：2-5.

（1）知识支持

案例 4-26

在"小飞机"课题活动中，在设计飞机的阶段，幼儿需要先了解飞机是由哪些部分组成，教师根据幼儿的兴趣和要求，通过家长资源，邀请飞行员进入班级详细讲解了飞机的结构。经过飞行员的讲解，幼儿知道了飞机是由机头、机身、机翼、尾翼、起落架等部位组成，并且明白了飞机是怎样飞行的。

案例 4-27

在"风筝"课题活动中，在第一轮试飞后，幼儿制作的风筝的飞行情况并不理想。幼儿发现无论他们使用何种材质，制作的风筝要么飞不起来，要么在起飞之后很快掉到地上，即使有爸爸妈妈的帮助，也不能像之前购买的风筝那样高高飞在天上。为了解决这个问题，家长和幼儿一起分析了原因，为幼儿改进风筝提供了知识支持，为后续成功制作出更好的风筝提供了帮助。

案例 4-28

在"移动整理车"课题活动中，教师为家长和幼儿布置了"我找到的整理车"这一任务，由幼儿和家长一起收集关于整理车的图片，对整理车的材料、构造和功能进行了解，并带到幼儿园与其他幼儿进行分享。在这一过程中，家长提前带领幼儿认识了各种整理车，为幼儿提供了相关的知识支持，有利于幼儿在活动中解决问题。

在上述案例中，家长以各种形式的家园合作为幼儿提供知识支持，丰富幼儿已有的经验，促进活动的顺利开展。这不仅有利于幼儿的全面健康发展，还有助于提高家长的教育能力和教师的专业水平。具体来说，在"小飞机"这一活动中，飞行员来到幼儿园为幼儿讲解飞机的相关知识，不仅丰富了幼儿的知识储备，也为教师提供了组织这一活动时所需的相关知识；在"风筝"这一活动中，家长帮助幼儿分析了风筝飞行失败的原因，不仅帮助幼儿解决了活动中遇到的问题，也提高了家长的教育能力；在"移动整理车"这一活动中，家长帮助幼儿收集了关于整理车的资料，不仅有利于幼儿实现制作移动整理车的目标，也提高了家长和教师的相关知识储备，为家长和教师在后续活动中指导幼儿打下了良好的基础。由此可见，在深度学习活动中，家园合作是非常重要的，可以有效地帮助幼儿解决问题，推动活动的开展。甚至在一些教师的知识盲区，家长可以提供很大的帮助，有利于促进幼儿的全面健康发展，提高家长的教育能力，提升教师的专业水平。

（2）材料支持

案例 4-29

在"光与影——皮影小剧场"课题活动中，家长为幼儿制作皮影提供了材料支持。教师依据幼儿的思维地图，与家长和幼儿一起收集所要用到的材料。在收集材料的过程中教师充分利用了家长资源，请家长将家中能够用来制作皮影的材料带到幼儿园，为活动提供了材料支持。

案例 4-30

在"神奇的纸浆花盆"课题活动中，为了制作纸浆，幼儿回家寻找、收集身边用过的可以作为纸浆原料的材料，并把收集的材料都带到幼儿园进行纸浆制作。幼儿带来的材料有废旧的快递纸箱、彩色的折纸、饭店用的餐巾纸等，在这一过程中，家长提供了材料支持。

案例 4-31

在"中九网红大滑梯"课题活动中，制作滑梯所用到的纸箱、矿泉水瓶和奶粉罐等很多材料都是幼儿从家里带来的，家长提供了支持。

家长的参与可以改善幼儿园资源、材料不足的现状，幼儿家中的废旧材料能够变废为宝，从而促进教育资源的优化配置，[1]有利于活动的顺利开展，使活动结果拥有更多的可能性，促进幼儿的全面健康发展。丰富的材料是开展深度学习活动的重要保障。在深度学习活动中，经常要用到一些可以循环利用的"废旧材料"，但是幼儿园里不一定有这些材料或是所需材料的数量不足，购买材料又需要不少的资金。在这个过程中教师通过与家长沟通进行家园合作，请家长将家中的材料带来幼儿园，通过"变废为宝"的方式为幼儿的深度学习活动提供了有力的材料支持，有利于幼儿运用丰富的材料实施自己的制作想法，实现活动的目标，有时家长带来的材料还能激发幼儿的新想法，产生意想不到的学习效果。因此，家长的参与为幼儿的深度学习活动提供了有力的材料支持，保障了幼儿深度学习活动的顺利开展。

由此可见，家长通过提供知识支持和材料支持，为幼儿顺利开展深度学习活动提供帮助，对幼儿的认知水平、情感和社会性等方面的发展具有重要意义，有利于幼儿的深度学习。通过家园合作，无论是幼儿、家长还是教师都获益颇多。

---

[1] 刘国丽.幼儿园利用家庭资源优化物质环境的研究[D].上海：华东师范大学，2011：23-24.

幼儿深度学习活动中的家园合作不仅有利于促进幼儿的全面健康发展，而且对于提高家长的教育能力和教师的专业水平也有很大的促进作用。因此，家长是影响幼儿深度学习的重要因素。

以上阐述分析了幼儿深度学习的影响因素，其中既包括幼儿自身的学习迁移、学习品质、元认知、学习动机、年龄、性别等主观因素，也包括师幼关系、教师支持、同伴合作、同伴冲突、家园合作等客观因素。虽然上文已对幼儿深度学习的影响因素进行了较为细致的分析，但有以下 3 点需注意：第一，影响幼儿深度学习的因素错综复杂，以上提到的内容并非包含全部的影响因素；第二，影响幼儿深度学习的因素之间并不是彼此独立、毫无关系，而是相互渗透、相互影响；第三，以上因素并非单独对幼儿的深度学习产生影响作用，而是共同影响幼儿的深度学习过程。

专题五

以问题解决为导向的幼儿深度学习的支持策略

专题五 以问题解决为导向的幼儿深度学习的支持策略

一、问题解决与深度学习的关系
- （一）问题解决
- （二）问题解决与深度学习的关系分析

二、以问题解决为导向的幼儿深度学习的过程
- （一）问题解决过程的基本模式
- （二）以问题解决为导向的幼儿深度学习的四大阶段

三、以问题解决为导向的幼儿深度学习的支持策略
- （一）提问支持策略
- （二）时间与空间支持策略
- （三）材料与相关知识支持策略
- （四）情感与评价支持策略

深度学习是指向问题解决的学习。学习的最终目的是在实际生活中能够运用具体知识解决真实问题，[1]浅层学习虽然在一定程度上能实现这一目标，但是解决复杂问题仍需要深度学习来实现。同时，在解决问题的过程中，学习者能够加深对知识的理解，促进思维的发展。因此，问题解决与深度学习之间存在着密切的关系。以问题解决为导向的深度学习，就是将问题解决作为实现深度学习的有效途径，通过问题解决实现学习者对于知识的深度理解、有效迁移和运用、促进批判性思维和创造性思维等高阶思维的发展；通过解决问题来增强学习者主动投入的程度、培养良好的学习品质，从而实现深度学习的目的。

一、问题解决与深度学习的关系

深度学习立足于问题解决。为了更加深入地分析二者之间的关系，首先要明确问题解决与深度学习各自的内涵及其特征，并在此基础上对二者关系进行更细致的分析。

（一）问题解决

真正的学习始于问题，人们通过对真实问题的解决来不断提高学习能力。在开始探讨问题解决之前，必须先对"问题"有一个清晰的认识，了解问题的本质、问题的类型和问题的结构。

---

[1] 张立国，谢佳睿，王国华. 基于问题解决的深度学习模型[J]. 中国远程教育，2017（8）：27.

1. 问题

（1）问题的本质

在《教育大词典》中，问题亦称"难题"，泛指机体不能利用现成反应予以应答的刺激情境，狭义上指人不能用现成的知识（包括概念、规则和方法）达到既定目标的刺激情境。[①] 邓克尔认为："一个问题产生于一个活着的人，他有一个目标，但又不知道怎样做才能达到这个目标之时。每当他不能通过简单的行动从一种情境达到另一种需要的情境时，就要求助于思考……这种思考的任务是设计某种行动，这种行动能使其从当前的情境达到需要的情境。"[②] 乔纳森强调，问题是某种情境下的一个未知实体，即目标状态与起始状态之间的差距，他认为问题要具有一定的目标导向性，强调问题必须具有价值，所要寻找的或者要解决的未知的东西必须具有社会的、文化的或者智力上的价值，如果没有察觉到价值也就无法称之为问题。[③] 通过梳理问题的相关定义，本研究对问题的内涵进行如下总结：问题强调的是当前状态与目标状态之间存在差异，即人们已经掌握了某些已知条件，也知道所要达到的目标状态，但是在这一过程中却充满阻碍与变化，在这种情况下便产生了问题。

（2）问题的分类

日常生活中会遇到各种各样的问题，为了便于对问题进行分析，不同的研究者从不同的维度对问题进行了分类。按照问题答案的数量，可以将问题分为开放式问题和封闭式问题。[④] 封闭式问题主要指问题的合理或者正确答案只有一个，而开放式问题的合理或者正确答案则不限制数量，可以有多个。基于此，从所收集到的答案的数量上来看，开放式问题更加容易调动人的思维。

按照问题本身的结构，乔纳森将问题分为良构问题（well-structured problems）

---

① 顾明远. 教育大词典 [M]. 上海：上海教育出版社，1990：269.
② Duncker K. On problem solving.[J]. Psychological Monographs,1945:58.
③ Jonassen D. H.Toward a design theory of problem solving[J]. Educational Technology Research & Development,2000,48(4):63-85.
④ Ashmore A. D, Frazer M. J, Casey R. J. Problem solving and problem solving networks in chemistry[J]. Journal of Chemical Education,1979,56(6):377.

和非良构问题（ill-structured problems），这是心理学界一种较为主流的分类方法。[1]良构问题一般指包含有限且明确的已知条件，有一套完整的解决问题的方法和规则，同时存在有限的正确答案。非良构问题则与良构问题相反，问题通常与具体情境相联系，问题的已知给定条件比较模糊且有限，并且没有一个明确的答案，答案呈现多元化。[2]一般来说，在实际生活中遇到的问题大多数是非良构问题。因此一些学者认为，通常情况下问题解决中的问题主要指的是非良构问题。

（3）问题的结构

问题的结构指的是问题的构成要素以及各个要素之间的关系。[3]学术界对于问题的结构一般持有三要素论和四要素论两种不同的看法。苏联哲学家柯普宁提出：问题包括已知事实、未认识到的事物和解题思路3个要素。[4]大部分心理学家认同问题的三要素论，认为问题主要包含3个部分，分别是给定状态、目标状态、以及组织给定状态转变为目标状态的障碍。但是有些心理学家在三要素学说的基础之上另外加了一个要素，构成四要素说。所添加的要素并没有统一规定，有的研究者把问题情境作为第4种要素，有的研究者把解决问题的方法看作是第4种要素。[5]

在以问题解决为导向的深度学习中，所强调的问题主要包括3个部分，即问题的目标状态、问题的起始状态以及问题的中间状态，这3个部分共同构成了问题解决者的问题空间。

2. 问题解决

问题与问题解决有密切的联系，在深入探讨问题的基础上，开始分析什么是问题解决。加涅在《学习的条件》一书中将问题解决定义为最高层次的学习，在

---

[1] Jonassen D. H. Instructional design models for well-structured and Ⅲ-structured problem-solving learning outcomes[J]. Educational Technology Research and Development, 1997, 45(1):65-94.
[2] 袁维新.国外关于问题解决的研究及其教学意义[J].心理科学，2011，34（3）：636.
[3] 张掌然.问题论[D].武汉：武汉大学，2005：81.
[4] 柯普宁.作为认识论和逻辑的辩证法[M].彭漣漪，等，译.上海：华东师范大学出版社，1984:107.
[5] 张掌然.问题论[D].武汉：武汉大学，2005：83.

学术界掀起了对于问题解决研究的热潮。[1]

（1）问题解决的含义

问题解决是现代教学的一个重要目标，是人类的一项重要认知活动。对于问题解决含义的界定，不同的学者、不同的学科都有着不同的界定。综合当前国内外的相关研究可以发现，对于问题解决的研究主要集中在认知心理学和教育心理学两个领域。

纽厄尔（Newell）和西蒙（Simon）认为问题解决是解决者在与问题的相互作用之中使得问题得以解决的认知活动过程。根据 Newell-Simon 模型，问题解决者要将任务环境表征为一个问题空间，并将问题的目标状态与起始状态置于问题空间之内来解决问题。[2] 邓克尔（Duncker）认为问题解决是人们在问题情境中，通过来自不同方向的搜索而最后找到问题答案的过程，他强调问题解决的心理过程是一个反复循环而并非直线性的过程。[3] 安德森（Anderson）将问题解决定义为在特定的情境下，按照一定的目标，充分调动自己的知识技能，经过一系列的思维操作，最终使问题得以解决的过程。[4]

参照安德森的定义，本研究认为问题解决是在一个真实的、复杂的、有挑战性的问题情境中，为了克服困难而设定一系列目标，应用认知经验、知识和技能，在经过一系列复杂的认知操作后，不断地缩小问题的起始状态与目标状态之间的差距，最后使问题得以解决的过程。

（2）问题解决的特征

安德森曾经提出问题解决要具有三个方面的特征，分别是目的指向性、操作序列性和认知操作性。[5] 其中，目的指向性是指问题解决的过程受一定的目标引导，

---

[1] 加涅.学习的条件[M].傅统先，等，译.北京：人民教育出版社，1985:161.
[2] Newell,Simon H.A. Human problem solving[J]. Educational Technology, Reasearch and Development, 2000, 48(4):63-85.
[3] Duncker K. On Problem Solving[J]. Psychological Monographs,1945,58(5).
[4] Anderson J.R.Cognitive psychology and its implications (2nded)[M]. New York: W.H.Freedom and Company,1985:257.
[5] 安德森.认知心理学[M].杨清，张述祖，等，译.吉林：吉林教育出版社，1989：163-203.

是为了达成某一目标状态而进行的过程。操作序列性是指要有一系列的不同操作来完成，包含一系列的心理步骤。认知操作性是指有认知运算参与其中，在认知成分的基础之上展开的。我国学者张立国等在问题解决的含义的基础上，更加注重对于问题解决特征的解析，提出了问题解决具有情境性、目标性、操作序列性和认知操作性。[1]

在此基础上，本研究将问题解决的特征概括为以下几个方面：

①真实情境性

问题解决应当发生在一个真实的、复杂的、有挑战性的情境之中。问题解决不仅是为了一系列复杂的认知操作，更是为了提高对真实问题的解决能力。这些问题不同于各种课本上的良构性、封闭性问题，大多数是非良构的、开放性的问题，需要结合丰富的真实问题情境来对有挑战性的问题进行探索。

②目标引领性

问题解决一定会有一个明确的目标作为引领。在问题解决的最初阶段，就要对问题的初始状态和目标状态进行分析，分析二者之间的差距。但是这并不意味着问题解决的目标是一成不变的，可以根据探索的过程在原始目标上进行适当修改。

③复杂动态性

问题解决的整个过程并不是线性化的发展过程，而是一个复杂的、动态的变化过程。在问题解决的过程中，会不断发现新的问题、分析新的问题、解决新的问题，这样循环反复的复杂的动态过程才能称之为问题解决。

④认知操作性

问题解决是在一定的认知操作的基础之上展开的，有一定的认知运算参与其中。在解决问题的过程中，通过一定的认知操作来促进经验迁移能力、批判性思维和创造性思维的发展。

---

[1] 张立国，谢佳睿，王国华.基于问题解决的深度学习模型[J].中国远程教育，2017（8）：29.

（二）问题解决与深度学习的关系分析

深度学习是指向问题解决的学习，在解决问题的过程中能够促进深度学习的发生。同时，在实现深度学习的过程中，问题解决能力也能得到锻炼和发展。问题解决与深度学习之间存在着相互促进的密切关系。

1. 问题解决与深度学习之间相互融合

问题解决与深度学习的内涵相互交融，深度学习是指向问题解决的。深度学习追求的并不仅仅是知识上的复杂程度，更重要的是对实际问题的解决。无论是深度学习还是问题解决，所要面对的都是一系列复杂的认知操作过程，都依赖于各种各样的认知活动和技能，需要经过一系列的思维操作。问题解决的过程随着幼儿在深度学习过程中思维的深入发展，问题的难度和挑战性会逐渐升级，学习者在问题解决过程中的批判性思维、创造性思维、经验迁移能力都得到不断发展。二者的内涵相互融合，包含一系列复杂的思维操作。

2. 深度学习促进问题解决能力的提升

在学习者实现深度学习的过程中，批判反思能力、知识建构能力都可以得到发展，而这些能力可以提高问题解决能力。

（1）深度学习注重批判性理解

深度学习是建立在深层理解基础上的学习，在理解知识的基础之上学会对问题进行辨析，敢于质疑。[1] 在探索问题的解决方案阶段，不同的学习者可能会有多种不同的方案，这个时候就需要学习者对各个方案进行辨析和比较，选择出最合适的方案。因此，深度学习所强调的批判性理解同样是发展问题、解决能力的关键要素之一。

（2）深度学习注重知识的迁移与运用

深度学习与浅层学习的一个重要区别就在于能否将已有知识运用到一个新的

---

[1] 安富海. 促进深度学习的课堂教学策略研究 [J]. 课程·教材·教法，2014，34（11）：58.

情境中去解决一个真实性的问题。深度学习强调的是同一知识经验在不同的时间、不同的地点甚至不同的问题情境之中，都能够最大限度地发挥其作用。问题解决中所面对的问题同样是来自生活中的真实性问题，要求问题解决者将其已有经验与新的问题情境相联系，在这个过程中知识的迁移与运用同样起到了很大的促进作用。

（3）深度学习强调建构与反思

建构与反思是深层学习与浅层学习的本质区别。[①] 深度学习中的建构与反思，是对问题进行重新建构与理解，强调对原有概念进行调整、分析与评价。在问题解决的过程中，分析问题和解决问题的环节都需要通过反思来调整方案，反思贯穿于整个问题解决的过程之中。因此，深度学习中的反思与建构可以推动问题解决过程中问题挑战性的升级，在分析问题后帮助提出更加完善的方案。

问题解决是一个相对复杂、动态的发展变化过程，也是一个不断反复和加深的过程。问题解决不仅是指对方案的实施，还有对问题的分析、对方案的制订和修改，以及贯穿于整个环节之中的反思，这些都是建立在对问题的深度理解与剖析基础之上的。而在深度学习的过程中，学习者的信息整合能力、迁移能力、创造性思维、批判性思维等都得到了发展，这些都是在问题解决过程中所需要的能力。因此，深度学习不仅是问题解决追求的目标，还能够促进问题解决能力的提升。

3. 问题解决是深度学习的实现途径

问题解决的终级目标是实现深度学习，以问题解决为导向的学习过程能够促进深度学习的发生。学习者浓厚的学习兴趣、明确的目标导向、积极的认知活动，这些都是深度学习发生的前提条件。

（1）激发学习兴趣

问题解决以"问题"为核心，这些问题是与学习者的生活密切相关的，能够调动学习者的好奇心，激发学习者的学习兴趣。深度学习的特征之一就是强调主动学习，即积极主动地投入到学习情境之中。那么，从生活中的问题出发，立足

[①] 杜娟，李兆君，郭丽文. 促进深度学习的信息化教学设计的策略研究 [J]. 电化教育究，2013，34（10）:16.

于对实际问题的解决，就能有效地调动学习动机，推动深度学习的发生。

（2）明确的目标导向

问题解决的过程有一个明确的目标导向，所有的认知操作活动都是在目标的基础上完成的。在目标的基础上，对问题进行深层次的分析，运用创造性思维去探索各种可能的解决问题的方法，用批判性思维去对比验证各种方案，发展元认知来对问题解决的过程进行反思和总结，在这一系列的过程之中均促进了高阶思维的发展。由此可见，在明确目标的指引下，深度学习更容易实现高阶思维的发展。

（3）反复的动态过程

问题解决的过程是一个动态、复杂的变化过程。在问题解决的过程中，会不断地发现新问题、分析新问题，以及探索新问题的解决方法。而通过这样的不断循环，使得问题的难度和深度逐渐加大，这一完整的问题解决过程更容易引发深度学习。

（4）积极的认知活动

问题解决的关键特征之一便是认知操作性，整个过程中伴随着批判、质疑、迁移等认知操作，对问题进行的表征、分析、验证、评价等都离不开各种思维的发展。而高阶思维不仅是深度学习发展的核心特征，还是深度学习发展的核心要素。在问题解决过程中，通过一系列认知操作的发展，促进了高阶思维的发展，从而为深度学习的发生提供了保障。

二、以问题解决为导向的幼儿深度学习的过程

在对深度学习与问题解决的关系进行探讨之后，可以发现深度学习与问题解决密切相关。本研究以问题解决为导向对整个活动过程进行设计，通过问题解决促进深度学习的发生。在梳理常见的问题解决过程模式的基础上，结合深度学习的自身特点，最终构建了以问题解决为导向的幼儿深度学习的过程模式。

（一）问题解决过程的基本模式

问题解决是一个由多种阶段组成的、复杂的非线性的过程。对于问题解决过程阶段的划分，不同的研究者在不同的时期、从不同的角度出发，有不同的划分方式。按照时间的脉络来梳理问题解决过程模式的发展，主要经历了以动物为实验对象来进行研究的时期、杜威等人的阶段理论时期以及现代认知心理学派下的问题解决经典模式时期。

1. 试误说与顿悟说

心理学家最初主要利用动物来研究问题解决的行为，以美国心理学家桑代克的试误说和格式塔派心理学家的顿悟说为代表。

桑代克（Edward Lee Thorndike）最先用实验法对问题解决进行了研究，并且完成了著名的迷笼实验。桑代克认为问题解决是一个不断盲目探索、不断尝试错误的过程，通过不断地尝试，在刺激与反应之间逐渐形成一种联结，最终实现问题的解决。[1] 而格式塔派的苛勒（Wolgang Kohler）则通过黑猩猩摘香蕉的实验对问题解决的过程进行了说明，提出了顿悟说。顿悟主要是指通过观察对情境的全局或对达到目标途径的提示有所了解，从而在主体内部确立起相应的目标和手段之间的关系完形的过程。[2] 人们在遇到新的问题时，会运用已有的经验去重组之前的问题结构，以便重新对问题进行理解，找到解决问题的突破口，从而实现问题解决的过程。

2. 华莱士的四阶段论

美国心理学家华莱士(G. Wallas)在1926年出版了《思维的艺术》，并在书中提出了问题解决过程的四阶段论，即准备阶段、沉思阶段、明朗阶段和验证阶段。第一阶段是准备阶段，主要是信息的搜集，以及对解决问题的信息进行联想和筛选。此时已经呈现出需要解决的问题。第二阶段为沉思阶段，此时主要处于酝酿状态。在准备阶段之后，一些简单的问题凭借对信息进行的有效搜集得以解决，

---

[1] 施良方. 学习论[M]. 北京：人民教育出版社，2001：29.
[2] 张庆林，邱江，曹贵康. 顿悟认知机制的研究述评与理论构想[J]. 心理科学，2004(6):1435.

但是一些较为复杂的问题则需要更多的时间来思考和酝酿，比如进行一个短暂的搁置，而这种搁置往往会在问题解决者无意识的状态下促进问题的解决。第三阶段为明朗阶段，经过酝酿期之后，问题解决者在这个阶段会突然迸发出灵感，得到启迪，最终提出新的问题解决的方法。最后一个阶段为验证阶段，主要是检验解决方法是否可行的阶段。明朗阶段所提出的解决方法不见得是可行合理的，需要验证阶段来对其进行检验。[1] 这便是华莱士的问题解决四阶段论。

3. 杜威的五阶段论

在问题解决的阶段理论中，杜威的五阶段论影响十分深远。杜威提出了问题解决的 5 个阶段，认为问题解决过程主要分为 5 个步骤：第一步，开始认识到困难的存在；第二步，鉴别出具体问题，确定困难究竟是在哪里；第三步，提出解决问题的各种假设；第四步，演绎和推理各种假设；第五步，以实际行动去验证各种假设，形成和评价结论。[2]

杜威的问题解决模式特别强调经验在问题解决过程中的作用，强调对于假设的不断验证和求证的过程。他在 1910 年也曾经指出并不是所有的问题解决过程都要遵循这 5 个步骤，有些问题中的某个阶段是重叠的，那么整个问题解决的过程就相对缩减，而有的问题需要不断重复一些步骤，那么问题解决的过程则相对延长。[3]

4. 斯滕伯格的七阶段论

斯滕伯格（Robert J. Sternberg）在《认知心理学》一书中提出了问题解决的周期，认为一个完整的问题解决过程主要包含 7 个步骤，分别是：问题的确定、问题的定义和表征、策略的形成、信息的组织、资源分配、监控以及评估。[4]（如图 5-1 所示）

（1）问题的确定：问题解决者在问题的最初阶段必须要清楚地认识到自己面临着什么样的问题，不清晰的界定会给问题解决带来一定的阻碍。

---

[1] 郭亨杰，黄希庭. 心理学——学习与应用 [M]. 上海：上海教育出版社，2001: 188-204.
[2] 邵瑞珍，皮连生. 教育心理学 [M]. 上海：上海教育出版社，1988: 150.
[3] 邵瑞珍，皮连生. 教育心理学 [M]. 上海：上海教育出版社，1988: 150.
[4] Robert J. Sternberg. 认知心理学 [M]. 杨炳钧，等，译. 北京：中国轻工业出版社，2006: 289-291.

（2）问题的定义和表征：问题表征的形式可以多种多样，既可以在头脑中进行内部表征，也可以用图片、声音、列表等方式进行外化。

（3）策略的形成：在确定完问题以及定义和表征完问题之后，开始探讨合理的问题解决的策略。斯滕伯格提出策略可以是分析的、综合的，在其中体现了发散性思维与聚合性思维。

（4）信息的组织：在确定完策略之后，思考最有效的方式，并以此来组织信息从而实现先前的问题解决策略。斯滕伯格强调，整个问题解决的过程都是信息组织的过程。

（5）资源分配：资源的分配是问题解决周期中关键的一个环节，时间、空间、金钱等资源需要合理地分配。斯滕伯格特别指出新手与专家在分配资源上的不同倾向，专家往往把资源分配在整体规划上，而新手更容易把资源放在局部细节的安排上。

（6）监控：监控是问题解决者对问题解决过程的一个整体性的把握，在发现解决问题的过程偏离原定轨道后应及时修改，以免浪费时间。

（7）评估：评估是对问题解决的过程和结果进行评价，这是问题解决过程中关键的一环，关键性的进步都出现在评估这个阶段。

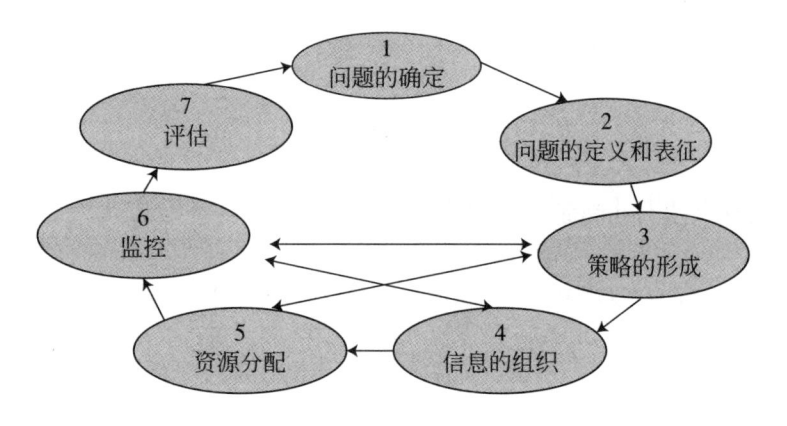

图 5-1　斯滕伯格的问题解决七阶段[①]

尽管斯滕伯格提出了一个完整的问题解决的周期，但并不是所有的问题都要

---

① Robert J. Sternberg . 认知心理学 [M]. 杨炳钧，等，译 . 北京：中国轻工业出版社，2006：289.

严格地按照这 7 个步骤，应当灵活进行处理。在具体的问题解决过程中，可以改变顺序或者直接跳过某个过程，这要根据问题的性质灵活地进行安排。

5. 奥苏泊尔等人的问题解决过程模式

奥苏伯尔和鲁滨逊（D.P.Ausubel & F.G.Robinson）提出了以几何问题为原型的问题解决模式。他们认为，问题解决一般要经历呈现问题情境命题、明确问题目标与已知条件、填补空隙以及解答之后的检验 4 个阶段（如图 5-2 所示）。其中，第三阶段的填补空隙是问题解决的核心阶段。学习者发现了"已知条件"和所要达到的目标之间的差距，分析其中的空隙，通过一些推理的原则和相关的策略来填补这一空隙，这与在前面所提到的分析问题的初始状态与目标状态之间的差距颇为类似。[1] 此外，该模式非常强调问题解决者的已有认知结构在问题解决过程中的作用。但是由于该模式以数学问题为原型，在推广方面会受到限制。

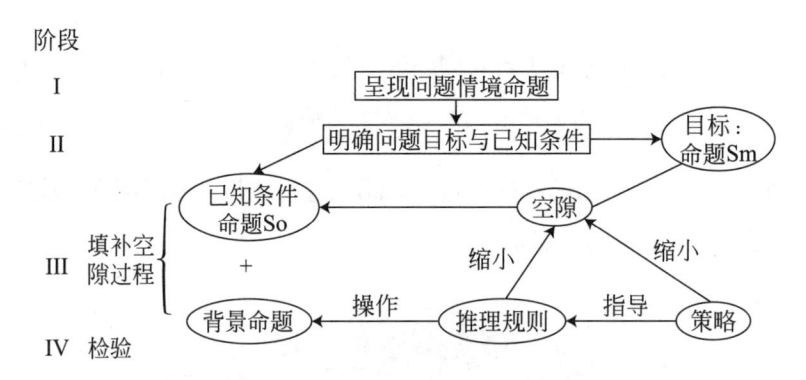

图 5-2 奥苏伯尔的问题解决过程模式[2]

6. 格拉斯的问题解决过程模式

格拉斯（Glaser）将问题解决的过程分为 4 个相互联系的阶段，分别是：形成问题的初始表征、制订问题解决的计划、重构问题表征、执行计划检验结果。[3]（如图 5-3 所示）

---

[1] 邵瑞珍、皮连生.教育心理学[M].上海：上海教育出版社，1988：146-149.
[2] 邵瑞珍、皮连生.教育心理学[M].上海：上海教育出版社，1988：146.
[3] 李广洲，等.化学问题解决研究[M].济南：山东教育出版社，2004：57.

二、以问题解决为导向的幼儿深度学习的过程

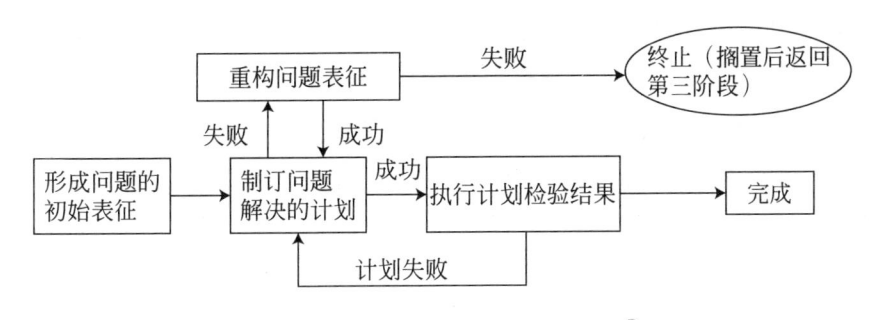

图 5-3　格拉斯的问题解决过程模式[1]

（1）形成问题的初始表征：问题的理解阶段，问题解决者要在自己的工作记忆之中形成问题空间，并转化为问题解决的合理路径。

（2）制订问题解决的计划：在这一阶段，问题解决者要在问题空间中搜索出能够达到问题预期目标的解决方法。

（3）重构问题表征：如果初始表征不足以支撑计划的执行，则需要重新建构问题表征。新建构的问题表征可能会与之前的表征有相似的地方，也可能与之前的表征完全不同。

（4）执行计划检验结果：在实际过程中实施问题解决方案，并对执行计划的过程和结果进行评估。如果当前计划可以有效地使问题从初始状态转变为目标状态，那么此次计划就是有效的；如果经过检验之后，无法使问题达到目标状态，就要重新修订计划。[2]

格拉斯的问题解决过程强调问题解决并不是一个线性发展的过程，而是一个迂回的、反复的过程，在每一个阶段都可能会出现新的问题，并且非常重视问题表征在问题解决过程中的作用。

7. 基克的问题解决过程模式

基克（Gick）在对解决问题的策略进行研究后，提出了一般性问题解决策略的教学模式，这一模式主要包括四个阶段：理解与表征问题、寻求解答、尝试解答和评价（如图 5-4 所示）。[3] 这一问题解决的过程模式同样非常注重问题表征在问题解决

---

[1] 李广洲，等.化学问题解决研究 [M].济南：山东教育出版社，2004：57.
[2] 刘儒德.论问题解决过程的模式 [J].北京师范大学学报（社会科学版），1996（1）:26.
[3] 李广洲，等.化学问题解决研究 [M].济南：山东教育出版社，2004：57.

过程中的作用,并且同格拉斯一样,都强调问题解决的过程是一个不断反复的过程。在寻求解答阶段,基克提出将启发式和算法式两种问题解决过程结合在一起。该模式可以合理地解释新手与专家在问题解决过程中的差异性表现,专家主要将时间放在问题的理解和表征阶段上,而新手主要将时间放在对于解决问题方案的不断尝试上[①]。

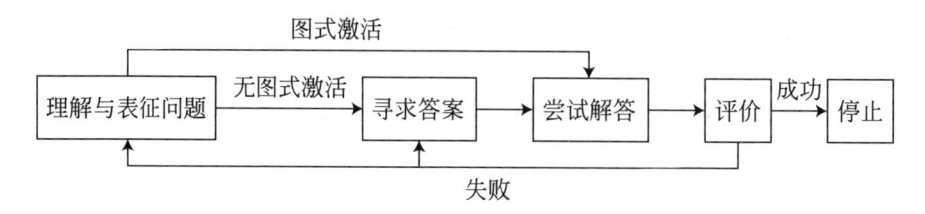

理解与表征问题 → 无图式激活 → 寻求答案 → 尝试解答 → 评价 → 成功 → 停止
(图式激活反馈,失败反馈)

图 5-4 基克的问题解决模式[②]

我国学者也对问题解决的过程模式进行了研究。袁维新将问题解决的过程概括为以下四个环节:问题表征、策略选择、策略运用和结果评价。[③]张立国将问题解决的过程概括为六个主要环节:问题表征、提出多种解决问题的方案、选择最优方案、实施方案、评价效果、对方案进行修订。[④]胡艺龄将问题解决的过程总结为问题表征、寻求可能的解决方法、执行计划、评估验证四个核心步骤。[⑤]在对上面的一些经典的问题解决模式进行梳理后可以发现,尽管不同的研究者从不同的角度提出了不同的问题解决阶段,但都是强调以"问题"为中心,都是强调通过问题解决的一系列过程来消除问题的初始状态与目标状态之间的差距,越来越注重问题表征环节在整个问题解决过程中的作用。

(二)以问题解决为导向的幼儿深度学习的四大阶段

本研究基于经典的问题解决过程模式,结合幼儿的认知发展特点,在考察王小英教授主持的教育部人文社会科学项目"幼儿深度学习的理论与实践探索研究"实验园所的具体活动流程后,将以问题解决为导向的幼儿深度学习总结为四大阶段,分别是:经验的回顾与分享阶段、制订计划阶段、实施计划阶段以及阶段总结

---

① 刘儒德.论问题解决过程的模式[J].北京师范大学学报(社会科学版),1996(1):28.
② 李广洲,等.化学问题解决研究[M].济南:山东教育出版社,2004:57.
③ 袁维新.国外关于问题解决的研究及其教学意义[J].心理科学,2011,34(3):637.
④ 张立国,谢佳睿,王国华.基于问题解决的深度学习模型[J].中国远程教育,2017(8):30.
⑤ 胡艺龄.基于学习分析技术的问题解决能力评价研究[D].上海:华东师范大学,2016:27.

与反思。其中第三阶段的实施计划阶段是通过一个个问题的解决来推进整个计划的完成，包括发现问题、寻找问题解决方案、实验与验证方案三个环节。在解决完一个问题之后，幼儿会不断发现新的问题，再重新回到寻求问题解决方案阶段。每一个完整阶段的活动以该阶段的阶段性总结与反思作为结尾，下一个阶段的活动则重新以制订计划为起点。图 5-5 表示的是以问题解决为导向的幼儿深度学习的整个过程。

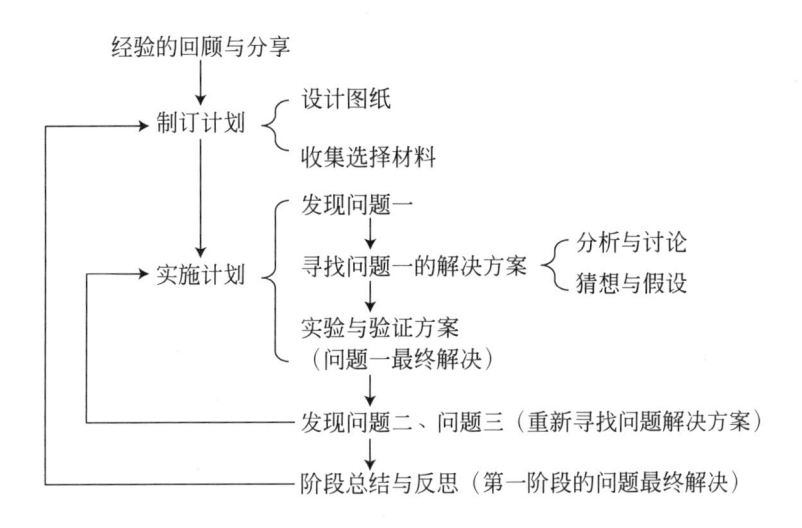

图 5-5 以问题解决为导向的幼儿深度学习的流程图

"学起于思，思源于疑"，幼儿在生活中、游戏中、绘本中等，发现了他们所感兴趣的真实性问题，并经过教师的初步判断，确定该问题具有一定的挑战性和难度性之后，展开深度学习课题活动。首先开始的便是经验的回顾与分享阶段。

1. 经验回顾与分享

美国学者 Eric Jensen 和 Le Ann Nickelsen 在《深度学习的 7 种有力策略》一书中提出深度学习的路线，具体路线包括：设计标准与课程、预评估、营造积极的学习文化、预备与激活先期知识、获取新知识、深度加工知识、评价学生的学习。[1] 这一路线对国内外深度学习的教学实践具有非常大的影响。学习准备阶段在整个深度学习路线中占有重要比重，其中的预备与激活先期知识、获取新知识等体现的是经验迁移能力的发展。作为以问题解决为导向的幼儿深度学习活动的第一阶

---

[1] Eric Jensen, Le Ann Nickelsen. 深度学习的 7 种有力策略 [M]. 上海：华东师范大学出版社，2010：11.

段，经验的回顾与分享属于学习导入阶段，目的是为后续的深度学习活动打下基础。教师应当注重激活幼儿已有的知识经验和生活经验，并且将相关知识经验和生活经验进行一个有效的结合，将已有的经验与最初的问题情境进行联系，注重幼儿经验迁移能力的发展。在这一阶段，幼儿通常会借助多元化的表征方式来对以往的经验进行回顾和分享，例如语言表征、图片表征、动作表征等，将抽象的经验以直观化的方式呈现出来。

案例 5-1

植物角中的花儿一直受到班级中幼儿的喜爱和关注，在发现花儿枯萎了以后，幼儿便萌生出"拯救花朵"的想法。在激烈地讨论"花朵枯萎的原因"与"花儿成长的需要"之后，幼儿归纳出了花朵枯萎的最重要的原因是因为缺少水分，并依此确定了要制作浇花器的想法。于是，教师便带领幼儿开启了"回忆生活中的浇花工具"的经验分享活动。

教师：小朋友们都说想要做浇花工具，那你们在生活中都见过哪些浇花工具呢，能不能给老师讲一讲呀？

禾禾：我见过在瓶子里放入水宝宝，可以让花土湿润！

宁宁：我在马路上见过洒水车，车在路上一直开，它就自动把车厢的水浇在马路边的花坛中，洒水车自己就能出水哦。

佳佳：我还见过车上站着一位叔叔，他手中拿着水管，水管可以随意变换方向浇花。

新新：我妈妈在家是直接用矿泉水瓶去浇花的，我们也可以用瓶子呀。

泽泽：我和爸爸去公园见过草坪上有像喷泉一样可以浇花的工具，喷出来的水特别多。

旻旻：我还见过像漏斗一样的，一滴一滴地浇花，浇出来的水一点儿也不多。

幼儿的想法层出不穷，对浇花器的探讨表现出了浓厚的兴趣，每次在描述所见到的浇花器时，还会做出可爱生动的动作。教师便引导幼儿将在生活中所看到的浇花器用图片的形式表述出来，帮助幼儿整理思路。接下来教师还布置了家园互动活动——"生活中你见过哪些浇花工具"，幼儿展示收集到的不同的浇花器，了解不同浇花器的原理，并成功将浇花器按照工作方式进行分类。

【吉林省省直机关第三幼儿园 中一班 刘书博 "新型浇花器"课题活动】

在上面的案例中，展现了幼儿经验回顾与分享阶段的活动，这一阶段活动起到了重要的导入作用。首先，教师通过提问来引发幼儿的讨论，调动幼儿参与讨论的积极性。幼儿通过对教师所提出问题进行思考，充分地调动以往的经验，努力回想所见到的各种类型的浇花器。根据幼儿的回答，可以发现幼儿成功地在经验中提取出了制作浇花器的关键要素，如"自动""随意变换方向去浇花"等表述，概括出一些浇花器的工作特点。"用塑料水瓶去浇花"的这一经验回顾，让部分幼儿对于日后制作浇花器的材料有了一个大致的认识。"像喷泉"一样喷水，"像漏斗"一样滴灌，可见幼儿对于喷水的量和喷水的速度有了自己的判断。其次，教师带领幼儿将讨论中所提到的各种类型的浇花器用图片的形式呈现出来，帮助幼儿对已有经验进行了整理。幼儿在回顾以往经验的过程中，除了使用语言进行表述，还伴有生动的动作，如用挥舞着的小手来表示出水的速度和方向，这样能够将幼儿头脑中的抽象事物用更加直观的方式呈现出来。最后，在经验的分享与回顾阶段，教师充分利用了家长资源，通过家园合作来帮助幼儿回忆和拓展相关经验。

经验的回顾与分享不仅能调动幼儿的研究兴趣，还能够通过循序渐进的交流促进幼儿思维的发展，为后续的制订计划阶段打下坚实的基础。幼儿不仅能在回顾的过程中促进其发散性思维的发展，还能在分享经验的同时发展经验迁移能力。

2. 制订计划

经验回顾与分享后，活动便进入到制订计划阶段。在以问题解决为导向的幼儿深度学习的活动中，活动是持续性的，随着问题的不断推进，会衍生出一个个新的活动。因此，制订计划阶段的活动主要包括两种，一种是在经验分享与回顾阶段后，根据幼儿的相关经验来制作计划；另一种则是在整个阶段的活动结束之后，通过阶段性反思与小结，发现新问题后，根据新问题来制订新的计划。无论是最初的制订计划阶段，还是第二轮、第三轮的制作计划阶段，都主要包括两个核心环节，即设计图纸和收集选择材料，幼儿的讨论与交流则贯穿于这几个环节之中。

设计图纸的过程是幼儿将头脑中的抽象计划和概念转换为直观形象的过程，属于问题表征中的图画表征。问题表征有不同的类型，而这些不同的表征类型影响着问题的解决。赫伯特等依据问题表征的形式和其在心理运作中担任的角色，将数学问题表征分为外在表征和内在表征，外在表征主要指借助文字、符号、语言、图片、模型和具体事物等对问题情境进行的表征。[①] 由于幼儿年龄特点和认知水平发展的限制，外在表征的方式更有利于幼儿分析问题。问题表征的外化主要指的是借助一系列外显的方式，例如绘画、图画、动作、语言等来描述一个学习者要解决问题的初始状态、目标状态以及一系列中间状态，可以促进问题解决中复杂的认知过程。[②] 其中，图片表征不仅能够激发幼儿参与的积极性，并且可以在设计图纸的过程中发展幼儿的创造性思维。

设计完图纸之后，幼儿对于整个制作活动有了大致的规划，便开始了收集材料阶段。材料是制作的前提，没有材料幼儿便无法开始真正的制作环节。在经过讨论确定所要选择的材料后，幼儿开始收集活动所需要的材料。整个过程会引发幼儿激烈的讨论，促进其在维护自己观点的过程中发展批判性思维。

案例 5-2

幼儿在经过共同讨论之后，设计好自己喜欢的风筝图纸，开始执行下一阶段的制作风筝计划。但是对于风筝骨架的材料的选择，不同的幼儿有不同的意见，小组成员展开了激烈的讨论。

麟麟：应该选铁丝，我看过很多风筝都是用铁丝做的。

婷婷：你们看看，这个是吃烧烤的铁签，很硬呀。

然然：对呀，硬、结实，还不容易折。

麟麟：对啊，不然一来大风不就刮断了吗？

教师：有小朋友认为应该选结实的材料作为骨架，还有其他想法吗？

宇宇：老师，我不同意选择铁丝。铁丝太沉了不容易飞起来啊，就像纸飞机越轻就飞得越高，我觉得应该用吸管，吸管轻，飞得高。

麟麟：那要是风一吹就飞起来，就太容易了，放风筝也太没意思了。

茹茹：用吸管的话，风能穿过吸管，吸管变沉，风筝的重量就增加了。

然然：你说得不对，穿过吸管，风就减少了，就没有风了。

麟麟：要是多用吸管，风进去之后，岂不是像喷气式飞机一样，风筝飞得更高了！

幼儿对于要选择铁丝还是吸管作为制作风筝骨架的材料争论不休，最后分为

[①] Larkin J. H, Simon H. A. Why a diagram is (sometimes) worth ten thousand words[J]. Cognitive Science,1987,11(1):65-100.

[②] 金慧. 基于问题解决的学习支持 [M]. 长春：吉林大学出版社，2010：210.

二、以问题解决为导向的幼儿深度学习的过程

两个小组来依次尝试。在经过讨论后,大家对于这个制作活动有很高的兴致,表现出了非常浓厚的兴趣。

【吉林省长春市人民政府机关第一幼儿园 大一班 刘琦 樊俊杰 "风筝"课题活动】

在上面的案例中,对于制作风筝骨架的材料的选择,幼儿展开了激烈的讨论。首先,麟麟提出的第一种材料是铁丝,并联想到了在生活中所见到的风筝和吃烧烤的前期经验,将生活中的经验迁移到此次材料的选择上。接下来,然然对铁丝这一材料的特性进行了分析,简洁明了地提炼概括出了铁丝最突出的特点"硬、结实、不容易折断",并就适合作为制作风筝的材料的原因进行了分析和说明。接下来,教师适时进行提问,与幼儿进行有效的互动,通过拓展性问题来引发幼儿的其他观点,推动整个讨论环节的进程。宇宇接住了教师所抛出来的问题点,"认为太沉的飞机飞不起来",并用生活中纸飞机的例子进行解释,对选择"铁丝"这一材料进行了否定,其在解释理由的过程中批判性思维得以发展。最后,在通过交流互动的环节否认了几种较为常见的材料之后,宇宇充分发挥他的想象力和创造力,提出了使用吸管这种材料。在讨论吸管这种材料时,幼儿又掀起了新一轮的讨论热潮,有些幼儿根据自己的逻辑推理和生活经验,认为风留在吸管中增加了风筝的重量。有些幼儿则运用批判性的眼光进行深层次思考,认为吸管两端是相通的,那风穿过吸管应该像没有来过一样。有的幼儿联想到运用气体反冲作用获得推力的喷气式飞机,将已有经验迁移到吸管与气流关系的新经验上来,将已有的经验与新的问题情境联系在一起。从上面的案例可以看出,幼儿可以在选择和筛选材料的环节中尽情探索,在讨论和交流中对各种材料的性质进行分析和比较,不仅加深了对材料的了解,高阶思维能力和经验迁移能力也得到了相应的发展。

3. 实施计划

在制订计划之后,接下来开展的便是实施计划阶段,这是以问题解决为导向的幼儿深度学习中最为关键的一个阶段。这一阶段主要是实施已制订的问题解决方案,以及不断发现问题、解决问题的过程。这个阶段的活动也最能够体现问题解决的循环上升性,幼儿在尝试制作过程中会不断遇到新的问题,不断寻找解决方案。正是在解决这些问题的过程中,实现了深度学习。

(1) 发现问题

实施计划后，幼儿会发现真实的问题情境与之前的预设存在一定的差距，会在实施的过程中发现新的问题。发现问题是促进思维发展的第一步，主要指幼儿能够意识到问题的存在。首先，这一问题强调应是真实情境中的问题。其次，幼儿是发现问题的主体，幼儿有探究感兴趣的问题的自由，并不是被动地接受所要探究的问题。幼儿在自主发现问题的过程中，能够激发其研究的欲望，从而更加主动地投入到深度学习的过程之中。

案例 5-3

幼儿决定亲手制作"好用的拖把"，在教师的引导下，开展了关于"生活中的拖把"的经验回顾与分享互动，在分组讨论的过程中设计出了各组的拖把图纸，并依此找到了适合的制作材料，开始进入到实施计划阶段。想要制作多功能拖把的第一组幼儿在按照预先设计好的图纸进行制作时，却出现了一个个新的问题，如幼儿之前的计划是用矿泉水瓶来做洒水壶，但是在按照之前的计划给矿泉水瓶扎眼之后，却发现水根本不从瓶子的小孔中流出来。在经过讨论后，幼儿对这个问题非常感兴趣，便将这个问题作为新的问题进行分析和解决。

【云南省人民政府办公厅圆通幼儿园 中三班 李丽等 "好用的拖把"课题活动】

在上面案例中，体现了实施计划中的发现问题阶段。幼儿在亲手制作拖把后，遇到了没有预想到但却关系整个过程向前发展的问题。在发现"水不能从瓶子中流出来"之后，幼儿在仔细观察的基础上就此问题展开了讨论，最后不仅成功解决了这一问题，还灵活地用"大气压力"这一原理对现象进行解释。这便是幼儿发现问题的过程，在该过程中会有讨论交流的环节，也会有教师的引导与提示，但是更多的是幼儿自主发现的过程，发现真正让他们有探究欲望且更有挑战性的问题。从表层的问题逐渐向深层次的问题进行转换，在发现问题的过程中发展幼儿的分析能力、观察能力和批判性等高阶思维。

(2) 寻求多种问题解决方案

在发现问题后，幼儿开始寻求问题的解决方案。寻求问题解决方案的关键就是对问题的分析和表述，这里涉及幼儿对问题的具体表征，即对问题的分析和理解。西蒙（H. A. Simon）认为："问题表征是问题解决者在头脑中以某种理解来呈

二、以问题解决为导向的幼儿深度学习的过程

现问题,使问题的任务领域转化为问题空间,是问题解决者对一个问题所达到的全部认识状态"。[①] 为了更好地解释问题表征,他提出著名的问题空间理论,把问题解决者对问题的内部表征表述为问题空间,认为分析一个问题时,可以将一个问题的结构描写成一系列的状态。在初始状态和目标状态之间,人们在分析问题时会产生一系列的"步",这些步就构成了问题从初始状态转换为目标状态所需要的问题路径,而这些问题路径就构成了"问题空间"。[②]

从上面的分析可以看出,问题表征包括问题空间的形成,是由问题解决者自主构建起来的,主要依靠问题解决者已有的认知结构和经验。由于学前儿童认知发展的特殊性和有限性,在这个阶段主要利用外化的问题表征方式来对问题进行分析和表述。寻求问题解决方案阶段主要包括两个核心环节,即分析与讨论、猜想与假设。在这个过程中体现了幼儿深度学习的两种重要的方式,即合作学习与讨论学习。

①分析与讨论

在寻求问题解决方案的过程中,第一个环节便是以小组形式开展的分析与讨论活动。在幼儿深度学习的活动过程中,分析与讨论活动不仅能够促进幼儿批判性思维的发展,还有利于培养幼儿的合作意识。

批判性思维是一种理性和反思的思维,旨在决定该相信什么或者该做什么。[③] 它是指能够发现某种事物、现象和主张的问题所在,同时根据自身的思考逻辑作出判断的思维。批判性思维主要是由批判性技能和批判性精神两个维度构成的,其中批判性技能维度主要包括解释、分类、比较、综合、概括、推断等,是构成批判性思维的宏观的思维技巧;批判性精神维度主要包括思维的主动性、思维的独立性、思维的开阔性、好奇心和怀疑精神、自信心和勇气、坚韧性等。[④] 幼儿的深度学习指向高阶思维,其中批判性思维是高阶思维的一种重要体现。在深度学习的过程中,强调批判性地学习各种知识、批判性地思考各种观点,强调学习者的批判性态度。深度学习还强调辨析思维,在质疑和辨析中加深对知识和概念的理解。

---

① Newell A, Simon H. A. Human problem solving[M]. Englewood Cliffs,NJ: Prentice-Hall,1972.
② 丁锦红,张欣,郭春彦. 认知心理学 [M]. 北京:中国人民大学出版社,2010:267.
③ 大卫·A. 亨特. 批判性思维实用指南——决定该做什么和相信什么 [M]. 伍绍杨,译. 上海:学林出版社,2017:3.
④ 陈骏宇. 批判性思维及其能力培养研究 [D]. 上海:上海师范大学,2004:14-15.

批判性思维与批判精神一直是使知识走向深层次的关键。

在分析与讨论的过程中,幼儿在提出观点之后,很有可能会遭到他人的质疑、挑战与否定。在遭到他人的质疑与否定后,幼儿便就不同的观点和看法而展开讨论,学会用已有的知识经验及推理来维护、完善自己的观点,在这个过程中培养自己的批判性思维能力,加深对知识的理解和认识。同时,在分析式讨论的学习过程中激发幼儿的交往动机。交往动机作为学习动机的一种重要形式,能够有效激发幼儿的学习动机。在寻求问题的解决方法的阶段,强调小组合作的讨论方式,不同的幼儿看待同一问题的观点不同,提出的解决问题的方案也各有差异,因此合作讨论的方式有利于幼儿之间进行思维的交流和碰撞,发展幼儿的批判性思维和辨析能力。

案例 5-4

幼儿按照设计图纸来实施制作计划时,发现罩在蒙古包外面的伞需要时刻扶着才能立住不倒,而谁都不愿意一直扶着伞,于是幼儿提出了新的问题:"怎么才能不用扶着,也让大伞可以自己立住呢?"针对这个问题,幼儿开始进行分析,展开了激烈的讨论。

航航:我看见过遮阳伞下面是有个东西固定的,要把伞插在里面才能固定。

瑞瑞:可是我们的伞没有,我们可不可以用一个桶来固定伞呢?

航航:这个大伞放在桶里,桶怎么也倒了呢?

倩倩:是不是因为咱们的伞太重,这个桶太轻了呢?

豪豪:你说得有道理,要不我们往桶里装上点东西吧!

腾腾:可以去我们的沙池里装一些沙子试试。

贝贝:沙子太沉了,我们根本抬不动。

航航:我去找个车过来拉着沙子走就可以了。

豪豪:现在,这个伞一碰到还是会歪呢?

倩倩:是不是沙子太少了,把桶装满就不会歪了吧!

于是,幼儿开始把沙子放进大桶里面,在多次尝试后,大伞终于可以立住,而不需用手扶着了。幼儿们非常高兴,充满了成就感。

【内蒙古乌兰浩特市第一幼儿园 中二班 赵贺佳 "移动的城堡"课题活动】

在上面的案例中,可以看到幼儿围绕"如何让大伞自己立住"这个问题展开了激烈的小组讨论。在讨论的过程中,航航最先通过联想到相似的事物——遮阳伞,提出把伞放在桶里的固定方式，这个过程体现了航航将生活中的已有经验有效地迁移到新的问题情境之中。但是这一想法却马上被质疑，倩倩认为这个方法并不合理，并对自己质疑的原因进行了清晰地说明，她认为"伞太重，桶太轻"，在这个过程中批判性思维得以发展。接下来，幼儿在第一个讨论办法的基础之上进行改进，腾腾提出"在木桶中装沙子"的方法，但是随后又有幼儿对于桶中所装沙子的量提出了质疑，幼儿便针对"桶中所要装的沙子的量"又展开了新一轮的讨论。在整个交流讨论的环节中，幼儿都踊跃地说出自己的看法和想法，其他幼儿会提出自己的质疑，然后再根据质疑进行分析，提出更加精准完善的方案。在这个过程中，幼儿通过不断地提出质疑与解释，加深了对观点和原理的认识，促进了批判性思维的发展，并且体会到了小组合作的乐趣。

②猜想与假设

猜想与假设是幼儿在深度学习中实施计划的重要环节。在这个环节中，幼儿可以充分调动他们的想象力与创造力，树立探究意识。在猜想与假设的过程中，幼儿与同伴之间的交流和碰撞，能调动幼儿的探究欲望，更加吸引幼儿参与到深度学习的各个环节之中。因此，教师应该允许幼儿自由交流，自主学习，开展头脑风暴，在猜想与假设的环节中促进发散性思维的发展。

发散思维又称"辐射思维""求异思维"，最初是由美国心理学家吉尔福特提出，认为是创造性思维的一种重要表现形式。发散思维是指在创造和解决问题的思考过程中，学习者从已有的信息出发，尽可能向各个方向扩展，不受已知的或现存的方式、方法、规则和范畴的约束，并且在这种扩散、辐射和求异式的思考中，求得多种不同的解决办法，衍生出各种不同的结果。[①] 发散思维具有流畅性、变通性和独特性的特点，其中流畅性主要是关于发散的速度和数量，变通性主要强调的是变量的灵活和跨越程度，独特性主要体现的是发散的新奇程度，是发散性思维的本质核心。[②]

案例 5-5

幼儿观察到老师洗完拖布或者抹布后，水池中会留下一些脏东西。于是，幼儿开始思考怎样将有杂质的水变成清水。教师提出问题："能不能在我们日常生活

---

① 袁维新. 国外创造性问题解决模型研究 [J]. 外国教育研究，2010，37（7）：8.
② 朱智贤，林崇德. 思维发展心理学 [M]. 北京：北京师范大学出版社，1991：580.

中找到材料,把脏水中的灰尘吸附上来呀?"这一问题提出后,幼儿开始发挥自己的发散性思维,对各种材料进行了猜想。

小予:我们用洗碗布怎么样?我觉得洗碗布的吸灰尘效果很好。

妮妮:洗碗布的空隙会不会太大啦,大的灰尘可能会粘在洗碗布上,但是小的灰尘不就都掉下去了吗?

嘟嘟:那我们用海绵怎么样?我看妈妈在家里经常用海绵来吸脏水。

卡卡:可是每次海绵虽然能吸上来脏东西,但是一挤海绵的时候脏水也跟着出去了呀。

森森:我觉得毛巾可以过滤,不然我们试试吧。

幼儿们在经过尝试之后,发现毛巾上面变得很脏,说明确实可以过滤一些脏东西。这个结果又引发了幼儿们新一轮的猜想。

小予:我刚才看到森森的毛巾上确实很脏,而且我看了看,毛巾空隙小,毛也多。

卡卡:那纱布毛巾行不行?很多毛的毛巾行不行?

森森:我刚才用一块毛巾,要是两层毛巾会不会把水过滤得更干净?

卡卡:咱们可以试一试,看看两层毛巾。

妮妮:同意,刚才用一层毛巾的时候,咱们看到结果就很干净,我觉得两层毛巾可能会吸得更干净。

【吉林省直机关第三幼儿园 大A班 高丹 "水的过滤"课题活动】

上面的案例便是幼儿问题解决过程中的猜想与假设环节,并且是两次连续的、不断深入的猜想过程。第一次猜想主要是幼儿对可以过滤脏水中的杂质的材料所作出的猜想。幼儿发挥自己的发散性思维和创造性思维,依次提出了用洗碗布、海绵和毛巾等材料,但是妮妮和卡卡针对这些猜想,联想到以往的生活经验,依次提出了自己的质疑,例如质疑"洗碗布的空隙过大""在挤海绵的同时会使脏水流失"等,对于最初的多种猜想进行了一个基本的筛选。在进行质疑的过程中幼儿发展了批判性思维和聚合思维。他们在初次筛选后,选择了用毛巾对水进行过滤,此后为了更有效地过滤脏水,开始进行了第二轮的猜想与假设。有的幼儿提出了毛巾的种类多种多样,想要变换不同材质、不同柔软度的毛巾,例如"纱布毛巾";还有的幼儿提出可以用双层毛巾来加强过滤的效果。这些猜想是幼儿经过头脑风暴并在交流与质疑后考虑其合理性的基础之上提出来的。这便是实施计划中的猜想与假设环节,不仅能够激发幼儿主动参与探究的兴趣、体验到小组合作交流的乐趣,还能促进幼儿发散性思维、聚合思维的发展。

(3) 实验与验证方案

在经过分析与讨论、猜想与假设两个环节之后，幼儿已经确定了问题的解决方案，开始进入到方案的验证阶段。在验证方案的过程中，幼儿要对方案的实施效果进行评价，看看是否能够达到预期目标，是否能够成功解决预先的问题。在评价方案效果的同时会不断审视原有方案，发现原有方案中存在的问题及需要改进之处。在实验与验证方案的过程中，幼儿的反思是其中的重要环节。

深度学习的关键特征之一是对学习过程的建构与反思，因此反思能力和元认知能力的发展在深度学习中至关重要。元认知是认知主体对自身心理状态、能力、任务目标、认知策略等方面的知识，同时也是认知主体对自身各种活动的计划、监控和调节。[1]元认知一般包括三个方面：元认知知识、元认知体验和元认知监控。[2]深度学习与元认知存在着相互促进的关系：一方面，元认知能促进幼儿深度学习的发生，因为幼儿通过元认知知识和元认知监控来对自己的学习过程进行监控，善于发现自身存在的问题并且及时修改，加深对于一些知识原理和生活经验的理解。另一方面，深度学习的发生也能促进元认知的发展，反思与元认知是密不可分的关系，深度学习中的各个环节都强调培养幼儿的反思能力，而在反思的过程中，也让幼儿加深了对于自身的认识，促进了元认知的发展。[3]深度学习与元认知的发展存在着非常密切的关系，相关研究者也总结出了元认知发展在深度学习中的体现，例如元认知知识主要要求学习者掌握知识以及知识产生的过程、元认知体验要求学习者能够检查各种论据和观点的逻辑性、元认知监控则最强调对于整个学习过程和学习结果的反思。[4]

在幼儿深度学习中，主要有独立反思和协作反思两种反思形式。独立反思主要是幼儿自身对整个问题过程的回顾、分析、评价和改进。协作反思是由于幼儿的认知有限，需要在反思过程中或者某个环节中，通过与他人的交流讨论来实现对整个问题解决过程的回顾、评价和改进等。两种反思相结合，既能发展幼儿的独立思考能力，也能保证幼儿通过合作讨论的形式来加深反思的深度。

---

[1] Flavell J.H.Metacognitive Aspects of Problem Solving. In B. Resnick (Ed.),The Nature of Intelligence. Hillsdale,NJ: Erlbaum,1976:232.
[2] 董奇.元认知与思维品质关系性质的相关、实验研究[J].北京师范大学学报，1990（5）：51.
[3] 张浩,吴秀娟.深度学习的内涵及认知理论基础探析[J].中国电化教育，2012（10）：11.
[4] 杜娟,李兆君,郭丽文.促进深度学习的信息化教学设计的策略研究[J].电化教育研究，2013，34（10）：20.

4. 阶段总结与反思

在以问题解决为导向的幼儿深度学习的过程中，总结反思阶段是必不可少的，推动着幼儿深度学习的发生。在阶段总结与反思中，最核心的环节包括两个部分，即回顾阶段和评判阶段。

（1）回顾阶段

在这个阶段，幼儿将使用多种形式回顾自己的问题解决过程，是反思环节的开端。教师既可以通过提问的形式来引发幼儿的思考，也可以利用小组交流讨论、思维地图的形式回顾整个活动流程，增强回顾阶段的趣味性和可操作性。教师也可以随时记录前面阶段中儿童的关键想法、精彩语句或者录制在问题解决核心环节中的相关视频等，然后在反思阶段时呈现给幼儿，并询问幼儿当时的想法，从而促使幼儿启动有意义的回顾阶段，同幼儿一起进行反思性学习。

案例 5-6

制作飞机活动结束后，在教师的引导下，幼儿开始了第二阶段活动中的反思环节。首先是通过绘制流程图的形式来回顾整个制作阶段，制作顺序依次是制作机身、机翼、机头、起落架和尾翼。其次，教师通过提问的形式让幼儿回顾第二阶段中的关键性活动。即在制作飞机机身的时候，偶然发现在给机身加长的过程中会使机身变得不牢固，具体如下：

教师：你们是怎么解决问题的？

小马：澜澜在粘贴的过程中发现了杯底和杯口有区别，我们之前只是把杯口粘在一起，但是后来发现，把杯底粘在一起就好多啦！

萱萱：因为我们爱动脑筋，遇到困难就大家一起想办法解决，所以，最后我们能够做出长长的机身。

鼎鼎：但是杯底部由于有棱、粘合面积小，所以不容易粘贴。

澜澜：我们反复做了多次才成功的。

美美：杯口相互接触更容易连接稳固，但是我们发现用胶棒仍然粘不牢固。

雨辰：对呀，后来我把胶棒调整为胶带，最终将纸杯粘合牢固了。

小马：我们查了很多资料才懂得越来越多，最后才能做成这个稳固的机身。

鼎鼎：我们以后也多多查资料吧，这样才能把飞机做好呀！

【吉林省省直机关第三幼儿园 中 D 班 刘莹莹"小飞机"课题活动】

在上面的案例中，在教师的引领下，幼儿回顾了加长机身的关键之处。活动过程强化了在解决问题过程中的关键经验，例如更有效地将纸杯连接起来，使用什么材料更适合连接纸杯，这些都可以作为实际经验应用到日常生活中。并且通过幼儿的回答"爱动脑筋、遇到困难就大家一起想办法解决""我们反复做了多次才成功的""我们查了很多资料才懂得越来越多"等，让幼儿体会到不怕困难、坚持探索的意义，促进幼儿良好学习品质的发展。因此，通过回顾，不仅能够让幼儿加深对关键经验的理解，为解决接下来的问题打下基础，还能让幼儿感受到成就感，体验到探索学习的快乐，帮助幼儿树立自信心。这便是反思环节中的回顾阶段，在认知及情感领域，促进幼儿的深度学习。

（2）评判阶段

在评判阶段，主要是由幼儿总结出自己在这一阶段的实施计划过程中的收获与不足。评判的内容涉及知识技能、方法策略和情感态度价值观等方面，在评判的过程中培养幼儿的反思能力与元认知能力。评判的形式主要是幼儿自我评判和小组合作评判。

案例 5-7

在完成对第二阶段制作飞机的整体和重点环节的回顾之后，教师开始组织幼儿对自我或同伴进行评判，总结制作阶段的收获与不足。

教师：你们在制作机翼的过程中学到了什么，能不能跟老师说说呀？

菁菁：我知道了测量能有好多方法，可以用眼睛量，可以用手量。

涵涵：对，我们之前只知道用尺子来量，现在发现原来教室里有好多东西都能帮我们来量一量呢。

教师：在你们遇到困难的时候，寻求了老师的支持，你们会很快学会用对比测量的方法与实际相结合来解决问题，你们太棒啦！

幼儿在说出自己的收获的时候表现得非常积极，教师紧接着让幼儿来评判在制作机头时的不足之处与成功之处。

教师：孩子们，你们都不是很满意制作机头的过程，能不能跟老师说说原因呀？

石头：老师，我觉得我刚开始想出来的制作机头的材料不是很好。长方形的纸很难卷成机头要用的圆锥形，而且一张纸也特别软，非常容易坏。

若涵：老师，我觉得我们小组配合得不是很好，我在粘机头的时候没有人帮我按着，机头就总是张开。

教师：在操作过程中你们发现了卷法的不正确，发现总是卷不成。但是你们最后还是成功了，这是为什么呢？

萱萱：我们增加了纸的厚度，使纸变硬。

鼎鼎：我们一起商量，想了很多办法，最终是在大家一起配合好长时间之后才成功的。

阳阳：对，我们大家在一起想了很多办法，而且也一直在互相配合，最后才成功的。

【吉林省省直机关第三幼儿园 中D班 刘莹莹 "小飞机"课题活动】

上面的案例便是反思环节中的评判阶段。在评价机翼制作中，幼儿认为自己最大的收获是学会了灵活的测量方法，不再仅仅用标准的尺子来测量，而是还能够灵活地利用生活中的事物来解决实际问题，掌握了测量的核心经验。在评价机身制作中，幼儿总结了自己的不足之处，有的幼儿觉得自己的材料选得不好，有的幼儿觉得相互没有配合好，有的幼儿觉得卷纸的方法不正确，对自己和同伴进行了正确的评判。幼儿在整个评判的过程中正确认识了自己的不足之处，发展了元认知能力，在总结活动过程中发展了分析与概括能力，这些体现了评判阶段的作用和意义。

从上面的梳理中可以看出，以问题解决为导向的幼儿深度学习的过程，很好地融合了深度学习与问题解决的特点。以问题解决为导向的幼儿深度学习，是以一个又一个的真实问题为出发点，幼儿在不断地制订计划、实施计划，以及开展阶段性总结与反思的反复循环上升的过程中实现深度学习，从而促进高阶思维的发展。

三、以问题解决为导向的幼儿深度学习的支持策略

在以问题解决为导向的幼儿深度学习的过程中，强调的是幼儿自主发现问题，并在自主分析问题与解决问题的过程中实现了高阶思维的发展。但是在问题解决的过程中，遇到的各个问题又是具有一定的挑战性和难度的非良构性问题，对于幼儿来说具有一定难度。同时，由于幼儿自身发展水平的限制而导致的内在学习动机缺乏、原有知识经验不足等问题都影响幼儿深度学习活动的进行。因此，在

此情况下，教师的支持是十分必要的。

（一）提问支持策略

提问、思考和理解，是促进幼儿学习的三个动态过程。《现代汉语词典》将"提问"定义为"提出问题来问，多指教师向学生提问"，并且强调"提问必须以问题为中介"。[1] 皮连生则认为，"提问是教学过程中教师和学生之间常用的一种相互交流的教学技能，是通过师生相互作用，检查学习、促进思维、巩固知识、运用知识、实现教学目标的一种行为方式，可分为低级认知提问和高级认知提问"。[2] 提问作为课堂教学的一种重要手段，无论是对教师还是学生，都有明显的促进作用。教师可以通过有效提问来实现检查、补救、诊断、管理、评价等教学功能。而对学生来说，提问可以吸引学生注意力，引起学习动机，激发学生的兴趣和好奇心；使学生回忆已有的知识，评价、纠正和加强当前的学习观点；使学生关注教学进程的变化，促进理解知识技能和记忆；使学生更加积极主动地加入到课堂互动之中。[3]

以问题解决为导向的幼儿深度学习的过程，提问是关键。教师既可以通过提问了解幼儿的发展水平、面临的问题和困难，还可以借助提问引发思考，寻找问题解决的办法，实现幼儿批判性思维、创造性思维等的发展。但在实践中，教师的提问还存在一些不足之处，如问题的设计缺乏层次、提问和追问的时机不当、提问过程中的互动较少以及候答时间较少等，这些都会限制提问对于幼儿深度学习的促进作用。因此，作为深度学习的一种重要支持策略，教师应根据幼儿的思维特点和具体的问题情境进行提问，提出恰当且能引发幼儿思考的问题，促进其思维向高阶思维转变，从浅层学习走向深度学习。

1. 开展多元化提问

提问的类型多种多样，其中与认知层次相关、流传最为广泛的一种分类方式就是参考布鲁姆的认知领域六层次分法。布鲁姆按知识掌握水平由低向高的发展

---

[1] 中国社会科学院语言研究所词典编辑室.现代汉语词典[M].北京：商务印书馆,2005:1340.
[2] 皮连生，朱燕，胡谊.教学设计：心理学的理论与技术[M].北京：高等教育出版社,2000：144.
[3] 陈羚.国内外有关教师课堂提问的研究综述[J].基础教育研究，2006（9）:17.

程度,将不同水平的知识分为六大类:知识、领会、应用、分析、综合、评价。[①]与此相似的是,在诺曼·韦伯的知识深度模型中,他将知识的深度层次分为不同的水平:第一层次是回忆和再现水平;第二层次是概念和技能的应用水平;第三层次是策略性思维和推理的层次水平;第四层次是最高层次的拓展性思维水平。[②]以上两个理论都对问题提供了不同的层次划分。

参考布鲁姆的认知领域的六个目标和韦伯的知识深度模型,本研究归纳出了多元化的提问类型,教师应在不同的问题解决环节,灵活地提出问题,并以阶梯式的提问方式促进幼儿思维的发展,从而实现深度学习。

(1)回忆式提问

在认知领域中,这是一种最低层次的提问类型,主要目的是让幼儿回忆先前的知识经验。回忆性问题聚焦于特定领域中的具体细节,希望学习者能够回忆和再现相关内容。这类问题虽然属于认知中的低级层次,但是可以作为实现深度学习的踏板,引导学习者去获取和收集信息,并在此基础上把信息处理成更深层次的知识,以达到对知识的深层理解。[③]回忆性问题在幼儿深度学习过程中的应用,主要体现在两个方面:一是经验分享中的回忆环节;二是帮助幼儿回忆问题解决过程中的关键经验。

①经验的分享

案例 5-8

老师:小朋友们,你们在生活中见过花轿吗,在哪里见过花轿呢?能不能给老师说一说你们见过的花轿呀!

欢欢:我在电视里看过花轿,这是结婚抬新娘子用的,是红色的,上面还带一个喜字。

百作:我在饭店见过一个小花轿,抬的是一盘"叫花鸡和鱼",旁边还有人敲

[①] 布鲁姆.教育目标分类学 第1分册 认知领域[M].罗黎辉,译.上海:华东师范大学出版社,1986:19.
[②] 埃里克·弗朗西斯.好教师,会提问:如何通过课堂提问提升学生精准认知[M].张煜瑾,等,译.上海:华东师范大学出版社,2018:17.
[③] 埃里克·弗朗西斯.好教师,会提问:如何通过课堂提问提升学生精准认知[M].张煜瑾,等,译.上海:华东师范大学出版社,2018:48.

锣打鼓呢。

小宇：我去过巴蜀印巷，那里有花轿，我还坐了呢！前面后面都有人抬着我，他们总共用了四根抬轿棍子。

小白：我和爸爸妈妈旅游，爬山的时候看见有人坐花轿，那个花轿没有花轿外边的那种框框，就是一个座位，还有两个杆子。

【吉林省长春市人民政府机关第一幼儿园 中五班 吴丽 刘星 "大花轿"课题活动】

在上面的案例中，教师通过提出一个回忆性问题，让幼儿回忆出在生活中见到的花轿。通过这一回忆性问题，调动起了幼儿对已有生活经验的回忆，回忆出了轿子的结构和样式，引导幼儿进入一个探究性的情境之中，为后面轿子的制作打下一个基础。由此可见，在深度学习活动的开始阶段，回忆性问题不仅能激发幼儿对研究主题的兴趣，还能帮助幼儿梳理已有的知识经验，为幼儿走向深层次的学习打下了基础。

②先前环节中关键经验的回顾

在幼儿深度学习的过程中，回忆性问题不仅可以应用于导入环节中的经验分享，还可以帮助幼儿回忆先前问题解决中的关键经验。深度学习活动包括多个阶段，由于幼儿记忆发展的有限性与活动时间的间隔性，很难保证所有幼儿都能将问题解决方案中的关键要素回忆出来。因此，每进行新一阶段的活动时，教师可以通过提出回忆性问题帮助幼儿进行回顾，给幼儿一段缓冲的时间，让幼儿更有信心投入新的探究情境之中。在"有趣的造纸"活动中，教师在带领幼儿制作纸张前，向幼儿提出"咱们之前已经探索了古代造纸术的奥秘，哪位小朋友能给老师再讲一遍呀？"这样的回忆性问题，可以帮助幼儿设计制作纸张的要求和流程。可以看出，回忆性问题对幼儿深度学习来说必不可少。

（2）分析式提问

分析式提问的主要目的是引导幼儿分析事物的结构、因素，弄清事物间的关系以及前因后果，弄清事物间的整体与部分的关系，从而促进幼儿的发散思维与批判性思维。比较常见的问题形式有：为什么能起作用、这意味着什么、起因是什么、有什么关联、有什么作用、原因是什么、是什么关系等。在问题解决的过程之中，教师可以灵活运用多种语义表达形式来进行分析式提问，如"举例式"提问、"比较式"提问等。

① "举例式"提问

"举例式"提问要求幼儿举出符合某一条件或特性的事物的资料，越多越好，以训练幼儿发散性思维的流畅性。

案例 5-9

在第一阶段的泡泡机初步探索和尝试搭建之后，幼儿观看了教师提供的泡泡机视频并提出了想要自制"比小朋友还高一些"的泡泡机，这一想法成功调动了幼儿的探索兴致。

教师：大家都说要用万能棒制作比小朋友们高的泡泡机架子，那怎么才能知道万能棒比小朋友高呢？

淼淼：我们可以比一比呀！

乔乔：对呀，我们还可以量一量呢！

苹果：我们可以用尺子来量一量哪个高嘛。

幼儿都很同意苹果小朋友的看法，一致认为可以用尺子来测量，幼儿似乎没有其他的想法。于是，教师为了拓展幼儿的思维深度，让幼儿更加了解"测量和比较"的相关经验，在此时提出了举例式的问题，来最大限度地促进幼儿发散性思维的发展。

教师：除了尺子，小朋友们还能找到其他测量工具吗？举出在活动区中能够测量的工具来告诉老师，好不好呀？

乔乔：老师，我觉得咱们这个游戏区里面的绳子可以呀，你看它那么长。

苹果：老师，我们可不可以用彩笔呀，我觉得彩笔和尺子差不多长呢。

淼淼：老师，要是绳子和彩笔可以的话，那教室里好多东西都能测量呀！

幼儿们积极讨论，提出了许多其他测量工具，与教师一起探究测量的奥秘。

【吉林省金太阳教育集团 大一班 刘阳阳 "大泡泡机"课题活动】

在教师的提问下，幼儿发起了在生活区中找寻测量工具的探索活动，并依次给教师列举出来绳子、笔、彩笔、木棒等测量工具。接下来，幼儿便利用这些工具开展了不同形式的测量活动，例如比较测量、非标准工具测量和标准工具测量等。在举例式的提问下，幼儿充分调动发散性思维和创造性思维来进行头脑风暴，有效地利用了生活区中的常见物品来了解与测量高度相关的问题，拓展幼儿的知识深度，丰富幼儿的测量经验。

② "比较式"提问

对于事物之间关系的分析，是分析式提问中的重要部分，常见的形式是"比较式"提问。"比较式"提问就两种及以上的事物进行比较，分析其相同和不同之处，分析原因等。比较式提问能将幼儿的思维引向发散性思维的灵活性训练，其中对于相似事物的比较和分析也有利于发展幼儿的经验迁移能力。

案例 5-10

教师：自制的风筝和买来的风筝有哪些地方不一样呢？

麟麟：铁丝不一样，买来的风筝是软的，可以弯。

然然：对，烤串签子是硬的，还沉，我们得换成软铁丝。

琪琪：我们的骨架是两根粘起来的，有的粘得不一样，买的风筝是一根直的。

教师：那会有什么影响呢？

琪琪：粘得不牢固，很容易翘起来。

然然：风筝变得更沉，不容易飞起来。

教师：还有哪些不一样呢？

宇宇：两边的骨架是不一样的，中间的那根更长。

然然：横着的那根要往上一点，我们的太靠下了。

琪琪：买的风筝线和骨架在不同的面上，我们的绑在一个面上了。

宇宇：我们绑反了，怪不得飞不高。

玉玉：买的风筝线的位置是固定在一块布上，我们的绑在了骨架上。

【吉林省长春市人民政府机关第一幼儿园 大五班 刘琦 樊俊杰 "风筝"课题活动】

在上述案例中，当幼儿制作的风筝飞不起来时，教师找来购买的风筝，并通过"比较式"提问引导幼儿观察二者的区别，以便更好地寻找风筝无法飞起的原因。可以看到，在教师问题的引导下，幼儿发现了两个风筝的诸多不同。幼儿发现了烤串签子的材质要硬很多，不适合制作风筝，因此决定更改材料，将材料换成软铁丝，在整个变换材料的过程中批判性思维得到了发展。通过比较，宇宇和然然发现自制的骨架的连接方式会使骨架变沉而影响风筝的起飞，在讨论的过程中掌握了正确的连接方式，将风筝线重新绑到布上而不是骨架上。通过教师的引导，幼儿发现了骨架和风筝线的位置不同能够影响风筝飞行的高度，分析出了飞行高度不同的原因，为下一阶段改进工作打下基础。由此可见，"比较式"问题可以让幼儿对于材料或者事物本身有更深刻的认知，在探讨不同的原因的时候最大限度地调动发散性思维，分析相关原因时能发展批判性思维和分析能力。

（3）反思式提问

教师提出反思性问题，不仅能使幼儿加深对整个问题解决过程的认识和理解，使幼儿对整个学习过程进行"再认识"和"再思考"，在质疑和探究中发展幼儿的批判性思维，还可以使幼儿在总结出不足之后进行一个有效的拓展，从而拓展其思维的深度。在本研究中，反思式提问主要从两个方面出发，分别是评价层面的问题和拓展层面的问题。

评价层面的问题主要是指幼儿根据一定的标准来进行判断和选择并且提出自己的见解。一般可以在以下环节应用：对于整个活动过程的评估体验，如"刚才的活动感觉有趣吗"；引导幼儿诊断与分析深度学习过程中的各种情况，如"你觉得你的解决方案怎么样"；通过对自身进行评价的相关问题，来引导幼儿对活动的过程进行回顾和总结，尤其是对反思过程中的情感和体验，如"我明白了什么""我的看法是什么""我收获了什么""我有什么问题"等。评价性问题可以让幼儿表达自己的观点和看法，通过评价优点和不足来发展自己的批判性思维。评价活动的过程也是幼儿的反思过程，通过评价可以帮助幼儿发现有挑战性的新问题，推动整个问题解决的过程。

另外一种则是拓展层面的问题，主要是发展幼儿的创造性思维和发散性思维，例如提问关于解决问题的想法，如"换一种解决问题的方法会怎么样、会不会更好"等，这类问题更容易引发思维向更深层次发展。

案例 5-11

在第一阶段的活动中，幼儿在收集了造纸材料之后，开始讨论怎样用这些材料造纸。在讨论的过程中，大部分幼儿提出了最为常见的浸泡方式，将树皮泡成泥。接着，幼儿的讨论环节有些停滞，讨论的氛围也不是很热烈，这时教师提出了一系列的拓展性问题，引导幼儿进行反思和拓展。

教师：大家觉得我们用的浸泡的方法怎么样？

蒙蒙：我觉得不错呀，要泡多长时间啊，感觉我们泡的时间有点儿长啊！

诺诺：对呀，老师，我想让树皮变成泥，但是怎样才能让它们快点儿变成泥呢？

教师：只用浸泡的方式就可以让树皮变得像泥一样吗，还有没有其他的方法可以更快地让树皮变得像泥一样呢？

宇宇：先取下树皮，然后用水和其他溶液一起泡软树皮，就可以让树皮变成泥了。

瑜瑜：我觉得可以把树皮切碎，然后再泡，这样就可以更快地变成泥了。

教师：大家觉得换这种方法来浸泡树皮，是不是更好呀？

幼儿纷纷表达自己的看法。

【陕西省西安交通大学幼儿园 中十班 李剑 "有趣的造纸" 课题活动】

在上面的案例中，教师的两个问题将幼儿的讨论推到了更深的层次。首先，教师在讨论气氛不热烈的时候提出问题，这本身就能够调动幼儿的积极性，将幼儿的注意力重新吸引到讨论中来。其次，教师通过询问式问题"大家觉得浸泡的方法怎么样"来征询幼儿对于这一暂时的解决方案的意见。诺诺认为"直接用水浸泡树皮"的方式所需要的时间太长，不是最好的解决方案，在这个过程中诺诺找到了原有方案中的不足之处，发展了批判性思维，但是却无法提出解决不足之处的改进方案。在此情况下，教师提出拓展性的问题，让幼儿寻求其他的、更快的方式来让树皮变成泥。在教师提问后，幼儿开始积极地讨论，宇宇提出"在水中混合其他溶液"的方法，将其在《蔡伦造纸》绘本中学到的造纸方法成功迁移；瑜瑜通过回忆，联想到"生活中变成薄片的多种方式"并运用到造纸中。在整个过程中，幼儿将已有的经验进行灵活地迁移，在讨论造纸改进方法的过程中，创造性思维和发展性思维都得以发展。这一系列的拓展性问题，不仅重新激发了讨论的氛围，而且让幼儿想到了更多的解决问题的方案，实现了深度学习。

（4）发散式提问

教师基于创造水平的提问，是一种高级认知层次的提问形式，主要发展幼儿的创造性思维，激发幼儿的好奇心与创造力，其中应用最广的是发散式提问。

发散式提问调动幼儿的发散性思维，是对同一问题、同一事物、同一观点，从不同角度、不同层次去思考，采取多种途径和方法解决问题，是启发思路的重要手段。[1] 这种提问方式能让幼儿在已有水平的基础上，加强对问题理解的深度。其中，"假设"的句式是常见的语义表达形式。"假设"的句式首先能够很好地激

---

[1] 杜敏. 小学英语课堂提问类型研究 [D]. 西安：陕西师范大学，2013：9.

发幼儿的想象力和创造性思维。其次可以作为一种提示来启发幼儿，从而打开幼儿的思路，吸引幼儿对提出的假设进行验证，使其产生好奇心，积极主动地投入到探索过程之中。

案例 5-12

在之前的活动中，幼儿提出了用榨汁机来榨碎纸浆的方法。但是经过验证后发现纸张榨碎的速度太慢，于是幼儿围绕这一问题重新进行了讨论。一名幼儿将"妈妈在家榨果汁时会放很多水"的已有经验迁移到所要解决的问题之中，在加入大量的水之后，幼儿发现纸张确实会很快被打碎。

教师：大家觉得水多了，榨纸张的速度就变快了。那想一想，水多了会怎么样呢，水多了又会带来什么呢？

小瑜：是水龙卷！

桐桐：工作区里的水龙卷就像是榨汁机和绞馅机转动时一样，有个大漩涡！大漩涡就把东西冲到中间了！

郡郡：对！马桶也是！冲厕所时就有一个大漩涡！

教师：是的，大漩涡会带动周围的物体转动，这样运转的刀片就可以把纸打碎了！

【吉林省长春市朝阳区教师幼儿园 中三班 秦彤彤 "神奇的纸浆花盆"课题活动】

在上面的案例中，教师通过发散式提问，引导幼儿对搅拌机中需要加水这一问题进行了深入思考，幼儿从不同的角度解释了搅拌机中需要加水的原因，将"生活区和马桶中的水龙卷"这一现象迁移到此问题情境之中，用生活中的原理解释了问题。教师也抓住了教育的最佳时机，向幼儿普及关于"水龙卷"背后所蕴含的科学原理，向幼儿普及漩涡转动的原理。由此可见，教师通过发散式的提问，不仅开拓了幼儿的思路，让幼儿将生活中的已有经验与新的问题情境联系起来，实现了知识迁移，也将背后的科学原理生动形象地传授给幼儿，实现了知识的拓展。

（5）辩论式提问

辩论性的问题能够引导幼儿去探索一个话题的所有方面，然后在其中选择出一个具有逻辑性、可防御的观点。幼儿首先要在思考多种想法和观点后做出选择，在此过程中是对批判性思维和判断性思维的发展，然后阐明自己的主张，提出有力的证据来证明自己的观点,在这个过程中幼儿的语言表达能力得到了发展。最后,教师教会幼儿接纳别人的观点,让幼儿学会站在他人的视角来处理问题,形成积极的同伴关系,加强同伴之间的互动。

案例 5-13

在经过上一个阶段的讨论后,不同小组的幼儿选择用不同的材料来给水龙头制作"长鼻子"。但是选择用气球制作"鼻子"的第一小组却对用什么工具来给气球扎眼产生了激烈的争执。教师在这个时候提出辩论性的问题,让幼儿对自己的观点进行说明。

教师:你们每个人都觉得自己的办法是最好的,能不能跟老师说一下你们的理由呀?

玥玥:老师,我觉得针更好,在家里妈妈就是用针来给瓶子扎眼的啊!

黄瓜:老师,我觉得锥子更好,它比针粗一些,水能流得更快。

玥玥:好吧,但是用锥子扎完后水流也不大啊,这样大小的水流用来洗手,大家洗手一定很慢。

媛媛:而且气球的进水口进了好多水,可是小孔出水口水流太慢,气球越来越大!一定会爆炸或者掉下来。

黄瓜:我觉得最好还是用剪刀,剪刀剪得最大了,比针和锥子都大。

媛媛:但是剪刀会不会把气球剪破了啊,套不上水龙头了呢?

黄瓜:不会的,我们用画笔在气球上把要剪的部分画出来就好啦!

【吉林省东北师范大学附属小中信幼儿园 中六班 胡婉宁 田甜 "水龙头的长鼻子"课题活动】

在上面的案例中,教师提出一个辩论性的问题,让幼儿针对这个问题来表明自己的观点和立场。玥玥首先阐明自己的立场,她觉得针更好,并用日常生活中妈妈"用针来给瓶子扎眼"的相关经验来解释自己的立场,这体现了对经验的有效迁移和对自己观点的有效陈述。但是这一观点很快被锥子组否定了,并提出合理的理由——"锥子比针更粗,能让水流得更快些",锥子组在比较和质疑的过程中发展了批判性的思维。接着,锥子组的观点也很快被质疑,玥玥认为"锥子扎的孔也不大,水同样没有办法流得很快"。媛媛继续对这一观点进行深入解释,通过"进水口和出水口"与"气球爆炸"的例子生动形象地解释原因,创造性思维得以发展。剪子组认为"用剪子能够很好地克服前两组的不足",是最适合的工具。最后,幼儿同意将剪子作为给气球扎孔的工具,并通过一起合作对这一方案进行了有效的改进。由此可见，在教师提出辩论性问题之后，幼儿在阐明自己的观点的过程中发展了自己的批判性思维和创造性思维等高阶思维，并能够更加理解他人的看法，从而营造更加融洽的合作探索氛围。

在幼儿深度学习的过程中，教师提问是一种重要的支持策略。通过多种类型、不同认知层次的问题，激发幼儿深入思考；在不同的情境下提出不同的问题，灵活利用多种类型的问题，促进幼儿的思维发展，从而实现深度学习的目的。

2. 把握提问时机

为了更好地发挥提问的作用，教师应该把握好提问的关键时机。为此，教师应该密切关注幼儿深度学习的进展以及探索情况，并在必要时给予提问支持。

（1）在幼儿思维混乱时进行提问

幼儿的认知发展水平有限，而深度学习中出现的问题又具有挑战性，在长时间思考和尝试之后，幼儿有时会出现思维混乱。这时候，教师可以通过提问帮幼儿理清思路，如可提出要求进一步解释"你能举个恰当的例子吗""你能换一种说法吗"等，引导幼儿通过对问题的分析来实现思维的深层发展。

案例 5-14

在市委机关幼儿园"晾画架"活动中，幼儿想要给画架装上轮子，他们针对不同种类的轮子提出自己的看法。这时候成成说："我们可以使用万向轮呀！"教师提问："能给老师说说什么是万向轮吗？"幼儿多次表述都没有清晰地描述出万向轮与其他轮子的区别。这时候教师机智地问道："哪个小朋友能给老师用动作来表现一下万向轮是怎么动的呀？"问题提出后，幼儿纷纷用动作表示万向轮的移动方式。就在这时，成成突然站起来并说道："老师，我知道啦，万向轮就和大家表演的一样，能朝好多个方向去转！这样的轮子就是万向轮。"

【吉林省中共长春市委机关幼儿园 大C班 连卉婷 柴文明 "晾画架"课题活动】

在上面的案例中，成成不知道怎样描述万向轮的特点，而万向轮作为下一阶段制作活动中的重要材料，对于活动的进行又有着重要的推进作用。于是，教师及时介入，在提出问题的基础上，还让幼儿通过动作的方式表现万向轮的移动方式。在教师问题的支持下，不一会儿，幼儿就准确地概括出了万向轮的特征。这样的提问不仅能给幼儿的困惑带来一定的提示，而且通过动作表现的方式来缓解幼儿回答不出问题的焦虑，调动了幼儿的参与兴趣。这个问题提出后，幼儿理解了教师的暗示，用动作表现出了万向轮的关键特点，并联想到了生活中见到的旅行箱上的轮子，准确地概括出万向轮的特征。

因此，当幼儿在探索和思考的过程中出现一些关键想法和意见，因为自身生活经验的缺乏而没能抓住重点的情况时，教师的提问就是一种非常有效的支持策略。在幼儿思维混乱时，教师应及时提问，帮助幼儿理清思路，实现深层次思维的发展。

（2）在幼儿处于思维浅层时进行提问

幼儿实现深度学习，关键条件便是发散性思维、批判性思维等高阶思维的发展。但是在深度学习活动开展的过程中，难免会出现思维长时处于浅层的情况，这个时候教师可以通过提问互动与幼儿进行有效地交流。当发现幼儿的思维认知水平长时间处于浅层次而无法进一步发展的时候，教师应根据幼儿的实际情况提出一些高认知层次的问题，如分析性问题、反思性问题、评价性问题等等，发挥提问给幼儿带来的启发作用。

案例 5-15

设计完图纸后，制作自动浇花器小组对于选择制作浇花器的材料展开了激烈的争论，这个时候一名幼儿突然提出可以用电风扇来制作浇花器。可惜的是，这一想法并没有引起其他幼儿的重视，幼儿一直陷入在思考材料的过程中，并因为找不到合适的材料而沮丧。

教师：孩子们，假如我们把风扇放到水里，你们说风扇还能转吗？

禾禾：老师，我们一起试试吧，我觉得风扇放到水里很难转起来啊。

于是，幼儿拿出了小型的装电池的电风扇进行了实验。他们在实验后，积极说出了自己的想法。

禾禾：风扇转起来啦！

多多：转得有点慢啊。

禾禾：风扇的力气在水中就变小了。

教师：为什么风扇的力气在水中就变小了呢？哪位小朋友能说一下呢？

这个问题一提出，幼儿便展开了激烈的讨论。教师在总结幼儿的讨论后，向幼儿普及了"水的阻力大于空气"这一原理,拓展了幼儿的知识深度。

【吉林省直机关第三幼儿园 中E班 刘书博 "新型浇花器"课题活动】

上面的案例体现了教师在幼儿处于思维浅层进行提问而发挥的支持性作用。首先,通过假设性的问题,让幼儿将风扇与水和浇花器联系在一起,拓宽幼儿的思路,在对问题进行讨论的过程中说出自己的想法和感受,并通过实验和验证的方式来引发幼儿思维的深层次发展。其次,在进行实验后,幼儿发现电风扇在水里的转动速度比在空气中要慢很多,但由于幼儿认知经验有限,并未打算探讨风扇转动变慢的原因,这个时候幼儿的思维处于一个比较浅层的状态。于是教师及时提出了问题,引导幼儿探讨"风扇的力气在水中变小"了的原因,幼儿在讨论的过程中发展发散性思维和批判性思维,更加理解现象背后的科学原理,感受到科学探究的魅力。在幼儿处于思维浅层的时候进行提问,不仅能够使幼儿的思维活跃起来、拓展幼儿的知识层面,还能够促进情感领域的深层次发展,培养幼儿良好的学习品质。

(3) 在幼儿产生矛盾与困惑时进行提问

幼儿深度学习的过程也是小组合作与互动的过程。既然以小组形式开展活动,那么在分析问题与解决问题的过程中,很有可能会出现不同的观点,有时甚至会产生矛盾与冲突。当此情况出现时,教师要抓好幼儿在解决问题过程中出现分歧和困惑的地方,及时进行提问,必要时可以展开有效的追问来引导幼儿分享彼此的观点,让幼儿充分表达出自己的想法与困惑,组织幼儿对矛盾点展开讨论。

案例 5-16

在之前的活动中,幼儿用不同的材料做出了小鸟的家,但是幼儿对"坚固的家"持有不同的意见,于是教师在幼儿产生矛盾的地方及时提出了问题。

教师:大家都觉得给小鸟做的家越坚固越好,那你们来说说谁做的家最坚固呀?

希希:老师,我觉得我们组的肯定是最好的!干草组的肯定怕水,一下雨不就坏了嘛。

雯雯:干草组的才不怕水呢,下雨时,水就会从缝隙中漏出去,我们干草组的才是最坚固的。

蕊蕊:那我们树枝的也会让水漏下去,我们也不怕雨呀!

北北：对呀，下雨的时候大树不也都立在外面嘛，也没有打雨伞，树枝肯定也是不怕雨的。

多多：好吧，但是纸板的肯定是怕雨的呀，雨浇完就湿了。

元宝：对呀，就像我们洗完手用纸巾擦手，纸巾不是马上就湿了嘛，所以纸板做的房子肯定不牢固。

由于幼儿都坚信自己小组所做的家是最牢固的，于是教师带领幼儿进行了实验。

【吉林省东北师范大学附属小益田幼儿园 中三班 曲波等 "给小鸟一个家"课题活动】

在上面的案例中，幼儿的初衷是给小鸟制作"坚固的家"，每组幼儿都觉得自己小组制作的家才是最坚固的，于是教师针对他们产生矛盾的关键点及时地进行了提问，让他们来讨论"什么样的小鸟的家才坚固"，并阐明理由。希希率先提出了自己的观点，他反驳"干草组"的方案，并提出"干草怕水"的理由来论证自己的观点。但是雯雯很快反驳了希希的观点，她认为"干草是可以防水的"，并提出证据："因为干草是有缝隙的，水可以从缝隙中流出去"，很好地捍卫了自己的观点。蕊蕊在雯雯观点的基础上也开始捍卫自己的观点，她将干草和树枝联想到了一起，因为二者的相像，所以她认为树枝也能制作出坚固的房子。接下来，多多提出自己的观点，她认为纸板做的房子是不坚固的，并且得到了元宝的认同。元宝用生活中常见的例子"纸巾擦手变湿"来解释这一观点，增强了这一观点的可信度。在整个过程中，幼儿利用生活中常见的现象来对自己的观点进行论证，学会运用已有经验来解决新问题。

无论是批判性思维、分析能力还是经验迁移能力都是促进幼儿深度学习发展所必须的。因此，教师在幼儿之间产生分歧时提出问题，能最大限度地激发幼儿讨论的欲望，从而使幼儿在讨论与辩驳的过程中实现思维的深层次发展。此外，在幼儿产生分歧时提问还能转变气氛，让幼儿有热情参与到接下来的环节之中，从而推动验证活动的进行。

（4）在幼儿注意分散时进行提问

幼儿发生深度学习需要良好的学习品质，良好的注意力便是其中之一。在制作或者讨论时，幼儿的注意力能够较好地集中，但在需要观察、比较、反思的时候，有些幼儿会出现注意力分散的情况。幼儿深度学习需要充足的时间来支持，因此，当幼儿出现注意力分散而无法投入到问题情境之中的时候，教师可以在此时进行提问，吸引幼儿的注意力。

案例 5-17

在"大泡泡机"活动中，幼儿为解决制作过程中出现的呼啦圈不平衡的问题，提出要观察秋千上的绳子的连接结构。在观察的过程中，有几个思维活跃的幼儿积极地探索秋千的连接结构，并通过数秋千上绳子的环数提出了"两根绳子是等长"的观点，但是，大部分幼儿并不知道如何将秋千上的绳子的原理和制作泡泡机的架子联系在一起。此时，除了少数几个幼儿仍然在专注于观察和比较的活动，大部分幼儿开始环顾四周。教师见此情形，便问道："你们看秋千上的铁环和我们呼啦圈上的绳子有什么不一样的地方呀？秋千上的两根绳子是一样长的，那我们的呢？"

【吉林省金太阳教育集团 大一班 刘阳阳 刘杰 "大泡泡机"课题活动】

从案例中可以看出，当幼儿注意力分散时，教师及时提出一个比较性的问题，给幼儿带来了一定的提示，引导他们将绳子与秋千上的绳索进行比较，将他们的注意力重新唤回到活动之中。由此可见，当教师发现幼儿的注意力分散时，通过提问的方式来拉回幼儿的注意力是十分必要的。

（5）在幼儿缺乏探究兴趣时进行提问

学习动机是深度学习发生的重要条件，而引发幼儿学习动机的关键条件之一便是幼儿的兴趣。缺乏兴趣，会使幼儿游离于整个探索情境之外，产生一种在活动中比较常见的"无聊""无所事事"的状态。这种状态会导致幼儿思想停滞，失去调动高阶思维来解决问题的冲动、参与的兴趣和探究问题的激情，严重影响幼儿的思维发展。教师可以在幼儿处在这种状态时进行有效提问，通过与幼儿的对话和交流来重新调动幼儿的兴趣，多倾听幼儿的想法和意见，促进他们思维的发展。

案例 5-18

在朝阳区教师幼儿园"神奇的纸浆花盆"活动中，幼儿分小组讨论了塑料类用品的再利用情况，但是教师发现有一组幼儿的讨论氛围并不热烈，参与讨论的幼儿较少。在幼儿说出从电视节目中看到塑料被融化了再利用后，教师紧接着问幼儿："你们再想一想？融化的塑料液能够做什么呢？"这个问题一提出，幼儿纷纷开始回答，比如能够做奥特曼、汽车等玩具，还能够重新做塑料袋和塑料瓶等。

【吉林省长春市朝阳区教师幼儿园 中三班 秦彤彤 "神奇的纸浆花盆"课题活动】

在上面的案例中，教师在发现幼儿缺乏探究欲望后，及时提出了问题。通过提出让幼儿感兴趣的问题，引发了幼儿激烈的讨论，这不仅发挥了问题的提示作用，还让幼儿重新投入探究的情境之中，有力地促进了幼儿创造性思维的发展。

3. 恰当的候答时间

国外研究学者认为，在多数情况下较长的等待时间比较短的等待时间更可取，这会有利于学生的学习。[1]仅仅将等待时间延长3—5秒，就会给教师和学生带来意想不到的惊喜，学生能获得以下的益处：学生会予以更长的回答、学生会为他们的观点或结论提供证据、学生会进行猜测和假设、学生会提出更多的问题、学生与其他学生的交谈更多、"我不知道"的次数减少了、纪律状况得到了改善、更多的学生参与回答、学生的回答更自信、在认知水平比较复杂的考试项目上取得进步；而教师得到的益处则是：教师的回应将更加周到、教师提出少而认知水平更高的问题、教师对以往不参与课堂互动的学生的期望增加。[2]可见，提问之后适当的等待能够使提问的效果更好。

因此，教师在提出问题后，可以留出两段暂停的时间，分别是教师提问与幼儿反应之间的暂停和幼儿反应与教师反馈之间的暂停。[3]在教师的提问与幼儿的回答之间，停顿的作用是给幼儿提供更多的思考时间，充分地激活幼儿的思维。在幼儿反应与教师反馈之间的暂停，则是为幼儿的回答提供一个自我补充的机会，这个时候的停顿能够使其思维走向更深层次。

候答时间也并不是一成不变的，教师要灵活处理，一味地等待会降低整个活动过程的效率，影响活动的正常进行。通常根据提出问题的难度以及幼儿的思维水平，教师可以规定出不同的候答时间。候答时间与问题的思维水平层级相关，思维水平的层级越低，需要等待的时间越短，反之，需要等待的时间则越长。例如，激活性提问的等待时间长于检测性提问，而在激动性提问中，探究性提问的等待时间长于分析推理性提问，分析推理性提问的等待时间则长于判断性提问。[4]

---

[1] Thomas L.Good,Jere E.Brophy. 透视课堂[M]. 陶志琼，王凤，邓晓芳，等，译. 北京：中国轻工业出版社，2002: 55.

[2] 沃尔什，萨特斯. 优质提问教学法：让每个学生都参与其中[M]. 北京：中国轻工业出版社，2009：69-72.

[3] 谭晓云. 课堂提问的认知性研究[D]. 上海：华东师范大学，2006: 79.

[4] 谭晓云. 课堂提问的认知性研究[D]. 上海：华东师范大学，2006: 80.

4. 及时的理答反馈

教师应该认真倾听幼儿对于问题的回答，并做出及时的理答反馈。教师的反馈可以给幼儿提供方向，与幼儿进行情感上的沟通，激发幼儿的参与动机。最常见的反馈形式有鼓励、表扬等，教师可以灵活运用其他形式的替代性反馈。例如詹姆士·狄龙提出了在讨论中广泛运用的反馈的七种替代形式，分别是：进行简单的陈述性表述、复述学生所说的话、表达你此刻的感受、邀请学生进行更深入的阐述、邀请学生们提出自己的问题、邀请整个课堂的学生来询问该生一个问题、有意的沉默。[1]反馈的过程并不是教师单方面提出意见的过程，而是教师与幼儿、幼儿与幼儿之间的有效互动的过程，这样有利于建立良好的活动氛围。在进行反馈的过程中，要关注幼儿的情感变化，根据每个幼儿不同的认知水平及性格特点来建立个性化的反馈机制。反馈行为可以分为正向反馈、负向反馈和引导性反馈。[2]在深度学习过程中，应以正向反馈和引导性反馈为主，谨慎运用负向反馈。

为保证反馈的有效性，教师可以运用IRF的提问模式与幼儿进行有效的互动反馈。IRF提问模式是在传统的IRE的提问模式上的改进，是在IRF对话理论基础上所衍生出的新型教师提问模式。IRF理论又叫三元对话理论，是在20世70年代由英国伯明翰大学的辛克莱（J. M. Sinclair）和库特哈德（R. M. Coulthard）提出的，是针对课堂教学中教师与学生的对话分析理论。[3]其中，IRF对话理论中的"I"是引发（initiation），指教师提出问题；"R"是学生应答（response）；"F"是教师评价（feedback or follow-up）。IRF模式创造性地提出用反馈（feedback or follow-up）来替代评价（evaluation），即在幼儿先前回答的基础上提出能够激发更多、更深层次思维活动的问题来引导学生进一步阐述、论证和意义共建，代替简单的表扬批评或直接提供答案。[4]这种提问模式以问题作为引导，更能激发幼儿的发散思维和参与的兴趣。

案例 5-19

在上个阶段，幼儿分小组制作快递柜，而木板组的幼儿在制作快递柜时却遇

---

[1] 沃尔什，萨特斯.优质提问教学法：让每个学生都参与其中[M].北京：中国轻工业出版社，2009：89.
[2] 杨继英.幼儿园教师提问行为及其观念的研究[D].长春：东北师范大学，2006：21.
[3] Sinclair J. M. coulthard R. M. Towards an ahalysis of discourse: The English Used by Tachers and Pupils[M]. London: Oxford University Press, 1975: 157-163.
[4] 陈静.基于深度学习的化学课堂提问研究[D].南京：南京师范大学，2018：7.

到了一些问题,他们发现制作出来的快递柜无法防水。教师在这个时候通过一个又一个的问题来对幼儿进行反馈,以推动幼儿对问题的分析和解决,这体现的便是 IRF 的反馈模式。

教师:快递放到没有盖的收纳柜里遇到下雨会怎么样?

乐乐:会被雨水浇湿的。

教师:你们说得对,那我们该做些什么能不让快递被雨水浇湿呢?

丁丁:给它装个盖子?

教师:这是个好办法,那装个什么材质的盖子呢?

肉肉:还用木头,结实!

昊睿:不行,时间长了,木头也会腐烂的!

教师:木头腐烂不行的话,那还能用什么其他的盖子呢?

丁丁:要不给它穿件雨衣吧!

肉肉:哪有那么大的雨衣啊?

昊睿:我看我姥姥用塑料布盖东西,要不咱们也试试吧!

教师:你们的主意不错,我们可以试试!

【吉林省东北师范大学附属小益田幼儿园 大二班 肖杨、王旭等 "快递收纳柜"课题活动】

在案例中,教师灵活地利用了 IRF 的反馈模式,不仅给予了幼儿正向反馈,还针对幼儿的回答提出了更深层次的问题,进一步引发幼儿思考。具体而言,幼儿最初只是知道"没有盖的收纳柜会被雨水浇湿",但是通过教师连续的问题反馈,引发了幼儿的头脑风暴后,幼儿找到了最适合给收纳柜制作盖子的材料,并对各种材料的特性有了分析和更深层的理解,使得幼儿的思维从浅层次逐渐向分析性思维和批判性思维等深层次思维上发展。教师还针对幼儿的回答给予了一定的正向反馈,如"你们说得对""这是个好办法""你们的主意不错"等,给幼儿及时的鼓励。可见,及时的反馈能与幼儿形成有效的互动,从而推动整个活动的进程。

(二)时间与空间支持策略

1. 时间支持策略

由美国研究院(American Institutes for Research)发起的 SDL(Study of Deep

Learning）项目，非常注重灵活的、充足的时间安排，时间支持已经成为美国大部分学校深度学习开展过程中的一个必要的支撑条件。充足的时间，对于幼儿深度学习的活动同样是十分必要的，教师应当给幼儿提供充足的自主探索的时间。

（1）充足的探索时间

深度学习指向高阶思维，意在促进幼儿的思维实现深层发展。以问题解决为导向的深度学习，是基于真实的问题情境，幼儿所发现的和解决的问题都是有一定的挑战性和持续性的，强调在幼儿已有的水平之上进行充分地探索。问题解决的过程并不是一帆风顺的，需要幼儿反复不断地尝试。幼儿在进行探索之后会不断发现新的问题和兴趣点，再重新对问题进行分析，经过讨论之后重新制订计划和方案、设计图纸，实施计划中的寻找材料、制作施工，再到最后的总结、反思阶段，这一系列的问题解决都需要充足的时间来支持。

同时，从理论层面上说，充足的时间还利于幼儿产生沉浸体验。沉浸体验（flow experience）是积极心理学的研究取向，也被称为"心流体验"。最初是由芝加哥大学心理学教授 Mihalyi Csikszentmihalyi 提出，是指"参与者进入的一种共同的体验模式，在其中参与者自身好像被吸引进去，意识集中在一个非常狭窄的范围内，一些不相关的知觉和想法都被过滤掉，并且丧失自觉，只对具体目标和明确的回馈有反应，透过对环境的操控产生一种控制感。"[1] 给幼儿充足的时间进行思考和探索，让他们沉浸于问题的情境之中，激发他们自主学习和探索的动机。

在幼儿深度学习的探索活动中，每个幼儿园所开展的活动都是由多个阶段组成的，其中每个阶段又包含多轮活动，每一个选题大致要持续半年的时间。在活动过程中，一个最初的大问题会衍生出多个小问题，通过问题的推进来促进幼儿深度学习的发生。每一个问题的解决又都包括经验的回顾与分享、制订计划、执行计划、阶段总结与反思四个阶段，并且将讨论、提问、反思等环节贯穿于整个问题解决之中，这些都需要以充足的时间为前提条件。

吉林省金太阳教育集团的"大泡泡机"活动一共包含四个阶段的完整活动，包括制作泡泡机架子、呼啦圈升降问题、实地参观游乐园中的泡泡机以及比较与反思，整个探索活动从 2018 年 11 月开始，一直持续到 2019 年 6 月，持续时间超

---

[1] Csikszentmihalyi M. Beyond boredom and anxiety[M].San Francisco:Jossey-Bass,1975: 21.

过半年。吉林省省直机关第三幼儿园的大班活动"热水保温"一共包含四个阶段的活动。在前两个阶段中，教师带领幼儿寻找生活中的保温材料并用实验来对比保温的效果，主要材料包括纱布、瓦楞纸、彩纸、卫生纸、黏土、锡纸等，每一种材料的实验都需要一定的时间来支持。到了第三阶段，幼儿开始亲手制作保温杯，其中也包括对于主要材料锡纸的学习、观看制作视频、设计图纸、分小组制作等。第四阶段则是幼儿一起合作将制作好的保温杯进行装饰后直接在日常生活中应用。该园的课题活动同样从2018年10月开始做选题，持续到2019年6月结束，持续时间超过半年。

从上面的案例可以看出，幼儿深度学习需要充足的时间支持，这是基本前提之一。但是，教师在给幼儿提供充足的时间进行思考和探索的同时，还要考虑幼儿身心状态以及专注力的状态弹性安排课题活动时间。充足的时间并不意味着时间越多越好，而是在幼儿保持专注和拥有探索欲望的状态下，给幼儿提供充足的时间。教师发现幼儿游离于问题情境之外时，可以先利用讨论、提问等方式将幼儿的注意力拉回到问题解决的过程中，但是，如果幼儿还是很难专注的话，教师可以考虑弹性安排时间，以保证幼儿在最佳状态时进行探索。

（2）合理安排零散时间

充足的时间给幼儿提供深入探索的条件，但是受制于幼儿园的课程安排和一日生活中各个环节的限制，教师还应该高效利用一日生活的零散时间。在美国深度学习项目中，大多数老师认为灵活的时间安排是必须的，一节课50分钟的时间很难让学生沉浸于探索的情境之中，所能调动的高阶思维也十分有限。[1]

幼儿的深度学习是一个主动投入的过程，教师不应该将深度学习的探索活动仅仅局限于课堂主体活动之上。教师应该发挥教育机智，灵活地将深度学习的时间进行拆分，将深度学习和幼儿的一日生活结合起来，最大限度地利用零散时间，激发幼儿深度学习的积极性，防止幼儿由于长时间无法操作而失去兴趣。例如，教师可以利用户外活动的时间带领幼儿对各种户外材料进行探索，利用谈话的时间引导幼儿对以往的实施方案进行回顾。在长春市委机关幼儿园的"晾画架"活动中，教师就非常灵活地利用了幼儿的零散时间，将深度学习的探索活动贯穿于

---

[1] 卜彩丽,冯晓晓,张宝辉.深度学习的概念、策略、效果及其启示——美国深度学习项目(SDL)的解读与分析[J].远程教育杂志,2016,34(5):79.

一日生活之中。例如，教师在户外体育时间带领幼儿去寻找可以填充瓶子的沙土，以保证架子的稳定。在幼儿苦恼给画架安装什么样的轮子时，教师利用零散时间带领幼儿观察幼儿园中花盆下面的轮子的构造。幼儿在进行乐高玩具的相关活动时，教师带领幼儿探索轮子的安装方式，帮助他们更加深入地了解安装原理。

深度学习的活动是长期的，需要幼儿进行持续探索，利用一日生活中的零散时间能够缓解探索时间不够的压力，同时也能在潜移默化中培养幼儿乐于探索的优秀品质，为深度学习打下良好基础。

2. 空间支持策略

在幼儿深度学习的探索过程中，空间支持也是必不可少的条件之一。舒适的探索空间在一定程度上影响幼儿探索活动的进行与探究时的氛围。

（1）宽敞安静的探索空间

幼儿的深度学习活动应该是全体幼儿积极参与，而绝不仅仅是少数幼儿的探索活动。因此，在活动过程中常常需要以小组合作的形式来进行探究，再加上活动环节中的选择材料、设计图纸、施工制作等，这些均要求深度学习在一个宽敞舒适的空间中进行。宽敞安静的空间能给幼儿提供一个良好的探索环境，而过于狭窄的空间会让幼儿有一种压抑的心理，不利于深度学习的进行。经过观察可知，大多数幼儿园都能保证幼儿探索空间的宽敞和安静，让幼儿以最好的状态沉浸于探索情境之中。

（2）由室内走向室外的空间拓展

幼儿的深度学习活动不仅局限在短暂的集体活动上，还可以渗透在一日生活的各个环节之中。空间支持也是如此，幼儿进行深度学习的探索空间不应局限在室内，必要时应拓展到室外。室内空间材料毕竟有限，教师可以带领幼儿到户外去寻找材料，与幼儿共同寻找更加丰富的低结构材料，还可以充分利用户外资源来引起幼儿的探索欲望和研究兴趣，从而促进情感领域和认知领域的深层发展。

在大班活动"大泡泡机"中，幼儿经过前面两个阶段的探索活动，已经制作出了泡泡机的雏形，但却发现了泡泡机难以保持平衡的问题，探索活动陷入了瓶颈，幼儿的探索兴趣也在一次次失败的尝试中逐渐被消耗。基于此，教师组织了第三阶段的活动，让幼儿带着对问题的思考去实地参观泡泡乐园。幼儿制订了参观计划，试图发现商场中的泡泡机和自己制作的泡泡机的区别。在仔细观察后，幼儿发现了商场中泡泡机的扶手和滑轮的奥秘所在，并对之前制作的泡泡机进行了反思。在"小舞台"活动中，幼儿在制作属于自己的小舞台之后，萌生出想要制作更加精美、实用性更强的小舞台的想法，于是教师带领幼儿去室外探索真正的舞台。在参观完真正的舞台之后，幼儿产生了想要给舞台加上灯光和幕布的想法，这也成为了下个阶段主要探索和解决的问题。

在上面的两个案例中，教师发现了幼儿探索兴趣下降且探索进展较慢时，便带领幼儿到实地去参观，有效利用户外资源。无论是泡泡机乐园还是真正的舞台，都使幼儿的探索兴趣空前高涨。通过观察、比较和讨论，他们不仅发现了先前制作的泡泡机和小舞台的不足之处，找到了改进的思路，还在不断比较的过程中发展了批判性思维。因此，教师在适当的时候带领幼儿到室外探索，不仅能拓展幼儿思维发展的深度，还能重新激发幼儿探索的兴趣，让幼儿更加积极主动地投入接下来的深度学习探索中。

（三）材料与相关知识支持策略

1. 材料支持策略

材料是幼儿深度学习探索活动中的物质基础，是深度学习活动有效开展必不可少的一部分。材料支持是一种比较外显的支持方式，大部分教师都能做到给幼儿提供种类丰富的材料供幼儿探索操作，但是仅提供材料远远不够。教师应该发挥教育机智，最大限度地利用各种材料推进幼儿深度学习的发展进程，激发幼儿的学习动机，实现思维层次的转变。

在幼儿深度学习活动中，幼儿有自主选择材料、制订计划的权利，这能激发幼儿主动参与活动，让幼儿更加主动地投入到探索过程之中。幼儿在讨论材料的时候，不仅会提高语言表达能力，还能通过头脑风暴促进批判性思维和发散性思维的发展。在以小组的形式去寻找材料、探究材料的过程中，既促进同伴间的合作，也形成了师幼互动、家园合作的有效模式。其中，在深度学习活动中的材料支持主要体现在以下四个方面。

（1）提供不同的材料进行比较

在问题解决的过程中，不同的幼儿会选择不同的施工材料。当幼儿对材料进行激烈讨论之后仍然没有明确的选择方案时，教师可以将各种材料提供给幼儿，让他们通过观察和讨论之后来选取适合的材料。教师此时提供的材料既可以是直观的实物也可以通过互联网搜索一些相关的图片和视频。教师有策略地提供不同种类的材料，让幼儿在进行观察与探索之后，选出自己认为最适合的材料，这个过程促进了批判性思维的发展。

（2）在生活中寻找材料

在生活中与幼儿共同寻找材料，不仅能够引导幼儿将生活中的已有经验进行迁移，还能提高幼儿主动参与活动的动机。教师首先可以带领幼儿到大自然中寻找各种各样的低结构、高开放性的材料，发挥幼儿的想象力。当幼儿遇到相似的事物时，教师可以带幼儿仔细观察材料的构造，将幼儿的已有经验和新的问题联系起来，发展其经验迁移的能力。

在"晾画架"活动中，幼儿在制作画架的过程中发现杆子歪了，经过一番讨论后发现为了让杆子不再歪应该将杆子插到中心点处，于是提出了寻找材料填充大瓶子的空隙以保证杆子能够插在中心点上的办法。在否认水、石头等材料之后，幼儿提出了可以用沙子来填充瓶子，但是在幼儿园中却寻找不到沙子。基于此，教师带领孩子去室外寻找沙子，用沙子来填充大瓶子。

在寻找沙子的过程中，幼儿有效地利用了大自然中的材料。这种低结构的材料能使幼儿感到亲切，幼儿在亲自收集材料的过程中可以被激发参与活动的动机和意愿，从而为深度学习提供情感领域上的支持。因此，教师带领幼儿寻找材料是一种重要的支持策略。

（3）允许幼儿改装材料

幼儿问题解决的活动是一个不断反复循环的过程，随着问题解决的深入以及制订计划的修改，需要不断改变各种材料。有时，幼儿可能会转换思路，探索新的材料来解决问题；有时，幼儿可能会在原有材料的基础之上进行改装和探索。教师对幼儿改装材料应该保持一种开放的态度，让幼儿发挥创造性思维对原有的材料进行合理地改装，教师也可以与幼儿一起参与到改装材料的过程中，在形成良好的师幼互动氛围的同时，还能保障幼儿的安全。

在"晾画架"活动中的制作画架架子的环节中，成成用矿泉水瓶作为连接点来代替传统的三通，制作出一个可以代替直角弯的连接头。他用剪刀用力地扎开小的矿泉水瓶子，然后剪开一个小口。他边比画边说："你看就这样插进去。"

在上面的案例中，成成充分地发挥他的创造性思维，对普通的材料进行了有效的改装。在这个过程中，他将平时看到的连接装置的特性成功地迁移到矿泉水瓶上，将矿泉水瓶的瓶口作为一个连接点，又在瓶身上割出口子作为另外一个连接点，做出了富有创造性的连接装置。教师要允许幼儿对材料进行探索和改造，在改造的过程中幼儿的创造性思维和学习兴趣都能得到有效的发展。但是需要注意的是，改装材料一定要在保证幼儿安全的前提下进行，对于使用一些危险物品，如小刀、剪子等，在必要的时候教师可以给予帮助。

（4）发动家长搜集材料

幼儿在以问题解决为导向的深度学习过程中，每个阶段的活动都需要丰富的材料，教师可以让家长参与到幼儿深度学习的过程之中。家长与幼儿一起在日常生活中进行材料的搜集，给幼儿讲解日常生活中每种材料的特性和用途，这样不仅能够激发幼儿参与深度学习探索的动机，还能够给幼儿提供一定的前期经验，弥补幼儿在认知和日常生活中经验的不足。

在"热水保温"第三阶段的活动中，幼儿开始在这一阶段探讨锡纸这一保温材料。教师为了让幼儿发现生活中多种多样的锡纸和探索出锡纸这一材料在生活中的用途和特性，发起了亲子调查活动，请幼儿和家长在周末回家后，共同完成《生活中的锡纸》这一亲子调查表。

在上面的案例中，《生活中的锡纸》这一亲子调查表主要分为两个部分，幼儿负责画出锡纸在生活中的用途，家长负责帮助幼儿补充查阅锡纸这一材料用途的文字资料。周一到幼儿园后，幼儿对亲子调查单进行解释。幼儿在整个过程中表现得非常踊跃，提出了巧克力的锡纸、牛奶的锡纸、口香糖的锡纸、烫发的锡纸、美团盒子的锡纸等用途。在家长的帮助下,幼儿大致了解了锡纸在生活中的用途,甚至一些幼儿在对锡纸的用途进行有效的归类中发展了批判性思维和分析能力。

教师在提供材料支持的时候可以适当开展家园合作。在家园合作收集材料的过程中,不仅能保证收集到的资料的全面性,还能加深他们对材料的理解,同时在进行亲子合作的过程中幼儿的积极性也得到了激发,这些都是促进幼儿深度学习发生的有利条件。

2. 相关知识支持策略

在以问题解决为导向的幼儿深度学习的过程中,活动中所要解决的问题来源于实际的生活情境,问题要有一定的挑战性和难度。但是由于幼儿认知水平和生活经验的有限性,缺少涉及推进问题解决的核心现象、原理和材料等方面的相关知识经验。因此,教师可以提供支持,为幼儿渗透相关知识,推动深度学习的发展进程。

(1) 科学原理的渗透

幼儿深度学习活动的探索形式多样,内容丰富,体现了五大领域的相互渗透与融合,其中科学领域的活动是重要的一部分。幼儿在探索活动过程中,会接触到一些相关的科学原理、一些 STEAM 活动中的制作施工原理等。这些活动背后所涉及的原理性知识是幼儿在日常生活中很难接触或很难意识到的,但又是推动幼儿整个学习过程走向深层次的重要桥梁。对于现象背后所蕴含的科学原理的探究,本就具有深度学习的属性,在探究原理的过程中能够引导幼儿专注更深层次的知识、分析事物之间的相关规律。[①]如果幼儿因为缺乏相关科学原理的支持而导致活动过程停滞不前,在一定程度上会影响幼儿解决问题的积极性。因此,当幼儿遇到关键的科学原理层面的知识时,教师可以有效抓住时机进行渗透,给予幼儿相关科学原理的支持。

案例 5-20

在"有趣的造纸"活动的第二轮"古今对话之初识古法造纸"活动中,教师发现在前面的一系列活动中,幼儿虽然对各种造纸的材料进行了探究和观察,但

---

① 朱凤. 利用科学活动促进幼儿深度学习 [J]. 学前教育研究,2018(9):68.

是对于造纸背后的原理却不甚了解,这样不利于探索活动的深入进行。于是,教师及时提出新的活动——带领幼儿共同探讨造纸背后的相关原理。首先,教师发动家长的力量来帮助幼儿搜集古代造纸的信息,帮助幼儿拓展知识。其次,教师带领幼儿开展《蔡伦造纸》的绘本分享活动,利用儿童喜爱的经典故事绘本来展现古法造纸的步骤。幼儿在反复阅读喜爱的绘本后,根据画面所提供的信息,大体描绘出绘本中的造纸步骤,逐渐体会到了古法造纸的魅力。教师也在这一系列活动后组织幼儿对造纸所需的材料和造纸步骤等进行讨论。

教师:在刚刚的故事里讲到蔡伦用什么材料造纸?方法是什么?

瑜瑜:用破布、树叶还有渔网,有很多东西都能用。

诺诺:要把这些东西切碎,弄成渣渣。

宇宇:还要加一种白色的水。

教师:这种白色的水是什么特别的水?

蒙蒙:灰水!

教师:其实这是一种草木灰水,它可以使材料变软。

瑜瑜:需要煮一下,捣一捣,和捣蒜一样!

瑞瑞:捣过的泥要平放在一个小木板上,晾干就可以了!

【陕西省西安交通大学幼儿园 中十班 李剑 杨曦 "有趣的造纸"课题活动】

通过一系列讨论绘本的活动,幼儿清楚地了解了造纸的材料和步骤,了解了草木灰等各种造纸材料的特性,并结合材料来探讨古法造纸的可行性。即便要耗费很多时间、克服很多困难,幼儿对造纸活动仍然很有热情。由此可见,对于科学原理知识的渗透,不仅能够促进幼儿思维的深层发展,还能激发幼儿的探索欲望,为幼儿的深度学习提供支持。

在许多其他案例中也能体现教师在科学原理方面给幼儿提供的支持。在吉林省直机关第三幼儿园的"热水保温"活动中,幼儿在前期的活动已经探索了各种材料的特性并准备分组制作不同材料的保温杯,但是对于制作保温杯装置的原理,幼儿却了解得不多。于是,教师便针对这种情况进行了有效的科学原理知识的支持。教师带领幼儿搜索相关视频,了解了制作保温装置背后所涉及的真空保温盒的原理,并通过讨论让幼儿联想到了"将冰棍放在泡沫盒子中能使冰棍不会融化"的生活经验,利用真实生活中的经验来解决问题,设计出富有创造性的保温杯。

（2）材料特性的渗透

在幼儿深度学习的过程中，制作施工是贯穿于其中的一个重要环节，施工材料的选择至关重要。在大部分情况下，幼儿能够凭借生活中的已有经验来了解一些常见的材料的特点，但是还有一些材料是幼儿在日常生活中比较难接触到的。对于这样的材料，教师应当提供材料支持，与幼儿一起探索各种材料的特性，帮助幼儿拓展思路。

在"热水保温"活动中，幼儿在探讨制作保温杯的材料时，创造性地提出了锡纸这一材料。由于幼儿对锡纸这一材料并不熟悉，教师便安排了家园活动：寻找生活中的锡纸。幼儿和家长们积极配合，找到了很多生活中的"锡纸"，但是教师很快就发现，这里面有一部分并不是锡纸，而是"铝箔纸"。在日常生活中，二者经常被混淆，但是二者无论是功能还是外观，都有一些区别。于是，教师抓住时机，给幼儿提供这两种不同的材料进行观察，通过小组讨论的形式来总结这两种材料的不同。幼儿在经过仔细观察、轻轻触摸以及闻味道之后，总结出"铝箔纸比锡纸更光滑、柔软、不容易折坏"，并就二者的区别与相似点画出双气泡图。

在上面的案例中，教师在发现幼儿对锡纸和铝箔纸这两种材料不是十分了解并且容易混淆后，开始带领幼儿一起探索两种材料的特性。首先，考虑到幼儿的思维发展还处于由具体形象思维向抽象思维发展过渡的时期，因此，提供形象直观的真实材料便是一种最适合的方式，这有助于他们对各种材料有一个初步的了解。其次，教师发起讨论活动，让幼儿自由讨论每种材料，并通过提问等进行适当提示。最后，教师利用丰富的互联网资源与幼儿一起搜集信息，加深对各种材料的认识。以上便是教师在探索材料性质的时候给予幼儿的相关支持。

（3）背景知识的支持

幼儿的认知水平有限，如果没有对问题进行一定了解就开始整个活动，这在一定程度上会给幼儿深度学习带来很大的困惑，因此教师应当给予背景知识上的支持。

在"小飞机"活动中，因为幼儿一开始对于飞机的了解比较浅显，教师便给幼儿布置了任务——和父母一起调查飞机的各个部位以及它们的作用。在家长的帮助下，幼儿通过在网上查找、翻阅书籍，获得了关于飞机用途的更多经验。第二天，教师还充分利用家长资源，邀请了从事飞行员工作的家长到班级中给幼儿讲解飞机的各个组成部分。最后，教师与幼儿共同对飞机各部分的作用进行了梳理，在梳理的整个过程中幼儿都表现出高昂的积极性。

在幼儿本身对飞机不是很了解的情况下，教师所提供的背景知识的支持就显得尤为重要。在上面的案例中，教师充分利用家长资源，采用上网查询、翻阅书籍等多种方式帮助幼儿了解飞机的相关知识，尤其是与制作密切相关的各个部件的用途等。

在"好用的拖把"活动中，幼儿关于拖把的经验比较零散，很少能关注到拖把头和拖把杆的连接方式等核心环节，而这部分经验又在制作拖把中起着关键作用。基于此，教师联合家长共同给予幼儿有关拖把的背景知识的支持。教师开展"探索拖把中的小秘密的亲子活动"，请幼儿与家长一起讨论有关拖把的连接方式、拖把的功能等内容。通过实物观察、查询网络资源、实际操作等方式增加幼儿的背景知识，使幼儿获得多感官体验。

背景知识的支持非常必要，幼儿了解得越深入就越能激发幼儿的探索兴趣和欲望，实现深度学习情感领域的深层次发展，实现主动学习而不是被动学习。但是教师要把握好渗透和讲解的时机。首先，教师要给予幼儿自主讨论和思考的时间，先让幼儿自主思考后再将相关原理介绍给幼儿，这样更能激发幼儿的批判性思维和创造性思维。其次，介绍相关原理的形式是多样的，可以在与幼儿讨论交流的过程中进行渗透，可以是教师与幼儿共同查阅相关资料来进行渗透，可以带领幼儿一起运用互联网工具进行搜索，还可以发动家长，让家长在生活中对相关背景知识进行渗透。

（4）技能经验的分享

在幼儿深度学习活动过程中，尤其是在实施计划阶段中的制作环节，会涉及一些相关技能经验。其中，有些经验是不符合幼儿动作发展的年龄特点的，有些经验则是比较危险，容易发生安全事故。在这种情况下，教师可以提供适当的支持，在技能经验上给予幼儿帮助。

在"大泡泡机"活动中，当幼儿不知道要如何对绳子进行打结时，教师及时给予支持，给幼儿示范了多种打结方式。这样不仅帮助幼儿推进了整个活动的进程，还拓展了幼儿关于打结的生活经验。在"做花轿"活动的制作轿身环节中，需要幼儿对架子的长短进行修改。但是幼儿的肌肉力量不足以支撑幼儿完成对全部四根架子的切割工作，切割工具锯子对于幼儿来说也是一种危险物品。基于这些情况，教师在幼儿对架子进行测量完长短之后，亲自给予技能上的支持，帮助幼儿对架子进行切割。在深度学习活动的制作阶段，教师会提供技能经验的支持。但是很多时候教师也会鼓励幼儿以小组合作的方式亲自尝试，提高幼儿的合作意识与自主解决问题的能力。如在"移动整理车"活动中，幼儿在给整理车制作支架时，要使用锯子来将木头切割成合适的长短。在此情况下，教师并没有亲自帮助幼儿进行操作，而是教授给幼儿使用锯子的方法和经验。幼儿在自己探索的过程中逐渐找到了节省力气的窍门，力气大的幼儿合作轮流来锯，其他幼儿则自主分成两组分工合作，通过把木条固定住来防止木条移动。从上面的案例中可以看出，技能经验的支持也不一定需要教师亲自去操作，可以适当进行提示，让幼儿自己去探索。在探索的过程中，不仅培养了幼儿不怕困难、勇于尝试的学习品质，还能提高幼儿的合作意识，激发幼儿的学习动机，这些都是实现幼儿深度学习所需要的。

（四）情感与评价支持策略

1. 情感支持策略

美国研究院（American Institutes for Research）组织实施的 Study of Learning（SDL）项目提出深度学习不仅仅是认知领域内的高阶思维、问题解决能力的发展，还有一个非常重要的方面便是情感领域内的深层次发展，主要指的是形成积极主动的学习动机、坚强的意志品质等。我国研究者吴永军提出深度学习是一种整体的学习状态，是学习者全身心投入的过程，它既是学习者大脑内部信息加工的过程，也是一个充满着情感、意志、精神、兴趣的过程；它不仅是一个个体学习过程，还是一个社会过程、文化过程。[①] 马丁内兹（Martinez）和麦格拉斯（McGrath）在2011年发起的美国八所公立学校的深度学习实验项目，采取了六个促进深度学习的有效策略，分别是：创建一个学习者社区、激励学生自主学习、实现学科之间的情境化、延伸学校的学习网络、个性化的方式激励每个学生、利用技术来实现深

---

① 吴永军.关于深度学习的再认识[J].课程·教材·教法，2019（2）：54.

度学习，[1]非常强调个性化的情感支持。由此可见，国内外对于深度学习的研究不仅局限在认知领域，开始逐渐转向人际情感等领域的深层次发展，其中情感支持策略逐渐成为深度学习支持策略中必不可少的一种。不仅如此，在师幼互动评价体系中，教师的情感支持是其中非常重要的一个维度，这是优质师幼互动的表现特征之一。在情感支持下，教师与幼儿进行温暖的、回应式的互动有利于营造积极的深度学习氛围。

以情促行，引发幼儿深度学习。情感本身具有动力功能、调节功能、强化功能、疏导功能和感染功能等，和认知并不是完全独立的两个部分，而是密切联系、相互促进的关系。瑞秋（Rachel Yeung）、邦妮（Bonnie）在关于家长和教师对青少年的情感支持的研究中，将教师情感支持解释为教师在教育学生的过程中，通过言语和非言语行为所表达出来的对学生的关心与理解、倾听、尊重和鼓励等。[2]胥兴春等人则认为教师对学生的情感支持主要包括：积极关注、表达关心与理解、倾听学生困难、尊重学生人格、给予学生鼓励等。[3]教师的情感支持在一定程度上能够影响幼儿在活动中的情绪，而幼儿的情绪又对其自我效能感、自信心等产生影响。拥有较强自我效能感和自信心的幼儿拥有积极的学习动机，能最大程度地调动自身潜能的同时拥有积极、主动、有归属感的情绪状态，能够主动探索问题、直面困难与挑战。本研究在结合瑞秋、邦妮研究的基础上，认为教师在幼儿深度学习活动中的情感支持主要体现在理解幼儿、关注幼儿、倾听幼儿和鼓励幼儿四个方面。

（1）关注幼儿

皮格马利翁效应揭示了教师的期待效应。教师的关注会给幼儿的发展带来影响和变化，被教师关注和期待的幼儿能够取得更好的发展和进步。教师的关注可以是多方面的，比如幼儿在活动中的一举一动、一言一行、情绪的变化、进步与不足等，这样的关注有利于教师与幼儿之间建立亲密的联系。在教师的关注下，

---

[1] Martinez M, McGrath D. Deeper learning: how eight innovative public schools are transforming education in the twenty-first century[M]. New York: New Press, 2014.

[2] Rachel Y, Bonnie L. Adults make a difference: the protective effects of parent and teacher emotional support on emotional and behavioral problems of peer-victimized adolescents[J]. Journal of Community Psychology, 2010, 38(1):80-98.

[3] 胥兴春，杨聃旎，贾娟. 中学生感知的教师情感支持问卷编制及特点研究[J]. 西南大学学报（自然科学版），2014，36（6）：176.

幼儿能够获得比较积极的情感感受，比如："老师喜欢我""老师认为我很重要""老师在意我做什么"，这些感受都能帮助幼儿树立自信心，锻炼幼儿的意志品质，激发幼儿的学习兴趣。

案例 5-21

在"移动整理车"活动中，幼儿有条不紊地按照设计好的图纸来制作移动整理车。尽管在其中遇到了一些问题，但是在大家的共同努力下，问题都得到了解决。在安装支柱的环节，幼儿在商讨后决定借助电钻来安装。电钻对于幼儿来说是一件新鲜的物品，幼儿对此都充满了好奇，尤其是男孩们都非常想尝试。在此情况下，他们决定比一比谁钻得快，钻得快的就负责安装支柱这一主要工作。最后，这一工作落在了钻得又快又稳的小靳身上，而此时教师却发现肖肖非常沮丧，一直在旁边闷闷不乐，也不参与接下来的安装环节之中了。这个时候教师及时走过去与肖肖进行沟通，询问肖肖的想法，肖肖说出："我平时的力气是最大的呀，我以为自己一定能赢的。"教师及时安慰肖肖说："肖肖平时是我们班级的大力士呀，这次肖肖也特别棒，但是我们需要选择最适合自己的工作呀！"肖肖在听完老师的话之后，虽然开心了一些，但是还是迟迟不愿意回到探索活动之中，教师这个时候又及时询问："肖肖是因为什么还觉得不开心呢？"肖肖说："我觉得有点儿丢脸，感觉自己不是最棒的孩子了。"教师便和肖肖讲道理，让肖肖明白团队合作的重要性，直到肖肖又开心地投入接下来的制作活动之中。在肖肖加入到电钻小组后，教师也一直注视着肖肖，给肖肖一定的眼神回应。

【吉林省直文化系统幼儿园 中二班 李姝瑶等"移动整理车"课题活动】

在上面的案例中，教师在敏感地发现肖肖的情绪变化之后，及时与肖肖进行沟通，询问他心情低落的原因。在肖肖觉得自己"不再是大力士了"，对自己失去信心后，教师又及时向幼儿传达出"你很重要"的信息，帮助幼儿重新树立自信心，走出不良的情绪状态。最后，肖肖重新回到小组中，教师也一直保持着对肖肖的眼神关注，给肖肖以自信心和安全感。教师的一系列关注，不仅能让幼儿转变不良的情绪状态，以更加主动积极的状态投入深度学习的活动中，并且在与教师的沟通中让幼儿更加明白团队合作的重要性，使小组形成一种更加融洽的氛围。

（2）理解幼儿

理解，并不只是简单的认同，而是要求教师具有移情性理解。移情性理解是指在与他人交往互动的过程中,能够理解他人的立场和感受,并站在他人角度思考、处理和评价问题。[1]移情性理解能让教师站在幼儿的角度审视问题,以幼儿的视角来分析问题,打破惯常的权威定势,真正理解幼儿的所思所想。这样的移情性理解,能够帮助教师缩小与幼儿之间的距离,让幼儿感受到被信任与被尊重,产生幸福感和良好的情绪体验。

案例 5-22

幼儿在参观了真实的舞台之后,萌生了给小舞台加上幕布的想法。于是幼儿经过讨论后开始分工,宇宇小朋友负责缝补布料。但是因为幼儿自身经验的缺乏,本来自信心满满的宇宇却一直无法将针穿入针孔,急得满头大汗,满眼泪水,并且大喊大叫,抱怨不要再继续参与这次活动了。教师此时并没有因为宇宇的行为而生气,而是与他交谈、安慰他,在他走出焦躁的情绪状态后,教他穿针线的方法。

【吉林省长春市人民政府机关第一幼儿园 大一班 刘星 吴丽 "小舞台"课题活动】

在上面的案例中,教师不仅用耐心来安慰、鼓励情绪失落的宇宇,关注宇宇的情绪变化,更是站在宇宇的立场上去想问题。教师没有因为宇宇大喊大叫等表现而批评他,而是站在宇宇的角度,理解宇宇的想法和行为,让他能够发泄不良的情绪。这正是理解支持的意义所在。

(3)倾听幼儿

倾听能够建立起亲密的关系,形成有效的师幼互动。倾听并不仅仅是听,而是要关注幼儿的言语和肢体动作等信息背后的含义,关注这些所传达出来的信息,并及时作出回应。教师的倾听能够向幼儿传达这样一种信息:"我在乎你""我对于你现在说的话和做的事感兴趣""我想深入地知道你在做什么"等等。教师要倾听幼儿的意见,倾听幼儿的困难,观察幼儿的动作、手势和面目表情等。同时,教师在倾听时,一定要给幼儿一个明确的回应,让幼儿知道你听清了他的话,听懂了他的意思。

案例 5-23

"晾画架"活动一直深受幼儿的喜爱,幼儿都对探索活动表现出了极大的兴趣。

---

[1] 屈卫国. 移情性情感教学初论[J]. 湖南师范大学教育科学学报, 2002(3):34.

但是让教师出乎意料的是，在选小组队长的这一环节，幼儿之间出现了较大的分歧。成成和昂昂是在深度学习活动中表现非常活跃的两名幼儿，昂昂思维非常活跃，常常能提出具有创造性的问题解决方案，而成成则具有领导力，经常在活动中担任小组长，其他幼儿都非常喜欢他。在这次投票选组长时，成成高票获得了同伴们的支持，而昂昂却非常难过沮丧，甚至想要退出此次深度学习活动。教师及时与昂昂进行沟通，询问昂昂内心的想法。昂昂觉得"自己不受小朋友们的欢迎，觉得很多点子都是自己想出来的，但是却没有当上组长，觉得非常委屈"。教师在倾听昂昂内心的想法之后，及时安慰、鼓励昂昂，一直向昂昂反馈"你做得很棒，小朋友们都很需要你，小朋友们不是不喜欢你"的信息。同时教师也与其他幼儿进行协调，最终决定选出两名小组长，并且带领其他幼儿来安慰昂昂。昂昂的情绪也逐渐平稳了下来，重新加入深度学习活动中。在重新加入之后，教师对于昂昂的一些古灵精怪的想法也予以回应、认真聆听，让昂昂觉得自己时刻被关注着，增强了昂昂的自信心。

【吉林省中共长春市委机关幼儿园 大C班 连卉婷 柴文明 "晾画架"课题活动】

在上面的案例中，体现了倾听这一情感支持给幼儿带来的情绪情感的变化。昂昂由于没选上小队长而表现出了非常沮丧的情绪，甚至发起了脾气，大哭大闹。在此情况下，教师及时与昂昂进行沟通，询问昂昂内心的想法，仔细倾听昂昂真正的想法。在得知"昂昂的不自信和不甘心"之后，教师安慰昂昂，并给予鼓励，让昂昂重新树立起自信心。昂昂重新回到小组活动后，教师对昂昂的奇思妙想给予耐心回应和认真倾听，让昂昂体验到自己在小组中的重要作用。在这样的倾听和支持下，昂昂逐渐转变了敏感低落的情绪，重新树立起了自信心，以一种更加积极主动的态度投入接下来的活动中，从而营造了更为融洽的小组探究氛围。

（4）鼓励幼儿

教师在恰当的时机鼓励表扬幼儿，能够激发幼儿的主动学习动机，给幼儿以正向的回馈。在利用言语形式的鼓励表扬的同时，教师也要灵活采用非言语的形式，如通过面部表情、手势、目光和嗓音变化等来传递给幼儿鼓励的信息。

案例 5-24

在"好用的拖把"活动中，幼儿在分组制作拖把的时候，发现伸缩拖把组经常失败，经过多次讨论和尝试后也始终无法用橡皮筋和绳子把两根杆固定。在反复失败的尝试下，幼儿产生了消极和抵触的心理，探索氛围大不如前。这时候，教师及时鼓励了幼儿，首先指出了他们的进步之处："你们真的好棒呀，想到了用橡皮筋和绳子来固定的好办法，老师都没想到呢"。其次，教师还指出"现在我们已经成功地做出了拖把的杆子，但是小朋友们那么聪明，想要进一步做出能伸缩的杆子。虽然我们现在没能成功，但是我们已经成功了一半啦！"教师边说边给幼儿鼓掌。最后，教师提出："咱们不要泄气，老师也对能伸缩的杆子特别感兴趣，老师能不能加入到你们小组中，一起制作神奇的伸缩杆子呀？"

【云南省人民政府办公厅圆通幼儿园 中三班 李丽等 "好用的拖把"课题活动】

在上面的案例中，幼儿在多次探索失败后，明显处于一种较为沮丧的状态，探索动机也大幅度减弱。在这个时候，教师充分发挥教育机智，及时对幼儿进行了鼓励。首先，教师明确地说出了幼儿的进步，并指出幼儿的具体进步所在，给幼儿一个具体有效的正向反馈。其次，教师运用言语和肢体动作，如给幼儿鼓掌，反复强调"即使没有实现最终的目标，但是已经朝着目标前进了一大步"，帮助幼儿提高自信心和自我效能感。最后，教师主动向幼儿发出邀请，希望能参与到幼儿的探索活动中，这样的邀请能让幼儿感受到所研究问题的价值以及教师对他们的关注。通过及时的鼓励与表扬，在帮助幼儿缓解不良情绪体验的同时又激发了幼儿的探索动机，使幼儿重新投入到深度学习的探索活动之中。

情感支持在幼儿深度学习活动中是必不可少的一项支持策略。在积极情感的支持下，幼儿的深度学习动机被激发，且互动中产生的双向支持感会产生更好的效果，教师的自我效能感和成就感也能得到最大程度的激发。

2. 评价支持策略

评价是深度学习开展过程中的一项非常重要的支持策略，贯穿于以问题解决为导向的幼儿深度学习的全过程之中。有效的评价策略能够引导学生进行深度反思，让他们能够根据自己反思的情况随时调整自己的学习行为，是实现深度学习的有效途径。我国学者郑东辉提出了促进深度学习的课堂评价理念，首先是评价合乎伦理，实现手段与目的的融合；其次是评价主体多元，实现自我与他者的统一；最后则是评价融入教与学之中，实现信息转换。[①] 由此可知，幼儿深度学习过程中

---

① 郑东辉. 促进深度学习的课堂评价：内涵与路径 [J]. 课程·教材·教法，2019（2）：61-62.

的评价并不仅仅是探究活动结束后的终结性评价，而且是贯穿于整个深度学习的过程之中，应该采取终结性与过程性相结合的评价形式，这是评价支持策略的最基本的前提。

（1）持续性评价，及时有效的反馈

持续性评价强调对动态发展的活动过程的持续性关注，这种持续性评价能让幼儿感受到教师对他们的关注，不仅可以激发幼儿的学习动机，还能对出现的问题和矛盾及时处理。同时，有效的反馈可以促进学习的发生，也是产生沉浸体验的条件之一。教师的反馈要遵循情感性原则、互动性原则、准确性原则、针对性原则、及时性原则和整体性原则。[1]

①把握最佳的反馈时机

教师要把握最佳的反馈时机，及时反馈能更好地实现与幼儿的互动，及时发现活动中的问题并进行有效解决。及时反馈要求教师对幼儿深度学习过程随时关注并有效观察，将情况适时反馈给幼儿，让幼儿了解到自己的进步与不足。例如，教师在幼儿深度学习的过程中，当发现幼儿情绪情感处于消极状态时，应及时对幼儿进行肯定性反馈，并给予鼓励，让幼儿知道自己的进步，激发幼儿的学习动机。当幼儿在活动中面临困难一直停滞不前的时候，教师可以采用引导性反馈，在幼儿解决问题或回答问题遇到困难时，可以给予提示性帮助。

案例5-25

在"好玩的乐器——鼓"活动中，幼儿想要制作一个大的鼓面，第一次成功地想到用"水桶倒扣在牛皮纸上，再用彩笔描绘出圆形的鼓面"的方法。教师首先针对幼儿的这一想法及时表扬，肯定了这一解决问题的方案，让幼儿以积极的态度继续探索，并在幼儿进行操作的过程中，询问幼儿是如何想到这一办法的，引导幼儿将日常生活中的经验与探索中的实际问题相结合。但是随着活动的进行，幼儿发现用水桶制作的鼓面不够大，继而想要制作出更大的鼓面，但经过多次尝试后仍然失败。此时幼儿处于一种情绪低落的状态，教师及时对幼儿进行评价："你们已经很棒啦，之前已经想到了用水桶画出了鼓面，老师都没有想到呢。"经过教师的鼓励，幼儿又充满热情地继续探索解决问题的方法，教师也在这个时候引导

---

[1] 李吉峰.基于反馈原理的高中数学教学策略研究[D].信阳：信阳师范学院，2017：24.

幼儿观看教室里风扇的转动,对幼儿进行启发性的反馈。

【吉林省吉林大学附属第三幼儿园 中一班 沈琳琳 高鸽 "好玩的乐器——鼓"课题活动】

在第一次的尝试中,体现的便是教师在最佳时机的反馈,从最开始的言语反馈以鼓励幼儿,再到引导性的反馈来加深幼儿对问题的深度理解。在第二次幼儿尝试制作更大的鼓面却一直失败后,教师给予幼儿肯定性的评价,这种及时的肯定性反馈让幼儿知道自己进步之所在,帮助幼儿重新树立起自信心。教师又在幼儿重新充满研究热情之后,抓住最佳时机通过言语的形式来进行引导,并提供有关风扇转动的视频支持,帮助幼儿掌握圆与圆心的相关原理。教师在幼儿情绪低落以及在幼儿探索欲望最为强烈的时候,抓住了最佳的反馈时机,并运用不同的形式对幼儿进行反馈,推动了探索活动的进行。

②具体清晰的反馈内容

按照反馈内容的划分,可以将反馈划分为模糊反馈和具体反馈。教师不要用"对""错""会不会""是不是"等这些缺乏针对性或是不具体的评价,这种模糊的反馈无法起到有效的指导作用。因此,教师在与幼儿进行反馈交流的时候,反馈的内容要具体清楚,让幼儿清晰地了解自己当前所处的问题解决阶段,取得了哪些进步,解决了什么问题,这样更能激发幼儿的学习动机。

案例 5-26

在"造竹筏"活动中,幼儿在进行竹筏的连接时,采取了明确的分工,两名幼儿负责用手扶住竹子以防止竹子晃动,三名幼儿轮流使用锤子将竹筏固定,在这样的合作下,幼儿成功地完成了竹筏的连接工作。教师最后总结:"你们真的太棒啦,这就是团队配合的意义呀,每个人尽自己的一份力,大家最后就能把任务完成了,老师真为你们感到骄傲。"教师这种非常具体明确的反馈内容让幼儿明白合作的意义所在,在之后的环节,无论是在小组讨论还是制作的过程中,幼儿都更加注重小组之间的合作与互动,形成了非常良好的互动氛围,推动了深度学习的发展。

【云南省西双版纳州景洪市幼儿园 中一班 刘明珠 钱倩雯 丁梓涵 "竹筏"课题活动】

(2) 多元主体交互的评价模式

多元主体交互的评价模式是促进幼儿反思的重要策略，主要包括教师评价、幼儿自我评价和同伴之间的评价。其中，教师评价起着重要的引导作用，能够有效推进幼儿自我评价和同伴评价。

①教师评价

教师评价能够有效地发挥评价的激励作用、引导作用和改进作用。教师要善用表扬，激发幼儿的学习动机，注重对幼儿意志品质的培养。但是，教师对幼儿进行评价时，不要直接用简单的好与坏、对与错这样直接的评语，而应当以实质性评语为主，对幼儿具体的表现进行评价。

②幼儿自我评价

幼儿自我评价是促进幼儿深度学习进行的一个重要支持策略。幼儿自评主要是对自身的整个活动过程和活动结果做出评价，能够让幼儿正确认识自己，发展幼儿的元认知，培养其反思能力。在前面的论述中，已经提到了深度学习与元认知的相互促进关系、深度学习与反思学习的相互促进关系，通过自我评价可以有效地促进深度学习的发生。因此，教师应引导幼儿将自我评价与深度学习的各个阶段的关键节点相结合，以促进元认知和反思能力的发展。

③同伴评价

同伴间的互评也是深度学习的一种重要的评价形式。幼儿之间的相互评价有许多好处：其一，让幼儿之间互相学、互相借鉴，通过相互交流促进批判性和创造性等思维的发展；其二，互评也是一种展示，可以激发幼儿参与深度学习过程的动机，使其更加主动地投入到问题解决的过程之中；其三，互评需要对他人的学习情况给出评价、提出建议，这可以提高幼儿合作学习的能力。[1]这种相互评价的形式更能让幼儿感受到深度学习中协作学习的乐趣所在，更能促进幼儿的情感向深层次变化。

接下来，以一个完整的案例来看一下在幼儿深度学习活动中的幼儿自我评价、同伴评价和教师评价相结合的评价模式。

---

[1] 郑明达. 过程性评价的组织策略与方法研究 [J]. 中国电化教育，2010（9）：108.

案例 5-27

教师在带领幼儿实地参观完游乐园中的泡泡机后，幼儿开始想对原来制作的泡泡机进行改进，他们想要将底座更换为更大的呼啦圈，并且在呼啦圈上系绳子，但是却在这个环节遇到了困难，试验的各种方法效果都不是很理想。这个时候乔乔说出了自己的想法，他将小呼啦圈摆在大呼啦圈的位置，调整好位置摆成了两个同心圆，把小呼啦圈上的绳子拉直，刚好和大呼啦圈相交，幼儿灵活地利用了先前掌握的呼啦圈等比的知识找到大呼啦圈的系绳点。这一想法很快得到了幼儿的支持，但是在实施的过程中也出现了一些问题。在整个方法成功实施完之后，教师开始引导幼儿进行自我评价和同伴评价。

第一次自我评价

教师：乔乔，你觉得你的新方法怎么样呀？

乔乔：老师，我觉得很好呀。小呼啦圈现在长大了，绳子够到的地方就是要系的地方。（乔乔笑着，并且伴随着手舞足蹈的动作。）

同伴评价

教师：你们觉得这个办法怎么样？

冰冰：这个办法简单。

七宝：把绳子拉直，可能更好。

（这时一旁的乔乔有些小失落。）

小样：把绳子先用胶粘上，就不会乱动了。

七宝：还可以直接用这条绳子系，就不会浪费了。

乔乔听取了大家的建议，马上改进。在幼儿合作系好后，七宝再次测量验证了位置的准确度。

第二次自我评价

教师：乔乔，你现在觉得你的办法怎么样呀？能不能跟老师说一下呀？

乔乔：后来也挺好的！

教师：后来？刚开始和后来的想法不一样吗？

乔乔：是，七宝他们说我的办法不太好。

教师：哦？你觉得他们说得对吗？

乔乔：他们说的有点道理，后来我改进了。

教师：所以，你觉得大家一起想的办法更好是吗？

乔乔：对啊！

教师：你对最后的办法满意吗？

乔乔：满意呀，大家一起想的办法比自己想的多。

教师：我觉得你的办法也很好，大家的建议让你的办法变得更好。

【吉林省金太阳教育集团 大一班 刘阳阳 刘杰 "大泡泡机"课题活动】

在上面的案例中，体现了教师引导下的多元交互评价模式。首先，教师通过提出问题引导乔乔对自己进行第一次评价，此时从乔乔的回答、表情以及肢体动作可以得出他对自己的想法非常满意，对自己的想法非常有自信，处于较高的自我效能感的时期。教师同样抛出问题来引导小组的幼儿展开同伴之间的评价，对乔乔的这一方案发表各自的看法。冰冰首先对这个办法表示肯定，认为"这个办法很简单"，教师也观察到在得到同伴的肯定性评价后，乔乔的情绪非常高昂，积极性非常强，表现出了一种非常愿意积极尝试的状态。但是七宝却给出了不同的评价，他认为乔乔的方法还有一定的改进空间，认为乔乔的方法不能很好地将绳子固定住，容易产生误差。教师观察乔乔的变化，发现乔乔此时情绪低落，一直在低着头不说话。等到幼儿开始按照七宝改进后的方案开始执行计划并且取得成功后，教师开始引导乔乔进行第二次自我评价。教师同样以问题的形式引导幼儿评价，此时乔乔的回答与上次不同，表现出了变化：他认为自己的方法一开始不够好，但是之后挺好的。教师对乔乔这一自我评价进行追问，询问乔乔为什么觉得一开始不够好，但是后来是好的。接下来，乔乔通过对这一问题的回答对自己的方案进行深入的剖析，他认为自己一开始考虑问题不够全面，没有想到绳子会随时变动，没有考虑到绳子的固定问题，因此他觉得自己一开始的计划没有那么好。乔乔通过对自己的方案进行分析提高了自己的反思能力，看到了自己方案中的不足，通过自我评价提高了元认知能力。之后，教师又问乔乔为什么又觉得自己之后的计划好，乔乔给出了理由，他认为七宝的方法使他的方案更加完美，能制作出更好的泡泡机，而他也同意了七宝的看法，在与七宝共同商讨和合作下，共同提出了最适合的方案。教师在乔乔回答后，给予了鼓励，同时也引导乔乔更加明白小组合作的重要性。

在整个评价过程中，教师通过提问来引导幼儿进行自我评价和同伴评价，并对幼儿的评价进行及时反馈。幼儿通过自我评价，发现了自身的不足之处，及时反思；通过同伴间的评价，增强了合作意识，提高了解决问题的效率，从而形成了浓厚的探究氛围。

三、以问题解决为导向的幼儿深度学习的支持策略

在以问题解决为导向的幼儿深度学习的活动中，以一个个问题作为中介，在解决问题的过程中实现了深度学习这一目标。教师在整个活动过程中适时地提供丰富的支持，通过不同类型的阶梯式提问，最大程度地促进了幼儿的思维发展；通过情感维度的支持，帮助幼儿缓解不良的情绪体验，从而营造良好的活动氛围；通过时间和空间上的支持，给幼儿的深度学习活动提供物质保障；通过评价支持，促进幼儿的自我评价能力和元认知能力的发展。这些支持策略在幼儿深度学习的过程中起到了很好的促进作用，实现了幼儿从浅层学习向深度学习的转变。

专题六

思维地图在幼儿深度学习中的应用

专题六 思维地图在幼儿深度学习中的应用

一、思维地图与深度学习

（一）思维地图

（二）思维地图是促进幼儿深度学习的有效工具

二、思维地图在幼儿深度学习中应用的类型及功能

（一）圆圈图

（二）气泡图

（三）双气泡图

（四）流程图

（五）树状图

（六）括号图

（七）多重流程图

创新思维是 21 世纪公民的基本素养之一，各国高度重视创新能力的培养，我国也将其列为学生发展核心素养之一。2016 年我国教育部为落实立德树人的根本任务和适应世界教育改革发展趋势，发布了《中国学生发展核心素养》。其中核心素养中强调学生要具有勇于探究、批判质疑和创新等精神。创新思维和批判性思维是高阶思维的重要组成部分，培养学生的高阶思维可以帮助学生从浅层学习过渡到深度学习。深度学习作为一种国际新型的学习方式和学习理念，致力于培养学生的创造能力、批判能力和高级社会情感，是指向具体的、社会的人的全面发展，是形成学生核心素养的基本途径。[①] 与此同时，国外学者提出了一种能够促进学生思考、提高建构知识信息能力的知识可视化工具——思维地图。思维地图共包括八种类型，主要以图形的形式将复杂的知识进行组织和建构，帮助学生理解与记忆知识。国内外关于思维地图的研究证实，思维地图在帮助学生建构知识和提高学习能力方面具有重要作用。为此，本研究将思维地图应用在幼儿深度学习的活动中，试图探讨思维地图在幼儿深度学习中应用的类型以及发挥的教育功能，旨在促进幼儿实现深度学习。

一、思维地图与深度学习

　　深度学习是一种强调问题解决、知识建构、批判理解和信息整合的学习方式，旨在促进学习者的批判性思维、创造性思维、元认知能力等高阶思维能力的发展。思维地图作为一种知识可视化工具，能以直观、显性的方式帮助学习者加工、编码和表征新知识，同时有助于培养学习者的高阶思维能力。为此，认识与解析思维地图的本质，对于有效发挥思维地图的教育功能具有重要意义。

[①] 郭华. 深度学习及其意义 [J]. 课程·教材·教法，2016，36(11)：26.

(一) 思维地图

美国的大卫·海勒博士在1988年基于语义学和认知心理学设计了八种思维地图，其实质是帮助学习者学习语言的一种工具。他在设计之初认为思维地图应是顺应学生思维过程的一种图形结构，在应用的过程中应该既能有利于知识的迁移，又能促进认知的发展，进而达到提高学生的学习能力和认知水平的目的。基于这样的想法，大卫·海勒创建了一套包含八种结构化图形的可视化工具，即思维地图，英文为"thinking maps"。

1. 思维地图的内涵

思维地图是一种基于知识可视化理论和建构主义等理论，以图形的形式将复杂知识进行组织和建构，帮助学生理解与记忆知识的一种学习工具。思维地图主要包括八种类型，即圆圈图、气泡图、双气泡图、树状图、流程图、多重流程图、括号图和桥状图（见表6-1），每一种思维地图分别对应一种独特的思维过程。这八种思维地图能够激发学龄前至12岁学生的思维潜能，并能帮助他们利用纸和电脑表达与总结出自己独特的想法。[①] 每种类型的思维地图都是通过适当的方式对学习内容进行结构化的组织与呈现，都能发挥独特的教育功能以降低学习者的认知负荷。同时，不同年龄段的学习者在学习活动中可随时增添或减少原有图形以适应学习内容的需要。

2. 思维地图的类型

表6-1 思维地图的八种类型

名称	圆圈图 （Circle Map）	气泡图 （Bubble Map）	双气泡图 （Double Bubble Map）	树状图 （Tree Map）
图形				

---

① Hyerle David.Thinking maps:Seeing is understanding[J].Educational Leadership,1995,53(4):85.

续表

名称	流程图 (Flow Map)	多重流程图 (Multi-Flow Map)	括号图 (Brace Map)	桥状图 (Bridge Map)
图形				

（1）圆圈图（Circle Map）

圆圈图是通过描述相关信息、展示与主题相关的先前知识的一种工具。在圆圈中心运用文字、图画或其他象征物写下被理解或定义事物，在圆圈外面写下或画下与事物相关的信息。

（2）气泡图（Bubble Map）

气泡图是使用形容词或形容词短语描述物体性质或特点的一种工具。中心圆圈是被描述的主题，外面圆圈是描述主题的形容词或短语。

（3）双气泡图（Double Bubble Map）

双气泡图是用来对比和比较两个或多个事物的一种思维工具。在两个中心圆圈内写下被比较的文字或图片，中间共同连接的圆圈内展示两个事物间的相同点，外面连接的圆圈内展示两个事物间的不同点。

（4）树状图（Tree Map）

树状图是对事物进行分组或分类的一种工具。在最顶端，画出或写出被分类事物的名称，下面依次写出次级分类的事物。

（5）流程图（Flow Map）

流程图是用来列举顺序、时间过程和步骤等的一种工具。它主要用来分析事件发生的顺序以及事件发展过程之间的关系。大方框中写出事物发展的每一个主要过程，下面小方框写出每个过程的子过程。

（6）多重流程图（Multi-Flow Map）

多重流程图是用来展示和分析事物因果关系的一种工具。中心框写出事件，左边是事件产生的原因，右边是事件的结果。多重流程图展示的是一个事件发生的原因和结果。

（7）括号图（Brace Map）

括号图是用于分析、理解事物整体与部分之间关系的一种工具。括号左面写出或画出事物的名字或图像，括号右面是事物的主要组成部分。

（8）桥状图（Bridge Map）

桥状图是一种用来类比事物的思维工具。桥型最左边横线的上下分别写出具有相关性的一组事物，按照事物的内在相关性，在桥的右边依次写出具有类似相关性的事物。

3. 思维地图的教育功能

（1）表征功能

思维地图作为一种表征知识结构的图表，可以帮助学习者理解知识之间的关系，组织与梳理知识的内在体系，以图形化的方式展示抽象的文字和语言，以促进知识的理解、掌握与运用。

（2）评价功能

在教育活动过程中，学习者可以在一个小活动结束时利用思维地图对绘制的结果进行思考与评价，并在反复修改后形成合理的思维地图。此外，学习者也可以根据活动实施前绘制的思维地图来检验活动的进展情况，总结与反思存在的问题，及时改进。

（3）描述功能

思维地图支持个性化的描述方式。学习者可以利用丰富的图像、文字和色彩绘制思维地图，以展示个体的独特想法，彰显富有个性的思维方式。

（4）设计功能

思维地图能够帮助学习者设计与调整活动计划。学习者能够利用思维地图对事物有一个整体的把握，避免盲目实施导致活动效果不佳；同时，运用思维地图能不断调整学习者的思路，进一步更正与推动事情向正确的方向发展。

（5）激励功能

动机是直接推动有机体活动以满足某种需要的内部状态，是行为的直接原因和内部动力。[①]通过绘制思维地图，学习者打破传统学习方式，以一种有趣的、变换的方式呈现学习内容。在反复绘制与练习的过程中，能够激发学习者主动积极地投入学习中。

4. 思维地图的理论基础

随着知识可视化和建构主义等理论的不断发展，关于思维地图的研究内容和研究视角逐渐被拓宽与深入。在遵循幼儿身心发展特点的基础上，科学地结合思维地图的相关理论，有利于高效发挥思维地图的教育作用。为此，研究与分析思维地图的理论基础有助于深入理解思维地图的本质和功能，为思维地图应用在幼儿深度学习活动中奠定良好的理论基础。

（1）知识可视化理论

马丁·埃普尔（Martin J. Eppler）和雷莫·伯克哈德（Remo A. Burkhard）在书中提出知识可视化会检查视觉表示的使用，以改善至少两人之间的知识的创建和迁移。[②]其中，思维地图——知识可视化的工具之一，其实质是以文字、图形和图画结合的形式呈现学习内容，有效帮助了学习者理清知识结构，建构新的知识系统，从而使知识可视化，形成有意义学习。

---

① 路海东. 教育心理学[M]. 长春：东北师范大学出版社，2002：266.
② Marten J.Eppler, Remo A.Burkhard.Knowledge Visualization:Towards a New Discipline and Its Fields of Application[M].ICA Working Paper,University of Lugano,2004(7):3.

知识可视化理论为思维地图的研究和发展提供了视角,让思维地图的可视化功能和应用有了坚实的理论基础支撑。知识可视化理论通过将思维外显降低了幼儿的左脑负荷,进一步提高了知识记忆的效率与学习的深度,以促进幼儿使用全脑思维学习知识。另外,知识可视化为思维地图在教育领域的相关研究提供了可靠的理论基础,使得思维地图能够科学地应用于教育领域,并有效地促进学习者的发展。

(2)建构主义理论

建构主义学习理论强调学习是学习者运用自己的经验去积极地建构对自己富有意义的理解,而不是去理解那些已经用组织好的形式传递给他们的知识。[①] 其实,建构主义的一系列学习理论与理念都在强调学习活动是学习者自身主动创建与建构的过程,并非他人强制灌输与呈现的。在教育领域中,思维地图应用的过程实质就是主动建构的过程,主要体现在以下三个方面。首先,思维地图能够促进学习者有意义构建新的知识和信息,即学习者在已有知识经验的基础上,基于已提供的信息建立新的知识结构;其次,学习者利用思维地图对已有知识进行重组和改造,是为已有知识构建新的图式并进行重新编码与存储的过程;再次,学习者根据具体情况将新的知识进行实际应用,实现了主动将知识迁移的过程;最后,思维地图的应用是个性化的建构过程。在表达自己的认识与理解时,每一位学习者会结合自己的喜好、兴趣与特长建立自己的知识体系和框架,以个性化的方式体现幼儿主动建构的过程。综上所述,学习者通过利用思维地图这一认知工具,深入地参与认知加工过程,由被动接受式学习转变为主动参与和创造式学习。

(3)脑科学理论

20世纪60年代,美国神经心理学家斯佩里(Roger Wolcott Sperry)通过实验证实了大脑不对称性的"左右脑分工理论",得出左脑以逻辑思维为主,右脑擅长空间知觉和形象思维等理论。斯佩里在肯定左脑优势的前提下,提出了开发右脑、灵活运用右脑等教育主张,力图将脑科学的研究应用于教育的科学领域,以促进学习者的全面发展。

脑科学的研究给思维地图的发展与教育应用提供了重要的启示。应用思维地

---

① 路海东.教育心理学[M].长春:东北师范大学出版社,2002:78.

图的过程，正是遵循了全脑思维的原理。学习者运用图像、文字、绘画等形式个性化地建构认知图式，充分地利用右脑形象思维、创造力与想象力等方面的优势，避免了单一发展左脑逻辑思维的现象。据此，深入开发学习者的右脑功能，能够提高空间知觉、形象思维、创造思维和智力等方面的全面发展，以促进学习者逻辑思维和形象思维协同进行，共同发展。因此，脑科学的研究为思维地图的发展奠定了扎实的理论基础，提供了重要的指导意义。

（4）双重编码理论

双重编码理论（dual-coding theory）是由加拿大心理学家阿伦·佩维奥（Allan-Urho Paivio）提出的，该理论被认为是20世纪最具影响力的认知理论之一。双重编码理论强调在信息储存、加工与提取的过程中，语言与非语言的信息加工过程同样重要，其重要原则是通过同时利用视觉和语言的形式呈现信息以增强信息的回忆与识别。[1]"在知识表征中，图像符号与文字符号的关系以及转换过程是无法回避的问题。作为两种表征符号，文字和图像本身意味着不同的表征方式，但是两者并非二元对立、非此即彼的关系。文图互补、互为参照和双向解读是可能的，也是必要的。"[2] 因此，基于双重编码理论，学习知识是同时利用人体的言语系统和非言语系统这两个独立但又密切联系的子系统，分别处理言语信息和意象信息的过程。而思维地图作为一种知识可视化工具，是非言语系统中表达意象信息的重要形式之一。学习者通过绘制思维地图，将知识以图文并茂的形式呈现出来，并以视觉和听觉的方式，调动学习者左右脑提取知识的神经元，提高学习者加工、编码、记忆与提取知识的速度，从而提升了学习效率。

（5）元认知理论

元认知理论是弗莱维尔提出的认知心理学的相关概念。弗莱威尔认为元认知是认知主体对自身心理状态、能力、任务目标、认知策略等方面的知识，同时也是认知主体对自身各种认知活动的计划、监控和调节。[3] 实质上，元认知就是对认知的认知，是个体对自身的学习活动等的自我觉察、自我监控与自我调节。根本上讲，元认知就是人的自我意识和自我监控中指向人的高度自觉、随意的认知活

---

[1] Paivio A. Mental Representations[M]. New York: Oxford University Press, 1986:53-84.
[2] 张舒予. 视觉文化与媒介素养[M]. 南京：南京师范大学出版社，2011：74.
[3] 路海东. 教育心理学[M]. 长春：东北师范大学出版社，2002：266.

动部分。思维地图作为一种可视化工具，能够帮助学习者在学习活动的前中后实现规划、监控、调整及评价，并在反思过程中及时提出问题、做出调整，从而不断提高元认知能力。

（二）思维地图是促进幼儿深度学习的有效工具

深度学习是一种主动的、探究式的、理解性的学习方式，要求学习者进行理解性的学习、深层次的信息加工、批判性的高阶思维、主动的知识建构和知识转化、有效的知识迁移及真实问题的解决。[①] 思维地图作为一种知识可视化工具，有利于培养学生的创新思维和批判性思维，发展学生的问题解决能力和知识迁移能力，从而实现深度学习。因此，深入分析思维地图在幼儿深度学习过程中的独特作用，对于实现幼儿的深度学习具有重要的指导意义。

1. 主动建构知识

深度学习强调学习者不是被动地接受灌输的方式，而是全身心主动的、有目的地投入活动，是通过自己独特的方式理解复杂的知识，全身心体验知识内涵与意义的一种过程。因此，主动建构知识和知识迁移运用的过程是主体实现深度学习的主要表现之一。思维地图的实质是帮助幼儿主动建构知识，进行有意义学习的一种思维工具。幼儿运用思维地图，是超越已知信息而建立新的认知结构的过程；是对已学知识重组和改造并解决新问题的过程；是运用自己喜欢和熟悉的图画主动建立知识体系的过程。

2. 培养反思能力

反思贯穿于整个深度学习活动过程，是促进深度学习的重要策略之一。通过反思能够促进学习者对知识信息的深度理解、个人意义的主动建构、经验技能的迁移应用及复杂问题的有效解决，进而促进深度学习目标的达成。[②] 思维地图在反复地编码、组织和加工知识的过程中，能帮助学习者不断反思与调节知识结构，发现目前存在的问题，并及时调整学习策略。因此，思维地图能提高幼儿的反思能力和元认知水平。

---

① 吴秀娟，张浩，倪厂清. 基于反思的深度学习：内涵与过程 [J]. 电化教育研究，2014，35(12)：24.
② 吴秀娟，张浩，倪厂清. 基于反思的深度学习：内涵与过程 [J]. 电化教育研究，2014，35(12)：25.

3. 提高学习兴趣

思维地图图文并茂的表征形式和灵活的创作方式，能够提高幼儿的学习兴趣，使其积极主动地投入到探究之中，呈现最佳的学习状态。幼儿的思维水平主要以具体形象思维为主，即依据事物的具体形象进行联想。根据幼儿这一发展特点，教师需要为幼儿提供可获得直接经验的机会和时间，使幼儿在实际行动中进行学习。思维地图恰好是让幼儿直接操作的一种学习工具。思维地图以图像、绘画和数字的形式呈现抽象复杂的知识，使知识简单化，易于幼儿接受与学习，有效发展了幼儿的形象思维。因此，思维地图能够提高幼儿学习兴趣，使幼儿积极主动地学习。

4. 培养高阶思维

深度学习相对于浅层学习，强调对知识的深度理解和迁移应用，涉及的主要是劣构问题解决、元认知、创造性思维等高阶思维，获得的是高阶认知技能。高阶思维是一种以高层次认知水平为主的综合性技能。它是超越既定信息的能力、问题求解的能力、元认知能力和评价能力，是批判性的态度，是作为自主学习者的能力，也是对事物或现象做出合理判断的能力。[1]思维地图包括八种不同思维过程的图形，这些图形能够帮助幼儿分析、比较、评价与创造知识，从而培养幼儿的高阶思维，实现从浅层学习进入深度学习。

5. 促进问题解决

深度学习的重要目标之一是创造性地解决现实问题。一般来说，现实的问题不是那种套用规则和方法就能够解决的良构领域的问题，而是结构分散、规则冗杂的劣构领域的问题。[2]要解决这种劣构领域的问题不仅需要我们掌握原理及其适切的场域，还要求我们能够运用原理分析问题及创造性地解决问题。[3]

在解决劣构领域的问题时，思维地图具有重要的作用。首先，思维地图能表征问题的初始状态，深入地解释问题；其次，幼儿能够利用思维地图绘制解决问题的计划，寻找解决问题的具体方法；再次，通过反复修改思维地图的内容有助于重构问题表征，进一步理解或修正问题；最后，运用思维地图呈现执行计划的结果，

---

[1] 钟志贤. 面向知识时代的教学设计框架[D]. 上海：华东师范大学，2004：86-87.
[2] 张浩，吴秀娟. 深度学习的内涵及认知理论基础探析[J]. 中国电化教育，2012(10)：8-9.
[3] 安富海. 促进深度学习的课堂教学策略研究[J]. 课程·教材·教法，2014，34(11)：59.

以反思成功或失败的原因。一言以蔽之，思维地图应用在深度学习活动中，能有效帮助幼儿表征与分析问题，培养幼儿解决问题的能力。

6. 提升合作能力

深度学习强调以小组合作为基本学习形式，致力于幼儿在高质量的合作学习中多角度了解事物，形成丰富而全面的理解，实现高级认知能力的发展。幼儿在合作学习过程中，会逐渐形成良好的同伴关系，学习合作技能，提高社会性交往能力。在深度学习活动中，思维地图的运用可以促进幼儿形成合作学习的氛围，提高合作学习能力。其一，幼儿能够围绕自制或他制的思维地图展开讨论，通过相互辩论、倾听与反馈，逐渐消除头脑中的困惑，全面理解主题，不断提升认知水平。其二，思维地图为幼儿创设了讨论和交往的机会，使其在过程中相互交流和沟通情感，既提升了幼儿的人际交往能力，又促进了幼儿的全面发展，使其实现深度学习。

二、思维地图在幼儿深度学习中应用的类型及功能

思维地图共有八种类型，每种类型分别对应特定的思维方式。本研究在结合幼儿身心发展特点和思维地图应用现状的基础上，总结了适用于幼儿深度学习活动的七种思维地图。每种思维地图在不同的教育环节、学习内容和情景下会发挥不同的教育功能，以促进幼儿多种思维的发展。

（一）圆圈图

圆圈图是由两个同心圆组成，帮助幼儿了解事物的核心概念与含义。在幼儿深度学习活动中，圆圈图对提升幼儿的归纳能力和促进幼儿发散思维的发展具有重要意义。

1. 提升归纳能力

归纳是一种非常普遍而重要的思维形式，它对幼儿产生概念、建立概念与行为之间的联结以及解决实际问题有非常重要的作用。良好的归纳能力能够促进幼儿提出问题，激发幼儿的创造性，实现深度学习。

17 世纪英国经验科学的鼻祖弗兰西斯·培根（Francis Bacon）从认识论的角

度指出演绎法的缺点，研究了科学归纳法，奠定了归纳逻辑的基础。19世纪英国的逻辑学家约翰·穆勒（John Stuart Mill）推动了归纳法在科学研究领域的应用，提出了著名的归纳方法——穆勒五法。归纳法自从问世以来，应用较为广泛。归纳，是从特定的事件、事实向一般的事件或事实推论的过程，是将知识或经验概括、简约化的过程。相对于演绎过程，归纳是一种自下而上的思维方式，具有三个核心特征，即产生新知识、参与冒险，并产生了合理的理论。[①]

归纳推理是从特定的事件、事实向一般的事件或事实推论的过程，是将知识或经验概括简约化的过程。[②] 一般来说，归纳推理有两种基本形式，一种是从特殊（个别）到一般的推理，一种是从特殊到特殊的推论。[③] 幼儿的理解水平对于幼儿归纳能力的发展具有一定的影响作用，并且随着年龄的增长，幼儿的推理方式逐渐由展开式转向简约式。

相关学者对于幼儿归纳过程的影响因素以及这些因素如何促进幼儿归纳能力的发展做出了具体的论述。例如，西南大学的李红教授等人于2005年运用实验研究得出颜色相似度和质地相似度对幼儿的归纳推理产生重要影响。西南大学龙长权等人于2006年探讨了儿童是基于知觉相似还是基于概念进行归纳推理，结果显示儿童在4岁半之前从依据知觉相似转变到依据概念关系进行归纳推理。同时，大量的心理学研究结果表明无论提供的线索是颜色和质地信息还是知觉和概念信息，幼儿根据这些线索都能进行归纳推理；当同时提供以上两种线索时，年幼儿童更倾向于运用知觉信息进行归纳推理。因此，当幼儿充分理解知觉信息时，会有利于幼儿利用知觉信息进行归纳推理。

此外，幼儿归纳能力的培养还与平时的训练强度有较大相关性。在我国基础教育学生思维能力的培养中，归纳能力的训练不足导致创新性人才的发展受到阻碍。学生的归纳能力弱，便缺少探究思维，没有创造性。在学习活动中，学生"学"的过程会比教师"教"的过程更有利于培养自身的归纳能力。因此，在深度学习活动中培养幼儿的归纳能力需要建立在实际练习的基础上，通过反复操作与强化，逐渐积累归纳的经验，进而提高归纳能力。

---

① 张庆林，邱江. 思维心理学 [M]. 重庆：西南师范大学出版社，2007:113-114.
② 李红，陈安涛，冯廷勇，李富洪，龙长权. 个体归纳推理能力的发展及其机制研究展望 [J]. 心理科学，2004(6):1457-1459.
③ 陈庆飞，雷怡，李红. 不同概念范畴和特征类别对儿童归纳推理多样性效应的影响 [J]. 心理学报，2010(2):241-250.

因此，本研究通过以下两个方面来分析思维地图对幼儿归纳能力发展的重要性。一方面，是圆圈图将知觉信息以图像化的方式呈现出来，帮助幼儿理解知觉信息，进行归纳推理；另一方面，通过使用圆圈图为幼儿提供更多的训练机会，使幼儿在实践活动中不断练习与总结归纳的经验，逐步提高归纳能力。下述案例是圆圈图以图像化方式呈现知觉信息的具体过程。

案例 6-1

在"新型浇花器"课题活动中，教师在经验分享环节展示家园合作收集的花朵枯萎的照片，引导幼儿围绕照片与班级中枯萎的花朵展开话题：花朵为什么会枯萎？经过大约 10 分钟的自由讨论后，教师请每名幼儿分享自己的观点，部分幼儿说出被虫子咬、缺水、阳光过强、被坏人踩坏，以及被小狗吃掉等原因。同时，幼儿阐述更多的是由花朵枯萎引起的一系列情境和自我感受。看到这种"跑题"现象，教师引导幼儿一起回顾与总结花朵枯萎的主要原因是被虫子咬、缺少阳光和肥沃的土壤、没有肥料和杀虫剂，以及失水过多。总结完原因后，教师给幼儿时间以小组合作的形式在圆圈图上绘制花朵枯萎的原因。最终经过幼儿投票选出用第三小组绘制的圆圈图进行展示。第三小组幼儿绘制的圆圈图内容较为全面，能够紧密围绕花朵枯萎原因的主题进行绘制，没有出现"跑题"现象。

图 6-1 花朵枯萎原因总结图

【吉林省省直机关第三幼儿园 中五班 刘书博 "新型浇花器"课题活动】

在上述案例中，圆圈图以图像化的方式呈现知觉信息，能加深幼儿对事物的理解，促使幼儿在深刻理解事物的基础上，实现归纳与推理。由案例可分析出在分享活动开展之前，幼儿对花朵枯萎的原因了解较少，处于简单的、表面的理解水平，如一些幼儿认为花朵被小狗吃掉、被坏人踩掉是花朵枯萎的主要原因。通过运用圆圈图总结花朵枯萎原因的过程，一方面让幼儿对花朵枯萎的原因有一个相对直观、全面、深刻的认识，即影响植物生长的主要条件包括阳光、空气、水、土壤和温度（幼儿在本次总结活动中尚未提及温度）；另一方面，总结归纳的过程帮助幼儿从情绪性的理解发展到比较客观的理解，即减少了陈述自我经历与感受等无关内容，相对理性地说明花朵不能正常生长的原因。下述案例是通过重复使用圆圈图提升幼儿归纳能力的具体过程。

案例 6-2

在"移动整理车"活动中的经验分享环节，幼儿以"我见过的整理车"为主题进行了集体讨论与分享，并分组设计了移动整理车的草图。在活动第二阶段的制作环节，幼儿根据设计的草图寻找可使用的材料实施操作。经过教师、家长与幼儿的合作完成，共收集到8种材料，分别为锯断的呼啦圈、轮子塑料网、塑料筐、木制筷子、瓶盖、树枝和木条。当上述材料的数量准备充足后，芊芊说："我带的是塑料网，它可以做底板。"肖肖听到这个想法果断地质疑道："塑料网太软了，餐具放在上面会掉下去！"艺然在旁边看了看两个同伴，说："我觉得塑料网能行，我们一起试一试吧！"随后幼儿每人拉住塑料网的一角放大塑料网，肖肖拿了一块积木放在塑料网上面，实验结果是积木虽然没有掉下去，但塑料网却变形了。经过一番讨论与验证后，幼儿认为塑料网过软，塑料筐更适合做底板。

在经历"底板风波"后，幼儿在选择支架材料时又遇到了相同的问题，即筷子和树枝哪一种更适合做支架呢？幼儿争相讨论，发现收集到的木条筷子长短不一，铺不平；树枝的粗细不一，有分叉和树刺。这时芷沫说道："要是有粗细一样的木棍就好啦！"这时教师看到制作活动进展缓慢，及时地介入活动，为幼儿提供了粗细一致的长木条。材料准备好后，幼儿对材料逐一进行核对与加工，最终确定塑料筐、呼啦圈、木条和轮子作为制作移动整理车的主要材料。收集材料结束后，幼儿开始制作整理车。在制作的第一步，一些幼儿似乎忘记了刚才实验的过程，依然认为所有的材料均可用。教师看到这一情景后，决定引入圆圈图，以帮助幼儿梳理与总结适合制作整理车的材料。

教师在引导幼儿学习圆圈图的活动前，在白板上粘贴了圆圈图的图片，第二天早晨这张图片成功地引起了幼儿的注意。在开展正式的活动时，教师首先引导幼儿认识圆圈图："圆圈图一共有两个圆圈，在里面的圆圈中需要画的是我们要制作的整理车，在外侧圆圈中画我们上次活动收集的材料。"幼儿在认真听取教师的讲解后，在里面的圆圈中用蓝色笔画了一个移动整理车，在外侧圆圈中使用红色彩笔画了收集的制作材料，这时教师看到幼儿画完的圆圈图，问道："哪位小朋友想和大家分享自己的圆圈图呢？"听过大约几名幼儿的分享后，教师发现每个幼儿画的材料数量不一致，几乎没有幼儿画出所有的材料。教师在全班分享后决定引导大家分组合作绘制圆圈图，并在绘制结束后最终选取了绘制内容最全面的圆圈图作为展示。图中内容分别是塑料网、筷子、呼啦圈、木料、轮子、塑料筐。这一次，教师引导幼儿重新讲述材料种类，幼儿依照圆圈图完整地说出上次活动中收集的所有材料。可是收集的材料并不都适用制作整理车，这时教师根据这一想法向幼儿提问："图中的材料都可以用来制作整理车吗？"几个幼儿争先恐后地向老师介绍塑料网和筷子不能用，同时说出了上次活动时的验证环节。据此，圆圈图中的材料经过幼儿的分析分为了两类：一类是不可用材料，即塑料网和筷子；一类是可用材料，分别为塑料筐、轮子、木料和呼啦圈。

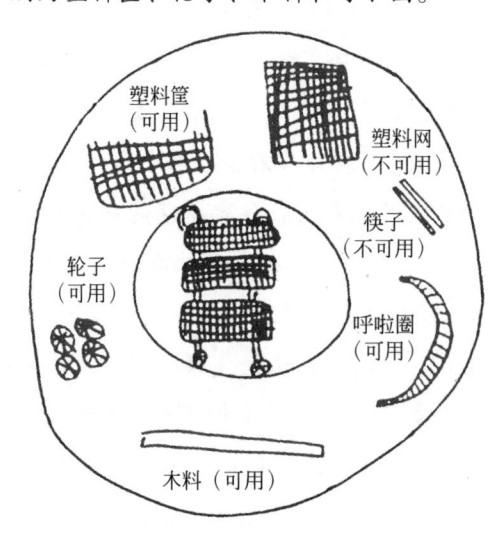

图6-2 移动整理车制作材料圆圈图

【吉林省省直文化系统幼儿园 中二班 李姝瑶 张磊 庞飞 "移动整理车"课题活动】

这个案例说明幼儿在重复使用圆圈图的过程中，逐步总结归纳了经验，初步具有了归纳思维和归纳能力。在上述案例中，在教师的有效指导下，幼儿通过绘制圆圈图反复讨论、批判与验证，并反复回忆与记忆，最终总结出制作移动整理车组成部分的标准，即以塑料网为代表的软质物品不能作为底板，以筷子和树枝为代表的不整齐的物品不能作为支架。在这一过程中，幼儿由特殊情境的解决方法归纳出一般问题的解决方法，抓住了问题的特征和规律，从而总结出解决问题的主要思路与核心方法。

2. 促进发散思维的发展

在深度学习活动中，圆圈图的另一作用是激发幼儿的发散性思维。美国著名心理学家吉尔福特（Guiford）于1967年提出发散思维这一概念，发散思维又称求异思维、扩散思维等。发散思维是指沿着各种不同的方向去思考，重组眼前的信息和记忆系统的信息，从而产生出大量独特的新思想。[1]在学龄前阶段，5岁幼儿的发散思维正处于转折期。幼儿的发散思维通常表现为在短时间内产生各种丰富多样的想法，并且每一名幼儿的想法都具有独特性与新颖性。

影响幼儿发散思维发展的因素主要包括有目的地训练和幼儿已有的知识经验。[2]在幼儿已有知识经验的基础上，提供适宜强度的思维训练有助于其发散思维的发展。例如，在实践活动中采用图形想象法、演示激思法、组画激思法，可以培养幼儿的发散思维。在实践活动中培养幼儿的发散思维需遵循以下三个步骤：首先，确定好发散思维的主题以激发学生的学习兴趣；其次，鼓励学生通过联想和想象的思维方式丰富所选主题；最后，教师适时引导，避免偏离主题。[3]由此得出，丰富的知识经验和一定强度的思维训练是培养幼儿发散思维能力的重要影响因素之一。幼儿发散思维的培养应是以幼儿已知信息为思维起点，根据幼儿已经掌握的知识、经验，借助推测、想象，引导幼儿从不同角度、不同方位来进行思考，并且对已有信息进行重组产生新信息的一个过程。综上所述，在深度学习活动中，圆圈图的运用是基于幼儿已有知识经验和发散思维的特点，应用在一定思维训练情境中，旨在提升幼儿发散思维能力。下述案例是幼儿在教师的引导下运用圆圈图进行思维发散的具体过程。

案例 6-3

在"小飞机"的课题活动中，基于幼儿对飞机的已有知识经验和浓厚的兴趣，教师决定和幼儿共同开展制作飞机的课题活动。在经验分享环节，教师引导幼儿回想飞机的样子，讲述自己看飞机的体验和感受。分享过后，教师围绕活动的主题启发幼儿想象飞机像什么，它和日常生活中的哪些事物比较相像。幼儿迫不及待地讨论起来。在讨论的过程中，教师观察到每个幼儿至多只能想象出5种事物。为引导幼儿思维发散，教师决定引入圆圈图帮助幼儿启动头脑风暴，激活他们无

---

[1] 张庆林，邱江. 思维心理学 [M]. 重庆：西南师范大学出版社，2007：205.
[2] 邰吉南. 学前儿童美术教育中的发散思维能力培养研究 [D]. 延吉：延边大学，2014：5.
[3] 张宏霞. 借发散思维助力语文高效教学 [J]. 中国教育学刊，2019(6)：107.

限的想象。教师在讲解完如何使用圆圈图的方法后，引导幼儿围绕以"飞机像什么"为主题进行创作。经过大约10分钟，教师让每组幼儿选出代表到前面向大家介绍自己的作品，其中一个小组绘制的作品中画出了6种动物：蝴蝶、蝙蝠、小鸟、蜻蜓、海鸥和蜜蜂。

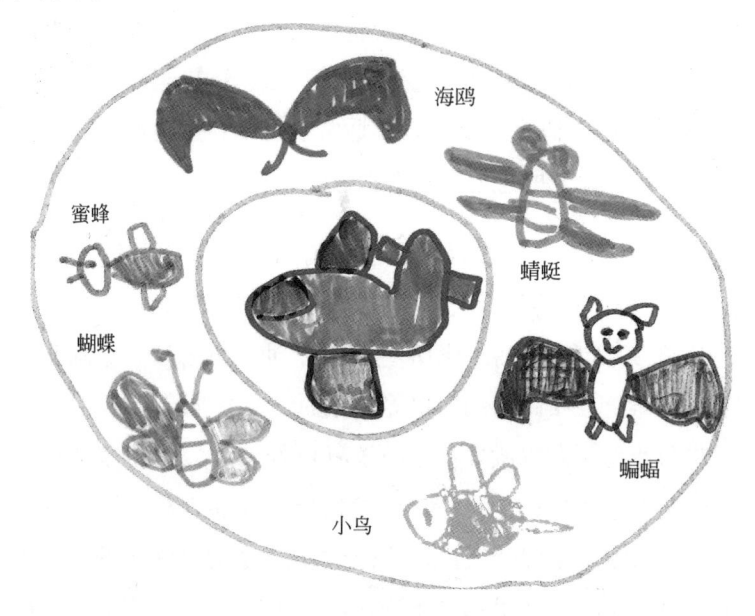

图 6-3　飞机像什么总结图

【吉林省省直机关第三幼儿园 中四班 刘莹莹 "小飞机"课题活动】

在案例中，教师没有提前告诉幼儿飞机像什么，而是采用头脑风暴法引导幼儿大胆想象。在思考的过程中，幼儿以圆圈图的中心主题飞机为出发点进行多维度的扩散，借助与飞机相似的事物之间客观存在的联系打开思路，通过自由联想和相似联想形式全面搜索知识。尽管幼儿绘制的一些内容不符合生活中的常见事物，但这一过程却给予了幼儿无限联想的时间与空间，使幼儿对已有知识和联想信息进行重组，创造性地思考出飞机的基本结构，从而推动了幼儿产生自制飞机的想法，以顺利开展后续的活动。

因此，在深度学习活动中引入圆圈图，不仅能够激发幼儿学习的兴趣，提升幼儿的归纳能力，还能够促进幼儿发散思维的发展，激发幼儿的创造力。

（二）气泡图

气泡图主要是利用幼儿感知觉特点对事物进行描述的一种工具，以了解事物的本质特征，为事物之间的异同点提供记忆固着点，从而进行系统总结。在幼儿的深度学习活动中，气泡图既能帮助幼儿获得与巩固陈述性知识，又能促进幼儿联想思维的发展。

1. 获得与巩固陈述性知识

深度学习强调对知识本质的理解和对学习内容的批判性应用。深度学习注重知识迁移，即学习完整的知识、获取及时性反馈、条件化储存知识、深度加工知识、掌握程序性知识、类比与联想知识。美国心理学家安德森从知识的功能角度将知识分为陈述性知识和程序性知识。高质量的陈述性知识利于幼儿准确、快速地提取和迁移知识，并且转化为程序性知识，形成解决问题的能力。在深度学习活动中，气泡图有利于幼儿获得与巩固陈述性知识，实现知识迁移。

现代心理学家安德森认为陈述性知识是指有意识地提取线索，能直接陈述、描述的知识，主要说明事物是什么、为什么、怎么样的一种静态知识，其本质是输入信息，在大脑中形成命题网络，以命题网络形式进行储存。关于陈述性知识的分类，不同的学者提出不同观点。加涅和布里格斯将陈述性知识的学习分为三类：符号或名称（labels and names）学习、适时或单一命题（single proposition）学习和有组织知识（organized discourse）学习。符号学习是指学习与记住事物的名称；事实学习是指学习两个或两个以上事物之间关系的语言陈述，学习一个事实相当于学习一个命题；有组织的知识学习，是指学习由许多单个事实连接成的大整体，相当于学习命题网络。[①]而莫雷从"陈述—程序"与"联结—运算"两个维度分析，认为陈述性知识可以分为"联结—陈述性知识"和"运算—陈述性知识"。其中"联结—陈述性知识"主要是指存在的事实或规定等，不需要经过复杂的认知操作活动，具有信息意义的知识；"运算—陈述性知识"是指普遍联系或逻辑必然性的知识，这些知识是经过复杂的认知操作活动，既具有信息意义，又具有智能意义。[②]综上所述，个体如何获得并巩固不同类型的陈述性知识在学习过程中具有一定的挑战性，针对不同类型的陈述性知识采取适宜的学习方法是学习过程中较为关键的一步。

---

① Patrica L.Smith, Tillman J.Ragan.Instructional Design（Second Edition）[M].Prentice-Hall, 1999：158.
② 莫雷.知识的类型与学习过程——学习双机制理论的基本框架[J].课程·教材·教法，1998(5)：21-25.

相对于浅层学习，深度学习强调对知识的掌握，同时强调要将所学的知识运用于新的情境中，实现"举一反三、融会贯通"。知识的迁移是个体在真正掌握陈述性知识的基础上，不断将陈述性知识转化为程序性知识和策略性知识，并将其应用于新情境中获得的一种能力。因此，灵活掌握与运用陈述性知识对于个体获得知识迁移能力具有重要的作用。

在深度学习活动中，由于幼儿的年龄较小，思维水平以具体形象思维为主，故在学习陈述性知识时幼儿的知识联结能力和知识提取能力较弱，对知识的加工与迁移存在一定困难。针对这一情况，活动中引入气泡图这一类型的思维地图，以直观、形象的图形帮助幼儿联结、复述与组织陈述性知识，并在重复练习中有效地将陈述性知识储存于长时记忆中，为促进幼儿理解、加工、提取与运用陈述性知识发挥重要作用。下述案例是幼儿运用气泡图获得与巩固陈述性知识的具体过程。

案例 6-4

在"大泡泡机"活动的第一阶段，幼儿筹备了制作泡泡的生活材料之后，分为三组进行尝试操作。经过实验验证后，幼儿发现制作出的泡泡形状以圆形为主。在无其他实验之前，幼儿和老师一致认为使用任何形状的工具吹出来的泡泡都是单独的圆形泡泡。然而，在本次活动结束之后，幼儿在游戏时间吹泡泡时，创造性地将泡泡水放到了塑料袋里，意外地吹出了形状丰富多样的泡泡。幼儿兴高采烈地与教师分享这次"神秘发现"，但是由于幼儿的相关经验较少，无法全面地总结出泡泡的形状。在教师的指导下，幼儿查阅资料将泡泡的形状分别命名为葫芦状、蜂窝状、半圆状、双泡状、平面状、聚集状和长条状。

在"神秘发现"的第二天，教师计划利用幼儿发现的泡泡形状组织一次教学活动来帮助幼儿认识形状的名称和外形。教师首先引导幼儿回忆泡泡形状的七种类型，结果大多数幼儿只能讲出三至四种，或是能描绘出外形但记不清楚名称。教师基于这一现象，尝试引入气泡图帮助幼儿整理与记忆泡泡的类型。经过教师指导后，幼儿成功地回忆出泡泡的七种形状和名称，并运用气泡图对泡泡的信息进行了详细加工与编码。最终每个幼儿都能够利用气泡图准确地描述出泡泡的形状和名称。

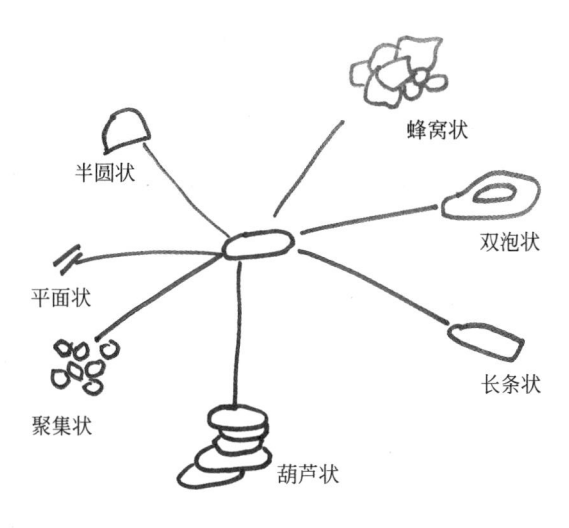

二、思维地图在幼儿深度学习中应用的类型及功能

图 6-4 泡泡形状总结图

【吉林省金太阳教育集团 大一班 刘阳阳 刘杰 "大泡泡机"课题活动】

在上述案例中，幼儿利用气泡图联结泡泡形状的相关信息，将已形成的知识组织到原有的认知结构中，促进幼儿掌握陈述性知识，实现知识的应用。在活动中，泡泡的新形状和名称是幼儿头脑中接收到的新刺激，幼儿想获得这些刺激或知识，就需要将感知到的信息输入工作记忆中激发长时记忆中的刺激点。气泡图作为一种输入工具，能有效帮助幼儿整理泡泡形状的名称和特点，并联结获得的陈述性知识，便于后期的提取和应用。同时，气泡图还能帮助幼儿将新学习的泡泡形状与已经了解的形状进行加工和整合，形成统一的"泡泡形状"知识网络，使得"泡泡形状"知识网络更加丰富和全面，完成陈述性知识在获取过程中的精致性复述环节。

理论框架说认为，人与某个主题领域有关的知识可以看作是一个理论系统，其基本结构是"中心—边缘"结构。一个理论的内核是若干核心的概念和原理，这些概念、原理通常是很基础、很抽象的。其他的概念、原理是围绕这些概念和原理而衍生出来的，通常更为具体。[1]气泡图是帮助幼儿以泡泡的形状为研究主题形成"中心—边缘"结构，使幼儿在更深的层次上表征有关泡泡的知识，形成对泡泡相关领域知识的全面理解。因此，气泡图有利于帮助幼儿围绕一个核心的概念、原理和方法组织关于一个领域的知识。另外，图式理论强调当图式中的一些成分被激活时，这个图式中的其他知识要素也非常有可能会被激活，这使得人会从一

---

[1] 陈琦，刘儒德. 教育心理学 [M]. 北京：高等教育出版社，2005：132.

些信息想到与之有关的整个主题的背景知识和基本框架。图式可以帮助产生有关某个事物的疑问，从而引起对信息的探寻活动。[①] 根据这一理论，气泡图有助于建立由主题引发其他信息探寻的图式模型，进而形成内容合理、结构清晰、组织优化的知识连接图。综上所述，气泡图不仅是学习陈述性知识的有效工具，也是高效提取和运用陈述性知识的有力保障。

2. 促进形象思维的发展

形象思维是用直观形象和表象解决问题的思维，形象思维是创造性思维的主要组成部分。培养形象思维有助于激发幼儿的创造性思维。

形象思维是人在一定客体的推动下，自觉或不自觉地（有意识或无意识地）操作表象（其中包括动作表象与语词表象）在大脑中进行的分析、综合比较、抽象与概括过程，最终构建出某种新的表象并通过外化手段（发音器官的运动及手的运动等）而建造起一定新形象（科学的、技术的、艺术的及一般生活的形象）的思维。[②] 形象思维主要以表象、想象和联想为主要思维形式。表象是感觉和知觉的重组与加工，可分为一般表象、记忆表象和想象表象；想象是人脑对原有的表象材料进行加工改造而形成新形象的心理过程，分为无意想象和有意想象；联想是由对一个事物的认识想到对其有一定联系的另一事物认识的一种创新思维活动，主要包括接近联想、类似联想、对比联想和自由联想。在深度学习活动中，培养幼儿的想象、联想和表象思维，能够促进形象思维的发展。

在深度学习活动中，气泡图作为一种练习工具，以直观清晰、非言语的形式概括性地呈现复杂知识，能帮助幼儿全面、整体地掌握知识，并发展幼儿的联想和想象能力，从而培养其形象思维。下述案例是气泡图应用的具体过程。

案例6-5

在"好用的拖把"第一阶段活动中，基于班级中拖把不好用的现状，教师提出问题：什么样的拖把最好用？幼儿分别总结为拖把头大、易清洗、能平放在地面上、会喷水以及拖把杆较粗是好用拖把的基本特征，并用气泡图绘制出全部特征以作展示。

---

① 陈琦，刘儒德. 教育心理学 [M]. 北京：高等教育出版社，2005：133.
② 周冠生. 形象思维与创新素质 [M]. 上海：上海教育出版社，2002：109.

在经验分享环节，教师引导幼儿讨论：你见过哪些拖把？什么样的拖把更好用呢？并以这个话题为中心，引导幼儿进行了头脑风暴，但由于幼儿的生活经验有限，头脑中缺少这一方面的相关内容，于是教师调动家长资源帮助幼儿观察拖把的结构，收集不同拖把的实物及照片，带到幼儿园进行分享。在第二天的活动中，教师首先引导每位幼儿介绍自己带来的拖把。在介绍的过程中教师发现幼儿的关注点主要在拖把头和拖把杆上，很少关注拖把头和拖把杆的连接处。为此，教师决定举办"拖把展览会"，引导幼儿运用多感官了解拖把的基本结构。在"拖把展览会"上，教师组织大家一起观看各式各样的拖把，并引导幼儿使用气泡图记录出拖把的不同种类。其中第三小组绘制的内容相对较为全面，记录了圆盘拖把、喷水拖把、套布块拖把、伸缩拖把、棉线拖把、棉绳拖把和海绵拖把七种类型。在认识了各种拖把后，幼儿在同伴的帮助下发现拖把的每个部分可以由不同的材料和方法组成，最终运用气泡图总结出拖把的构造图。

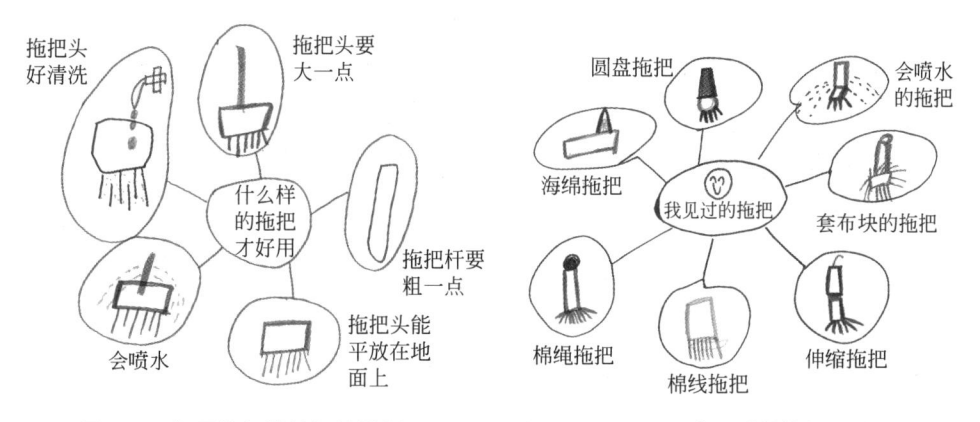

图 6-5 好用拖把的特征总结图　　**图 6-6 我见过的拖把汇总图**

在上述案例中，幼儿利用气泡图总结了拖把的相关知识，并以图形化的方式创建了丰富的表象，有效地发展了幼儿的形象思维。首先，幼儿在已有生活经验的基础上，围绕"好用的拖把"进行大胆想象，经过探讨总结了好用拖把的五个特征，并以气泡图的形式进行呈现；其次，通过仔细观察与总结，幼儿使用气泡图概括了七种"我见过的拖把"类型，扩展了幼儿头脑中关于拖把类型的知识体系。最后，在分析拖把构造的基础上，幼儿利用气泡图总结出了拖把各组成部分的材料与制作方式，为下一阶段的活动奠定了良好的知识基础。

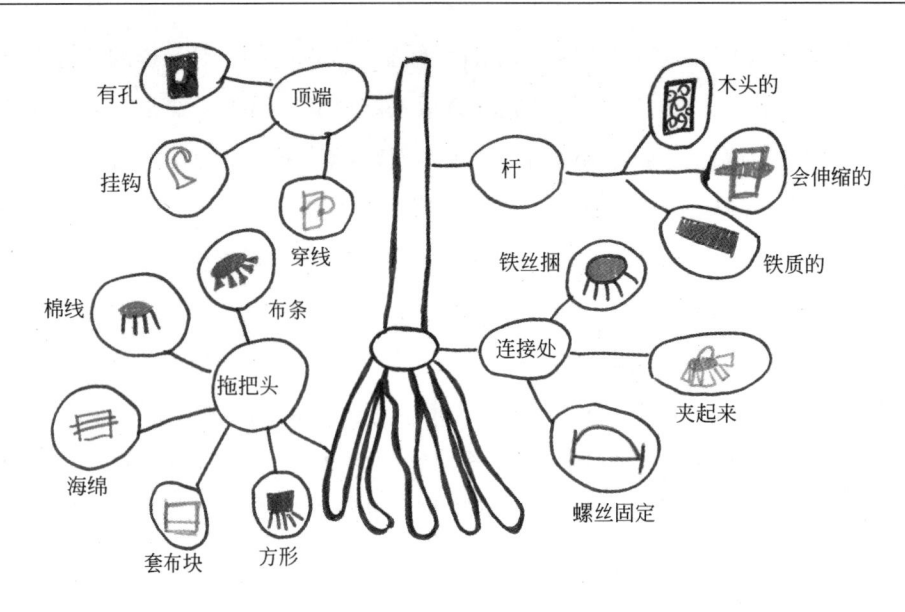

图 6-7　拖把构造图

【云南省人民政府办公厅圆通幼儿园　中三班　李丽　周丽梅　杨静　"好用的拖把"课题活动】

（三）双气泡图

幼儿实现深度学习的主要表现之一是具有高阶思维。高阶思维主要包括分析与比较等思维形式。在深度学习活动中引入双气泡图，对培养幼儿的比较能力和发展幼儿的高阶思维具有重要意义。双气泡图的作用主要体现在以下两个方面：第一，双气泡图能够锻炼幼儿对异同事物之间的分析与比较能力，了解事物之间的本质区别，总结事物失败或成功的原因；第二，双气泡图作为一种比较性组织者，能够帮助幼儿深入思考与辨析新旧知识之间的异同，同化新知识，实现深度学习。

1. 提升比较能力

比较是在思想上确定这一事物与另一事物，或者这一特征与另一特征的相同点和不同点的过程，它是理解问题和解决问题的基础。在比较事物之间或特征之间的异同点时，必须遵循两个前提：一是对象之间确实有共性的东西才能做比较；二是要在同一标准下来比较。[①] 比较主要是在同一层次诸要素中进行，而不同类事

---

① 朱智贤，林崇德. 思维发展心理学 [M]. 北京：北京师范大学出版社，2002：37.

物之间，如果具有某种相似性，也存在可比性。[①] 在比较过程中，一方面可以对两个主体的同一方面进行比较，另一方面可以对一个主体的前后不同发展情况进行比较，以分析出主体的变化与不足。

在运用双气泡图比较事物时，教师应遵循幼儿比较思维的特点，先从较悬殊的特点入手，之后再比较细微的差异。首先，教师与幼儿共同确定比较点，并引导幼儿从事物的外部特征或特点选择外显直观的比较点，这是进行比较的第一步，也是最为重要的一步；其次，根据双气泡图的两个气泡在同一水平线上，教师引导幼儿选择的比较点应在同一范围内，同一水平上；再次，寻找不同点，双气泡图中非共有的气泡越多，说明比较对象的不同点越多，比较思维也就体现得更加深入。

在深度学习活动中，教师引导幼儿观察、分析、比较和总结，利用双气泡图以图画或照片的形式呈现两次操作过程中的异同点，凸显两个过程中的本质特点，加深幼儿对两种事物异同关系的认识，从而找出解决问题的核心要素，及时调整策略。在这一过程中，思维地图的运用有利于帮助幼儿快速流畅地对比与分析，体会对比作用，感受比较思维的过程。下述案例是在深度学习活动中使用双气泡图的具体过程。

案例 6-6

在"造竹筏"活动的第一阶段，每个小组的幼儿在制作好竹筏的基础上，尝试测试竹筏的可使用性。经过测试，一个小组幼儿发现由于竹筏的浮力大于它自身的重力，会浮在水面上不会沉。这时教师向幼儿提出了一个具有挑战性的问题："谁愿意上去试一试呢？"好多幼儿都推测说竹筏太小不能支撑小朋友的重量。这时一个幼儿灵机一动提出"用石头代表我们！像'曹冲称象'一样！"随后在教师的支持下，幼儿根据等量替换的原理将若干体积和重量相同的方形积木平放到筏面上进行实验，经过 4 个小组的实际尝试，发现第一小组的竹筏最多能承重 6 块积木，第四小组的竹筏能承重 13 块积木，幼儿看到积木数量的实际差距后，困惑地争论"为什么会有如此大的差距呢？是什么原因呢？"

教师及时介入幼儿激烈的争论中，引导大家认真观察竹筏在水中的漂浮现象，思考各自存在的优劣势。大约过了 10 分钟，每组推选出一名幼儿向大家介绍竹筏可能存在的优缺点。第一组幼儿用了 6 块积木，测试结果表明组成竹筏的竹子粗而长，排水能力强，但是钉子把竹子钉破了，竹子可能会向下沉；第二组幼儿用了

[①] 温寒江，陈爱芯. 学习学. 上卷 [M]. 北京：教育科学出版社，2016：102.

9块积木，测试结果表明竹子排列得比较紧凑，竹子少而短，竹筏面积小，排水量小；第三组用了10块积木，测试结果表明竹子长、竹筏表面积大，但竹子排列稀疏，竹筏排水量小，加上铁链较沉增加了整体的重量；第四组用了13块积木，测试结果发现竹子长，排列的紧密且平整，但是由于竹子过细，实际的质量也很重。在4个小组详细分析不同积木数量测试的优劣性后，教师提出全班一起用双气泡图绘制竹筏承重极端值的对比图，集体进行仔细地分析。经过讨论后，幼儿发现两组竹筏平面一个大一个小；一组使用数量较多的细长竹子，另一组使用数量较少的短粗竹子；一组用竹条做支架，另一组用圆竹子做支架。两组相同点是运用绳子捆竹子。通过直观地展示竹筏承重的极端值对比图，幼儿最终总结出制作承重性较好的竹筏需要具备的标准是以圆竹子作为支架和用绳子把细长的竹子平整地捆起来。经过这一次的对比分析，幼儿认为在后续的活动中需要多使用粗长的竹子造竹筏以提升其浮力，增强承重性。

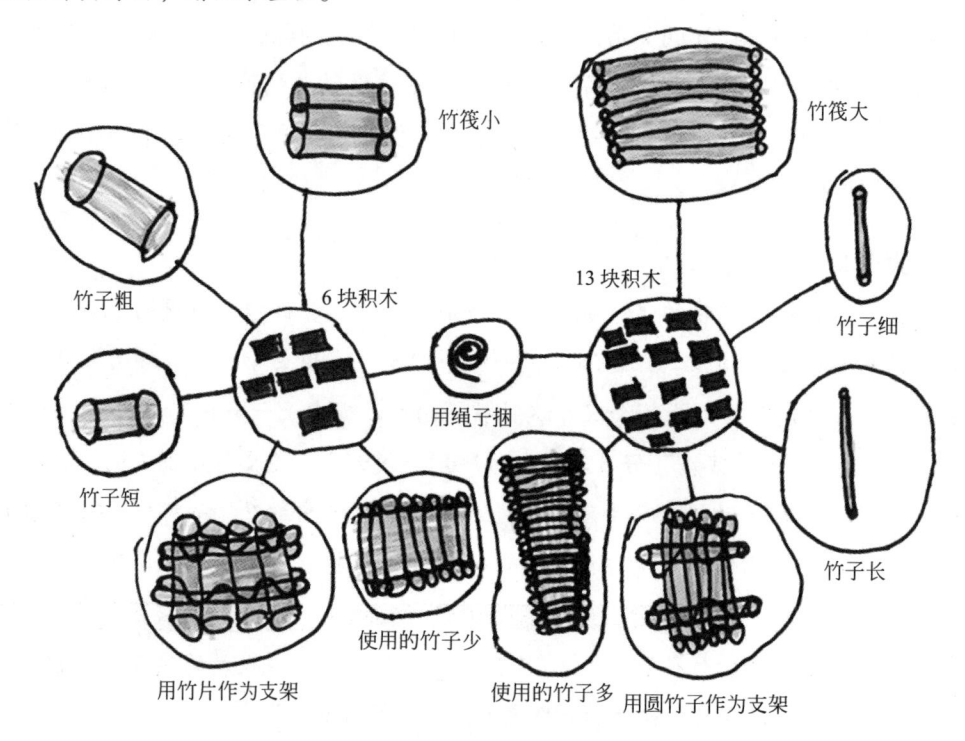

图 6-8 竹筏承重极端值双气泡图

【云南省西双版纳州景洪市幼儿园 中一班 刘明珠 钱倩雯 丁梓涵 "造竹筏"课题活动】

在上述活动中，教师引导幼儿使用双气泡图对比分析竹筏承重差异的原因，从而总结出制作承重性较好的竹筏的关键点，有效地推动了活动的进展。低年级儿童在比较事物时经常不能清晰地区分事物本质与非本质的情况，并且在比较的过程中，幼儿更容易发现事物的相异点。在"造竹筏"活动中，幼儿在了解两个对比主题中心的基础上，利用双气泡图寻找出两组竹筏显著的不同点是竹筏的面积和竹子的数量，观察到细微的差异是竹子的长短粗细和支架的种类，最后过渡到找出两个竹筏的相同点是利用绳子捆竹子。

在深度学习活动中，幼儿利用双气泡图梳理出事物的不同点和共同点，在直接感知作用下，从区分各部分异同过渡到正确区分具体事物的异同，以可视化的方式认识了事物之间的本质，为发展幼儿的抽象逻辑思维能力奠定了良好基础。

2. 比较性组织者

在深度学习活动中引入双气泡图，能够充分发挥比较性组织者的作用，帮助幼儿巩固已有知识，同化新知识，了解新旧知识的异同点，实现知识迁移。

美国教育心理学家奥苏贝尔（D.P.Ausubel）于1960年为促进有意义学习的进行，提出了"先行组织者"的教学策略。该组织者是先于学习材料呈现之前的一个抽象概括水平较高的引导性材料，是新知识与旧知识发生联系的桥梁。根据先行组织者在学习活动中作用的不同，将先行组织者分为陈述性组织者和比较性组织者。陈述性组织者是一个概括性和包容性水平都高于学习材料的组织者，是一种上位概念。比较性组织者是指当学生面对新的学习任务时，倘若其认知结构中已具有了同化新知识的适当观念，但原有观念不清晰或不巩固，学生难以应用，或者他们对新旧知识之间的关系辨别不清，则可以设计一个对新旧知识的异同点进行比较的组织者，这种组织者被称为比较性组织者（comparative organizer）。[1] 在深度学习活动中，双气泡图作为比较性组织者，能帮助幼儿思考与辨别新旧知识，既巩固已有内容，又深化新知识，起到"支架"和"桥梁"的作用。下述案例是在深度学习活动中应用双气泡图的具体过程。

案例 6-7

在"晾画架"活动的第一阶段，幼儿将收集到的架子照片带到班级进行分享，收集的架子类型主要包括普通衣架、摇动衣架、木板架子和多层画架。在分享与观察画架的基本结构后，幼儿决定分组设计晒画架的草图以利于下一步的实施操

---

[1] 路海东. 教育心理学 [M]. 长春：东北师范大学出版社，2002：67-69.

作。在考虑到可操作性和适用性的前提下，班级最后投票推选出手摇式画架为选定图纸。

在收集完制作画架的相关材料后，幼儿需要合作完成制作升降杆。可是升降杆需要轮子才能发挥其升降作用，没有轮子就无法做出升降杆。结合已有生活经验，幼儿发现窗帘上的轮子、国旗杆上的轮子和轮椅的轮子都是可以滑动的轮子，但这些轮子都是相同的吗？哪一个轮子能用来制作升降杆呢？幼儿百思不得其解，于是向老师求助。教师为了激发幼儿的好奇心和提高幼儿解决问题的能力，只是告诉幼儿轮子分为两种，一种是定向轮，另一种是万向轮。每种轮子的具体特点需要幼儿回家自己查询资料。第二天早晨，幼儿兴高采烈地走进教室大声地向老师汇报查询的结果"轮子分为定向轮和万向轮，升降杆应该用万向轮！"教师引导他们有条理地总结与分析定向轮与万向轮的异同——不同点是定向轮只能前后转，不会被扎漏；万向轮会360°地转动，会被扎漏；两个轮的共同点是有连接板、螺丝和轮子。随后教师向幼儿介绍双气泡图，指导幼儿将这些异同点形象地画出来，并粘贴在白板上供大家学习。

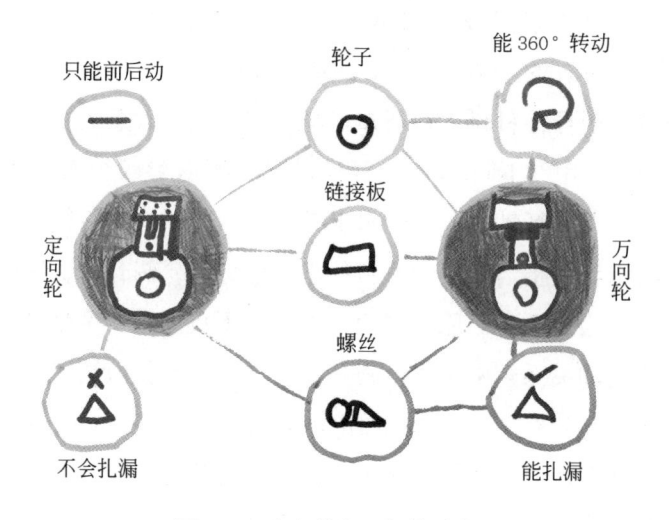

图6-9 定向轮和万向轮对比图

【吉林省中共长春市委机关幼儿园 大三班 连卉婷 柴文明 "晾画架"课题活动】

在上述案例中，双气泡图为幼儿学习定向轮和万向轮搭建了理解的"桥梁"，充分发挥了比较性组织者的作用。在日常生活中，幼儿已经了解定向轮和万向轮的用途，但对于二者的名称和特点等具体概念相对模糊。教师为了让幼儿深入了解万向轮的滑动特点，提前引入定向轮的概念，同时引导幼儿在家长的帮助下主动搜集相关知识。在第二天的班级活动中，教师带来了两种真实的轮子让幼儿观察和试用，并引导幼儿分析两种轮子的区别，最后借助双气泡图总结出二者的异同。在上述学习过程中,是在幼儿充分理解定向轮特点的基础上,引入双气泡图学习万向轮的相关知识,既使幼儿深入了解了两种轮子的工作原理和应用场景,又同化了新知识,拓展了原有知识范围,充分发挥了双气泡图的教育作用。

(四)流程图

在深度学习活动中应用流程图,一方面能够帮助幼儿理清事物的发生过程和先后顺序,分析事物发展的内在逻辑,促进幼儿逻辑思维的发展。另一方面,流程图还能预估事情发展的过程,帮助幼儿合理调控后续活动。

1. 促进逻辑思维的发展

逻辑思维又称抽象思维或理论思维,是一种前后一贯、有根据、有条理、确定的思维,是人脑的一种理性活动。逻辑思维的基本形式分为概念、判断和推理三种。这三种思维形式是相互联系、密不可分的。[①] 人们通过感性的认识把认识的事物想象成一种概念,再通过概念做出判断与选择,按照已有的逻辑关系进行推理,进而得到全新的认识,概括性地表现出事物的本质,揭示事物的内在属性。

在深度学习活动中,流程图帮助幼儿回忆参与活动的过程,梳理遇到的问题,排序和展示事件的具体步骤,理清思路,为后续的活动提供经验。相关研究表明,学习内容之间的逻辑关系是培养幼儿初步抽象思维的重要外部条件。而流程图是将学习内容以图示化的方式展现出来的有效工具,能够让幼儿深刻地理解知识之间的系统性,逐步培养幼儿的逻辑思维。下述案例是幼儿应用流程图的具体过程。

案例 6-8

在"神奇的纸浆花盆"活动中,基于环保理念,中班幼儿在教师的带领下将废旧的纸巾变废为宝,四个小组分别利用生活中不同种类的废旧纸品制作神奇的花盆。经过重重困难和考验,四个小组分别制作出了心仪的花盆。经过了大约半年时间的制作,幼儿收获满满,教师为帮助幼儿总结与回顾制作纸浆花盆中的知识和经验,组织全班幼儿开展了一次总结班会,引导每个小组幼儿回忆制作的过程,利用气泡图绘画并展示在班级的主题墙上。其中利用废旧彩纸制作纸浆花盆的小组,绘制了一幅相对清晰和内容较全面的流程图,这一小组被邀请到前面与其他幼儿分享他们的制作过程。在教师的引导下,彩纸小组的幼儿成功地总结出

---
① 乔燕. 基于微课的小学数学逻辑思维训练研究 [D]. 临汾:山西师范大学,2015:7.

制作花盆的步骤，分别为选材料搓纸绳—确定材料—选彩纸—撕碎彩纸—加 150ml 水—搅碎—搓纸绳—做成网状—倒纸浆—放在旗台上晾晒失败—放在窗台上—晒干—种花—成功。

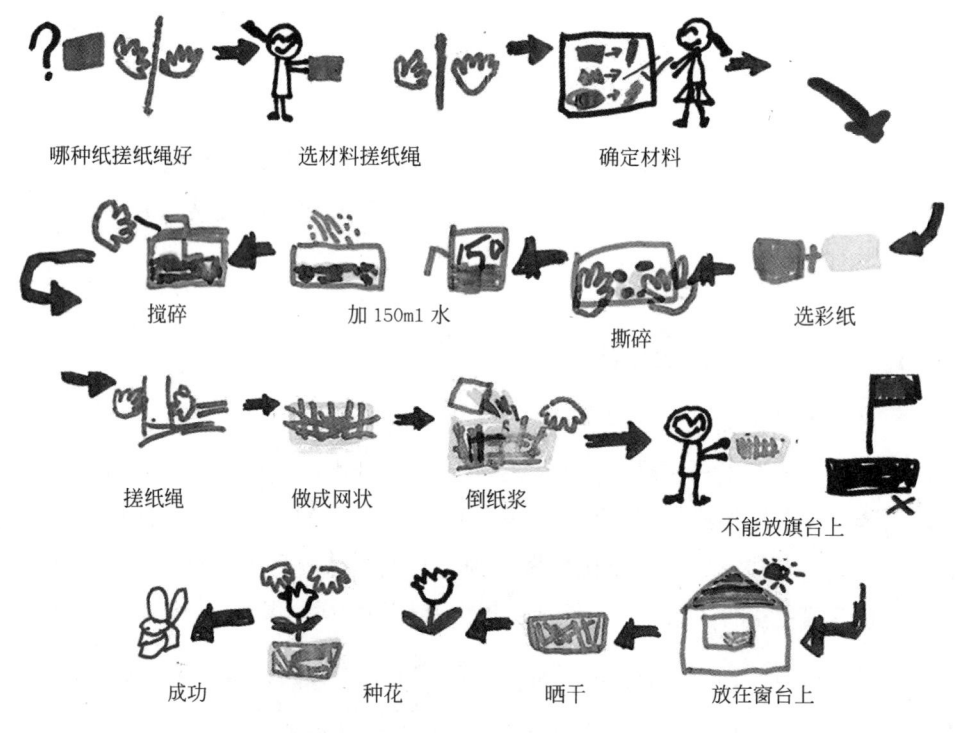

图 6-10　彩纸组制作纸浆花盆的流程图

【吉林省长春市朝阳区教师幼儿园 中三班 秦彤彤 "神奇的纸浆花盆"课题活动】

在上述案例中，教师引导幼儿回顾与总结了制作纸浆花盆的流程，有效地锻炼了幼儿的逻辑思维。幼儿在此次活动中通过应用流程图，将制作纸浆的过程逐一加以实施操作。在思考与绘制流程图的过程中，幼儿可以在预设整体操作流程中认清本质属性，即首先明确操作流程的最终目的，其次是概括与提炼每个步骤的基本特征和关键点，再次要将这些过程按照一定的顺序有条理地表达出来，最后采用绘画形式呈现出操作思路。通过梳理制作纸浆花盆的步骤，帮助幼儿回忆操作的过程，以提炼关键词的形式概括了事物的本质，整个过程对发展幼儿的逻辑思维能力具有重要意义。

2. 预测功能

预测是流程图在排序功能基础上的另一个重要功能。预测是指在掌握现有信息的基础上，依照一定的规律和方法预先了解事情发展的过程与结果。在深度学习活动开展前，流程图能帮助幼儿预估后续活动中可能需要用到的制作材料、工具、实施步骤和策略性的手段等，以提示幼儿在后期制作过程中严格按照设计的流程进行操作，避免因步骤混乱或丢失导致结果的偏差。下述案例是流程图应用的具体过程。

案例 6-9

西安交通大学幼儿园的中班教师基于幼儿对造纸术的兴趣，开展了"有趣的造纸"深度学习活动。在中班幼儿掌握了造纸知识经验的基础上，教师带领全班幼儿到户外寻找理想的造纸材料尝试造纸。经过探索后，幼儿搜集到树皮、槐花、枯树叶和绿色的树叶 4 种可操作的制作材料。回到班级后，幼儿共同探讨怎样才能将已搜集到的材料制造成真正的纸。经过一番思考和探讨之后，每个小组都发表了自己的看法，但是哪个小组的制作方法最简便、最具有操作性并能制造出真正的纸呢？这时教师介入幼儿的讨论中，建议每个小组运用之前学过的流程图将协商好的造纸步骤画出来并向大家分享，幼儿一致点头同意。随后教师分发给每个小组白纸和彩笔，大约过了 20 分钟，幼儿绘制完成并分组展示。最终以绘制思路清晰和可操作性强为选择标准，选出了第四小组的设计图作为造纸的步骤，即捡树皮—把树皮放入盆中—盆中加水—树皮放入机器—加入胶水—晾晒—纸张完成，共 7 个步骤。

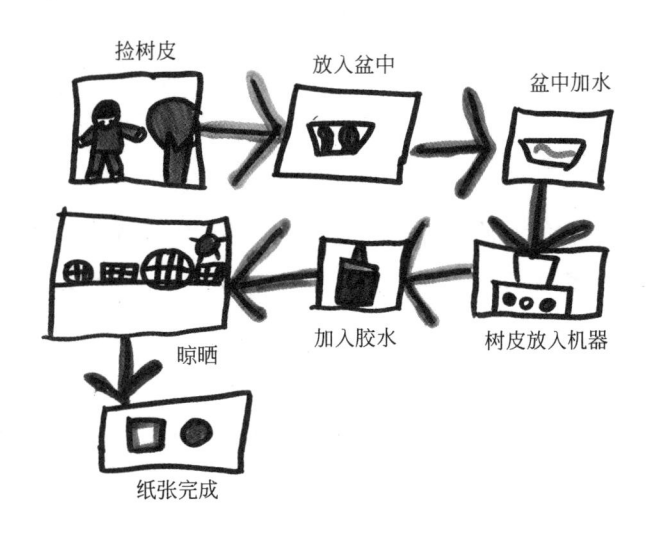

图 6-11 造纸步骤设计图

【陕西省西安交通大学幼儿园 中十班 李剑 杨曦 "有趣的造纸"课题活动】

在上述案例中，使用流程图能帮助幼儿有条理地做出计划，并对造纸活动有了一个整体的、长期的、基本的思考与估计，以促进幼儿宏观调控后期活动。在造纸之前首先运用流程图绘制出周密的计划，计划中包括造纸的具体材料、做法、制作步骤以及步骤之间的先后顺序。通过流程图的直观展示，运用图像化的方式让每位幼儿了解到后续活动进展的思路和最终目的，避免幼儿随机调整制作的方法和策略，进一步提高了整个活动进展的效率。

（五）树状图

高阶思维是深度学习的核心特征，其中分类思维是高阶思维的具体表现之一。在深度学习活动中引入树状图这一思维工具，能有效提高幼儿的分类能力，进而提高高阶思维水平。树状图在深度学习活动中发挥的教育功能主要体现在以下三个方面。首先，运用树状图可以使幼儿认识事物之间的分类关系，提升幼儿的分类思维；其次，借助树状图能归类事物之间的共同属性，有效培养幼儿的概括能力；最后，树状图作为一种上位组织者，有利于幼儿同化知识，建构上位概念。

1. 提升分类能力

分类是通过比较，按照事物的异同程度在思想上分门别类的过程。[1] 分类也是指根据事物的某种特征组织起来，使人们在整体上对这些事物做出全面与整体的反映。综上所述，分类是人们对于整体事物总结出某些特定属性的过程，而非针对事物的某部分得出的结论。

分类的依据是事物的本质属性。只有把握事物的本质属性，才能对概念进行正确的分类，并能解释其分类的理由。常见分类的依据主要有单一属性、联合属性和关系属性。[2] 根据学前儿童身心发展特点，影响幼儿分类事物的主要影响因素是单一属性，形象材料是影响幼儿分类的主要因素。因此，为培养幼儿的分类能力，应采用图像与文字结合的方式激发幼儿分类的兴趣，并引导幼儿根据事物的单一属性尝试分类。

---

[1] 朱智贤，林崇德.思维发展心理学[M].北京：北京师范大学出版社，2002：38.
[2] 朱智贤，林崇德.思维发展心理学[M].北京：北京师范大学出版社，2002：175.

心理学家皮亚杰把儿童的分类能力分为三个阶段：第一阶段2—5.5岁，儿童按照物体间的关系把他们认为有关系的物体归为一类；第二阶段，5.5—7岁，儿童逐渐摆脱具体感知和生活经验的影响，开始考虑事物的内在属性，根据相似性对事物进行分类，但还不具备对事物进行等级分类的能力；第三阶段，7岁以后，儿童在进行分类的同时了解各级各类之间的包含关系。[1]可见，幼儿的分类能力是在遵循认知发展水平的基础上逐渐深入发展。幼儿的分类发展主要经历了习性分类或随机分类、知觉分类阶段、根据物体的功能或主体进行分类、基于概念的分类4个阶段。[2]但在实际的分类过程中，幼儿的分类并不是严格地按照阶段进行的，4—5岁幼儿通常使用混合式分类方式。同时也有其他研究结果表明，幼儿的分类能力是在5—6岁出现萌芽，并需要依据事物的感知特点和生活情景进行分类。据此，教师在深度学习活动中引入树状图时，应基于幼儿的年龄特点和分类水平帮助幼儿科学地归类。在了解幼儿已有知识概念的基础上，提供给幼儿大量的练习机会，以促进幼儿的分类能力逐步过渡到较高水平。

综上所述，培养幼儿的分类能力时，应以单一属性作为分类依据，以形象的内容作为研究的主要材料，逐步引导幼儿把握事物的本质，循序渐进地掌握分类技能。在深度学习活动中，树状图能将复杂的知识编码为丰富多彩的图像，简化材料分类的难度，以帮助幼儿深入地理解概念，提升分类能力。下述案例是树状图应用在深度学习活动中的具体过程。

案例6-10

在"小飞机"第一阶段活动中，教师引导幼儿分享每个人见过的飞机，幼儿争先恐后地讲述自己在电视上、故事书中和飞机表演时看过的飞机，同时部分幼儿还分享了自己亲自乘坐飞机时的感受和对飞行员的崇拜之情。"小飞机"深度学习课题活动旨在让幼儿在实际情境中主动地参与活动，并培养幼儿的高阶思维。教师根据这一目的试图提出问题，启发幼儿深度思考"小朋友们见过各种各样的飞机，有谁知道飞机具体有哪几种吗？""我们见过或坐过的飞机又属于哪一种呢？"面对这一系列的难题，幼儿共同讨论，进展缓慢，于是向老师请求帮助。老师及时调动家长的力量，让家长帮助幼儿搜集飞机的模型与相关资料，并且要求在第二天带到班级进行分享。第二天早晨入园时，幼儿从家里带来了不同种类的飞机图片、

---

[1] 李燕. 学前儿童发展心理学 [M]. 上海：华东师范大学出版社，2008：176.
[2] 李红. 幼儿心理学 [M]. 北京：人民教育出版社，2006：156-157.

模型、家人共同制作的飞机以及飞机的相关视频。在观看视频和仔细观察过飞机模型后，幼儿发现飞机原来有这么多种，分别为民航客机、运输机、螺旋桨客机、预警机和战斗机。随后，教师引导幼儿以飞机的用途作为分类的依据，最终将上述五种飞机分为军用飞机和民用飞机两类，其中战斗机、预警机和运输机属于军用飞机，民航客机和螺旋桨客机属于民用飞机。

第二天，教师为巩固幼儿头脑中飞机的分类方式，引导幼儿回忆前一天飞机分类的标准，结果只有几名幼儿说对了。教师见到这一情况，决定向幼儿介绍树状图以巩固分类的方式和方法，引导幼儿运用树状图绘制出飞机的不同种类，最终第三小组的作品作为案例向全班幼儿展示。此次活动结束后，在教师的鼓励与支持下，幼儿分别以飞机发动机的类型、数量和飞行速度为依据绘制了树状图，进行了详细的分类活动。

图 6-12 飞机的种类总结图

【吉林省省直机关第三幼儿园 中四班 刘莹莹 "小飞机"课题活动】

在上述案例中，教师引导幼儿根据生活中的已有经验，对飞机应用的场景进行分类，这一分类过程符合幼儿的身心发展特点，促使幼儿在掌握基本概念的基础上逐步理解事物之间共同的特征与属性，从而具有分类能力。其一，在活动结束后，教师引入树状图作为分类的载体，直观形象地将飞机的分类方式展示出来，加深了幼儿对飞机的认识。其二，教师引导幼儿从不同的角度对飞机的类型进行划分，为幼儿提供多次练习的机会和技巧，促进幼儿掌握划分事物类别的方法，有效提高了幼儿的分类能力。

2. 提升概括能力

概括是在思想上将具有某些共同特征的事物，或将某种事物已分出来的一般的、共同的属性、特征结合起来。概括的过程，是把个别事物的本质属性，推及为同类事物的本质属性。这个过程是思维由个别通向一般的过程。概括是形成概念的关键性一步，是概念形成的最重要的基础。[①] 概括在幼儿的思维活动中有着非常重要的作用。概括能使幼儿判断事物的标准由外在表象转变为内在本质。概括性越高，幼儿头脑中的知识系统就越清晰，思维就越灵活。

幼儿的概括水平还处于较低水平。例如，幼儿对于概括的内容，只能进行初步概括；在概括时常常把外部和内部的、非本质的和本质的特征混在一起；同时概括的内涵常常不准确，主要根据事物直观的、形象的、外部的特征或属性进行概括，更多注意的是事物的外观和实际意义；仅能在某些已经理解了的事物的特征或属性的基础上进行概括，而不能充分利用包括在某一个概念中的所有特征或属性。

在深度学习活动中，树状图作为一种可视化工具，以图像的形式呈现事物的本质特征，能帮助幼儿在理解事物内外特征的基础上，逐渐从低层次发展为高层次概括水平。下述案例是树状图在深度学习活动中应用的具体过程。

案例 6-11

在"造竹筏"活动中，4个小组的幼儿制作竹筏后，准备进行试水承重实验。实验开始时幼儿试探性地放置积木的数量，以防止竹筏沉水。第一次尝试将竹筏放入水中，竹筏浮在了水面上。可是当幼儿添加第九块积木后，水浸湿了竹面，竹筏仅剩一半浮在水面。如果继续增加积木，竹筏可能会全部沉入水中。幼儿经过协商决定停止实验，回到班级总结和反思失败的原因。

回到班级后，教师给予每个小组充分的讨论与交流的机会。幼儿分享自己小组竹筏的优缺点，但教师发现幼儿讨论的内容主要以维护自己竹筏的形象为主，大部分幼儿都不能明确地区分出竹筏的优点和缺点。针对这一现象，教师引入树状图帮助大家梳理优缺点。在第一次绘制中，每个小组幼儿先是用彩笔画出自己小组的竹筏模型，然后在纸上任意位置填写优缺点。教师看到这一现象，便引导幼儿："我们首先思考自己小组竹筏的优点是什么，然后对比旁边小组同学制作的竹筏找出自己的竹筏的缺点，最后仔细想想怎样画才能清晰地展现出自己小组的

---

① 朱智贤，林崇德. 思维发展心理学 [M]. 北京：北京师范大学出版社，2002：36-37.

竹筏的优缺点。"幼儿听到教师的引导后，讨论出竹筏的优势和劣势，并且想出用对错符号和不同颜色的脸部表情等图画形式表示优缺点。

最终第一小组幼儿提出的想法比较直观地展示出主题内容，即用绿色笑脸和红色哭脸分别代表竹筏存在的优缺点：竹筏的优势是使用长粗竹子，排水效果较好；存在的劣势是用钉子把竹子钉破后，水灌进竹子增加了竹筏的平均密度和重量，减弱了竹筏的载重能力；此外，只在竹筏两端和中间的6个点绑绳子和固定支架会导致竹子更易散落。

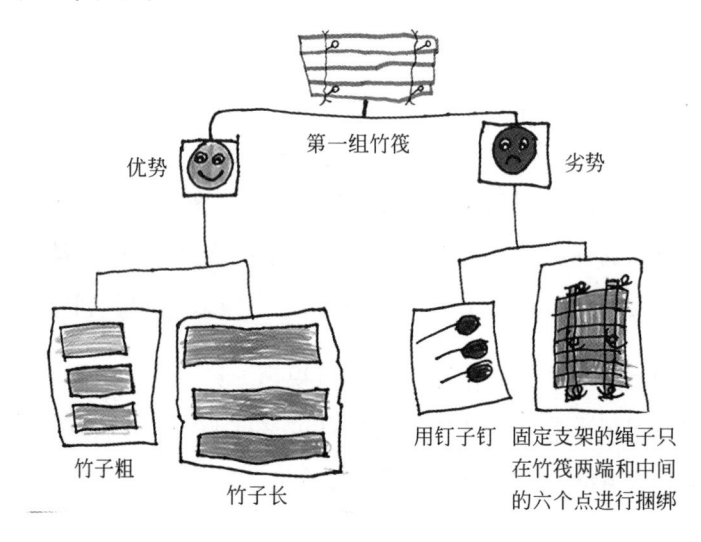

图6-13 第一组竹筏的优缺点分析图

【云南省西双版纳州景洪市幼儿园 中一班 刘明珠 钱倩雯 丁梓涵 "造竹筏"课题活动】

幼儿使用树状图总结竹筏的优缺点，不仅提高了幼儿的概括能力，还为幼儿制订改进计划提供了良好的知识基础。中班幼儿的身心发展特点使他们在找出事物的优劣势上还存在一定的难度。为解决这一问题，教师引入树状图这一思维工具，调动幼儿的想象力，使幼儿想出以直观形象的笑脸和哭脸来代表竹筏的优缺点。在活动中，幼儿把钉破竹子和竹子易散落两个内容归结为竹筏进水的原因，把竹子粗长归结为竹筏没有完全沉入水中的优势。在不断总结的过程中，幼儿逐渐区分出不同事物之间的共同属性，提高了概括能力。

3. 陈述性组织者

当学生学习新的任务时，倘若其认知结构中缺乏适当的上位概念来同化新知

二、思维地图在幼儿深度学习中应用的类型及功能

识,则可以设计一个概括性和包容水平都高于新材料的组织者,使学生获得一个可以同化新材料的认知框架,这样的组织者被称为陈述性组织者。[①]陈述性组织者一般先于学习任务之前出现,并比新学习的知识更具有抽象性。陈述性组织者主要是帮助幼儿建立清晰稳定的认知结构以促进学生的学习。树状图作为一种陈述性组织者,能将新知识与已有知识经验联系起来,帮助幼儿构建新的认知图式,形成有意义的学习,进而提高学习效果,使幼儿由浅层学习转变为深度学习。

在深度学习活动中,幼儿很难理解一些程序性知识和策略性知识,导致活动进展缓慢。在活动中,树状图作为一种陈述性组织者,能在新旧知识之间建立一种联系的桥梁,帮助幼儿理解新的复杂知识,有效地学习陈述性知识,进而高质量地学习程序性知识和策略性知识,促进幼儿深度学习。下述案例是树状图在深度学习活动中应用的具体过程。

案例 6-12

中班幼儿在学习《老鼠娶新娘》故事时,对漂亮的花轿充满了好奇心与探索欲望,教师在确定这一主题具有教育价值的基础上,决定和班级幼儿共同开展制作花轿的深度学习活动。首先,教师引导幼儿回忆花轿的结构与外形。由于花轿在我们的日常生活中不常见,所以很多幼儿的相关经验较少。基于这一情况,教师组织了一次教育活动,与幼儿共同了解花轿的历史来源、基本结构和用途。幼儿在初步了解花轿的基本构造后,一致提出要制作出一个真正的花轿来抬同伴和老师。在得到教师的鼓励后,幼儿开始广泛搜集制作花轿的材料,并且设计了制作花轿的流程图。

经验分享环节过后,幼儿开始制作花轿。幼儿由于缺乏花轿的相关知识经验且团队合作能力比较弱,在第一次制作轿厢活动中遇到重重困难,因找不到结实的材料而以失败告终。面对垂头丧气的幼儿,教师没有否定、批评,而是首先肯定幼儿在第一次活动中勇于挑战自我的勇气,其次引导幼儿反思与总结失败的原因,并鼓励他们再次尝试。在吸取了第一次制作活动的教训之后,幼儿选用结实的无缝大纸箱制作轿厢,并用刻刀刻出了轿窗;在制作轿顶时,用红纸粘贴外围,并用透明胶进行固定;在安装轿杆时,先用锯切断管子,然后将轿杆从轿厢内侧穿过;最后,全班幼儿一起齐心协力为轿子"穿"上了红色的外衣,并且绘制了寓意吉祥的凤凰图案。

---

① 路海东.教育心理学[M].长春:东北师范大学出版社,2002:68.

制作活动结束后，教师与幼儿共同回忆制作花轿的全过程，并引导幼儿利用树状图详细梳理与分析了每一个大活动的具体过程。

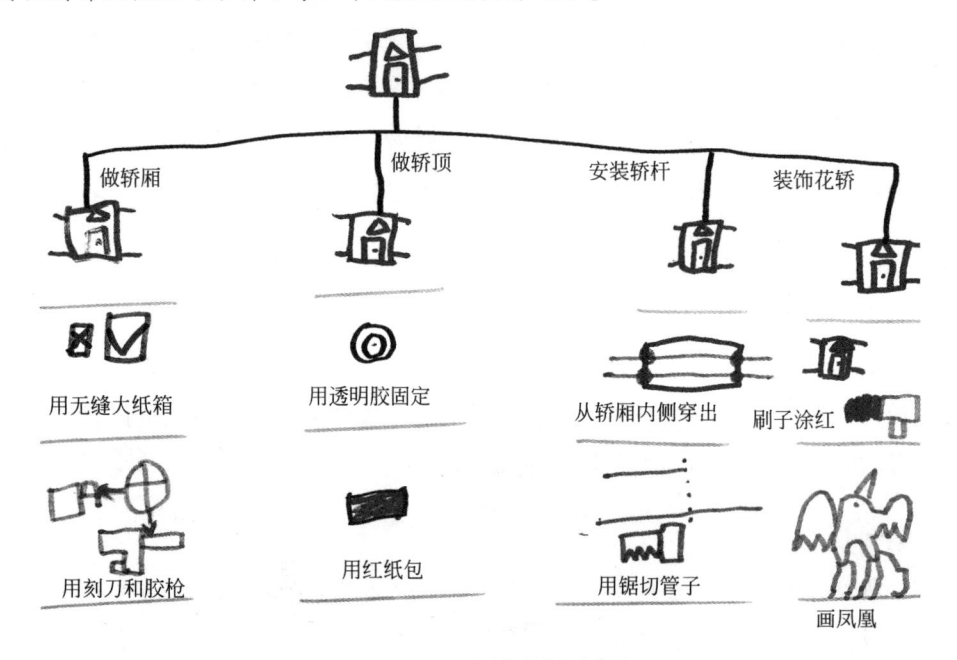

图6-14　回顾制作花轿过程图

【吉林省长春市人民政府机关第一幼儿园　中五班　吴丽　刘星　"大花轿"课题活动】

从案例中可以看出，在回顾制作花轿过程时，树状图以分类的形式，将具体的每一个小步骤分别划归为做轿厢、做轿顶、安装轿杆和装饰花轿四个部分，拓展了幼儿头脑中关于花轿的知识面。另外，树状图中的内容是幼儿自己完成的图像和文字，充分体现了幼儿主动建构知识的过程。总之，树状图的灵活应用，既能优化幼儿头脑中的知识结构，又能促进知识的迁移，是培养幼儿分类和概括能力的有效工具。

（六）括号图

括号图的原理是将知识系统化，具体是指在概括的基础上，把整体的各个部分归入某种顺序。在这个顺序中，各个组成部分之间发生一定联系和关系，构成一个统一的整体。括号图的作用是用来分析整体与部分之间的关系，从而提升幼儿的分析能力，促进其高阶思维的发展。

1. 促进分析思维的发展

分析是在思想上把整体分解为各个部分或各个方面，或把整体的个别特征或个别属性分出来。借助分析，可以对研究事物的认识由表及里、由浅入深、由简到繁，从而把握研究事物的本质，为分析问题和解决问题打下良好的基础。在深度学习活动中，利用括号图可以帮助幼儿从整体上把握事物的细节知识，对事物进行分解，深入分析事物结构之间的联系，从而更好地把握事物的关键特征。下述案例是括号图在深度学习活动中应用的具体过程。

案例6-13

在"大泡泡机"活动中，幼儿在第一次制作完泡泡机后开始投入使用。在第一次试玩后，幼儿发现泡泡机不仅没有预想的那么好玩，而且在玩泡泡的过程中泡泡机经常站不稳而倒在地上，这一现象引发幼儿的思考："为什么在商场玩泡泡机时不会摔伤，而且还能四五个小朋友一起玩呢？"基于这个问题，教师决定带领幼儿去商场里观察一下泡泡机。经过一天的观察活动，幼儿回到班级中激动地与老师分享自己在商场里看到的泡泡机，每个幼儿都表达了自己的观点，概括起来包括两个不同点，即泡泡机的底座结构和滑轮。幼儿和教师总结了商场泡泡机的独特结构后，决定重新设计制作新的泡泡机。

在新一次的挑战活动实施之前，幼儿首先运用流程图绘制了制作步骤图，内容主要包括第一次制作泡泡机活动中存在的不足和调整的策略，第一是将小型呼啦圈换成大型呼啦圈；第二是安装滑轮；第三是制作结实的底座。随后幼儿开始制作新的泡泡机。在制作底座环节中，幼儿针对选择哪种材料发生了争论。一组幼儿想用能防水的锡纸做底座，另一组幼儿结合制作陶泥作品时受到的启发，计划用泥巴作为主要制作材料。教师为了充分发挥幼儿的主观能动性，向两组幼儿分别提供了锡纸、泥巴木板和水等主要操作材料，鼓励他们大胆创作。两组幼儿在实验与验证后，分别做出了底板，但都存在一定的问题。例如，锡纸组的底座在使用过程中出现漏水现象，泥巴组的底座晒干几天后出现干裂现象。教师看到这一情景后引导幼儿对比两种材料的不足，并运用括号图绘制出分析的过程。其中泥巴组幼儿在查看了干裂的泥巴后，讨论出木板过大、不平、水少和泥巴太薄四个主要的失败原因。

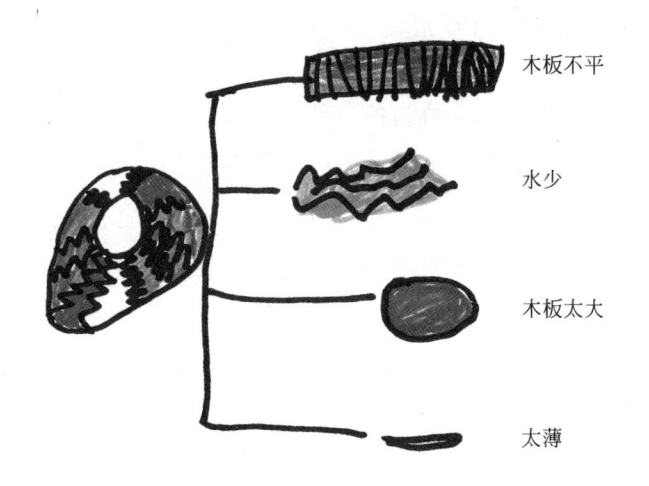

专题六　思维地图在幼儿深度学习中的应用

图 6-15　底座干裂的原因总结图

【吉林省长春市金太阳教育集团 大一班 刘阳阳 刘杰 "大泡泡机"课题活动】

在上述案例中，幼儿使用括号图直观地展示了底座干裂的原因，即木板不平、水少、木板过大和泥巴太薄四个主要原因。此外，括号图鲜明地展示出每一项原因的具体内容，充分凸显了分析思维的主题明确化、全面化和条理化三个特点。下述案例是括号图在深度学习活动另一情境中应用的具体过程。

案例 6-14

在"移动的城堡"活动中，基于幼儿对蒙古包的浓厚兴趣，教师决定与幼儿共同开展蒙古包的探索之旅。教师首先引导幼儿围绕"你在哪里见过蒙古包""你对蒙古包有哪些了解"等主题进行讨论，幼儿分别阐述了关于蒙古包的外形、材质和用途等内容，如"蒙古包的形状有点圆，有尖尖的房顶！""蒙古包的外面是用一种很结实的布围成的，不怕风吹雨淋！""蒙古包能随时搬走，因为羊把草吃光了，要换一个地方吃草！"教师为了让幼儿对蒙古包有更深入的了解，决定调动家长资源，一方面，让幼儿回家与家长共同查找相关资料；另一方面，邀请了贝贝的妈妈（蒙文教师）到班级和大家一起分享蒙古包的相关文化。通过经验分享环节，大家了解到蒙古包的外形、用途和建造地点。蒙古包主要是由架木、毛毡、绳带三个部分组成；制作蒙古包时不用泥水、土坯、砖瓦，原料非木即毛。教师根据幼儿的讨论，总结出架木包括：陶脑（天窗）、乌尼（连接杆）、哈那（立柱和围墙）、乌得（门），蒙古包的外面用围毡装饰、围绳固定。讨论结束后，教师引导幼儿把蒙古包的主要组成部分运用括号图绘制出来，并向大家重新讲述具体内容。通过以上对蒙古包的全方位了解，幼儿萌发了对蒙古包的喜爱之情，并向老师申请制作一个属于中二班小朋友的蒙古包。

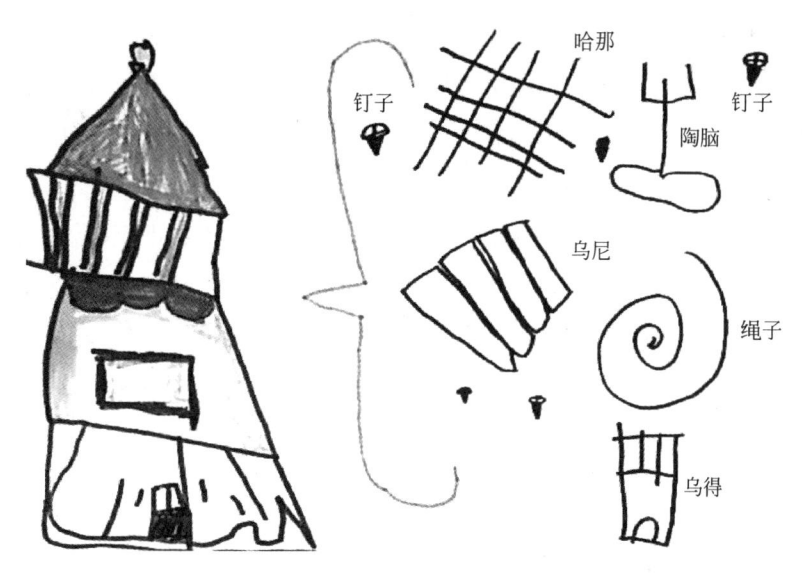

图 6-16　蒙古包的组成部分括号图

【内蒙古乌兰浩特市第一幼儿园 中二班 赵贺佳 "移动的城堡"课题活动】

在上述案例中，幼儿运用括号图画出了制作蒙古包需要用到的六种物品，尽管幼儿绘制的内容不够全面，但这一过程发展了幼儿的分析能力和想象力。一方面，幼儿观察蒙古包的基本结构后，以图像化的表征形式直观地展示出来，促进了幼儿的记忆力和想象力的发展；另一方面，利用括号图绘制出蒙古包的基本结构，让幼儿清晰地了解蒙古包的所有组成部分和每一部分的性质，深刻地体会了整体与部分之间的关系。

（七）多重流程图

多重流程图在深度学习活动中能够帮助幼儿理清事物的先后顺序，分析因果关系，对促进幼儿解决问题、提升元认知能力具有重要意义。

1. 提高解决问题能力

以问题解决为导向的深度学习，注重批判性理解、知识的迁移与运用、学习过程的建构与反思。良好的解决问题能力能够培养幼儿的创造性思维、批判性思维和评价反思能力，进而实现深度学习。

问题解决由美国心理学家安德森（Anderson）于1980年提出，他把问题解决定义为受任何指向目标的认知性操作程序。在问题解决过程中，问题解决者根据问题条件在脑中进行转化，形成关于问题情境的内在表征，寻找问题空间中蕴含着的中间环节，从而达到解决问题的目的。问题解决主要是指大脑中的一系列思维加工过程，主要包括三个要素，即初始状态、目标状态和算子。[①] 首先，初始状态，即问题解决者对已知问题的一种心理表征；其次，目标状态，即问题解决者力争达到理想目标的心理表征；最后，算子，即问题解决者在已有环境中收集到的从初始状态向目标状态转化的具体手段。因此，实现问题解决要求学习者有效地分析问题，通过各种途径寻找有利于问题解决的方法，最终达到问题解决的终极目标。

功能固着、问题表征、反应定势、知识背景、智慧水平和动机强度是影响学习者解决问题的主要因素。其中问题表征是问题解决的核心，是问题解决的中心环节。问题表征是指根据问题所提供的信息和自身已有的知识经验，发现问题的结构，构建问题空间的过程，也是把外部的物理刺激转变为内部心理符号的过程。[②] 由此得出，良好的问题表征是问题成功解决的关键。完成问题表征过程需要学习者在已有经验的基础上加工相关信息，形成对问题的理解与内化，使问题清晰地呈现。

在以问题解决为导向的深度学习中，多重流程图的运用能够帮助幼儿表征问题，了解问题的初始状态和目标状态，并通过各种途径探寻解决问题的方法，从而达到解决问题的目的。下述案例是多重流程图应用在深度学习活动中的具体过程。

案例6-15

在"造竹筏"活动中，幼儿收集好相关物质材料，准备实施操作。在第一次尝试时，幼儿纷纷拿来竹子堆成了一座座"竹山"。幼儿看到眼前这一幕，提出了质疑与担忧"高高低低的竹筏，人站上去会稳吗？""两边不对齐有孔隙会漏水！"幼儿思考后决定停止操作，并讨论哪种竹子最适合制作竹筏。过了一会儿，幼儿得出结论：制作竹筏需要粗细、长短均相同的竹子，并且两端对齐摆放。改良了材料的种类与摆放位置后，幼儿制作的竹筏变得相对平整且平稳，不再是"竹山"的场面。确定了选用竹子的标准后，幼儿又发现了一个新问题：用什么材料才能将滑溜溜的竹子固定住呢？教师看到幼儿的困惑便提供给他们一条绳子用来捆绑竹子。于是幼儿把绳子拴在了竹子的中间，正当幼儿期盼着竹筏成形时，轻轻一提

---

① 张庆林，邱江. 思维心理学 [M]. 重庆：西南师范大学出版社，2007：172.
② 胥兴春，刘电芝. 问题表征方式与数学问题解决的研究 [J]. 心理科学进展，2002(3)：264.

竹子就变成了一摞"竹柴"。幼儿看到这一现象,说道:"看来一根绳子不行,那就在两边都加上绳子将竹子捆起来吧!""而且还要用钉子钉起来,这样就不会变成一捆了!"一名幼儿质疑道:"竹子那么滑,怎么钉进去呢?"突然一名幼儿联想起生活中的扁担原理,提议把竹子劈成两半相互连接。经过仔细分析后,幼儿决定采纳这个建议,并在教师的帮助下用刀具把所有的竹子都劈成了两半。所有的竹子劈好以后,幼儿用钉子把劈好的竹子钉起来,最终制作出了平整的竹筏。但随之而来又产生了新的问题,用多条绳子捆过的竹子怎样才能变得不松散呢?用钉子钉过的筏面怎样才能更稳固呢?一次次失败让幼儿不禁有些失望,此时教师及时介入,充分肯定幼儿的坚持与努力,并引导他们利用多重流程图对已有的操作活动进行反思,分析存在的问题及原因,为开展下一阶段的活动做好充足的准备。

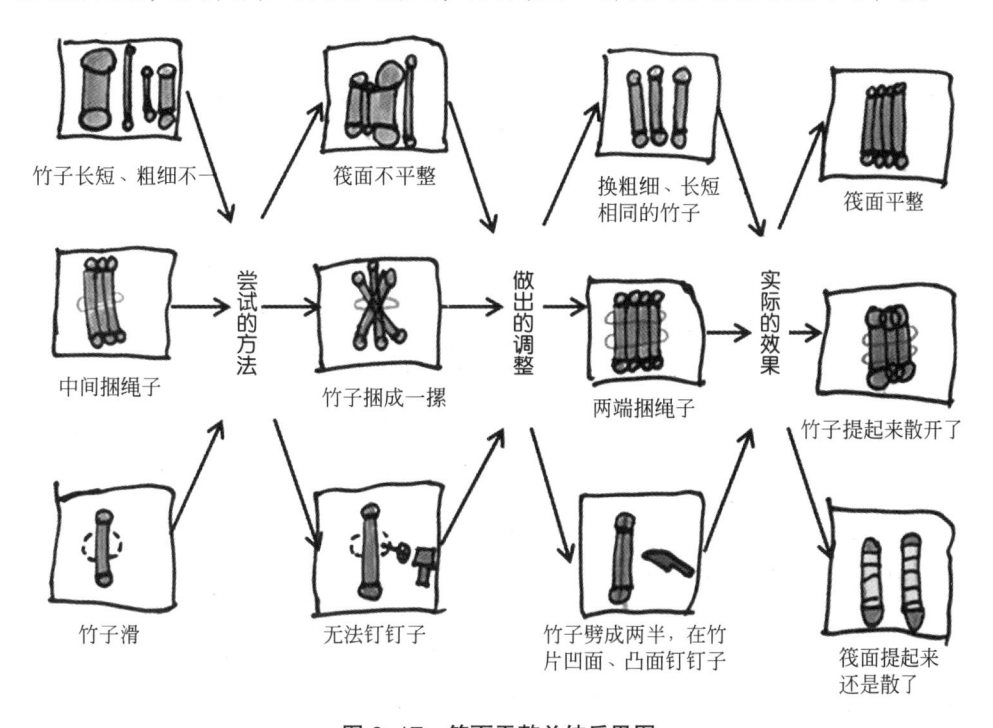

图 6-17 筏面平整总结反思图

【云南省西双版纳州景洪市幼儿园中一班 刘明珠 钱倩雯 丁梓涵 "造竹筏"课题活动】

在上述活动中,多重流程图帮助幼儿加工已有信息和新知识,以操作性的形式对信息进行编码和处理,直观地了解问题解决的实质和关键,高效地完成问题表征,高质量地提高问题解决的效率。

在深度学习活动中,幼儿所遇到的问题以未明确界定的现实问题为主,这意味着活动中既没有明确的起始状态和目标状态,也无"正确答案"可供参考,需要幼儿在实践活动中自己去发现、收集与解决。在活动中,幼儿利用多重气泡图绘制出筏面平整反思图后,逐渐对存在的问题有了清晰的了解,找到了问题解决的初始状态,即筏面不平整、竹子成一摞、无法钉钉子。幼儿在面对三个难题时,预设的首要目是保持筏面平整、竹子紧凑并且相互紧密连接,终极目的是制作一个结实的能够载人浮在水面上的竹筏。这时幼儿对于达到最终目标已经具有了对应的心理表征,即问题解决的目标状态。在面对存在的问题与期望达到的终极目标之间,幼儿在教师的支持与同伴合作互助下,首先,分析出问题存在的原因,即竹子长短粗细不同、中间捆竹子、竹子表面光滑;其次,在已有准备的材料和环境中搜索到了能够促进从问题初始状态转向目标状态的具体方法与手段,即使用粗细相同的竹子、绳子捆在竹子两边和在竹子里面钉钉子。综上所述,多重流程图有助于幼儿以外显的表征方式组织环境中获得的信息,从而建立清晰的问题表征,掌握问题解决的核心环节,最终实现问题的解决。

2. 提高元认知能力

幼儿的元认知类型按照时间维度分为活动前、活动中和活动后的元认知,其中活动后的元认知活动是指幼儿在活动结束后对活动过程的回溯和评价。幼儿的元认知按照程度的不同划分为偶尔的元认知、局部的元认知和整体的元认知。其中局部元认知是指活动中幼儿会对那些干扰他获得成功的局部环节多加注意。[1] 因此,具备元认知能力需要幼儿不断地对学习情况进行反思,发现问题并及时修正,以不断提高学习效果和反思的水平与能力。

在深度学习活动中,多重流程图作为一种引导性材料,能帮助幼儿有条理地分析问题的原因与结果,从而在原有的认知结构中建立起新旧知识之间的联系,批判性地解决实际问题。下述案例是应用多重流程图的具体过程。

案例 6-16

在"小飞机"活动中,在教师的鼓励与指导下,幼儿齐心协力制作出了一架独特的小飞机。全班幼儿非常开心,想让飞机快点儿飞起来。第一次,幼儿准备了若干气球绑在飞机上,想让气球带着飞机飞向天空。经过实验之后幼儿发现飞

---

[1] 王海英.智慧的跷跷板:幼儿元认知研究[M].南京:江苏教育出版社,2005:247-248.

机过沉，气球口用绳子系着，空气跑不出来，同时气球喷出的气体的推进力太小也无法带动飞机飞起来。在教师的支持下，幼儿知道了物理学中作用力与反作用力的原理，便设想把气球充好气粘贴在飞机上，并用手捏住气球口，手松开时让飞机飞起来。

经过实验验证，三个气球能够让飞机飞起来，幼儿兴高采烈地欢呼着实验的成功。但是在实验验证过程中，幼儿发现运用以上方法飞机不能像天上的真实飞机那样一直飞行。基于这个问题，幼儿回顾已有的生活经验，决定尝试使用氦气球作为飞机飞行的动力来源。在实验过程中，分别用一个和两个氦气球进行了实验尝试，结果证实两个氦气球能使飞机一直飞行，用氦气作为动力来源的飞机飞行效果优于以气球放气为动力来源的飞机。在解决了飞机飞行的问题后，幼儿针对现状又提出了问题：怎样才能让飞机沿着固定的线路直线飞呢？这时教师引导幼儿回顾坐缆车的经历，猜想飞机应该是在轨道上才能直线飞行。根据这个思路，幼儿计划用结实、光滑、摩擦力较小的鱼线作为飞机的轨道，用透明胶制作光滑的胶带圈把飞机和绳子固定在一条直线上。经过多次实验，飞机成功地在轨道上飞行了。可是飞机不能一直用手推动滑行，怎么样才能让它自动起飞呢？用什么材料能够让飞机起飞呢？教师介入其中，向幼儿介绍带有弹性的皮筋或许可以帮助解决这一问题。

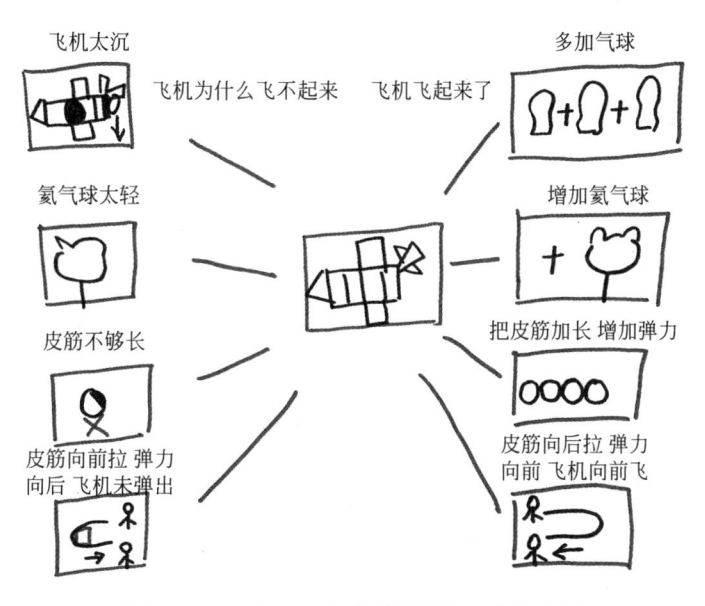

图 6-18 飞机飞不起来的原因与解决策略图

【吉林省省直机关第三幼儿园 中四班 刘莹莹 "小飞机"课题活动】

幼儿尝试使用若干数量皮筋后发现皮筋的弹力不够，需要将多个皮筋接在一起使弹力变大。经过实验验证：多个皮筋相连能使拉伸的弹力变大。但是在实验过程中幼儿发现皮筋向前拉时飞机并没有被弹出去，起飞试验失败。经过思考与讨论，幼儿发现飞机飞不出去的主要原因是飞机起飞的方向错误。于是幼儿提出猜想，将皮筋反向套在飞机上，两名幼儿固定住皮筋两端，一名幼儿将飞机固定，将皮筋向飞机的后侧方向拉，弹力向前时飞机也向前飞，试飞实验成功。

试飞活动结束后，教师引导幼儿共同反思活动中遇到的问题以及解决的策略，并引用多重流程图帮助幼儿梳理思路。教师和幼儿在运用多重流程图的过程中，创造性地拓展了多重流程图功能，将右侧的内容改写为解决问题的具体策略，让幼儿直观地了解飞机试飞的过程中遇到的问题与解决的方法。

在"小飞机"深度学习课题活动中，通过绘制多重流程图，幼儿发现了小飞机飞不起来的问题，并集体探讨，深入地分析了问题的结构和状态。另外，利用多重流程图还能帮助幼儿调整预先的目标，改变之前使用的策略，有意识地改正学习行为并采取补救措施。

由于幼儿的短时记忆容量有限，在进行总结和评价时总会"臆造"出与实际活动过程不相符的内容，并且会有信息增加或信息减少的事情发生。通过运用多重流程图，能有效帮助幼儿梳理新知识，对比旧知识，逐渐培养幼儿的反思意识。此外，利用多重流程图还能总结成功的经验和失败的教训，实现对学习过程的监督与调节。

综上所述，本部分内容逐一分析了圆圈图、气泡图、双气泡图、流程图、树状图、括号图和多重流程图这七种思维地图在幼儿深度学习活动中应用的过程与发挥的教育功能。由于思维地图在幼儿深度学习中的应用尚处于初级探索阶段，其应用尚不成熟，仍需进一步的探索。思维地图的使用与推广，离不开大量深入的探索和研究，更离不开教师专业的引导。在科学地遵循幼儿身心发展特点的基础上，根据知识的类型和学习情境灵活地选择时机与引导方式，有利于发挥思维地图的教育价值，从而提高幼儿的高阶思维水平，实现深度学习。

专题七
幼儿在深度学习活动中的学习体验研究

专题七 幼儿在深度学习活动中的学习体验研究

一、文献综述
- （一）学习体验的内涵
- （二）学习体验的类型
- （三）学习体验的特征

二、研究方法
- （一）研究对象的选取
- （二）研究方法的选择
- （三）研究资料的整理与分析

三、深度学习活动中幼儿学习体验的类型与特征
- （一）深度学习活动中幼儿学习体验的类型
- （二）深度学习活动中幼儿学习体验的特征

四、深度学习活动中幼儿学习体验的典型个案
- （一）被试的选取与状况
- （二）昂昂的故事
- （三）柔柔的故事

五、促进幼儿在深度学习中形成积极学习体验的支持策略
- （一）激发幼儿的兴趣与热情
- （二）提供适宜的学习工具
- （三）营造鼓励的学习氛围

一、文献综述

　　一般而言，学习体验包含两个方面：一方面作为过程，指幼儿在学习活动中对学习产生深刻理解和丰富的内心感受；另一方面作为结果，指幼儿在活动中形成一种综合性认知结果及存在状态。[①] 学习体验对幼儿建构知识意义、焕发生命活力、提升生命价值具有重要意义，是揭示、展现、提升幼儿生命意义的关键。[②] 基于对已有文献的梳理与分析发现，在以往有关幼儿学习体验的研究中，成人占据主要话语体系，缺少来自幼儿的声音。倾听幼儿心声不仅是尊重幼儿权利的需要，更是提高幼儿学习质量的必然诉求。[③] 自20世纪80年代《儿童权利公约》的通过，儿童的话语权逐步得到肯定，以儿童视角研究问题日渐成为一种研究取向，这种取向下的研究以理解幼儿的经验、理解幼儿对自己生活的解释为目的。[④] 深度学习是指向问题解决的学习，幼儿通过亲历问题解决的过程，获得一定认知、情感与社会性的发展。本研究基于问题解决的场域，分析幼儿在深度学习活动中的学习体验，并为促进幼儿形成积极的学习体验提出建议。

一、文献综述

　　关于学习体验，哲学、心理学及美学都有过相关的论述，自20世纪，人们开始有意识地反思科学主义与理性主义思维，学习体验之思也逐渐在教育领域凸显。人们意识到理性主义思维给教育带来诸多弊端，并开始思考如何改变这种唯理性

---

① 陆丽华. 幼儿体验的研究 [D]. 南京：南京师范大学，2006.
② 陈亮. 学习体验的发生结构与教学策略 [J]. 高等教育研究，2007(28)：74-109.
③ 王小英，陈欢. 基于儿童视角的幼儿园物质环境质量评价 [J]. 学前教育研究，2016(1)：19-29.
④ 王小英，陈欢. 基于儿童视角的幼儿园物质环境质量评价 [J]. 学前教育研究，2016(1)：19-29.

的状况，而关于学习体验的研究在教育领域也逐步发展起来。[①] 我国教育学领域对学习体验的关注从 2001 年基础教育改革开始，对这一话题的研究主要涉及内涵、类型、特征等方面。

（一）学习体验的内涵

"体验"一词来源于我们的生活，几乎每个人都可以用自己的语言与方式描述、表达自己的"体验"。"学习体验"源于"体验"，研究者主要从活动过程与活动结果理解学习体验。

其一，学习体验是学习主体的活动结果与存在状态。一些研究者仅从学习结果的角度阐释学习体验，认为学习体验是指学习者在学习活动中的认知、情感等各方面获得了什么样的体验，强调的是主体的活动结果与存在状态。例如，贾仲辉认为学习体验是学生在学习活动中获得的一种内在感受，是通过一系列建构知识意义、焕发生命活力，以及提升生命价值的课堂活动而形成的一种综合性的认知结果及存在状态。因此，学习体验是了解并体现学生体验到了什么，是课堂学习活动的结果。[②]

其二，学习体验是学习主体的学习过程。还有研究者认为学习体验仅仅是一个过程，如大卫·库伯作为美国心理学家、教育学家和学习体验的领头人，他从杜威的经验学习、学习体验或"做中学"对这一说法给予了一个操作性定义，认为学习体验是一个过程，将体验转化为知识。[③] 黄瑾认为学习体验是学习者亲身参与实践的活动，通过感官认知、体验等方式提升技能，获得新知识的过程。[④]

其三，学习体验既包括学习过程也包含学习结果。如陆丽华认为学习体验作为一种学习过程，是指幼儿通过自己亲身经历获得直接经验的实践活动；作为指向一定结果的活动，是指幼儿在学习体验的过程中获得健康认识的提高，也可以是健康情感的激发，或是行为（或行为倾向）的形成。[⑤] 朱琳认为，学习体验的内涵

---

① 贾仲辉. 乡镇中高年级小学生的课堂学习体验研究 [D]. 金华：浙江师范大学，2016.
② 贾仲辉. 乡镇中高年级小学生的课堂学习体验研究 [D]. 金华：浙江师范大学，2016.
③ 大卫·库伯. 学习体验——让体验成为学习和发展的源泉 [M]. 王灿明，朱水萍，译. 上海：华东师范大学出版社，2008：33.
④ 黄瑾. 幼儿园教育活动设计与指导 [M]. 上海：华东师范大学出版社，2007：112.
⑤ 陆丽华. 幼儿体验的研究 [D]. 南京：南京师范大学，2006.

包括两个方面：首先，作为一种活动，即学生主体在亲历学习过程中，对某个知识或者某件事获得的相应认识和情感，这里的亲历包括亲身经历和心理上的经历（如移情、回顾与反思）；其次，作为活动的结果，学生主体从亲历中获得的认识和情感，如积极体验、消极体验。[1]陈亮认为学习体验首先为学习历程、过程与动作，其次为内心形成的特点。[2]王睿憨认为学习体验属于体验，包含体验作为活动过程的性质和作为结果的概念，不同的是学习体验特指基于学习活动的体验，在此指幼儿进行学习自身所体验到的关于学习的感受、经历和认识，它是跟学习活动紧密相关的经历，是对学习活动的反思。作为活动，它是学习者进行学习的一系列实践活动和心理活动的总和，是建构知识意义、焕发生命活力、提升生命价值的过程；作为结果，它是主体从学习中和客体变化中得到的情感体验和内心反应，包括主体在学习中"感受到了什么"和"懂得了什么"。[3]

综上所述，本文认为幼儿学习体验既是一种过程，也是一种结果，是主体在一定情境下，通过实践获得知识技能、情感态度或社会性的发展，并对学习产生深刻理解的过程。本文主要探讨了幼儿的内在感受，是在活动中形成的一种综合性认知结果及存在状态。

（二）学习体验的类型

在已有研究中，学习体验的类型种类繁多，但总体上以两个维度划分：活动方式与活动性质。此外，还有研究者提及了真体验与伪体验、感知体验与探究体验、学习氛围体验、认知体验、学科情感体验、主体关联体验、自我认知体验、接受性体验与创造性体验、紧张性体验与庇护性体验、期待性体验与庇护性体验、成功性体验与失败性体验等。

首先，学习体验从活动方式来划分，可以分为直接体验与间接体验、情绪体验与心理体验、教育体验与生活体验、原体验与再体验、主动体验与被动体验。

直接体验与间接体验，即通过直接认识活动或间接认识活动而获得的体验感受。如研究者伍香平认为学习体验并没有成形的分类，但在实际应用中，由于人

---

[1] 朱琳. 小学生课堂学习体验研究 [D]. 长春：东北师范大学，2008.
[2] 陈亮. 学习体验的发生结构与教学策略 [J]. 高等教育研究，2007(28)：74-109.
[3] 王睿憨. 促进幼儿学习体验及其教育建议 [J]. 现代中小学教育，2014(12)：77-80.

们理解角度的多样化，导致体验的类别也呈现出明显的分化。他认为学习体验从活动方式划分可以分为直接体验与间接体验，是指通过直接实践或间接实践活动的开展来获取学习的方式。[1] 主要辨明体验是主体亲自从活动中得到的还是借助一定的媒介而间接取得。与伍香平的观点相似，朱琳也认为学习体验包括直接体验与间接体验。[2]

情绪体验与心理体验。情绪体验是通过情绪感染来获取的体验，心理体验主要侧重心理因素的变化与发展。如研究者伍香平认为情绪体验主要是从外在的神情变化，来判断体验主体的情绪波动与体验的过程。心理体验主要是从主体的思想、态度的转变来判断。这两种体验常常很难区分清楚，因为后者常常涵盖前者，但前者通常也是后者的显示器。[3] 朱琳认为学习体验也可以分为情绪体验与心理体验，这两种体验也是很难区分清楚的，心理体验会直接影响情绪体验。[4]

教育体验与生活体验。在教育情境中获得有益于学习的体验时，可以称作教育体验；当在生活情境中获得的有助于生活的体验时称作生活体验。

原体验与再体验。原体验侧重于对某事的最初的浅显的认识，而再体验指的是对所经历过的事情的再认识。伍香平认为，按动作的时态和体验的深刻程度来分可分为原体验与再体验，原体验可以是突然之间领悟了事物其他方面的真实含义，而再体验是深切地体验到事物的本质特点。

主动体验与被动体验。如果幼儿在体验的过程中有选择权，能自主支配自己的活动，具有积极主动性，有发挥创造性的空间，我们称这样的体验为主动体验；反之，如果幼儿在体验的过程中没有选择权，不能自主支配自己的活动，缺乏积极主动性，无法发挥创造性，我们就称这样的体验为被动体验。伍香平认为体验就是一种主动发出行为的活动，但在我国的教育实践中，由于特殊的师道尊严与教师权威，导致师生之间形成一种自然的主被动关系，从而使学生在学习和生活的方式上没有选择的权利或习惯，于是就有这种被动的体验。主动体验与被动体验都是从体验的意愿上来划分的，有时并不能严格区分。学生的主动体验常常是在教师的激发引导下开始的，学生的被动体验有可能是教师有意安排却又对学生

---

[1] 伍香平. 论体验及其价值生成 [D]. 武汉：华中师范大学，2003.
[2] 朱琳. 小学生课堂学习体验研究 [D]. 长春：东北师范大学，2008.
[3] 伍香平. 论体验及其价值生成 [D]. 武汉：华中师范大学，2003.
[4] 朱琳. 小学生课堂学习体验研究 [D]. 长春：东北师范大学，2008.

一、文献综述

的成长与发展有好处的，例如挫折体验。陆丽华运用类属分析的方法，认为学习体验从主体水平高低的角度分析，可以将体验分为主动体验与被动体验。[①]

其次，学习体验从活动的性质上划分主要有：成就体验与挫折体验、积极体验与消极体验、高峰体验与低谷体验。

成就体验与挫折体验。如果经历活动后得到预期的结果则视为获得了成功的体验，即成就体验；而当活动并没有得出预定的结果，或者是经历过许多波折后虽然得出了结果，但结果并不理想等，都归为挫折体验。伍香平认为成就体验与挫折体验主要是对活动结果进行划分，在生活中常被称作吸取教训。

积极体验与消极体验。如果活动的结果对主体在活动后的学习与生活能起到促进作用，则认为是获得了积极体验；当活动的结果并不能促进甚至阻碍了主体活动后的学习与生活，则被视为消极体验。伍香平认为积极体验与消极体验是从活动结果的作用上来审视的。裴娣娜也认为学习体验可以分为积极体验与消极体验，她认为积极体验可以集中表现为成功的体验。

高峰体验与低谷体验。高峰体验是主体获得一种极度快乐的感受，低谷体验则是主体获得一种极其痛苦与绝望的感受。伍香平认为高峰体验与低谷体验是从体验主体的主观感受来判断的，她认为不管是从活动的方式还是从活动的性质上来划分体验的类型，都不是完全割裂的，不同的类型之间差异也不是绝对的，不仅如此，在实际的应用中它们常常是相辅相成、相互促进的。另外，人们在日常生活、学习和研究中用到的体验名词还有很多，诸如理智体验、道德体验、情感体验、精神体验等等，这些名词在理论上应用较广；同时，在实际的生活中，许多的广告宣传也频繁使用体验及其组合词，诸如旅游体验、极限体验、刺激体验等。[②]

再次，还有研究者提及自体验与他体验、真体验与伪体验、感知体验与探究体验等。

自体验与他体验。自体验是体验主体对自己的活动进行反思、总结而获得的体验，即活动的对象是自身。当体验的对象是除自己之外的他人的物或思想时，获得的就是他体验。伍香平认为，学习体验从活动的主体与对象的关系上进行划

---

① 陆丽华. 幼儿体验的研究[D]. 南京：南京师范大学，2006.
② 伍香平. 论体验及其价值生成[D]. 武汉：华中师范大学，2003.

分可以分为自体验与他体验,他体验还包括通过扮演一定的角色所获得的角色体验。

真体验与伪体验。如果幼儿通过体验实际获得的结果确实是由前期体验过程而来的,而不是其他外界因素强加的,过程确实是结果的"因",我们就说幼儿的体验是真体验;如果幼儿最终获得的体验结果并不是真正来自幼儿体验的过程,而是来自于其他因素(如教师的评价),过程并不是结果的"因",我们就说幼儿的体验是伪体验。[1]陆丽华认为,从幼儿在体验的过程中获得的结果的真伪性这一角度出发,可以把幼儿的体验分为真体验与伪体验。

感知体验与探究体验。感知体验是指幼儿的主要活动方式是运用感知觉获得对事物外部特征的直接经验,探究体验是指幼儿通过尝试、分析、判断与思考等过程获得对某事物或现象的内部特征与关系的深层认识过程。如陆丽华根据幼儿在体验的过程中主要采取的活动方式不同,认为可以把幼儿的体验分为感知体验与探究体验。感知体验是幼儿运用眼、耳、鼻、舌等感觉器官认识、辨别某一事物的外部特征的过程,探究体验中幼儿的主要活动方式是探究。王小英也认为幼儿的学习活动是一种幼儿多感官参与的、与其他情境因素互动的过程,依据对象材料的性质和幼儿感官、需要的性质不同,可将幼儿学习类型进行多角度的划分。根据学习活动中感官的体验,可以分为观察学习、操作学习、倾听学习等。[2]胡新华也认为学习体验包括感官体验、思考体验、知识体验和关联体验。

此外还有诸多研究者对学习体验的类型进行了划分,贾仲辉认为课堂学习体验可以从以下五个维度划分:学习氛围体验、认知体验、学科情感体验、主体关联体验以及自我认识体验。[3]陆小蔓从内容、时间和空间三个维度对学习体验进行分类,认为从内容上学习体验可以分为接受性体验与创造性体验;从空间上,可以分为紧张性体验与庇护性体验,从时间上,可以分为期待性体验和追忆性体验。[4]张志勇认为除了陆小蔓的三种类型以外,从教育教学的结果看对学生发展具有本质影响的,还有成功性体验与失败性体验。

综上所述,已有研究中学习体验的类型种类繁多,本研究结合已有研究将幼

---

[1] 陆丽华.幼儿体验的研究[D].南京:南京师范大学,2006.
[2] 王小英.学习活动与幼儿成长[M].长春:东北师范大学出版社,2012:9.
[3] 贾仲辉.乡镇中高年级小学生的课堂学习体验研究[D].金华:浙江师范大学,2016.
[4] 陆小蔓.情感教育论纲[M].南京:南京出版社,1993:53.

儿在深度学习中的学习体验分为：情感体验、社会性体验及认知体验。

（三）学习体验的特征

关于体验的特征（或特点）的研究较为丰富，与学习体验内涵相比，学者们对学习体验特征的讨论结果相对集中，较为统一地认为学习体验具有主观性、亲历性与情感性。还有的学者认为体验具有整体性、个体性、生成性、意义性等。对学习体验特征的探讨，有利于对学习体验进行全面了解。

1. 学习体验的主观性

一些研究者认为学习体验具有极强的主观性，是个性化的感受。如朱琳认为学生的认知、情感触动是带有强烈的主观色彩的，学生的意志和观念也必然给认识的过程打上主观的烙印。[1] 王睿憨也认为学习体验具有极强的主观性，个体由于其已有经验不同，兴趣爱好相异，看待事物的视角不同，得出的理解和感受也各不相同。[2] 伍香平认为幼儿的学习体验有主观性，即在体验活动中，人作为体验的主体，其所体验、认识的客观事物则自然成为认识和实践的客体；而人按照自己已有的经验、知识和需要，通过带有感情色彩的感知、思维和实践完成认识、利用和改造世界。在这个过程中人的思想情感触动必然带有强烈的主观色彩，体验的过程主要是以个人的形式展开，体验是个体的内在感受与外在活动的融合，体验的生成过程离不开主体的主观能动性的投入。在一定程度上可以说，体验的主观性是其能动性存在与发挥的驱动力。[3]

2. 学习体验的亲历性

学习体验是主体亲历的实践活动，它的生成和开展离不开主体的亲身参与。例如，朱琳认为学习体验只有主体亲临其境、亲身感受才能获取。[4] 李英认为学习体验有亲历性特点，亲历不同于亲身经历，它包括：第一，实践层面的亲历。即

---

[1] 朱琳. 小学生课堂学习体验研究 [D]. 长春：东北师范大学，2008.
[2] 王睿憨. 促进幼儿学习体验及其教育建议 [J]. 现代中小学教育，2014(12)：77-80.
[3] 伍香平. 论体验及其价值生成 [D]. 武汉：华中师范大学，2003.
[4] 朱琳. 小学生课堂学习体验研究 [D]. 长春：东北师范大学，2008.

主体通过实际行动亲身经历某件事，包括主体扮演和不扮演客体的角色两种情况。第二，心理层面的亲历。即主体在心理上虚拟地"亲身经历"某件事。[①]黄瑾也认为情境性和亲历性是学习体验最主要的两个特点。王翠玲认为就学习的过程而言，有亲历性、实践性（活动性、行动性）、情境性、反思性等特点。[②]沈玲娣、陶礼光认为学习体验具有亲历性、生成性、自主性、开放性、综合性这五个主要特征。

3. 学习体验的情感性

一些研究者认为学习体验具有情感性，朱琳认为学生主体在积极的课堂学习体验中才会形成对事物积极的态度。[③]贾仲辉也认为学习体验具有情感性的特征，他认为学习体验是一个不断积累生成的过程，是幼儿在学习活动中获得的关于认知、情感、人际交往以及自我认识等方面的综合感受。[④]

4. 学习体验的整体性

一些研究者认为学习体验是一个全面综合的整体性感受，朱琳认为学习体验具有整体性，学习主体要综合运用对象所有的背景资料，对事物做出体验认识。[⑤]贾仲辉认为教师应使不同的个体在保持个体独特性的基础上获得全面发展。[⑥]王小英认为幼儿学习的特点有受兴趣和需求直接驱动、幼儿以直接经验为基础、以游戏为基本形式；幼儿的学习具有整体性和个体性差异等特点。[⑦]

5. 学习体验的个体性

尽管学习体验是一个全面、综合的整体性感受，但是我们也应该看到幼儿的

---

① 李英.体验：一种教育学的话语——初探教育学的体验范畴[J].教育理论与实践，2001(12)：1-5.
② 王翠玲.幼儿园社会教育中幼儿体验式学习研究[D].福州：福建师范大学，2011.
③ 朱琳.小学生课堂学习体验研究[D].长春：东北师范大学，2008.
④ 贾仲辉.乡镇中高年级小学生的课堂学习体验研究[D].金华：浙江师范大学，2016.
⑤ 朱琳.小学生课堂学习体验研究[D].长春：东北师范大学，2008.
⑥ 贾仲辉.乡镇中高年级小学生的课堂学习体验研究[D].金华：浙江师范大学，2016.
⑦ 王小英.学习活动与幼儿成长[M].长春：东北师范大学出版社，2012：17.

个性差异，贾仲辉认为幼儿在获得全面发展的同时，会因自身内在的差异性而获得个体性的学习体验。[①] 李英认为学习体验还具有个体性的特征，由于个体对同一事物的认识具有差异性，因此对同一事物也会以不同的方式去体验，进而得到不同的认识与情绪情感。[②]

6. 学习体验的生成性

一些研究者认为学习体验是生成性的而非预成性的，学习体验在实践活动当中不断的生成、展开和加深。朱琳认为学习体验的生成遵循着"感受产生情感—情感促进理解与联想—理解与联想中产生领悟并生成意义—领悟和意义深化情感反应"这样一个过程，学习体验是从对事物的感受开始而逐渐形成的。[③] 贾仲辉也认为学习体验具有生成性的特点，学习体验会随着时间的推移不断地生成，不断地丰富，不断地发展，形成一个不断自我完善的过程，而课堂要给予学生自我成长所需要的时间与信任，从而合乎生命的发展规律。[④] 王睿憨也认为学习体验是一种具有生成性的过程性活动，它的产生必然要经历一段时间才可获得，它是在学习对象和学习主体逐渐展开自我的境遇下实现的。[⑤]

7. 学习体验的意义性

意义性在于幼儿在学习体验中，领会到或者理解到这种体验对自己这一生命个体有独特意义。朱琳认为学习体验是对生命意义理解和情感升华的过程，在学习活动中获得的不仅仅是知识与技能，而且是在这一活动过程中对客观世界的认识、对自我的认识、对他人的认识，对于包含情感、态度、价值观在内的人格品质具有重要的意义。[⑥] 王睿憨也认为学习体验的意义指主体对某物生成有自身个性化的联想、理解或领悟，是所学在自我心中的独特意义。[⑦]

此外还有研究者认为学习体验还具有时间性、生长性、缄默性、情境性、反

---

① 贾仲辉.乡镇中高年级小学生的课堂学习体验研究[D].金华：浙江师范大学，2016.
② 李英.体验：一种教育学的话语——初探教育学的体验范畴[J].教育理论与实践，2001(12):1-5.
③ 朱琳.小学生课堂学习体验研究[D].长春：东北师范大学，2008.
④ 贾仲辉.乡镇中高年级小学生的课堂学习体验研究[D].金华：浙江师范大学，2016.
⑤ 王睿憨.促进幼儿学习体验及其教育建议[J].现代中小学教育，2014(12)：77-80.
⑥ 朱琳.小学生课堂学习体验研究[D].长春：东北师范大学，2008.
⑦ 王睿憨.促进幼儿学习体验及其教育建议[J].现代中小学教育，2014(12)：77-80.

思性、实践性、共享性、不确定性、兴趣驱动性、直接经验性等特点。如贾仲辉认为学生的学习体验是一个随着时间不断地发展变化的过程，当前的学习体验为以后的学习发展提供基础与能量，而新获得的学习体验又对目前的学习体验进行补充与完善，继而对以后的学习提供新的基础，形成一个螺旋上升的过程。[1] 与时间性类似，王睿慜认为学习体验具有生长性，学习体验的生长性意味着这些发生在学习者内心态度、倾向的变化或外显技能上的改变，对于学习者接下来的学习具有重要意义。[2] 李英认为体验还具有缄默性的特征，因活动主体在亲历中获得了丰富的内心体验，有些体验是可以言传的，而有些体验是只能意会不能言传的，这就是所谓的"缄默性知识"。[3] 王翠玲认为幼儿学习体验就学习主体而言还有实践性（活动性、行动性）、情境性、反思性等特征。[4] 伍香平认为学习体验还有共享性与不确定性的特征。[5] 她的另一篇文章从幼儿身体体验的角度出发，认为幼儿的体验表现出：自生—原发性、直接—亲历性、自我中心—认知迁移性等特征，这些特征与幼儿自我发展的认知价值息息相关。[6]

综上所述，学习体验日益受到研究者的重视，研究学习体验的视角也愈来愈多样化。教育学也强调通过体验增强学生的教育主体地位，发挥学生的能动性，使学生成为生命的自我建构者。但幼儿的学习体验研究依然存在领域单一、视角单一、难以深入等问题。首先，有关学习体验的研究多出现在小学教学和课堂教学上，而幼儿教育领域中与学习体验相关的研究甚少，仅有少数关于幼儿成长价值的理论探讨，少有对实践过程的论述；其次，在幼儿学习体验研究中，研究者多关注教师教学策略而非学生学习体验，视角始终侧重于幼儿体验式学习，研究内容局限于教师教学，较少涉及幼儿自主活动中的学习体验。整体而言，已有研究较少将幼儿作为学习的主体来关注幼儿内心的感受与学习体验的意义；最后，已有研究缺乏对幼儿学习体验系统与深入的分析。由于缺乏对幼儿学习体验发生发展的深入研究，导致学习活动很难引发幼儿学习体验，致使幼儿无法通过学习活动焕发生命体验的生机。本研究基于问题解决的场域，探究幼儿在深度学习中的学

---

[1] 贾仲辉. 乡镇中高年级小学生的课堂学习体验研究[D]. 金华：浙江师范大学，2016.
[2] 王睿慜. 促进幼儿学习体验及其教育建议[J]. 现代中小学教育，2014(12)：77-80.
[3] 李英. 体验：一种教育学的话语——初探教育学的体验范畴[J]. 教育理论与实践，2001(12):1-5.
[4] 王翠玲. 幼儿园社会教育中幼儿体验式学习研究[D]. 福州：福建师范大学，2011.
[5] 伍香平. 论体验及其价值生成[D]. 武汉：华中师范大学，2003.
[6] 伍香平. 论幼儿身体体验的特征和认知价值[J]. 华中师范大学学报（人文社会科学版），2016(4)：162-168.

习体验，有利于丰富幼儿学习体验的研究、丰富儿童视角的研究，对促进幼儿形成积极的学习体验具有重要意义。

二、研究方法

本研究随机选取来自3所不同类型幼儿园的18名大班幼儿作为研究对象，通过半结构式访谈深入探查大班幼儿在深度学习活动中的学习体验。

（一）研究对象的选取

本研究选择了吉林省长春市3所不同类型的幼儿园，其中2所公办幼儿园，1所民办幼儿园。2所公办幼儿园分别是：吉林省中共长春市委机关幼儿园、吉林省省直机关第三幼儿园。1所民办幼儿园是：吉林省金太阳教育集团。研究者从每所幼儿园抽取1个正在开展深度学习活动的大班进行研究，在考虑到幼儿语言表达能力的基础上，选取愿意接受访谈的幼儿。为了保证取样的代表性，从每个大班各选取3个男孩和3个女孩，3所幼儿园共计访谈18名幼儿。

（二）研究方法的选择

本研究综合运用文献法、观察法、访谈法与马赛克研究法等方法，对研究材料进行整理与分析。首先，运用文献法对相关文献进行搜索与整理，初步了解幼儿学习体验的现状。其次，通过观察了解幼儿在深度学习活动中学习体验的状况。最后，借助马赛克研究法对幼儿进行访谈，进一步收集幼儿学习体验的资料。

1. 文献法

研究以"幼儿视角、体验、学习体验、幼儿学习体验"等为关键词，搜集了大量关于幼儿研究和学习体验研究方面的资料，为研究奠定了重要的理论基础。首先，在幼儿研究方面，本研究搜集了国内外最新的基于幼儿视角的研究，借鉴新的研究方法和研究视角。其次，在学习体验方面，本研究搜集了大量的学习体验现状研究，对国内学习体验的研究有大致的了解。另外，本研究还搜集哲学、心理学、社会学理论方面的研究资料，为客观深入地分析大班幼儿在深度学习活动中学习体验的研究奠定了良好的理论基础。

2. 观察法

观察法是本研究的重要研究方法。本研究采用参与型观察法，保证观察情境的自然性。此外研究者通过自然观察能够深入到活动现象背后，得到具体的感性认识，有助于深入了解幼儿行为意义的解释。为了深入剖析大班幼儿在深度学习活动中的学习体验，本研究采用参与型观察法，观察主要分为两类：整体观察和个案观察。整体观察主要观察幼儿在深度学习活动中的基本情况；个案观察为获得个案描述资料所采用的方法，主要聚焦于具有良好学习品质的幼儿。

3. 访谈法

"访谈"是一种研究性交谈，是研究者通过口头谈话的方式从被研究者那里收集（或者是"建构"）第一手资料的一种研究方法。[1] 本研究主要采用半结构访谈方法。首先，向幼儿呈现活动视频，帮助幼儿回忆深度学习活动过程；其次，研究者引导幼儿绘制活动过程图；再次，研究者根据访谈提纲对幼儿绘画的内容进行询问与录音；最后，将录音整理成文字稿。

4. 马赛克研究法

马赛克研究法（mosaic approach）是幼儿视角研究的重要方法，它是一种综合运用访谈法与观察法的方法。马赛克研究法包括以下几种参与式研究工具：自主摄影、幼儿之旅、制作地图、图片选择与魔法毯等，它是一种将参与式研究与传统研究整合的方法，强调幼儿的学习体验和意义感受。本研究选用马赛克研究法，使幼儿通过"一百种语言"，积极参与到学习活动之中，表达自己对深度学习活动的真实看法。

---

[1] 陈向明.质的研究方法与社会科学研究[M].北京：教育科学出版社，2000:165.

（三）研究资料的整理与分析

本研究所获数据分为两种：一是观察记录；二是访谈记录。对访谈记录的分析过程主要包括以下步骤：首先，对原始资料进行转录、编码与补充；其次，反复阅读、推敲、辨析，在准确把握幼儿语言含义的基础上，提炼幼儿每一次解释的关键词；最后，对这些关键词进行分类、归纳、抽象，并借用Nvivo12质性研究工具对数据进行整理。

1. 序号编码

将A、B、C分别标记为三所幼儿园，幼儿的编码方式为"园所—性别代码（男孩标B，女孩标G）+姓名代码（每个幼儿分别被赋予代码1、2、3）"，见表7-1：

表7-1　幼儿序号编码表

姓名	园所	班级	性别	序号	编码
沙沙	A	大三班	B	1	A—B1
瑞瑞	A	大三班	G	1	A—G1
多多	B	大二班	B	2	B—B2
文文	B	大二班	G	3	B—G3
默默	C	大四班	B	3	C—B3
怡怡	C	大四班	G	2	C—G2

2. 研究工具Nvivo介绍

Nvivo软件是由澳大利亚QSR（Qualitative Solution&Research）公司研发，功能强大且灵活便捷的质性研究资料分析软件。Nvivo作为NUD＊IST的前身，其全名为Non-numerical Unstructured Date Indexing Searching and Theorizing，意思是"非数量化的无结构资料的索引、搜寻与理论化。"这是一个帮助研究者完成编码与搜寻、产生规则并建立理论、建立索引及逻辑关系、建立概念网络等工作的软件。

施特劳斯（Strauss）与科宾（Corbin）提出了扎根理论，他们认为质性研究方法，可以利用三阶段的编码形式来分析、解析原始资料，并产生新的形式。此三阶段编码包含：开放性编码、主轴编码与选择编码。若将Nvivo的软件与扎根理论相结合，能够发现开放编码阶段是将原始资料编码成自由节点，其目的在于形成初步的范畴；主轴编码是将自由节点归类到树状节点中，其目的在于划分出适当的范畴，并使范畴与范畴之间相互连接。选择编码阶段是对质询与编码的不断反复搜寻与比较，以建立更完整概念框架与更成熟的概念。

Nvivo 软件依据扎根理论，通过电脑对资料进行整理与分析。该软件能直接导入原始数据资料，便于研究者的整理与编码。在日后的资料分析过程中，也能够直接参考各个编码、节点与参考点，使资料的分析过程变得清晰与便捷，有利于研究者直观地分析资料并建立初步的框架。

3. 研究资料的整理

本研究共收集到 3 所幼儿园的幼儿访谈录音数据 18 份，教师访谈录音 3 份，观察记录 10 份，将上述资料依次导入 Nvivo12 Pro 中，并导入逐字稿，如图 7-1 所示。

图 7-1　文字稿导入示例

（1）建立自由节点

自由节点的建立阶段，相当于扎根理论中的开放编码阶段。自由节点建立的程序为：逐句从文本中提炼出有意义的单元（软件中显示为参考点），并对文本中每一个有意义的单元进行命名，并给出相应的概念，构成自由节点。本研究中将每份录音稿转化为直观的文字稿，在通读与熟悉理解的基础上，对幼儿的语言进行了梳理与概括，从能反映幼儿观点的字、词、句进行归纳，提炼出自由节点并加以命名，如图 7-2 所示。

图 7-2　自由节点示例

（2）建立树状节点

树状节点的建立阶段相当于扎根理论中的主轴编码阶段，其目的在于发现、建立概念类属之间的各种联系，从而表现资料中各个部分之间的有机联系。研究者在已有的自由节点的基础上，再次归纳与概括，使自由节点富有层级结构，进一步发展了类属概念，从而建立起树状节点。共建立 9 个树状节点，如图 7-3 所示。

图 7-3　树状节点示例

(3)建立核心节点

与扎根理论中的核心编码阶段类似,核心节点的建立阶段,是在已有树状节点的基础上建立的。核心节点的建立,首先需要对树状节点进行深入的阅读与理解,并对树状节点进行进一步的比较与归纳,从而概括出"核心类属概念",再将已经建立的树状节点集中到核心节点上。共建立三个核心节点,如图7-4所示。

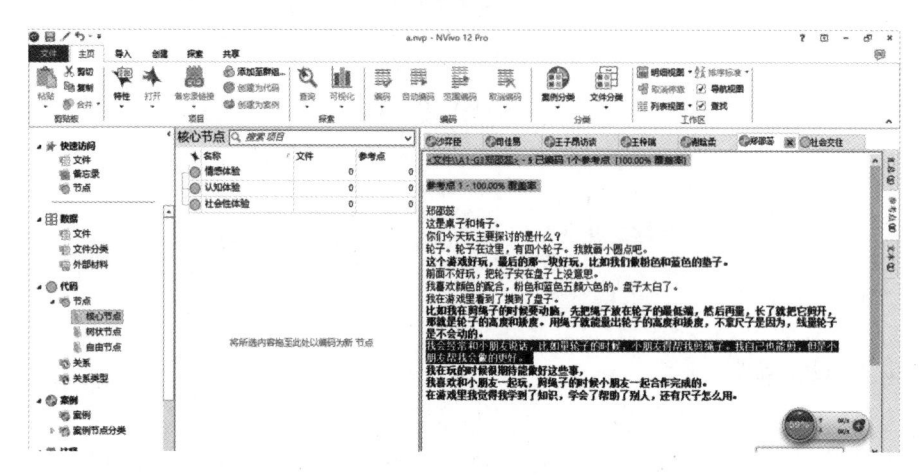

图7-4 核心节点示例

三、深度学习活动中幼儿学习体验的类型与特征

深度学习体验的研究,顺应当前国内外的基础教育课程改革的趋势,对促进幼儿形成积极的学习体验具有十分重要的意义。问题是幼儿学习体验的导向,探究是幼儿学习体验的核心。[①] 在深度学习活动中,幼儿通过亲历问题解决的探究活动,获得一定认知、情感与社会性的发展。

(一)深度学习活动中幼儿学习体验的类型

日本学者佐藤学提出:"学习就是同客观世界的对话、同他者的对话、同自己的对话,学习是一种认知性、人际性、实存性的实践。"[②] 因而,幼儿的学习体验是幼儿通过与客观世界、同伴及自己的对话而形成的认知性、社会性及伦理性的认

---

① 陆丽华. 幼儿体验的研究 [D]. 南京:南京师范大学, 2006.
② 佐藤学. 教师的挑战:宁静的课堂革命 [M]. 钟启泉, 译. 上海:华东师范大学出版社, 2012:147.

知与情感状态。[①]

1. 情感体验

情感在幼儿心理活动中起着非常重要的作用，这也是幼儿不同于成人的突出特点。幼儿的行为充满了情绪色彩，甚至有人认为幼儿是"情绪的俘虏"。[②] 在深度学习课题活动中，情绪对幼儿的心理活动和行为的动机作用非常明显，直接指导幼儿的行为，愉快的情绪往往使幼儿愿意学习。

（1）愉悦感

在访谈过程中，幼儿反复提及"高兴""开心""兴奋""快乐"等词语，我们将其归结为愉悦感。具体案例如下：

案例7-1 愉悦感

序　号	树状节点	自由节点	幼儿表述
A—B2	愉悦感	高兴	他们都选我的时候我特别高兴，我玩这个游戏能把东西做成了也特别高兴。如果大家不选我当大王我也高兴。
A—G2	愉悦感	开心	他们选用我的方案，最后解决了轮子和把手的问题，大家都特别期待，我在做轮子时就特别开心。
B—G3	愉悦感	好玩	这个游戏好玩，最后的那一块好玩，比如我们做粉色和蓝色的垫子。
C—G1	愉悦感	好玩	这个游戏特别好玩啊，可以做来做去的，还特别期待。要是遇到了困难就一点点儿往上做呗。
A—G2	愉悦感	好玩	嗯！好玩，材料和工具好玩。

愉悦感指欢乐与喜悦的情感，能够使主体得到身体与心理的放松。幼儿在愉悦的学习氛围中相互讨论与交流，有利于积极体验的形成。在深度学习活动中，幼儿能够按照自己的意愿自由自在地活动，从而构建了一种轻松愉悦的活动氛围。在自主的活动氛围中，幼儿能够通过自我的努力而感到愉快和满足。如C—G1幼儿把学习活动视为游戏，感到"特别好玩"，A—G2幼儿在方案被采用后表现出兴奋与期待。在轻松的活动氛围中，幼儿积极主动地参与活动，没有教师强加的活动目标，也因此减少了幼儿为达到目标、完成任务而产生的紧张感。在吉林省金太

[①] 贾仲辉. 乡镇中高年级小学生的课堂学习体验研究 [D]. 金华：浙江师范大学，2016.
[②] 陈帼眉. 幼儿心理学 [M]. 北京：北京师范大学出版社，2013：312.

阳幼儿园开展的"大泡泡机"深度学习课题活动中，幼儿也表现出了强烈的愉悦感，具体案例如下：

案例 7-2

　　这天，幼儿沉浸在大泡泡机学习活动的快乐里，展开了热烈的讨论。小苹果问道："为什么泡泡没有翅膀也可以飞呢？"七宝回答道："嗯，因为有风，泡泡很轻，风一吹就飞走了。"乔乔说道："泡泡有的很大，有的很小！"七宝也指着刚吹出来的泡泡说："瞧！我吹的这个泡泡比你的大！"大家都不甘示弱，一场比较泡泡大小的"战役"开始了。每个人都嚷着自己的泡泡是最大的，一直在旁边作为观众的森森说话了："别吵了，谁的工具大，谁吹出的泡泡就大！"七宝灵机一动，跑到一旁取来呼啦圈，幼儿惊呼："这个呼啦圈最大了！"七宝尝试着将呼啦圈放到盆里，轻轻一提，一个巨大的泡泡桶出现了。小苹果提议："我觉得这个泡泡可以把我装进去！"教师觉得这是个好主意，用问题的方式回应幼儿："那要怎么把小苹果装在里面呢！"七宝试着将呼啦圈抬起来套在小苹果的身上，几次下来都以失败告终。小苹果说："我有个好主意，我可以站在盆里！"阳阳说："鞋子会湿的。"七宝说："我们可以穿鞋套。"就这样，教师提供鞋套，小苹果穿着鞋套站在盆中间，开始了泡泡装人游戏。教师将呼啦圈放在泡泡水里轻轻提起，终于成功了！小朋友们高兴地欢呼起来，有的拍着手，有的跺着脚，一遍又一遍地玩起了装人游戏。几次下来七宝说："有什么办法不用手就能把呼啦圈抬起来呢？"乔乔说："我在欧亚卖场的泡泡城堡里玩过，那里有一个可以把人套进去的机器，用绳子一拽就起来了！"

【吉林省金太阳教育集团 大一班 刘阳阳 刘杰 "大泡泡机"课题活动】

　　案例中的"比较泡泡战役"引起了幼儿的兴趣，促使幼儿进行热烈的讨论，体现出幼儿学习的愉悦感。在游戏中，幼儿对"怎样把小苹果装在泡泡里"的问题进行认真的思考，提出了"将呼啦圈抬起来套在小苹果身上"的猜想并进行了反复的尝试。幼儿通过试误想出了"站在盆里"的方法，在成功的那一刻幼儿的表情与动作都体现出了愉悦的情感，如"有的拍着手，有的跺着脚"为"装人游戏"的成功而欢呼雀跃。深度学习活动满足了幼儿的需要和愿望，使幼儿产生了快乐、自信、满足等积极情感。活动中没有外界的压力，允许幼儿以自己的方式、毫不畏惧地探索，充分享受成功带来的兴奋，使幼儿产生浓厚的兴趣。在材料的探索过程中，幼儿能够体验到由环境新异性所带来的趣味性和兴奋感，并在熟悉的过程中掌握周围的事物，从而产生愉悦感。[1]

---

[1] 曹中平. 幼儿园游戏指导[M]. 北京：北京理工大学出版社，2018：47.

（2）自我效能感

幼儿在深度学习活动中还提及了"自豪""厉害""骄傲"等积极的感受，我们将其归结为自我效能感的体验，具体案例如下：

案例7-3　自我效能感

序号	树状节点	自由节点	幼儿表述
A—B3	自我效能感	自豪	刚才在讨论用轮子的时候，是我决定用什么样的轮子。
A—B1	自我效能感	厉害	我可以搭建火车轨道，我特别的厉害。
A—B2	自我效能感	成就	我喜欢下棋，下棋不用动脑，我一看就知道怎么下，特别有成就感。

自我效能感是与自我概念相联系的情绪情感，它是主体对自我力量与能力的认识与体验，是一种正向的、积极的情感。幼儿在深度学习活动中表现出诸如"自豪""厉害"等自我效能感体验，如A—B3幼儿对轮子的决策权感到自豪，A—B1幼儿认为自己搭建火车轨道很厉害，在深度学习活动中表现出积极的情感体验。在吉林省省直机关第三机关幼儿园的"新型浇花器"课题研究中，琳琳也表现出较强的自我效能感，具体案例如下：

案例7-4

幼儿在成功制作出嘴吹浇花器之后，兴致勃勃地想拿来给班级植物角中的花浇水，但是在操作的过程中遇到难以控制出水量与水的运行方向等问题。因此展开了热烈的讨论。教师问道："大家有什么办法，可以不让水流到外面去？"宁宁猜测道："水会流到外面，可能是因为向瓶子里吹的力气太大了。"征征则认为："是因为没对准花盆，水才会流到外面的。"佳佳建议道："我们可以找个东西把花盆垫高。"宁宁补充道："或者我们用手扶着点儿吸管，对准了吹。"琳琳想了想说道："我们可以把吸管加长，把吸管放到花盆里，水就不会流到外面了。"幼儿经过讨论后，将能够改进"水经常流到外面"这一问题的原因进行总结，参照改进版的嘴吹浇花器的流程图对原有的嘴吹浇花器进行改进并进行实验验证。最终幼儿发现用手扶住吸管的姿势太累，把花盆垫高的方式也不安全，而琳琳将吸管加长的方式最可取。"琳琳你想的办法太好了！"佳佳情不自禁地抱住琳琳，教师也对琳琳的想法给予了肯定，在大家的掌声下琳琳害羞地低下了头。后来，每当有人问及琳琳在深度学习中的体验时，她总是将头仰得高高的，讲述自己是如何想到这一办法，并强调自己解决了"控制吸管吹出的水不流至外面"这一问题。

【吉林省省直机关第三幼儿园　中五班　刘书博　"新型浇花器"课题活动】

琳琳在案例中表现出较强的自我效能感，集中表现为想到了"把吸管加长，把吸管放到花盆里"的方法，并成功解决了"无法控制吸管吹出的水流到外面"这一问题。当琳琳将头高高地扬起，并滔滔不绝地讲起在新型浇花器活动中的学习体验时，她的眼里充满了自信与兴奋，同伴的拥抱与掌声、教师的肯定，都使幼儿表现出自豪之感。深度学习活动为幼儿探索自己的能力提供了机会，[①]幼儿享有充分的自由选择权，可以根据自己的想法与愿望实施行动。幼儿在自控的活动氛围中，把社会中复杂的事物转化到他们理解与控制的范围内，减少了自身与社会之间的不一致与不协调之处。在探索材料的过程中，琳琳能够体验到由环境的新异性所带来的兴奋感与趣味性，在活动中学习周围的事物，产生满足、自信等自我效能感。

（3）理智感

理智感是指在认知活动中求知欲、好奇心以及探究奥秘的愿望是否得到满足而产生的心理体验。理智感主要由求知的动机引起，其中隐藏着探索、猜测和推理等认知需要。深度学习课题活动是幼儿理智感的源泉，幼儿的求知欲在深度学习活动中得到充分的表现，从观察、操作、独立发现问题到自发寻求答案，在问题解决后会感到极大的满足与愉快，具体案例如下：

案例 7-5　理智感

序　号	树状节点	自由节点	幼儿表述
C—G1	理智感	解开奥秘	注射器引管也很好用，实验后我才知道，原来注射器管子的白色扣是调节水流大小的。
C—B3	理智感	多种玩法	我们的瓶子有一个拉环，可以在墙上粘一个挂钩，把瓶子挂上去。
A—B1	理智感	掌握技能	我学会使用锤子钉钉子、用螺丝刀拧螺丝。

在案例中每当一种材料被发现多种玩法、一种事物的奥秘被解开、一项新的技能被掌握，幼儿都会欢呼雀跃，这种求知欲的满足感是幼儿理智感的表现。显然在深度学习活动中，幼儿不仅能获得理智感的满足，而且还能使理智感朝着正确的方向发展。在"晾画架"课题活动中，幼儿发现问题并认真思考，也表现出强烈的理智感，具体案例如下：

---

① 范明丽，朱学英.幼儿游戏与指导[M].北京：北京师范大学出版社，2017：5.

案例 7-6

教师带领幼儿讨论，在众多问题中应该先解决哪个问题。

教师：现在画架最大的问题是什么？

乐乐：摩擦力太大，因为挪动特别费力，好的架子应该挪起来滑溜溜的。

沙沙：发现这个棍子太近了，画离得太近了。

浩浩：夹子太小。

成成：如果特别使劲拽的话，就容易出火星。

昂昂：用力拽的话容易把瓶子磨漏了，水和沙子就都漏出来了。

沙沙：不能不能。因为它已经变成固块了。

浩浩：水太多了，没有变成块。

乐乐：一边水多，一边水少。水多的是一斤，水少的是半斤。

乐乐：半斤和一斤哪个沉？

浩浩：一斤。

教师：一边轻，一边重有什么影响？

沙沙：那就倾斜了。

教师：是因为瓶子一边轻，一边重才倾斜的吗？

浩浩：不是，是固定不住的问题。

浩浩：出现了这么多的问题，咱们也不可能一下子解决，得一个个解决。

乐乐：先解决底部摩擦力的事。（大家都马上同意。）

浩浩：因为只有下面稳当，上面才不会倒。

乐乐：下大上小，安上轮子就可以了。

【吉林省中共长春市委机关幼儿园 大三班 连卉婷 柴文明 "晾画架"课题活动】

幼儿在案例中对摩擦力这一现象充满了求知欲，对挪架子不便利这一问题产生了极大的好奇心与探究奥秘的愿望，此处的理智感主要源于幼儿对问题探究的欲望。幼儿对安轮子的问题进行探索、猜测与推理，符合幼儿的认知过程。《3~6岁儿童学习与发展指南》指出：幼儿科学学习的核心是激发探究兴趣，体验探究过程，发展初步的探究能力。成人要善于发展和保护幼儿的好奇心，充分利用自然和实际生活机会，引导幼儿通过观察、比较、操作、实验等方法，学习发现问题、分析问题与解决问题。[①]

---

① 教育部.3~6岁儿童学习与发展指南[Z].2012：32.

2. 社会性体验

幼儿的社会性学习具有"潜移默化"的特点，尤其是社会态度和社会情感的学习，往往不是教师直接"教"的结果，而主要是通过经验的积累而获得。深度学习课题活动满足了幼儿的好奇心，扩展了幼儿社会认知空间，激发了幼儿自然的社会情感，幼儿在实践中提升了社会技能。[①]

（1）社会交往技能

深度学习活动以小组为载体进行活动，因此协商与合作必不可少。幼儿在深度学习活动中要学会让自己的意见与他人的意见统一协调起来，学习相互理解与帮助，学会协商与合作，学会积极地反馈与支持，学会对同伴让步以及被同伴接纳等。[②]深度学习活动加强了幼儿之间的交往与合作，促进幼儿的社会性学习体验。具体案例如下：

案例7-7　社会交往技能

序　号	树状节点	自由节点	幼儿表述
A—B2	社会交往技能	协商	需要说话。说了那个，这个呀，这个应该怎么放上去，那个应该怎么办？
A—B2	社会交往技能	让步	只要他能来玩，怎么都行。其实我也特别想当大王，但是不想让他再哭了。
A—B2	社会交往技能	合作	齐心协力，不然这个是很难做成的，一个人是做不成的。
A—B1	社会交往技能	合作	大家做出来的会比一个人做出来的东西好。
A—G1	社会交往技能	合作	我喜欢和小朋友一起玩啊，可以解决问题。做衣架的时候，制作混凝土时我们必须拿沙子，我就拿着小碗在那里挖沙子，剩下的小朋友接过我拿的沙子，放到桶里，之后再加水，再加沙子，互相帮助完成。
A1—G2	社会交往技能	合作	我喜欢和小朋友一起玩，比如，小朋友可以告诉我这个怎么安，别人不会的时候，我也可以告诉他们。
A1—G3	社会交往技能	合作	我会经常和小朋友说话，比如量轮子的时候，小朋友得帮我剪绳子。我自己也能剪，但是小朋友帮我会做得更好。

[①]　王翠玲.幼儿园社会教育中幼儿体验式学习研究[D].福州：福建师范大学，2011.
[②]　曹中平.幼儿园游戏指导[M].北京：北京理工大学出版社，2018：53.

社会交往技能是指主体能察觉他人情绪意向，有效地理解他人和善于同他人交际的能力，幼儿在深度学习活动中进一步丰富了社会性交往技能。[1]如A—B2幼儿表现出较强的社会交往技能和较高的协调能力，发生争执时他能够主动让步，愿意与人合作、与同伴共同解决问题，深受小朋友的喜爱。已有研究表明，受欢迎的幼儿经常是学习活动的发起者，他们知道如何与人进行合作与分享材料，能够给同伴提出具有建设性的好主意和中肯的、适宜的意见，积极想办法加入同伴的活动，并积极协调自己与其他同伴的关系和行为。[2]在吉林省金太阳教育集团的"大泡泡机"深度学习活动中，幼儿也表现出较强的社会交往技能，具体案例如下：

案例7-8

很快，幼儿搭建出一个比小朋友高的方形架子，而且还要继续往上搭。这时，幼儿的身高无法够到，幼儿尝试用踮起脚尖、抱起同伴的办法都不能很好地解决。教师说："如果在家够不到东西，你会怎么办？"可心说："踩在椅子上够。"冰冰说："可是，这里没有椅子啊？"航航说："可以踩在万能点上。"说着，航航搬来万能点，一个不够高，懂懂马上又搬来一个摞上去，小苹果站上去刚好够到，幼儿们欢呼雀跃。教师说："孩子们，这就是合作，遇到问题一起想办法，合作才能完成。"幼儿说："对，合作才能完成。"

【吉林省金太阳教育集团 大一班 刘阳阳 刘杰 "大泡泡机"课题活动】

案例中航航与懂懂分别搬来一个万能点，小苹果才够到架子的顶端，从而解决了"无法够到架子"的问题，幼儿运用合作的方法解决困难，体现出较强的社会交往技能。《3～6岁儿童学习与发展指南》指出：支持幼儿与同伴探究、分享、交流，引导幼儿在交流中尝试整理、概括自己的探究成果，体验合作探究和发现的乐趣。[3]幼儿在深度学习活动中，不断体验和丰富社会性交往技能。

（2）社会行为规范

社会行为规范是指社会群体或个人在参与社会活动中所遵循的规则、准则的总称，是社会认可和人们普遍接受的具有一般约束力的行为标准。规则是衡量公

---

[1] 范明丽，朱学英. 幼儿游戏与指导[M]. 北京：北京师范大学出版社，2017：45.
[2] 安·S. 爱波斯坦. 学前教育中的主动学习精要——认识高宽课程模式[M]. 霍力岩，译. 北京：教育科学出版社，2012：53.
[3] 教育部. 3～6岁儿童学习与发展指南[Z].2012：35.

平的一个尺度，维果斯基认为想象性的情境和游戏的规则是任何一种游戏活动的属性。在深度学习活动中，幼儿逐步体验到"规则"等社会行为规范。具体案例如下：

案例 7-9　社会行为规范

序　号	树状节点	自由节点	幼儿表述
C—B2	社会行为规范	规则	禾禾，你的剪刀用半天了，能给我用用吗？
A—B2	社会行为规范	规则	不是说好也让我起一个钉子吗？你都起了好几个了。
B—B2	社会行为规范	规则	我们举手表决吧！

规则是衡量公平的一个尺度，一旦有幼儿违反了规则，便会引起其他幼儿的不悦和不满。如 C—B2 幼儿认为班级的每个幼儿都有使用剪刀的权利，过度占用活动材料是违反规则的行为，再如 B—B2 认为举手表决是公平的决策方式。在"晾画架"课题活动中，幼儿也表现出对社会行为规范的遵守，具体案例如下：

案例 7-10

在一次深度学习活动中，小组出现了选组长的争议，大家决定采用投票的方式选举出组长。

教师：上次咱们讨论过让乐乐当组长的问题，你们同意吗？

乐乐：大家都同意吧！

昂昂：总是你当大王，我们一次都没当过。

乐乐：这跟玩玩具没有关系。

昂昂：可是你总是当大王。

乐乐：那天有五个人选我。

昂昂：那天不算，今天重新选了。

教师：咱们需要重新投票吗？（孩子们都同意。结果二比二平。浩浩没有投票。）

昂昂：浩浩你要是不投我，我就输了。（浩浩没有理他。）

乐乐：谁选我就站在我这边。选昂昂的就站在他那边。（结果只有成成站在了昂昂那边。）

教师：投票结果很明显，那就是乐乐来当组长。

昂昂：我不同意。我还没当过组长呢。

乐乐：可是投票选出来就是我，就应该我来当。

【吉林省中共长春市委机关幼儿园　大三班　连卉婷　柴文明　"晾画架"课题活动】

三、深度学习活动中幼儿学习体验的类型与特征

在案例中幼儿按"规则"解决活动中的问题，如采用投票的方法，公平地选出小组长，缓解了幼儿之间的矛盾与争吵；在大家都想钉钉子的时候，幼儿通过协商，制定出规则，确保在公平、公正的情况下进行学习活动。在深度学习活动中，幼儿逐步体验到规则的重要性，发现遵守规则的价值与意义。除了投票选举的规则，幼儿在材料的使用权上，也逐步形成自己的规则。《3～6岁儿童学习与发展指南》指出：结合社会生活实际，帮助幼儿了解基本行为规则或其他游戏规则，体会规则的重要性，学习自觉遵守规则。如创设情景，让幼儿体会到没有规则的不便，鼓励幼儿制定规则并自觉遵守。[①]

（3）摆脱自我中心

幼儿在深度学习活动中的角色采择能力逐渐提高，能够从他人角度看问题。深度学习活动是帮助幼儿克服自我中心的重要途径，幼儿需要从不同的角度去思考问题，发现自己和他人的区别，逐步克服思维的自我中心倾向，具体案例如下：

案例7-11　摆脱自我中心

序　号	树状节点	自由节点	幼儿表述
C—G1	摆脱自我中心	换位思考	阳阳系不上绳子，我想她需要我围个圈，所以就帮他围成了一个圈，再拿出来就好了。
C—B2	摆脱自我中心	换位思考	小苹果一个人抬不起万能棒，我想他一定需要我帮他拿一端，然后我们就一起把万能棒插到万能点里。
C—G3	摆脱自我中心	换位思考	小苹果够不着架子，我想他需要高一点儿，所以我就去搬来一个万能点。

幼儿在案例中表现出较强的角色采择能力，如当阳阳系绳子遇到困难时，C—G1换位思考并提供了帮助；又如小苹果抬万能棒遇到困难时，C—B2幼儿站在小苹果的角度思考问题并给予支持。有关研究表明，学习活动能够促进幼儿角色采择能力的发展，原因在于同伴的相互作用，即幼儿在与同伴间的冲突可能导致幼儿认知过程的不平衡，从而促进新的学习与发展。[②]在"晾画架"课题活动中，乐乐表现出较强的角色采择能力。

案例7-12
老师要选一个小朋友当小组长，尽管昂昂和乐乐都有想当小组长的愿望，但

---

① 教育部．3～6岁儿童学习与发展指南[Z].2012：29.
② 曹中平．幼儿园游戏指导[M]．北京：北京理工大学出版社，2018：54.

是投票的结果显然倾向于乐乐，可是昂昂却拒绝承认这一事实，开始拒绝参加活动。乐乐为了继续活动，做出诸多让步。

这时昂昂已经躲在盥洗室里，强忍着不让眼泪掉下来，并且倔强地不肯出来。好几个小朋友分别去劝他，结果都被他坚决地拒绝了。

乐乐：要不我当正的，他当副的。（昂昂一点儿回应都没有。）

教师：昂昂这种情况，咱们应该怎么办呢？

乐乐：咱们换一个方案吧。我俩一人当一天。我先当。（乐乐和柔柔去跟昂昂说一人当一天组长，结果昂昂还说不参加。）

乐乐：那我们每个人当一天，轮流当。（结果乐乐跟他说后，昂昂还说不参加。）

乐乐：那就让他先当。（结果昂昂还说不参加。）

教师：你为什么不同意这个方案呢？你已经是组长了。

昂昂走出来，坐在角落里。眼睛红红的，语气坚定地说："我不当！我也不参加！"（午饭时间，孩子们陆续都吃完饭了，乐乐是值日生，走到昂昂桌前。）

乐乐：昂昂今天你当组长吧。（昂昂没有说话，也没有回应。）

乐乐：那你以后天天都当吧。（昂昂没有说话，也没有回应。）

乐乐：老师，你给昂昂讲一个笑话吧。要不然，我一会儿陪他玩一会儿玩具吧。（昂昂还是不理他。）

乐乐：我都这样了，你还想怎样！

【吉林省中共长春市委机关幼儿园 大三班 连卉婷 柴文明 "晾画架"课题活动】

案例中乐乐表现出了当组长的强烈愿望，但是他为了团队的和谐，站在同伴的角度考虑问题。为了昂昂开心而一再地让步与妥协，体现了较强的角色采择能力与较高的去自我中心化水平。皮亚杰的认知理论指出，处于前运算阶段的幼儿往往从自己的角度出发看待和理解周围的人与事物，有着较强的自我中心化的特点。在幼儿心理发展的过程中，自我中心是一个必经的阶段，其主要表现为幼儿只能从自己的角度出发看问题，不理解他人的观点与想法，也不能体会他人的情感。而在深度学习活动中幼儿从以自我为中心的个体，逐步向为适应社会需要的个体转化。

3. 认知体验

幼儿的学习体验是依托于一定的事件所引发的一系列实践活动或心理活动，其中必定涉及思维的参与，只有伴随理性思维、反省思维参与的体验才是富有意义且影响持久的学习体验。幼儿在深度学习活动中的学习体验，不仅停留在对知识简单的描述、记忆或复制上，更注重应用、分析、评价、创造等高级认知，面向知识的应用与问题的解决。

（1）高阶思维

幼儿在深度学习活动中的学习体验处于高级认知水平，面向高级认知技能的获得，涉及高阶思维（Higher-Order Thinking，简称 HOT）的应用。[①] 高阶思维是指发生在较高认知水平层次上的认知能力，是幼儿在深度学习活动中学习体验的核心，幼儿的积极学习体验有利于促进高阶思维的发展。高阶思维包含：信息整合能力、建构新知识能力、批判性思维、创造性思维与评价反思能力等。

①信息整合能力

幼儿在深度学习课题活动中对学习信息与内容进行有机整合，发展了幼儿信息整合能力。信息整合包含两方面：对信息内容本身的整合和对学习过程的整合。[②] 首先，对信息内容本身的整合是指多种知识和信息间的相互联接，包含多种学科与知识的相互融合与新旧知识的联系。其次，对学习过程的整合是指形成内容整合的认知策略和元认知策略，使其存储在长时记忆中，如利用图片、概念图等方式梳理新旧知识之间的联系，具体案例如下：

案例 7-13　信息整合能力

序　号	树状节点	自由节点	幼儿表述
A—B2	思维	信息整合	我们画了制作底座的思维地图，比如得选择平顶带步车的万向轮，纸盘太软也不行，一层垫子太软也不行，汉堡结构得安三个轮子才能成功。
A—G3	思维	信息整合	我和周梓昂合作钉钉子，画图画等。
A—B3	思维	信息整合	之前我们用沙子建过房子，所以觉得瓶子太空了是不是也可以用沙子填充。

乔治·西蒙斯认为，学习是一个对各种信息源与节点进行连接的过程。[③] 案例中 A—B3 幼儿对信息内容本身进行整合，在深度学习活动中融合了建构游戏的经

[①] 安富海.促进深度学习的课堂教学策略研究[J].课程·教材·教法，2014(11)：57-62.
[②] 安富海.促进深度学习的课堂教学策略研究[J].课程·教材·教法，2014(11)：57-62.
[③] 吴庭婷.基于社会计算环境的 e-Learning 研究——以博客、维基、微博为例[D].上海：华东师范大学，2013.

301

验。A—B2幼儿提及了对学习过程的整合，在深度学习活动中运用思维导图对底座的制作过程进行了梳理。在"大泡泡机"深度学习活动中，幼儿对万能点的摆放方式也进行了信息的整合与梳理，具体案例如下：

案例 7-14

幼儿在制作架子的活动中，改变了原有的创作思路，决定先搭建一个正方形底座。很快底座搭建好了，可随之而来的新问题也产生了：到底是什么原因导致底座不平稳呢？幼儿进行了讨论并绘制了万能点设想图。

森森：不对呀，为什么不稳呢？
苹果：我们好像搭得不对。
懂懂：这几个万能点不一样！
七宝：有一个是平着的，和其他的不一样。
苹果：四个全都要一样才行。
教师：有几种方式可以让它更稳？
森森：我知道，都平放，或者都站着。
懂懂：站着不行，不稳。
教师：哪一种更平稳？
苹果：让我来看看。平着放得稳。

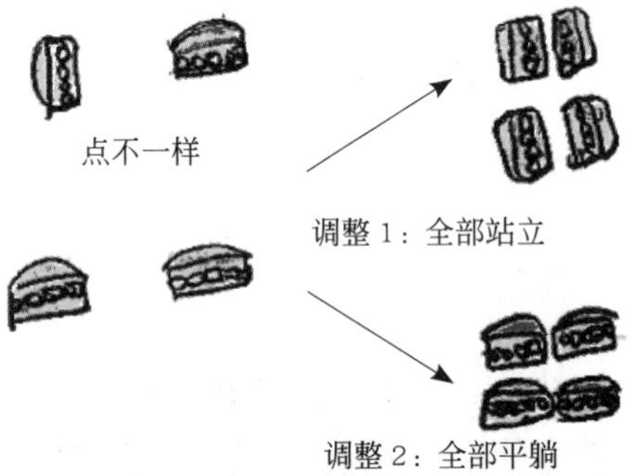

图 7-5　万能点设想图

【吉林省金太阳教育集团 大一班 刘阳阳 刘杰 "大泡泡机"课题活动】

案例中幼儿绘制的"万能点设想图"，体现了幼儿信息整合的能力。"万能点设想图"展现了幼儿对万能点的探讨过程，尽管幼儿具备使用万能点的先前经验，但对于"如何稳定架子底座"的新问题，幼儿还需将新问题与已知概念相联系，将问题整合到原有的认知结构中，从而引起对新知识信息的理解和应用。

②建构新知能力

建构新知能力是学习者通过新、旧知识经验之间的相互作用，建构新知识的能力，幼儿建构新知的能力在深度学习课题活动中表现尤为突出。学习是一个不断建构的过程，需要通过新、旧经验之间的相互作用而得以实现。这种相互作用存在两种相反的作用方式：同化与顺应。首先，同化意味着学习者将新知识嫁接到原有的认知结构中，以原有经验为背景，理解新知识、新信息，生成意义，将它们同化到已经构成的结构（先天的或习得的）之中。其次，学习者的同化性结构又会受到它所同化的元素的影响而发生一定的改变，即顺应。[1] 幼儿在深度学习活动中展现出建构新知的能力，具体案例如下：

案例 7-15　建构新知

序　号	树状节点	自由节点	幼 儿 表 述
A—G3	思维	建构新知能力	比如我们以前用绳子量过鞋子，所以就想：能不能用绳子量轮子？
C—B3	思维	建构新知能力	这个材料不结实，你看这个架子的材料太长了，比这个短一点儿就行，还有一点不要竖着放，需要更结实的材料，有的用过的也可以用，比如废旧的东西。
C—G2	思维	建构新知能力	对，像人一样站起来，每面再加"一条腿"。

在深度学习活动中，幼儿用已有经验来指导当前活动，解决问题并预测活动结果。如案例中 A—G3 幼儿将"量鞋子"的经验运用到"量轮子"的问题中，C—G2 幼儿将"人站起来"的经验运用到"万能棒不稳定"的问题中，从而解决了问题。在"大泡泡机"深度学习课题活动中，幼儿运用同化与顺应的方式解决了"如何安装呼啦圈"的问题，也表现出较强的建构新知能力，具体案例如下：

案例 7-16

教师问道："怎么让呼啦圈升起来？"小样说："用绳子拴起来。"乔乔也赞同地说："对，用绳子拴起来，挂上。"说着大宝、二宝将绳子系到呼啦圈上，呼啦圈立了起来。教师问道："想一想呼啦圈怎么放才能吹出泡泡？"懂懂说："呼啦圈放在泡泡水里，拿出来就有泡泡。"航航补充道："要平着拿出来。"冰冰恍然大悟道："我知道了，呼啦圈要平着升起来！可是，那要怎么才能做到呢？"幼儿又一次陷入思索，这一次把幼儿难住了。幼儿想到了生活中的事物：门牌需要两根绳子、秋千需要两根绳子、花盆需要三根绳子。于是可心建议道："我们拴两根绳子试一试吧！"小苹果赞同道："我来帮你，围成一个圈，再拿出来就好了。"七宝："看我的。"只见七宝踮起脚尖，从泡泡机器上面把呼啦圈扔进去，绳子自然挂在了架子上。可是绳子系得太松，呼啦圈的连接点开始移动，呼啦圈还是不能保持平衡。针对问题幼儿又进行了分析与讨论，七宝满脸疑惑地说道："系了两根绳子，为什么呼啦圈还不是平着的？"冰冰说道："会不会是因为绳子没有系住？或者是绳子太少了？"阳阳也说道："绳子太粗了根本系不上。"七宝猜测道："我们换一根细

---

[1] 张建伟. 知识的建构[J]. 教育理论与实践, 1999(7)：49-54.

点儿的绳子,再多系几根?"荣成也补充道:"我们把绳子固定住!"于是幼儿换了四根细麻绳,缠好后又贴紧了胶带。当他们充满期待地将呼啦圈从顶部放进去时,线一下子乱了,森森说道:"线都乱了呼啦圈怎么上去?"教师见幼儿没了思路说道:"你们见过升国旗吧,国旗是怎么升上去的?"七宝恍然大悟:"拉绳子。"于是,4个小朋友站在架子外分别拉动绳子,成功解决了呼啦圈无法平着升起的问题。

【吉林省金太阳教育集团 大一班 刘阳阳 刘杰 "大泡泡机"课题活动】

幼儿在该案例中表现出较强的建构新知能力,当遇到"如何将呼啦圈升起"的问题时,幼儿联想生活中的常见事物,用"拴门牌"的方式拴呼啦圈。当遇到"线一下子全乱了"的问题时,幼儿联想到"升国旗"的方法,通过"4个小朋友站在架子外分别拉动绳子"的方法解决了"呼啦圈无法升起"的问题。"拴门牌"与"升国旗"是幼儿已有的经验,"如何将呼啦圈升起""线一下子全乱了"是活动中的真实问题,幼儿通过已有经验同化新的情景,与此同时这种经验又依照实际展开的活动及其结果而被充实、调整和改造,即顺应于新情境。[①] 这样,同化和顺应的活动过程及其结果便可以自然地得以实现,幼儿建构新知的能力从而得到发展。

③批判性思维

批判性思维指通过一定的标准评价思维、改善思维,是合理的、反思性的思维,既是思维技能也是思维倾向,现代社会普遍将批判性思维确立为教育的目标之一。在深度学习课题活动中,幼儿在问题解决过程中批判地学习新知识与新思想,注重对知识的批判理解,具体案例如下:

案例 7-17 批判性思维

序 号	树状节点	自由节点	幼儿表述
C—G3	思维	批判性思维	万能点都站着能行吗?会不会不稳?
C—B3	思维	批判性思维	纸绳不能系呼啦圈,纸绳遇到水就会断,不结实。
C—G2	思维	批判性思维	鱼线很结实,但是不容易看见。

幼儿在深度学习中的学习是一种基于理解的学习,强调幼儿批判地学习新知识与新思想,对任何知识保持一种批判或怀疑的态度,批判性地看待新知识并深入思考。如 C—B3 幼儿对同伴提出的建议保持了怀疑的态度,指出"纸做的绳子

[①] 张建伟. 知识的建构[J]. 教育理论与实践, 1999(7) : 49-54.

三、深度学习活动中幼儿学习体验的类型与特征

不结实"。C—G2幼儿给予了同伴肯定,但指出鱼线存在"很结实,但不容易看见"等不足。"纸做的绳子不结实""鱼线很结实,但不容易看见"体现出幼儿对新材料的怀疑态度,幼儿将材料纳入原有的认知结构中,在各种观点之间建立多元的连接,在理解事物的基础上进行辨析,在质疑与辨析中加深对知识的理解。[①] 在吉林省省直机关第三机关幼儿园的"新型浇花器"课题研究中,幼儿对浇花器材料的选择也进行了批判性的思考。

案例7-18

教师问道:"哪种材料更适合制作图纸上的浇花器呢?"萌萌说道:"我觉得瓶身应该用矿泉水瓶,因为它的瓶身比较软,容易用剪刀扎洞。"禾禾补充道:"但我们需要大一点的矿泉水瓶,因为风扇很大,如果瓶子小是放不进去的!"多多说道:"可是风扇这么大,用剪刀剪开瓶身的洞也一定很大!剪完洞水就会从瓶子里流出去,怎么办呢?"禾禾马上说道:"请老师用胶枪帮我们将漏水的地方补一补!"多多补充道:"彩泥不怕水,还可以用彩泥堵住漏水的地方。"小九说道:"出水孔选择粗一点的吸管吧!这样方便水从瓶身流出来。"可是多多对电扇放在水里是否会转动产生了质疑,说道:"我们选用电风扇,但是风扇都是有电的,它遇到水会不会就坏了?"禾禾补充道:"妈妈告诉过我,如果电线遇到了水是很危险的一件事,水遇到电后是会导电的,如果我们碰到这样的水就会被电到!"多多突然灵机一动说道:"我们可以选用电池做风扇的电源,没有电线就可以了!"禾禾反问道:"但是电池的风扇遇到水还会转起来吗?"

【吉林省省直机关第三幼儿园 中五班 刘书博 "新型浇花器"课题活动】

案例中禾禾对"哪种材料更适合制作图纸上的浇花器"的问题表现出了较强的批判性思维。当萌萌认为应该用塑料瓶制作浇花器时,禾禾却认为仅仅是塑料瓶还不足以制作浇花器,塑料瓶还必须具备"大"的特点。当多多想到用"没有电线"的风扇时,禾禾认为带电池的风扇遇到水是无法工作的。禾禾在学习中保持了一种批判或者怀疑的态度,对于幼儿及老师的建议,他并非拿来即用,而是将问题纳入自己原有的认知结构中,善于在理解事物的基础上提出质疑与辨析。幼儿对知识学习的批判理解,是一种基于理解的学习,在理解事物的基础上善于质疑辨析,在质疑辨析中加深对深层知识和复杂概念的理解。[②]

[①] 杜娟,等.促进深度学习的信息化教学设计的策略研究[J].中国电化教育,2013(10):15-16.

[②] 安富海.促进深度学习的课堂教学策略研究[J].课程·教材·教法,2014(11):57-62.

④创造性思维

幼儿在学习活动中体验到了创造性思维的发展。创造性思维是指思维活动的创造意识和创新精神，不墨守成规，奇异、求变，表现为创造性地提出问题和创造性地解决问题。深度学习活动为幼儿营造了宽松的氛围，提供了自由想象的空间，这些皆有利于幼儿创造性思维的发展。幼儿在深度学习活动中表现出丰富的创造性思维，具体案例如下：

案例 7-19　创造性思维

序　号	树状节点	自由节点	幼儿表述
B—G1	思维	创造性思维	我们想在瓶子底部连接一根管子，让水可以自动流进花盆里。
C—B3	思维	创造性思维	我们想到用彩笔来测量架子的高度。
C—G2	思维	创造性思维	森森拿来一本书，一边量一边数数，架子有多高就知道了。

在案例中幼儿能够用各种方式使用物体，体现出创造性思维。如 C—B3 幼儿利用彩笔代替尺子，C—G2 幼儿提及用书本代替尺子，最终成功地测量出架子的高度。幼儿利用生活中的常见事物，对同一材料做出不同的设想，发散性思维得到充分训练。在"晾画架"课题活动中，乐乐也表现出创造性的思维特点，具体案例如下：

案例 7-20

教师问道："怎么让横纵杆相连接呢？"沙沙说："我们用胶带试一试？"其他幼儿都赞同沙沙的观点，尝试用胶带固定横杆。可是被五花大绑的横杆，被轻轻一晃又都掉了下来。柔柔说道："这也太松了！"正当幼儿对横杆的连接百思不得其解时，只见乐乐在一旁用剪刀用力地扎小的矿泉水瓶子，然后剪开一个小口。他边比画边说："你看就这样插进去。"他用矿泉水瓶制作出了一个可以代替直角弯头的连接头，很快就把纵杆和横杆连接好了，其他幼儿马上也模仿他做出连接器，把另一侧也进行了连接，横纵杆终于成功连接起来了！

【吉林省中共长春市委机关幼儿园　大三班　连卉婷　柴文明　"晾画架"课题活动】

乐乐在学习活动中体验到了创造性思维，集中体现在对材料的发散性思考。当面对"无法连接横纵杆"的问题时，乐乐联系生活中的经验，想到用瓶子代替三通的办法，顺利地将横纵杆进行连接，这个办法使得在场的幼儿非常惊喜。老师不禁说道:"乐乐将自己已有经验创造性地运用到了这里,让我不禁佩服幼儿的想象和创造力。"乐乐对塑料瓶做出了不同的设想,利用塑料瓶制作三通,其思维体现了创造性。幼儿在学习活动中,通过大量的尝试获得利用各种物体的机会,这种情景使幼儿的思维处于积极的活跃状态下。他们在面对同一物体,常常能够创造性地使用、变化各种方式对待物体,扩大了物体之间的相互作用范围,尤其是替代物品的使用,具有发散性思维的特点。

图 7-6 连接器制作图

⑤评价反思能力

评价反思能力是指学习者主动对新知识做出理解和判断,并对结果进行回顾与思考的能力。学习者运用原有的经验知识对新概念(原理)或问题进行分析、鉴别、评价,形成自我对知识的理解,建构新知序列,并对自我建构结果进行审视与反思,吐故纳新形成对学习积极主动地检查、评价、调控和改造。[①]评价反思是深度学习和浅层学习的本质区别,影响幼儿在学习中体验的深度。在深度学习课题活动中,幼儿对活动的过程与结果进行了评价与反思,具体案例如下:

案例 7-21 评价反思能力

序 号	树状节点	自由节点	幼儿表述
A—G2	思维	评价反思能力	昂昂表现得很好。我看他用锤子很用劲,很有技巧。
A—B3	思维	评价反思能力	学会怎么团结,怎么和大家一起做好一个大东西。
A—G1	思维	评价反思能力	我发现我们聪明了,遇到什么困难都能解决了,学会动脑了。

幼儿在反思与评价的过程中,发展了个体的认知能力,将当前的成果归结于自己的努力,保持了幼儿对学习能力的自信,引起下一步的学习动机。如 A—G2

---

① 安富海. 促进深度学习的课堂教学策略研究 [J]. 课程·教材·教法,2014(11):57-62.

幼儿评价了同伴的表现,对锤子的使用方法进行了反思。A—G1 幼儿对自己与同伴的进步给予了肯定,通过反思发现动脑是解决困难的重要途径。在吉林省长春市委机关幼儿园"晾画架"课题活动中,教师也积极引导幼儿对架子的制作活动进行评价与反思。

案例 7-22

教师:做这个底座,最关键的是什么?

柔柔:选择合适的轮子。

乐乐:带平顶的轮子比较稳固,有四个孔能固定。

沙沙:一个螺丝的轮子总是歪。

昂昂:还得选择合适的板子。

柔柔:纸盘太软是不行的。

乐乐:厚泡沫垫也不行。它的缺点就是太厚了,剪不动。它的优点就是能固定轮子。换成木板什么的,我们就钉不进去了。

教师:换成木板为什么就钉不进去?

乐乐:那得用电钻呀,我们也不会呀。

教师:电钻很难吗?

乐乐:其实也不难。就一开开关,安好那个钻头,对准了,钉一下就行了。

【吉林省中共长春市委机关幼儿园 大三班 连卉婷 柴文明 "晾画架"课题活动】

在案例中,教师积极引导幼儿对底座的制作进行反思,幼儿分别提出轮子的选择、轮子的安装、板子的选择与工具的选择等,都是制作底座的关键环节。"当教师引导学生关注学习过程而非最终成果时,会极大地促进学生学习。"[①] 教师引导幼儿对学习活动的状况进行反思,促进幼儿对策略及时调整。因此教师一定要重视幼儿评价思考能力在学习中的价值,关注幼儿的学习进展,引导幼儿及时调整学习策略,促进幼儿在深度学习活动中形成积极的学习体验。

(2) 技能

技能是指幼儿运用已有知识,通过练习而获得的一定的经验或智力的活动方式。知识与技能联系密切,知识是掌握技能的前提,并且制约着技能掌握的速度与深浅。幼儿在深度学习中体验到了知识与技能的发展,具体方案如下:

---

① Black P, Wiliam D. Assessmentand classroom learning[J]. Assessment in Education: Principles, Policy and Practice, 1998(5):1-2.

三、深度学习活动中幼儿学习体验的类型与特征

案例 7-23　技能

序　号	树状节点	自由节点	幼　儿　表　述
A—B1	技能	经验	我学到以后再碰到这些东西，比如下次再做架子就知道怎么做了。轮子后面有个按钮，一按下去，就能刹车了。
A—G1	技能	技能	我学到了和泥，先弄点儿沙子，再弄点儿水，就成了水凝土。水和沙子要成比例。还学到了磁铁，一吸就吸上来了。我们在花盆那捡到的吸铁石。还学到火车的轮子和我们用的轮子不一样，火车的轮子有点儿软，我们的轮子有点儿硬。
A—G2	技能	技能	我学到了更多的科学知识，比如司嘉仪说的词语和方法。
A—G3	技能	技能	我觉得我学到了知识，学会了帮助别人，还有怎么用尺子。

深度学习活动使幼儿加深了对周围事物的理解。在活动中幼儿接触到各种材料，认识各种物体的性质与用途，获得了有关事物之间的关系与经验，如 A—B1 幼儿学会了制作架子的方法；A—G1 幼儿掌握了和泥的技巧；A—G3 幼儿学会了尺子的使用方法等，都是掌握经验与技能的体现。在"大泡泡机"深度学习活动中，幼儿也掌握了一定的经验与技能，具体案例如下：

案例 7-24

教师认为幼儿提出的高度的问题是课题进展中必须解决的，教师追问道："怎么才能知道万能棒比小朋友高呢？"森森说道："可以比一比！"乔乔补充道："还可以量一量。"为了让幼儿了解什么是测量，教师决定从幼儿已有经验入手。教师继续问道："可以用什么量？"幼儿罗列出很多测量工具，如绳子、尺子、笔和书。幼儿被分成几个小组，自己找材料测量，懂懂很快就想到用尺子测量，但是使用尺子时却遇到了困难。教师先让幼儿观察尺子上的数字和刻度，并给予了正确测量方式的示范，再让幼儿多次尝试，提出尺子要拉直、读数要对齐等，通过几次尝试幼儿开始能够测量同伴的身高了。当幼儿发现站着测量很难控制尺子时，他们决定躺下来测量。

【吉林省金太阳教育集团　大一班　刘阳阳　刘杰　"大泡泡机"课题活动】

幼儿在案例中通过解决"如何测量高度"的问题，学会正确使用尺子。"尺子要拉直、读数要对齐"等使用方法属于技能的学习，幼儿在活动中总要借助工具解决问题，因此经验与技能的学习必不可少。在深度学习活动中幼儿将自己在生

活中的印象和感受表现出来，加深与巩固了生活中的经验与知识，提高了生活技能。综上所述，幼儿在深度学习活动中获得了情感、社会性与认知等诸多方面的体验，对幼儿的成长具有重要意义。

（二）深度学习活动中幼儿学习体验的特征

幼儿因身体发育和认知水平的有限性，在深度学习活动中呈现出：直接经验性、高情感性与整体性等特征，这些特征与幼儿自我发展的认知价值息息相关，蕴含着促进幼儿自我概念形成与发展的教育价值。[1]

1. 直接经验性

幼儿在深度学习活动中的学习以直接经验为基础，通过与客体的相互作用，使原有经验与现实经验相互融合。在此过程中幼儿以直觉的、隐喻的方式知觉世界，内化新知识，形成符合幼儿思维特点的认知与观念。[2]

首先，从行为角度出发，要求幼儿要亲历，要亲为。"亲历"是指不管经过身体力行的直接实践，还是通过借鉴他人体验而间接进行的心灵再体验，都是主体亲自参与获得的，无人能替代。情感上的触动、心灵上的共鸣是无法替代完成的，只有体验主体的亲临其境、亲身感受才能获取。

其次，从个体角度出发，要想获得他人体验必须亲自接触材料，本质仍然是体验主体的亲自经历、理解和玩味。"历"和"为"不是重复别人的活动，而是借助一定的媒介，从思想上、思维上进行情境再现和再感受。[3]教育学的体验范畴，既包括亲身经历，也包括心理经历。同时，我们之所以说它是对体验以往种种用法的整合和超越，强调幼儿的直接经验，归根结底在强调学习者的直接经验。[4]

综上所述，幼儿的学习具有直接经验性的特点，《幼儿园教育指导纲要》强调

---

[1] 伍香平. 论幼儿身体体验的特征和认知价值 [J]. 华中师范大学学报（人文社会科学版），2016（4）：162-168.

[2] 王小英. 学习活动与幼儿成长 [M]. 长春：东北师范大学出版社，2012：17.

[3] 伍香平. 论体验及其价值生成 [D]. 武汉：华中师范大学，2003.

[4] 李英. 体验：一种教育学的话语——初探教育学的体验范畴 [J]. 教育理论与实践，2001(12)：1-5.

重视幼儿作为主体与其他人和物等客体相互作用的过程。罗杰斯认为："凡是可以教给别人的东西，相对来说都是无用的，即对人的行为基本上没有任何影响。而能够影响一个人的行为的，只是他自己发现并加以同化的知识。"从这个角度讲，幼儿借助直接经验在亲历中发现、探索并进行学习。

2. 高情感性

幼儿在深度学习活动中的学习体验具有高情感性的特征，具体表现为幼儿的学习受其兴趣和需求的直接驱动。首先，兴趣就是需要的直接体现，人本主义心理学家马斯洛认为，个体行为发生的内在驱动力是需要，需要决定了外显的行为。这一特点在幼儿的身上表现得更为突出，无论是在学习活动过程中表现出的兴趣，还是对活动结果的期待，都影响了幼儿对学习活动的选择、学习的积极性与学习的效果。

其次，愉悦性与自我胜感能够激发幼儿学习与探索的兴趣，幼儿会对他们感兴趣、好奇或有需求的活动投入极大热情，在活动中能够积极主动地探索，且可以坚持较长的时间。如若某一活动不能够引起幼儿的兴趣与好奇心，幼儿在整个过程中会表现出被动与不情愿的情绪情感，这样的幼儿往往会较为沉闷，学习过程中的注意力较容易分散，表现出坚持性较差的特点。情感是幼儿学习体验的核心，陈佑清认为："对某物有体验，必伴随对之产生某种情感。体验的出发点是情感，主体总是从自己的命运与遭遇，从内心的全部情感积累和现在感受出发去体验和揭示生命的意蕴；而体验的最后归结点也是情感，体验的结果常常是一种新的、更深刻的生命活动情感的生成。"[1] 正是由于学习体验的情感性，幼儿在积极的学习体验中才会形成对事物积极的态度。积极的体验能激发学生的主动性与创造性，从而获得更好的创造性认知体验和感官体验，以及自我体验。相反，消极的体验会使主体产生厌弃、排斥、远离等态度，并与体验之物保持明确的界限。

3. 整体性

整体性是指学习者在整个学习过程中不断学会联通，一直保持整体全局观。幼儿在深度学习活动中保持了一种整体的学习状态，是全身心投入的过程。它不

---

[1] 陈佑清.体验及其生成[J].教育研究与实验，2002(2)：11-16.

仅是情感上的体验和大脑内部信息加工的过程,而且是一个充满了情感、意志、精神、兴趣的过程。[①]

首先,在深度学习活动中幼儿是全身心投入学习的,不仅局限于思维上的知识,更是情感态度、社会性、意志力、动机,精神乃至身体全方位投入的过程。就幼儿"个体层面"而言,学习是一个多种感官作用的结果,其整体性包含了理智、思维、情感、意志、精神、兴趣等各个方面的要素,各个要素在学习时相互影响、相互作用,共同影响了幼儿在学习中的学习体验。美国的研究者琳达·达林 - 哈蒙德(Linda Darling Hammond)也提倡一种有效的学习方式,即以幼儿的思维为核心,进行理解性学习,使幼儿全身心地投入其中,使身体、心理、认知、逻辑、情感统一起来。[②]

其次,幼儿在深度学习中的学习体验离不开集体活动与同伴互动,幼儿的学习体验不仅仅是个体的心理过程,还是一个社会文化过程。幼儿的积极学习体验更多地发生在"全体情境"之中,而非在"真空"环境之下的具体实验设计。在这样的多情景互动下的学习场域,幼儿在群体的互动中进行共同学习,而非以个体的"原子方式"进行学习,因此幼儿的学习体验必将涉及社会文化因素。与其说社会文化因素影响着幼儿的学习,不如说社会文化因素是幼儿学习的内在机制。

四、深度学习活动中幼儿学习体验的典型个案

幼儿的学习几乎每时每刻都在发生,同时他们也在形成学习的种种体验。[③]《3~6岁儿童学习与发展指南》指出,重视幼儿的学习品质,幼儿在活动过程中表现出的积极态度和良好的行为倾向是终身学习与发展所必须的宝贵品质。[④]幼儿的学习体验与其学习品质有着密切的关系,研究者对两名具有优秀学习品质的幼儿进行深入的观察与访谈,对其进行个案的描述与分析,旨在能够更全面、客观地呈现幼儿在深度学习活动中学习体验的典型特征。

[①] 吴永军.关于深度学习的再认识[J].课程·教材·教法,2019(2):51-58.
[②] 琳达·达林 - 哈蒙德.高效教学——我们所知道的理解性教学[M].冯锐,等,译.上海:华东师范大学出版社,2010:中文版序言.
[③] 王睿憨.促进幼儿学习体验及其教育建议[J].现代中小学教育,2014(12):77-80.
[④] 教育部.3~6岁儿童学习与发展指南[Z].2012:2.

（一）被试的选取与状况

本研究以中共长春市委机关幼儿园大三班为场域，该园一直秉承"环境设施一流、师资队伍一流、保教质量一流"的办园标准，"以健康教育为特色，以现代技术教育为手段"的办园思想，在特色教育为办园理念基础上，研究引进并整合国内外先进的教育理念，形成了在纲要指导下的多元化教育模式，并被确定为"全国学前儿童健康教育示范基地"。该班级配有两名教师与一名保育员，柴老师有着丰富的教育经验，是一名已经工作了19年的市级骨干教师，唐老师是一名刚工作两年的教师。胡园长作为该班级的深度学习活动指导者，本着对孩子的喜爱与责任，积极参与每次的学习活动，与幼儿们产生了深厚的感情，也见证了幼儿的学习成长历程。

1. 被试的选取

被试选取了长春市委机关幼儿园大三班的两名幼儿（一个男孩与一个女孩），男孩昂昂在深度学习活动的过程中表现突出，遇到困难愿意思考，动手能力较强，体现了优秀的学习品质，女孩柔柔在深度学习过程中表现出认真、细致的特点。

2. 被试的基本状况

（1）昂昂的基本状况

昂昂6岁，性别男，家中独子。他与爸爸、妈妈生活在一起，家庭氛围十分和谐。父亲是大专学历，现在是一名专职司机。母亲是高中学历，现在在家做全职太太。母亲比父亲有更多的时间陪伴幼儿，也十分注重亲子陪伴，在家中尽可能多地陪伴幼儿进行阅读。他的父母在教育上更多的是以引导而非灌输的方式，从小培养其多种兴趣爱好，较少对幼儿进行说教。妈妈认为一定要从小培养幼儿的责任感、爱心与诚实，在生活中充分给予幼儿选择的权利，如昂昂从小喜欢画画，妈妈给予了充分的支持，让他做喜欢的事情。母亲认为昂昂是一个做事认真，但是学习专注力不强的孩子，他遇到自己喜欢的游戏才会非常专注与认真。

昂昂与教师的关系较为生疏，在老师的印象里昂昂是一个自尊心较强，做事情十分有主见、有分寸，既有耐心又认真的幼儿。在开展深度学习前，昂昂像故意躲避一样，很少主动出现在老师的面前，与老师的沟通较少。每次老师主动与他交流时，他都是简单回应。如每天早上老师在班级门口迎接小朋友进班时，昂昂总是快速地说一声"老师好"，然后马上就跑回屋里和其他幼儿游戏，好像完成了一个巨大的任务。在日常生活中昂昂经常有口吃的现象，让老师觉得昂昂是一个不善于表达的孩子。可是在深度学习活动中，昂昂表现出超强的专注力、动手能力与解决问题的能力，完全改变了老师对昂昂的评价。老师认为在昂昂感兴趣的事情上，他能滔滔不绝地说出自己的见解，也期待得到别人关注与赞扬。当遇到困难时他不躲避，努力克服困难并尽量想出办法完成任务。昂昂与同伴关系较为融洽，思路较为清晰，所以经常为其他幼儿所信服。例如，在制作晾衣架的底座时，他能够很好地使用现有的工具，引起其他幼儿纷纷效仿。

（2）柔柔的基本状况

柔柔6岁，性别女。从小受姥姥、奶奶的照顾与疼爱，爸爸妈妈下班后也会抽出时间陪伴柔柔。柔柔的爸爸本科毕业，现在是一名工程师。柔柔的妈妈也是本科毕业，现在是一名会计师。柔柔拥有一个十分和睦的家庭，家庭成员间互相尊重、互相理解。在家庭教育方面，柔柔的家长很注意与幼儿的沟通与交流，当遇到问题时他们多采用商量、制定规则、有问题开家庭会议等方法进行讨论，他们认为，家庭教育和家庭环境直接影响孩子的性格。

在老师的眼中，柔柔性格开朗活泼，善于与人沟通交流，喜欢表达自己的想法。她对未知的事物充满了兴趣，喜欢倾听他人的想法，善于观察身边的事物并提出问题，做事情愿意思考并且注意力十分集中。柔柔与教师的关系近似朋友与亲人，有时她拉着老师的手一起参加活动，把老师当成她游戏的同伴；而有时老师就像她可以依靠的亲人，她喜欢在老师的面前撒娇，甚至给老师一个拥抱。当其他幼儿遇到困难需要帮助时，她更是一个可以寻求帮助的对象。柔柔与同伴关系十分融洽，因为柔柔很善于沟通且善解人意，深受小朋友的喜爱。

（二）昂昂的故事

昂昂是一个自尊心较强，做事情有主见、有分寸的幼儿。在开展深度学习活动前，昂昂很少主动出现在老师的面前，与老师的沟通较少。通过深度学习活动，教师完全改变了对昂昂的评价，他不仅积极参与学习活动，还表现出较强的专注力、动手能力与解决问题的能力。

1. 案例描述

昂昂对晾画架的制作表现出强烈的好奇心和浓厚的兴趣，在深度学习活动中中认真专注，乐于想象和创造。

案例 7-25

在这一天的深度学习课题活动中，幼儿决定为画架做移动的底座，因此就轮子的选择问题进行了讨论。教师问道："咱们用什么样的轮子呢？"有的幼儿马上联想到在班级中见过的轮子说道："黑板的轮子就行。"昂昂反驳道："这个黑板上的轮子可不行，它总转来转去太不好固定了。"教师说道："让我们在网页上找一找，看看哪个轮子更合适！"通过浏览网页中的各种轮子，昂昂认为垃圾桶的轮子、火车轮子、飞机轮子都有不足之处，他用手托着下巴认真地说道："这个垃圾桶的轮子不行，你看那是一起接上的，是两个轮子一起转。火车轮子也不行，这个飞机的轮子也太细了。"昂昂还认为带有钉子的轮子会破坏塑料桶，因此应该避免选择带有钉子的轮子。"你看这个是竖着的，竖着的很容易扎眼儿，万一扎大了怎么办？另一个平平的，扎的眼儿小点儿。"柔柔说道。经过反复商讨，定向轮与万向轮被纳入选择的范围。乐乐建议用投票的方式决定，而老师却认为应该说明每种轮子的优点。昂昂说道："定向轮更坚固，定向轮是实心的，万向轮是空心的。定向轮是直着走的，万向轮是弯着走的。直着走的我们能追上，弯着走的一不小心就会撞上。"乐乐补充道："可是万向轮可以拐弯啊！"昂昂答道："对，就像超市推车的轮子一样。我们应该选直着走的，这个科学。弯着走的不科学。你们看看，直着走的就可以顺利地走，弯着走的很容易碰到别的东西。这个轮子一走就容易撞到床上。"昂昂继续坚持："老师，咱们不能用那个扭来扭去的万向轮，你知道我多担心那个架子，要是撞坏了怎么办，我还得修。"昂昂边说边用手比画着架子扭来扭去的样子。经过一段时间的讨论，有些幼儿的注意力已经不在选择轮子上了，多数小朋友已经放弃了寻找轮子的活动，寻找着教室里还有没有什么其他玩具可以玩，他们不像一开始那样集中注意力了，开始拿起材料追逐打闹，有的幼儿开始喋喋不休地讲话。只见昂昂眉头紧锁，小手背后，聚精会神地看着网页里的各种轮子，嘴里念念有词地说道："这个轮子不好，螺丝会把桶扎漏的……这个轮子好，它能走很多方向，就像超市里的推车……这个飞机的轮子太小了……这个汽车的轮子好，可以把它缩小安到晾画架上……"他依然沉浸在深度学习活动中，丝毫没有被小朋友干扰到。午饭时间到了，昂昂左手托着脑袋，右手拿着勺子，眼睛一直看着远方，若有所思的样子。直到午睡过后，昂昂兴奋地找到老师，拉着她的手说道："我想到办法了，我们应该选择一种表面是平的，没有钉子的，可以转很多方向的那种轮子！"

在这天的深度学习活动中，幼儿对"如何将轮子安在垫子上"的问题进行了讨论。老师说道："我们现在有两种轮子，一种是带平顶的，一种是长螺丝的，怎么把轮子安在厚垫上呢？"成成抢着回答道："这样安，用两点固定法。"昂昂眼睛认真地盯着垫子，小声分析道："把垫子裁成合适的大小，然后把轮子穿过垫子就行了。"老师听到了昂昂的话反问道："那需要安几个轮子呢？"昂昂迟疑了一下回答道："两个轮子就可以。"成成马上说道："不行，那样不固定，两个轮子立不住。"乐乐也说道："那得四个轮子吧，一个角一个，得对称。"昂昂马上反驳道："不，不，不，每个各安两个就行，要不就浪费了。"首先昂昂选用了平顶四孔的轮子，他将两个平顶的轮子在地板上小心翼翼地摆好。然后尝试把垫子剪开。可是裁剪并不顺利，他找来成成协助他一同完成。昂昂拿着剪刀，成成按着垫子，通过一下一下的尝试，垫子终于被成功裁剪成形。接着他把两个轮子放在垫子正中间的位置，慢慢地向两侧移动，好让两个轮子对齐。再次，他认真地从材料盒子里挑选螺丝，在众多种类的螺丝中挑选出比固定孔大的螺丝，并与成成一同安装螺丝。在进行安装螺丝时由于缺少工具，他先是用手拧，后来拿剪刀替代螺丝刀继续拧，在成成与昂昂的努力下，两个轮子终于成功安在垫子上了。昂昂兴奋地说道："这就是合作的力量，就像两个轮子要比一个轮子力量大。"

【吉林省中共长春市委机关幼儿园 大三班 连卉婷 柴文明 "晾画架"课题活动】

2. 案例分析

昂昂自觉地参与深度学习活动，而不是被动地、消极地进行认知和实践，表现出其具有积极主动的学习品质。昂昂能将问题或任务作为自己的活动目标，积极主动地参与到轮子的选择与安装中，对轮子的选择与安装提出自己的看法与建议。在教师的引导下，昂昂全身心地投入到活动中，甚至在吃饭、睡觉时依然对问题进行思考，表现出典型的学习体验特征。

（1）浓厚的兴趣

幼儿对周围的世界具有与生俱来的兴趣与好奇心，在情感发展研究中熙春（Hyson）与伊扎德（Izard &Ackerman）将兴趣作为学习的基础情感，他们认为兴趣对幼儿学习中的注意力、坚持行为与探索性发展起着重要的作用。幼儿的好奇心有助于幼儿增加记忆力、理解力与选择性注意力，对幼儿的学习有较大影响，在某领域表现出强烈兴趣的幼儿，更有可能将事情完成好。[1] 昂昂在参与深度学习活动时体现出浓厚的兴趣，在挑选轮子时聚精会神、眉头紧锁。对于其他幼儿来说挑选轮子的工作十分乏味，但对昂昂来说，随着时间的推移和不断地尝试，他对这种细致的加工充满了更加浓厚的兴趣，在完成这项工作后显示出前所未有的自我效能感。兴趣、好奇心与求知欲出现在昂昂的学习体验之中，他对学习充满了内在情感，拥有浓厚的学习兴趣。在案例一轮子的选择问题上，昂昂对轮子的大小、轮子的构造、轮子的工作原理进行了积极思考，提出了"这个垃圾桶的轮子不行，你看那是一起接上的，是两个轮子一起转。火车轮子也不行，这个飞机的轮子也太细了"的看法。昂昂渴望接受选轮子对他的挑战，享受思考的过程。

（2）强烈的动机

昂昂表现出强烈的学习动机。动机是激励人们进行某种活动以达到一定目的的内在原因和内部动力，昂昂在案例一中对挑选轮子有着强烈的内驱力。昂昂在选择轮子时的内在驱动力包含了成就动机，他认为选轮子是重要且有价值的活动，愿意去做并且力求成功。有研究显示，成就动机对幼儿的学习具有重要影响，有成就动机的幼儿对待学习更能坚持，学习成绩也更为优秀。[2] 根据马斯洛的需要层次理论，幼儿从缺失需要（生理需要、安全需要、归属和爱的需要、尊重需要）到生长需要（认识和理解需要、审美需要、自我实现需要），从而达到最高的自我实现的目标，这是幼儿产生强烈动机的内在原因。昂昂在活动中以获得知识和解决问题作为学习目标，从而引发推动学习的动力，在学习活动过程中获得了极大的满足。昂昂遵循内心的驱动而非外界环境的压力，自主对轮子进行认真的思考，

---

[1] Izard C, Fine S, Schultz D, Mostow A, Ackerman B, Youngstrom E.Emotion knowledge as a predictor of social behavior and academic competence in children at risk [J]. Psychological Science, 2001(12): 18-23.

[2] 滕亚男.成就动机对学习拖延的影响：时间管理倾向的中介效应——以沈阳某中学为例 [J]. 科教导刊（中旬刊），2019：8-9.

幼儿的学习完全遵循了个人意愿。昂昂在午餐与午睡时仍然不忘对轮子的利弊进行分析，体现出对解决这一问题迫切的渴望。昂昂能够一个人坐在电脑前，静静地思考问题。他不需要任何人的鼓励与陪伴，就能够继续做好这些对他来说有挑战性的工作。没有人强迫他一定要选好轮子，可是他却自己认真地琢磨了很久，完全是出于他内心渴望、喜爱这项新的挑战。从婴幼儿期开始，幼儿就对观察周围世界、寻求新挑战、掌握新技能有较强的动机。这种动机包括了控制环境、探究环境与影响环境的欲望，以及发现学习新事物是一种有意义的、有价值的心理倾向。案例充分展现了他对学习的好奇与渴望的态度，如学习时聚精会神的样子、拉着老师的手、找寻到办法时的兴奋，都能够更好地表现出他沉浸在深度学习中的快乐。与兴趣驱动幼儿学习一样，快乐也是情感、动机维度的一部分，快乐包含了愉悦感、幸福感与享受感，是幼儿愿意主动参与学习的有力推动。这些学习感觉很有可能在幼儿未来的探索中，激励他寻求类似的活动，使幼儿建立更为长期与积极的学习螺旋。

（3）专注的态度

昂昂在案例7-25中的外显行为，表现出认真专注的学习态度。首先，昂昂能够认真专注地观察教师呈现在电脑中的各种轮子的种类，并认真地剖析各种轮子的使用场合，甚至能够观察到轮子的连接方式、运动方式，对各种轮子的适用性进行合理的分析与阐释。其次，昂昂能集中注意力，不被吵闹所干扰，证明他有很强的专注力。他能专注于挑选适合晾画架的轮子，尽管有些幼儿选择了其他玩具，昂昂却仍专心于自己的工作，偶尔抬头看看其他的小朋友们，又马上集中注意力，继续选择轮子。昂昂在课题活动中认真挑选轮子时表现出惊人的专注力，即使在吃饭与睡觉时，依然专注于思考未解决的问题。昂昂在课题活动中展现出认真专注的态度，是其形成积极学习体验的另一重要因素。

（4）高阶思维

昂昂在学习活动中发展了其认知能力与高阶思维，集中表现为对问题的批判性思考与创造性思维，展现出他善于分析、判断、推理、概括与总结的特点。首先，昂昂在深度学习活动中表现出批判性的思维。批判性思维予于高阶思维之中，指幼儿基于已有经验对新知识保持一种批判或者怀疑的态度。昂昂在案例7-25中的批判性思维能力体现在对新知识的批判与怀疑，如尽管乐乐提出万向轮的种种优点，但昂昂还是认为万向轮仍有不足之处，他从诸多方面分析万向轮的不足与定向轮的优势，比如万向轮的安装会造成瓶身的破损，而定向轮安装时能避免这种结果的产生。深度学习注重幼儿对知识学习的批判与理解，是一种基于理解的学习，强调幼儿用批判的眼光学习新知识与新思想。批判性思维源于幼儿在认知过程中思维的灵活性，昂昂在课题活动中体验到了思维的变通，在解决问题时能够综合地分析、判断、推理、概括与总结，幼儿的思维在问题的解决中不断得以提升。昂昂能够在学习活动中将遇到新知识与新思想运用到已有经验进行知识的迁移，通过分析与比较，批判地看待新知识，而非仅仅拿来即用的机械性操作。此外昂昂在案例中也表现出批判性的思维特点，如在轮子个数的选择上，乐乐与成成都认为两个轮子立不住，四个轮子更稳定。而昂昂却基于生活经验，批判性地认为"每个各安两个就行，要不就浪费了。"昂昂批判性地看待他人意见，在活动过程中对任何学习材料都保持一种批判或怀疑的态度，批判性地看待新知识并深入思考，并把它们纳入原有的认知结构中，善于质疑辨析，在质疑辨析中加深对学习的理解。

其次，昂昂在案例中表现出创造性思维，集中体现为他对工具的灵活运用。如昂昂在安装螺丝时由于缺少螺丝刀，他采用"手拧"的方式。当他发现"手拧"的效率不高时，创造性地使用剪刀代替螺丝刀来安装螺丝。尽管这是一个很小的举动，却体现出幼儿创造性地使用工具，发现同种工具的不同用途，表现出发散的思维方式与较强的问题解决能力。

（5）善于协商与合作

昂昂在案例中表现出善于协商与合作的特点。当他遇到"垫子难以剪开"的问题时，他利用语言积极寻求成成的帮助。"昂昂拿着剪刀，成成按着垫子"，在两个人的合作下，垫子终于被裁剪成型。昂昂认真地挑选着螺丝，成成帮助昂昂按着垫子，协助昂昂一同完成螺丝的安装。轮子成功安装后，昂昂激动地说"这就是合作的力量，就像两个轮子要比一个轮子的力量大"，幼儿通过生活经验，形象恰当地比喻了合作的力量。昂昂在深度学习活动中的社会交往技能得到了进一步提升，与朋友之间的合作行为也明显增多，社会性得到发展。深度学习活动是昂昂学习社交技能的理想场所，幼儿为了更好地解决"如何将轮子安在垫子上"

的问题，必须学会逐步掌握必要的社会技能。昂昂还需要使自己的意见与其他幼儿的意见统一协调起来，学会相互理解与相互帮助，积极地反馈与支持，也要适当地让步以被接纳。

（三）柔柔的故事

柔柔性格开朗活泼，善于与人沟通交流，乐于表达自己的想法。在深度学习活动中她对未知事物表现出极大的兴趣，喜欢倾听他人的想法，善于观察身边事物并提出问题，表现出不怕困难、敢于探究与尝试的学习品质。

1. 案例描述

柔柔在深度学习课题活动中，善于联系已有经验，对问题进行思考，能够运用知识迁移解决问题。

案例 7-26

老师在网上买了轮子，孩子们热烈地讨论着如何安轮子的问题。老师提出了问题："谁能告诉我，这个轮子有多高？"幼儿纷纷拿出自己书包里的格尺，按在轮子上认真比画着，有的说3厘米，有的说4厘米。老师问："怎么会得出不一样的结论呢？你们都是怎么量的？"经过幼儿的仔细观察与讨论，幼儿发现螺丝的长度不应包含在轮子的长度之内，且尺子两面都有刻度，因此测量时要统一单位。当教师询问测量遇到哪些问题的时候，可欣说道："这个太难量了，尺子是直的，轮子是凹凸不平的，量的时候尺子总是在动。"幼儿们一致同意这个观点，可是怎么解决呢？大家开始七嘴八舌地讨论起来。柔柔默默地思考着，突然她灵机一动说道："我有办法了！"只见柔柔默默地走向美工区，回来的时候手里多了一条细细的彩绳，她将轮子放平，把彩绳的一端放到轮子的底端，右手拿着绳子顺延至轮子的顶端。其他幼儿欢呼道："把柴老师的大剪刀拿来！把绳子剪断！"柔柔兴奋地说道："然后我们再用尺子量一量绳子的长度就可以了！"于是乐乐将轮子摆放在桌子上，柔柔拿着绳子与乐乐一同量轮子的长度，昂昂用剪刀将绳子剪断，沙沙再用尺子测量绳子，轮子的长度终于在大家的努力下被成功测量出来。老师说道："大家说，柔柔想到的这个用绳子量轮子的方法，好不好呀？"小朋友们一致说："好！"柔柔害羞地低下了头。

四、深度学习活动中幼儿学习体验的典型个案

在这一天的深度学习活动中，幼儿遇到了"轮子安在哪里"的问题，昂昂抢着回答道："这次垫子可以大一点，省得轮子总是来回撞。"柔柔也建议道："安 4 个轮子就行。"沙沙马上反对道："不行，那样中间就会塌了。"幼儿探讨得异常热烈，气氛也比平时更活跃一些。乐乐猜测道："安 3 个，三角形最稳固。"柔柔按照昂昂说的先将 3 个轮子放在垫子上找位置，看轮子碰撞是否会影响前行。乐乐在一边先钉尖螺丝，再把它拔出来插入粗螺丝，再拧好螺母。柔柔与其他幼儿配合着安轮子，只见柔柔拿着锤子，成成按着垫子，沙沙拿着轮子，不一会儿轮子就安好了。柔柔将底座放在桶下试了试，发现还是不行。再一次的失败，使一些幼儿感到疲惫，一些男生开始追逐打闹，一些女孩子将螺丝盒拿到床头的挡板前，开始拼凑各种图案。成成拿着塑料垫疯狂奔跑，乐乐在后面紧追不舍，老师在维持纪律上明显有些力不从心。柔柔见此状况皱着眉头说："真是吵死了。"不一会儿沙沙也开始拿着塑料管心不在焉地玩起来，他趁其他人不注意之时，偷偷溜到了上课的教室。柔柔也开始注意到沙沙的举动，她放下了手中的工具，跟着沙沙去了教室。只见柔柔眼睛直勾勾地盯着沙沙的一举一动，快步走上去抢走了沙沙手中的玩具，对着他的耳朵小声地说了几句，然后牵着沙沙的手，又回到了深度学习的实践场域。在柔柔的带领下，沙沙继续跟上了老师的思路，通过不断的尝试，轮子成功地安好了，柔柔如释重负地说："太好了，终于安好了！"

【吉林省中共长春市委机关幼儿园 大三班 连卉婷 柴文明 "晾画架"课题活动】

2. 案例分析

柔柔在案例中表现出积极的情绪情感，她擅于与人协调沟通，思维具有创造性，表现出典型的学习体验特征。

（1）愉悦感

柔柔在深度学习中表现出了积极向上的情感态度，集中表现为成功解决问题时的愉悦感。在案例 7-26 "轮子有多高"的问题上，柔柔灵机一动想出"用绳子量轮子"的办法并激动地喊出："我有办法了！"；当她从美工区拿回彩绳，认真细致地用彩绳丈量完轮子后兴奋地说道"然后我们再用尺子量一量绳子的长度就可以了"；当轮子的高度被成功测量出来，柔柔被小朋友与教师肯定时，柔柔的愉悦之情难以言表。在案例 7-26 中，幼儿通过不懈努力解决了"轮子安在哪"的问

题，她激动地说："太好了，终于安好了！"同样体现出愉悦的情感体验。已有研究表明，幼儿在活动中的愉悦感体验，可以加大深度学习与深度游戏的可能。柔柔在深度学习活动中表现出的那份执着与兴奋，正符合积极心理学家米奇克森特米·哈伊的"心流"状态。心流（mental flow）是一种将个人精神力完全投入在某种活动上的感觉，心流产生伴随高度的兴奋与充实感。处于"心流区"的幼儿，会完完全全为一件事情本身而努力，所有的能力也都将被发挥到极致。[1]因此，处于"心流区"的幼儿更容易进入到积极的学习体验之中，是大家共同追求的一种状态。柔柔在学习活动中经历了心流体验，非常专注地全身投入到活动中并且非常享受。其情绪的波动以积极情绪为主，也伴随着紧张，最后的完成伴有成就体验。《3~6岁儿童学习与发展指南》指出：发育良好的身体、愉快的情绪、强健的体质、协调的动作、良好的生活习惯和基本生活能力是幼儿身心健康的重要标志，也是幼儿学习与发展的基础。正如发展心理学家所说："幼儿的世界就是一个情绪的世界，各个幼儿早期情感上的经历都对日后的学习品质有着巨大的影响，6岁以前的情感经验对人的一生将产生恒久的影响。"情绪是个体对事物是否满足需要的主观感应，由独特的主观体验、外部表现（面部表情、姿态和语调）和相应的身体反应组成，学习与发展指南都强调了愉悦的情绪情感在学习中的重要作用。

（2）自我效能感

柔柔在活动中表现出强烈的自我效能感。在案例7-26"轮子有多高"的问题上，柔柔安静地思考，最终想到用彩绳丈量轮子的方法并成功地测量出轮子的高度。老师当着全体幼儿的面，赞赏她："大家说，柔柔想到的这个用绳子量轮子的方法，好不好呀？"小朋友们给予了柔柔热烈的掌声并齐声说"好"，柔柔不仅得到了老师的赞赏，还得到了同伴的肯定。她以此为豪却又因为大家的认同而感到害羞，因此她将头微微低下，可嘴角却不自觉地闪露出笑容。自我效能感是幼儿对自己完成某方面工作能力的主观评估，评估的结果直接影响到幼儿的行为动机。班杜拉曾说过，影响自我效能感的重要信息源为他人鼓励、评价、建议等，尤其是幼儿在努力克服困难解决问题时，外界表达了对其信任或积极评价时，会较容易激发幼儿的自我效能感。柔柔在解决问题的过程中，老师的赞赏与肯定激发了

---

[1] 安杰拉·达克沃斯.坚毅[M].安妮,译.北京：中信出版社，2017：8.

柔柔自我效能感的发展。幼儿期是培养自我效能感的关键时期，教师应抓住这个关键期，及时地进行引导与鼓励。幼儿期形成的自我效能感是幼儿解决问题、完成任务的关键，幼儿积极正向的价值观能够促进自我效能感的形成。自我效能感是与自我概念相联系的情绪情感，它是幼儿对自己力量与能力的认识与体验，是一种正向的、积极的情感。在活动中柔柔享有充分的自由选择权，可以根据自己的想法与愿望进行选择，采取测量行动，因此自我效能感得到逐步的提升。

（3）擅于协调与合作

柔柔在学习活动中表现出较强的协调能力与合作能力。案例 7-26 中的柔柔在没有任何外界的要求下，本着责任与使命感主动地唤回调皮的幼儿；当班级秩序得不到很好维持的情况下，她主动帮助教师维持秩序；当发现同伴需要帮助与提醒时，她主动与他们沟通协调，帮助同伴返回学习的场域，体现了较强的协调能力与较高的社会交往能力。协调是指正确处理组织内外的各种关系，为组织正常运转创造良好的条件与环境，促进组织目标的实现。柔柔与同伴之间相互交流、相互尊重，在不断的协调与合作中其社会交往技能逐步得到提升。柔柔在案例 7-26 中也表现出较强的合作能力，在解决"轮子安在哪"的问题中"柔柔拿着锤子，成成按着垫子，沙沙拿着轮子"通过大家的努力，轮子很快就被安好了。柔柔通过同伴之间的交流与合作获取信息，逐步使学习超越个体的直接感知，使自己在自主的交流中逐步增强合作意识。

（4）创造性思维

柔柔在案例 7-26 中用彩绳解决了量轮子的问题，体现出创造性的思维特点。当面临无法量轮子的问题时，她想起平时在美工区用到的彩绳，相较之下彩绳比尺子更柔软也更方便测量轮子。幼儿将生活经验迁移到量轮子的问题中，体现出了思维的创造性。深度学习活动为幼儿提供了自由想象的空间与宽松的氛围，这些有利于幼儿发散性思维的发展。发散性思维是幼儿创造性的重要表现，在活动中柔柔能够创造性地变化各种方式对待彩绳，通过对彩绳这一材料做出不同的设想，幼儿的求异思维得到充分训练。米切尔教授在《终身幼儿园》提出了 4P 理论，即项目（Project）、热情（Passion）、同伴（Peers）和游戏（Play）。他认为培养创造性思维最好的方法是支持那些基于热情、同伴合作、游戏进行学习的幼儿。他们在麻省理工学院媒体实验室成立了终身幼儿园的研究团队（lifelong kingdergarten），该团队发现了创造性的学习螺旋。这个创造性学习螺旋在幼儿园里反复出现，虽然所用材料各异，但核心过程相同。创造性学习螺旋是创造性思维的引擎，幼儿在经历这个螺旋的过程中，发展并提升了创造性的思考能力。他们通过学习构建自己的想法，然后尝试将它实现；他们学习从别人那里听取意见，并根据自己的经验产生新的想法。创造性思维并不是少数发明家专有的，凡是思维健全的成人和幼儿都有创造性思维能力。创造性思维的本质在于一个"新"字，不同于模仿，而是提出新问题、使用新方法、做出新成果。

（5）建构新知能力

柔柔在案例中表现出整合已有经验，建构新知的能力。"用彩绳量鞋子"是幼儿的已有经验，"用彩绳量轮子"是幼儿构建的新经验，幼儿通过知识的迁移，解决了量轮子的问题，表现出较强的建构新知能力。知识建构是幼儿通过新、旧知识经验之间的相互作用而完成的，在这个过程中幼儿广泛而丰富的知识背景会参与到这种相互作用中来，影响到知识的建构。柔柔的知识建构主要来源于活动性学习，即通过活动实现知识与经验的增长，以现有知识经验为基础，带着一定的目的与对外界的预期，对轮子的测量展开实际的观察、操作与尝试，同时在头脑中不断进行分析、判断、综合、推理与概括等，并对自己的活动过程及结果进行反思抽象，从而建构起关于课题及活动的知识经验，这是幼儿获得个体经验最基本、最直接的途径。[①]

综上所述，昂昂与柔柔在深度学习课题活动中皆表现出积极的学习体验。昂昂学习积极主动、认真专注、不怕困难，敢于探索与尝试、敢于想象与创造。柔柔善于与人沟通、喜欢表达自己的想法，对未知的事物充满了兴趣，在学习上体现出积极的情绪情感、擅于与人协调沟通，思维具有创造性等特点。他们在学习上均表现出典型的学习体验特征。

[①] 张建伟. 知识的建构[J]. 教育理论与实践, 1999(7): 49-54.

五、促进幼儿在深度学习中形成积极学习体验的支持策略

从学习体验的类型与特征出发,积极的学习体验应当是幼儿在学习活动中调动已有经验、情感与当下学习的互动,在足够的时间中与客体交互作用,并从中体验到积极的个性化意义联结,最终还能形成关于学习的整体性积极映像。即幼儿体验到学习的乐趣,又有关于学习过程的反思性体验,从而加深了对学习这一活动的积极情感反应。[1]

(一)激发幼儿的兴趣与热情

激发学习兴趣与热情是幼儿不断进步的力量与源泉,只有激发幼儿的学习兴趣与热情,才能真正促进幼儿内在学习的积极性。教师应引导幼儿运用已有经验把握与创造世界,培养良好的学习态度与学习习惯,使幼儿能够体验到学习在现实中的意义。幼儿具有与生俱来的想象力与创造力,深度学习活动是幼儿释放想象力与创造力的重要途径。因此教师应创设有趣的活动情景以释放幼儿的天性,尊重幼儿的真实体验,围绕幼儿兴趣制订学习计划。

首先,教师应释放幼儿的想象力与创造力。想象力与创造力是每个幼儿的天性,幼儿在学习与生活中皆发挥着无穷的想象力,从而使自己全身心地投入活动中。因此发挥幼儿的想象力与创造力是激发幼儿学习兴趣的重要条件,这就需要教师为幼儿营造宽松、自由的学习环境。想象的实际价值在于能够跨越一系列有组织的思索,并经常使得想象者跨越式地达到目标。因此尽管幼儿的一些想法看似荒诞,但教师应对其给予恰当的鼓励与支持。

其次,尊重幼儿的真实体验。幼儿的学习体验具有极强的主观色彩,从某种意义来说,情感是体验的基础,幼儿在丰富的情感中孕育体验,体验同样丰富着情感。失去幼儿真实学习体验的学习活动难以激发幼儿兴趣,针对教师忽视幼儿真实体验的问题,教师应从根本上转变儿童观与教育观。教师的宽容与尊重有利于幼儿在真实的学习情境中获得积极的学习体验。这意味着:第一,教师要包容幼

---

[1] 王睿憨. 促进幼儿学习体验及其教育建议[J]. 中小学教育研究,2014(12):77-80.

儿的观念与行为。第二，包容幼儿在活动过程中出现的弱点，甚至是错误。

最后，教师应围绕幼儿兴趣制订学习计划。围绕幼儿的兴趣制订学习计划，更有利于幼儿形成积极的情感体验。Epstein 认为："当幼儿制订计划、实施计划、评价他们学习的学习活动时，他们的行为更有目的性，并且他们在语言和其他智力测试中会表现更好。"[1] 因为幼儿能够自由选择并能成功实现这种选择，所以他们更有信心靠自己的能力和行动继续学习。[2] 教师应该有意识地思考怎样促进每个幼儿的学习，如在高宽课程教学过程中，教师每天都记录一些幼儿所能做的趣事，然后将观察记录应用到他们每天的教学计划之中。[3]《3～6岁儿童学习与发展指南》指出：鼓励和引导幼儿学习做简单的计划和记录。教师与幼儿共同制订计划，讨论调查对象、步骤和方法，也可以和幼儿一起设法用画图、箭头等标识呈现计划。[4]

（二）提供适宜的学习工具

教师应为幼儿提供一些有趣的探究工具，用自己的好奇心和探究积极性感染幼儿，支持幼儿在学习活动过程中探索并感知常见物质、材料的特性和物体的结构特点。在深度学习活动中，教师除了要准备一些专门为幼儿准备的制作工具（如建构玩具），还需要准备一些生活中的物品，如锤子、胶带、尺子等，这些工具都将成为活动中解决问题的重要工具，在使用的过程中幼儿同样学会了使用这些工具的方法。为幼儿提供一些有趣的探究工具（如羊角锤、螺丝刀、尺子）能够使幼儿了解工具，并且可以收集精准的信息，可以帮助人们完成艰巨的任务。让幼儿学习根据不

图 7-7 羊角锤使用图

---

[1] Epstein A.S. September. How planning and reflection develop young children's thinking skills[M]. Young Children, 2003：30.
[2] 安·S.爱泼斯坦.有准备的教师——为幼儿学习选择最佳策略[M].李敏谊，译.北京：教育科学出版社，2012：25.
[3] 安·S.爱泼斯坦.学前教育中的主动学习精要——认识高宽课程模式[M].霍力岩，译.北京：教育科学出版社，2012：53.
[4] 教育部.3～6岁儿童学习与发展指南[Z].2012：35.

同的探究需要,选择恰当的工具。[①] 如长春市委机关幼儿园在"晾画架"的深度学习活动中,教师为幼儿提供了螺丝、螺母等丰富的探究工具。

案例 7-27

老师问道:"怎么把轮子安在厚垫上呢?"成成说:"这样安,用两点固定法。"昂昂说道:"那我可开始安了。这可太费劲了。老师你能帮我找一个锤子吗?"老师找来锤子递给昂昂。昂昂高兴地说:"太好了!"昂昂左手拿着螺丝,右手拿着锤子。一下一下地用力向下锤。等螺丝下去一部分,他又把左手拿开,右手继续用力地钉。几下就把螺丝钉好了,一会儿一个轮子就安好了。

【吉林省中共长春市委机关幼儿园 大三班 连卉婷 柴文明 "晾画架"课题活动】

幼儿在"晾画架"这一深度学习活动中,尝试使用了锤子、胶带、剪刀、螺丝钉、格尺等工具,显然幼儿把它当作了探索的材料。因为我们看到幼儿着迷于使用各种材料工具,如握着锤子敲击、用胶带把垫子粘在一起、用剪刀拧螺丝、用螺丝钉当壁纸刀划垫子、用格尺测量长度。随着幼儿掌握使用工具的用法,他们会仔细思考工具的潜在用途,会把工具在某一情境中的应用推广到其他情境中,考虑工具如何帮助他们实现目标或解决问题。幼儿一但迈出从探索到应用这一步,他们会越来越多地使用工具。

(三)营造鼓励的学习氛围

教师的有效引导与鼓励是幼儿形成积极学习体验的重要因素,我们应当关注幼儿的学习过程和幼儿学习发生的内在机理与外在条件,运用综合化、系统化的教学策略,鼓励幼儿在深度学习中的积极体验。为营造鼓励的学习氛围,教师应注重"过程导向",可以通过鼓励幼儿猜想与假设;鼓励同伴合作与小组探究问题;鼓励幼儿进行再现体验等方法,促进幼儿在深度学习活动中形成积极的学习体验。

1. 鼓励幼儿猜想与假设

教师应鼓励幼儿对问题的解决进行猜想,调动幼儿的原有经验,从习惯概念

[①] 李季湄,冯晓霞.《3~6岁儿童学习与发展指南》解读[M].北京:人民教育出版社,2013:128.

转换到新概念。猜想与假设（推测）是幼儿主动建构知识的前提。幼儿调动原有经验对问题进行分析与预想，设计解决问题的方案。这是探索研究的重要环节，是幼儿真正动脑深入思考解决问题的一个重要过程。教师切忌包办代替，急于提出自己所谓"正确"的想法。① 如吉林省金太阳教育集团在"大泡泡机"深度学习活动中，鼓励

图 7-8　生活中的绳子图

幼儿对"如何拴呼啦圈"的问题进行了猜想与假设。幼儿想到了"用绳子拴起来"的办法，但是如何用绳子拴起来并能平衡呢？教师带领幼儿回归生活，观察生活中的秋千，鼓励幼儿进行猜想与假设，从而解决"呼啦圈怎么拴"的问题。在鼓励幼儿进行猜想与假设的过程中，可以通过与学习建立链接、与技巧建立链接使幼儿进行猜想。首先，与学习建立链接。与成年人一样当学习内容有意义时，幼儿会学得更好。有意义的学习内容是指与熟悉的东西有链接的内容，如兴趣、经历或者已经知道的东西等都算是熟悉的东西。② 其次，与技巧建立链接。教师引导能够帮助幼儿把陌生与熟悉的东西联系起来。这就需要：第一，在新的材料和熟悉的材料之间建立链接。如，"秋千需要4根绳子，门牌需要2根绳子，花盆需要3根绳子，所以泡泡机应该用几根绳子？"第二，通过提问一些能够帮助幼儿把熟悉的经历与新的知识和理解联系起来的问题来建立链接。③ 如，吉林省金太阳教育集团在深度学习活动的制作与施工中，对待"万能棒柱体倾倒"的问题，教师引导幼儿建立新旧知识的链接，想象人站立时需要几条腿。

案例 7-28

幼儿选择按自己预设好的方案搭建万能棒，当搭建出一个柱体时，一碰就倒了。站在一旁的七宝仔细观察："为什么会倒掉呢？"幼儿停下来一起讨论，懂懂说道："它站不稳。"冰冰说："它只有一条腿。"懂懂也赞同道："对，它少条腿！"七宝说："对，要像人一样才能站起来。"冰冰说："那我们给它多安几条腿吧！"幼儿继续操作起来。在忙得不亦乐乎的时候，问题又出现了"不够高怎么办？"懂懂说：

---

① 李季湄，冯晓霞.《3~6岁儿童学习与发展指南》解读[M]. 北京：人民教育出版社，2013：121.
② Amy Laura Dombro, Judy Jablon, Charlotte Stetson. 有力的师幼互动——促进幼儿学习的策略[M]. 王连江，译. 北京：中国轻工业出版社，2018：158.
③ Amy Laura Dombro, Judy Jablon, Charlotte Stetson. 有力的师幼互动——促进幼儿学习的策略[M]. 王连江，译. 北京：中国轻工业出版社，2018：162.

"要在底下接着搭。"两名幼儿抬着搭好的"腿",一名幼儿接着加高,当一条"腿"加高后,架子摇摇晃晃开始不稳了。为了避免发生危险,教师提示幼儿:"如果给人接腿时,人是站着还是躺着?"幼儿马上想到:"我们把它放倒。"

【吉林省金太阳教育集团 大一班 刘阳阳 刘杰 "大泡泡机"课题活动】

2. 鼓励同伴合作与小组探究

《3~6岁儿童学习与发展指南》强调同伴的合作探究与交流分享,教师应引导幼儿在交流中尝试整理、概括自己探究的成果,体验合作探究和发现的乐趣,如一起讨论和分享自己的问题与发现,一起想办法搜集资料和验证猜想。皮安塔(Pianta)认为:"幼儿与教师和同伴的互动不仅决定活动的特点,还能决定幼儿学什么以及他们对学习的感受。"引导幼儿小组观察和实验验证。教师要鼓励和引导幼儿按照自己的计划进行客观而细致的观察、实验与验证,培养幼儿对事实的尊重与对证据的重视。教师要给予幼儿充分的时间与空间让其进行反复的观察、实验与验证,从而发现真相,巩固或调整自己的认识,主动自我建构知识与经验。幼儿获得信息和快乐的源泉是能在学习中结成同伴与合作者的关系,且能够尝试成为领导者与被领导者。[①] 在教师引导幼儿观察与实验验证的过程中,应鼓励幼儿开展小组合作,通过讨论和协商来完善计划。幼儿在建立和维持与同伴及成人的关系方面一直有较高的积极性,小组合作有助于幼儿社会性的发展。幼儿通过同伴合作,对彼此相同及不同之处的认识不断增强,帮助幼儿建立自我认同感,当教师不在场时,同伴合作提供了情感支持。鼓励同伴与小组探究有以下几种方式:

首先,自由分组有利于同伴合作。幼儿根据兴趣对材料进行选择,并在同伴的帮助下一同完成,有助于幼儿形成积极的学习体验。如在东北师范大学附属小学中信幼儿园"自制滑梯"的深度学习活动中,幼儿根据兴趣分为三组,一组进行滑梯台阶的制

图7-9 自由分组图

---

① 安·S.爱泼斯坦.有准备的教师——为幼儿学习选择最佳策略[M].李敏谊,译.北京:教育科学出版社,2012:28.

作,一组进行滑梯坡面的制作,一组进行连接楼梯和坡面之间的钻洞的制作。再如,吉林省金太阳教育集团在"自制泡泡机"的深度学习活动中,在测量泡泡机的高度时幼儿根据兴趣分为三组,分别使用图书、彩笔与格尺等工具进行测量。

其次,引导幼儿与同伴一同解决问题。教师应引导幼儿向同伴寻求帮助以解决问题。比如当幼儿在操作时遇到了困难,可以引导其向他人求助,或通过两个人合作解决问题。教师应鼓励幼儿表达自己的想法,并倾听他人的建议,体会合作带来的成功体验。如吉林大学附属第三幼儿园在"给小鸟一个家"的深度学习活动中,当原本独自游戏的淘淘遇到问题时,在教师积极的引导下淘淘向其他幼儿寻求帮助。淘淘在活动中表现出了合作的欲望,"你先帮我扶一下竹叶,等我缠好了,我再帮你行吗?"淘淘对另一个幼儿说道,显然同伴很乐意帮助他,并向淘淘提出了一些妆点鸟巢的好建议,最后他们一起将小鸟的家装扮得既实用又美观。在这一过程中幼儿因共同的目的和需要产生了自然融洽的合作,彼此相互倾听与互动交流,共同完成任务,合作能力得到提高。幼儿不仅体验到与同伴合作的快乐,而且感受到了同伴互助的智慧。

3. 鼓励幼儿进行再现体验

杜威认为幼儿最好的思维方式是反省思维,它不仅包含了简单的思维方式,更是一种基于情绪与实际的理智思维。反省思维具有连续性,事件的连续流动构成了思维的链条,反省思维中的确定成分相互连接,并向同一个目标不断运动。《3~6岁儿童学习与发展指南》强调教师应帮助幼儿回顾活动的探究过程,幼儿的学习体验不仅包含了高度的情绪情感,更是幼儿对学习活动的思考、联想与感悟。教师应鼓励幼儿回忆自己做了什么、是怎样做的、结果与计划目标是否一致等问题,使幼儿回顾深度学习活动中的体验与过程,了解其他同伴在同一时间内参与活动的不同方式与不同立场,增进对学习对象与学习过程的认识。

综上所述,促进幼儿在深度学习中形成积极学习体验有诸多途径,教师可以通过激发幼儿的兴趣与热情、创设贴近生活的学习情境、提供适宜的探究工具、营造鼓励的氛围等方法促进积极学习体验的形成。